KB048745

추리소설로 철학하기

에드거 앨런 포에서 정유정까지

추리소설로 철학하기

에드거 앨런 포에서 정유정까지

백휴 지음

나비클럽

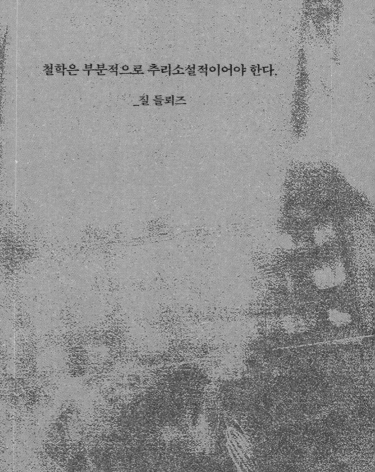

철학은 부분적으로 추리소설적이어야 한다.

_질 들뢰즈

나는 왜 추리소설로 철학을 해왔는가

독일 철학과 영미 철학에 이어 1990년대는 프랑스 철학이 본격적으로 수입되던 시기였다. 그즈음 철학계를 떠나 추리작가로 살아가면서도 철학책을 손에서 놓지 않았던 내 눈에 들뢰즈가 들어왔다. 특히 《차이와 반복》에서 "철학은 부분적으로 추리소설적이어야 한다"라는 구절을 읽고 엄청난 충격과 함께 흥분을 느꼈다. 추리소설은 대중문학의 한 장르로서 '주변부 문학', '잡문학', '문학 같지 않은 시시한 문학', '오락에 불과한 읽을거리'라는 우리 사회의 일반적 인식에 정면으로 도전하는 문장으로 다가왔기 때문이다. '추리소설에 대한 세상의 폄하가 근거가 부족한, 반성 이전의 통념에 불과할 수도 있겠다'는 자각도 이때 생겨났다.

《장미의 이름》으로 세계적 명성을 얻은 움베르토 에코는 가장 철학적이고 형이상학적인 본성을 갖는 추리소설의 플롯을 외면함으로써 이탈리아 문학이 형편없이 망가졌다고 말했다. '21세기는 추리소설의 시대'라는 진단을 에코와 공유한 사상가 줄리아 크리스테바는 《비잔틴 살인사건》이라는 철학적 추리소설을 썼는데, 그녀는 프랑스 문학의 전통 속에서 사유와 추리소설은 공히 '위반'의 문제를 다룬다고 생각한다. 사유가 시시해지면 추리소설이 인기를 끌 수밖에 없다는 것이다.

나는 들뢰즈나 에코 그리고 크리스테바의 생각이 우리 사회에 즉시 적용될 수 있을 것이라고는 여기지 않았다. 그들의 명성에만 기댄다는 것은 수치스러운 일이기도 했다. 동시에 이론적 성찰 없이 추리소설을 오락으로 치부하는 사회통념을 받아들일 수도 없었다. '오락'과 '사유' 사이에 소위 말하는 변증법적 종합이 필요했다.

나는 은사인 철학자 박동환에게서 우리의 철학은 서구나 중국과 다른 주변부 철학일 수밖에 없다는 소중한 가르침을 받았다. 중심에서 주변부를 생각하는 것이 아니라 경계선 위나 밖인 주변부에서 중심을 다시 생각해보는 역발상의 사유가 필요하다는 것이다. 일반문학에 '순문학'이라는 정치적 프레임을 씌워 헤게모니를 장악하면서, 추리소설에 '주변부 문학'이라는 폄하의 딱지를 붙이는 비평가들에게서 사상의 빈곤함을 느꼈던 것은 바로 그 때문이다.

다행히 내가 읽고 분석한 몇몇 국내외 추리작가의 작품들은 기대를 충족시키기에 충분했다. 오락적 요건을 갖추고 있으면서도 철학적으로 두세 번 생각할 여지를 남겨둔 것이었다.

아쉬운 점은 나 자신의 허약한 재능이었다. 서구 사유 역사에서 세공된 철학 개념을 빌려 쓰지 않고서는 추리작가의 세계관이나 무의식적으로 숨겨놓은 핵심 키워드를 넉넉히 해명할 수 없었던 무능. '스스로 만든 조어를 통한 세상 보기'가 아닌 한 비평은 근원적 한계를 지닐 수밖에 없다. 인식의 확장이란 결국 그 사회의 구체적인 맥락의 경험으로부터 생산된 신조어를 통해 사회현상을 달리 보는 시각을 조금씩 늘려가는 것이기 때문이다.

그렇지만 내가 만든 개념 틀이 없다고 해서 비평 작업을 마냥 미룰 수도 없었다. 어쨌든 출발해야만 했다. 그러니까 나에게는 세상의 변치 않을 통념으로 굳어진 '추리소설=오락소설'을 '철학함'의 시각으로 이해해보는 것이 그 시작의 첫걸음이었던 셈이다.

'추리문학은 오락이다'라는 생각은 오래전부터 우리 사회에 널리 퍼져 있었다. 나의 학창시절 가장 영향력 있는 비평가 중의 한 사람이었던 백낙청 씨가 보란 듯이 적시함으로써 후학들이 새로운 생각을 해볼 여지의 싹을 자른 셈이었다. 그런데 '추리문학은 오락'이라는 생각이 완전히 터무니없는 것일까? 아니, 반드시 그렇지만은 않다. 좋다고 소문난 추리소설을 한 권 한 권 찾아 읽을 때마다 나 또한 추리소설이 오락에 불과할지 모른다는 낙담에 빠져들고 있었다.

문제는 독자의 입장이 아니라 추리소설을 쓰는 행위 자체였다. 그것이 오락을 제공하는 노동에 불과하다면, 추리작가로서 문학적 자긍심을 갖는 순간은 극히 제한된 범위 내에서 자족의 나르시시스트가 되는 것 말고는 없어 보였다. 추리작가는 자신이 쓴 개개의 작품 속에서 조각난 이미지로 흩어져버리는 존재인 것 같았다. 오로지 심심풀이 소비의 대상으로 짧은 유행 속에서 잠시 반짝이고 말 허망한 존재이기에 시간의 무심한 흐름 속에, 그리고 소비자의 개별적 판단에 맡겨두는 것이 올바른 태도인 것 같았다. 누가 쓰든 재미있는 추리소설은 앞으로도 계속 출간되겠지만, 희로애락의 감정을 품은 고유명固有名 추리작가가 머물 수 있는 상징적 문학 공간은 없어 보였다.

뭔가 새로운 발상과 접근법이 필요했다. 개개의 작품은 오락에 불과한 것으로 느껴지더라도, 작가의 모든 작품을 통틀어 반복해 읽는다면 '오락'을 뛰어넘는 주제의 제시가 나타날 것이라고 생각했다. 나는 이 힌트를 영화에서 얻었다. B급 영화를 만드는 것으로 평가받던 존 포드 감독에 대해 '작가주의'로 접근한 프랑스 영화 비평가의 색다른 독해에서 아이디어를 빌린 것이었다.

작가 비평은 개개의 작품에 대해 개별적으로 분석하기보다는 한 작가의 전체 작품 세계를 반복되는 스타일이나 주제적 패턴에 의해 비평적으로 검토한다.

이 방법을 당시 대표적 추리작가였던 김성종의 작품에 적용하자 반복되는 키워드인 '아기'가 드러났다. 특이하게도 이 아기는 흔히 다가올 미래나 새로운 세대의 역사를 가리키는 희망의 상징이 아니라 '아기는 태어나자마자 죽기에 충분히 늙어 있다'는 사상을 숨긴 실존적 슬픔과 세대 단절을 상징했다. 그 반대급부로, 마치 그런 사상을 숨기려는 듯이 그의 추리소설에서는 살고자 하는 인간 욕망을 과도하게 그려낸다.

내 입장에서는 《김성종 읽기》에서 추리문학 비평의 가능성을 확인한 셈이었는데, 그런 와중에서도 추리문학 동네의 풍토는 진전되기는커녕 퇴보의 기미마저 보였다. 어느 출판사 사장이 출간한 에세이에서 읽은 '한국 추리작가의 작품은 수준 이하이므로 추리소설은 히가시노 게이고의 작품을 번역·출간하는 것으로 충분하다'는 취지의 글은 충격으로 다가왔다. 작품을 소비재로서만 파악하는 문화 테러리스트에 가까운 인식이었다.

추리문학에 대한 통념이나 이 분야 종사자의 인식이 어떻든 나는 내가 찾은 길을 천천히 걸어갔다. 김내성의 '탐이探異', 서미애의 '경계선', 김내성이 한계를 보인 지점에서 가치를 드러내는 류성희의 '철학적 타자', 정석화의 '알레고리', 황세연의 '아이러니', 정유정의 '호모 사케르' 등등. 작품의 플롯을 지배하는 이 모든 핵심 키워드를 살펴보면서, 국내 작가들의 작품을 '재미가 있고 없고'의 단순한 선택지로 판단할 일이 아님을 알게 되었다.

서구 추리소설은 사유의 근거가 이항二項 세계관(신/피조물)에서 일항一項 세계관(피조물)으로 변해갈 때 생겨난 문화적 산물이다. 신과 피조물인 '인간과 세계'의 관계가 작가와 작품의 관계로 전이·파악된다. 신이 자신의 창조물에 선행하듯이, 작가는 작품에 앞선 존재다. 이항 세계관이 지배하는 세상에서 작품 해석의 권위는 '작가의 창작 동기'로 귀결되기 마련이다. 작가의 말과 권위는 신성불가침의 절대 영역을 구축하게 되는 것이다. 반면 일항 세계란 작가가 사라지고 작품만이 존재하는 세계이므로, 무한 독자의 무한한 해석이라는 판도라의 상자가 열리게 된다. 그렇다면 작품 해석에는 각기 존중받아야 할 개인 권리로서의 해석만 있고 공동체의 가치로 받아들여질 수 있는 '좋은', '훌륭한', '그래도 다른 사람의 해석보다 나은' 해석은 없는 것일까? 이 문제를 가지고 추리소설로 씨름한 사람이 움베르토 에코다.

좀 더 학문적인 용어를 쓴다면 추리소설은 '은유와 결합한 동일성의 서구 사유'가 해체되는 시기에 생겨난 소설 장르다. 니체는 발 빠르게 '아모르파티Amor Fati'(운명애)라는 개념을 통해 고통을 미학화·내면화—신이 죽었으므로 인간의 고통은 더 이상 구원의 대상일 수 없다. 인간은 스스로 고통을 감당할 수밖에 없다—함으로써 일항 세계를 선언했다. 추리소설은 이항과 일항 사이에서 주저하고 망설인다. 수수께끼를 내고 '독자에게 도전'한다며 당당한 선언의 제스처를 취하지만, 그것이 원리상 무한 독자의 무한 해결책에 맞선 권위적 해결책을 갖고 있다는 주장인지, 이제 작가 또한 독자와 같은 지평 위에서 하나의 의견을 제시할 뿐이라고 한발 물러서는 태도를 취하는 것인지 불분명하다.

후자의 생각을 극화한 작품이 폴 오스터의 《뉴욕 삼부작》이다. 작가를 소설 속에 욱여넣음으로써 작가의 초월적(권위적) 지위를 박탈하는 것이다. 이 작품에 '형이상학적 추리소설'이라는 라벨을 붙이면 작품의 철학적 성격을 드러내는 것이고, 정반대로 '반-추리소설'이라고 낙인을 찍으면 기존 추리소설의 영역과 정체성을 확보하려는 보수적인 몸부림이 된다. 어떤 의미에서 탐정이 항상 천재 탐정일 수밖에 없는 이유는 '더 나은', 그리고 '더 많은' 사람들이 받아들일 수 있는 의견을 예고하기 위함이다. 라캉이 탐정을 '안다고 가정된 주체'라고 부른 것은 에코를 괴롭혔던 고민의 연장선에서 이해될 수 있다.

추리소설이 메타(초월)를 가능하게 한 은유(메타포)를 의심하는 정신인 것은 분명해 보인다. 다만, 거기엔 이러지도 저러지도 못하는 서구 대중의 망설임이 표현돼 있다. 우리에겐—일본도 마찬가지지만—이런 역사적·지적 맥락이 없다. 그런데도 우리에게 추리소설을 쓰고 읽고 그 속에서 철학을 한다는 것은 어떤 의미일까?

인간이 언어를 사용하는 한, 관념 속에서 살 수밖에 없는 존재인 한, 제대로 살기 위해 낡은 집을 버리거나 새 단장을 하듯이, 매 순간 삶의 요구에 부응하는 새로운 사유를 찾아 나설 수밖에 없다. 추리소설이 선험적으로 그런 탐구에서 배제된다는 생각은 이해가 가지 않는다. 오히려 유교 사상은 기본적으로 도덕적 사유이기에, 범죄를 다루는 추리소설이 기존 사유를 전복하거나 적어도 보완하는 역할을 해왔고 앞으로도 해줄 것으로 나는 믿어 의심치 않는다.

니체는 '철학은 위험하다'고 말했다. 한번 시작된 철학적 사유는 휴식을 모르기 때문이다. 일단 시작된 질문은 답이 찾아질 때까지 강박에 내몰리면서 질문에 끝없이 매달리게 된다. 그러나 끝내 답이 제시되는 행복한 만족의 순간은 찾아오지 않는다. 질문 자체가 사유의 전부일지 모른다. 다만, 사유는 그 초조함을 견딜 수 없는 나머지 차선책으로 만족의 대용품을 제시할 뿐이다.

사유란 극단적인 것이다. 그래서 사유는 낭만주의적인 성격을 띤다. 극단으로 몰아붙여지지 않은 사유는 '관계'라는 우정 속에서 시시하게 해소되고 만다. 공동체 생활에 필요한 것이라 하여 지혜wisdom라고 이름 붙이기도 한다. 지혜란 삶의 지속성을 염두에 둔, 세대의 전승과 역사의 지평을 전제한 사유다. 지혜란 언제나 '훌륭한 인간적 처신'이라는 양식과 맞물려 있을 수밖에 없다.

나에게 진정한 사유란 그런 것이 아니다. 사유란 가장 근원적이고 원초적인 것을 다루기에 흥미롭다. 철학에서 허용되지 않는 질문은 없다. 물음에 성역이란 존재하지 않는다. 어설픈 타협이나 거짓 화해도 용납되지 않는다.

추리소설은 살인사건을 다룬다. 살인은 인간의 극단적 행위에 속한다. 사유 또한 극단적 사색으로 점철돼 있다. 한가한 시간을 따로 불러내어 서재에서 머리를 굴려보는 따위가 아니다.

'사유와 추리소설은 공히 위반의 문제'라는 줄리아 크리스테바의 생각이 옳아 보인다. '위반'이란 결국 '극단極端의 문제'이기 때문이다. 추리소설과 사유에서 '극단'을 보았기에 나는 평생 철학하는 추리소설가가 되었는지 모른다.

2024년 1월
백휴

"이따금 천재 탐정의 예리한 눈빛을 볼 때
허허벌판에 선 인간의 당혹감을 즐기는 것 같다는
느낌이 드는 것은 나만의 착각일까?"

차례

프롤로그_나는 왜 추리소설로 철학을 해왔는가 7

1. 진리란 표면에서 발견되는 것이다 19
: 에드거 앨런 포와 보르헤스

2. 삶은 가면놀이다 49
: 애거사 크리스티와 니체

3. 생존감각을 확보하는 법 77
: 레이먼드 챈들러와 사르트르

4. 악인이란 가장 사회적인 인간이다 105
: 추리소설가가 된 철학자, 줄리아 크리스테바

5. 탐정은 기호학자다 119
: 움베르토 에코가 앓는 형이상학적 질병

6. 미로 속에서는 자신이 어디 있는지 중요하지 않다 147
: 형이상학적 추리소설, 폴 오스터의《뉴욕 삼부작》

7. 예리한 눈빛과 따뜻한 미소의 병립 구조 165
: 히가시노 게이고와 마루야마 마사오

8. 철학적 타자를 탐구하는 정치 공간 203
: 류성희와 한나 아렌트

9. 초자아는 숭고의 탄생지다 231
: 서미애와 칸트

10. 변증법을 이해하는 자의 유머감각 257
: 황세연과 슬라보예 지젝

11. 이야기는 호모 사케르의 생존 도구다 309
: 정유정과 조르조 아감벤

12. 추리소설은 은유를 의심하는 정신이다 349
: 추리소설이 우리에게 요구하는 사유

13. 본다는 것과 듣는다는 것 377
: 최인훈과 체스터튼의 브라운 신부

14. 나는 아이러니스트의 편에 가담하겠다 401
: 추리소설이란 무엇인가

에필로그_우리 사회는 변항 감각을 얼마나 수용할 수 있는가 439

인용된 주요 철학자 및 사상가 448

1. 진리란 표면에서 발견되는 것이다
: 에드거 앨런 포와 보르헤스

✚ 에드거 앨런 포의 생각
'본능은 아마도 강요된 이성일 것이다.'

에드거 앨런 포는 근대 추리소설의 시조로 불리지만 무엇보다 시인이었다. 심리학자 조지프 우드 크루치Joseph Wood Krutch는 포가 미치지 않기 위해 추리소설이라는 장르를 만들어냈다고 했다. 이것은 과장된 말이다. 포는 '시 쓰기'를 영감의 활동이 아니라 '계산'이라는 이성의 작업으로 변형시킨 사람이기 때문이다. 시적 상상력과 당대의 천문학적 지식을 버무려《유레카》를 쓴 포의 우주관에 따르면, 우주는 발산했다가 수렴(수축)한다. 이 수렴을 대변하는 문학 장르가 시인 동시에 추리소설이다.

포는 1841년 〈모르그 거리의 살인〉을 발표함으로써 추리소설이라는 장르의 위대한 개조開祖로 추앙받는다. 어떤 의미에서 포의 추리소설은 '스포일러 있습니다'라는 경고가 무의미해진다. 〈모르그 거리의 살인〉은 오랑우탄이 범인인 것을 알면서도 김이 새지 않고, 여전히 읽을 가치가 있는 소설인 것이다. 바로 이런 측면에 매료된 호르헤 루이스 보르헤스는 오롯이 포의 유지를 받들어 범인이나 범행 수법이 알려져도 읽을 가치가 있는 추리소설을 쓴다. 탐정 뢴로트가 등장하는 소설을 포함한 몇몇 단편이 그것이다.

포는 전형적으로 과도기적인 인물이다. 낭만적 영감으로부터 창작의 동력을 이끌어내는 예술가의 예지력이 시들해지던 시대에 그는 세상의 변화를 체감하고 그 동력을 '독자에게 불러일으킬 효과'로부터 끌어내려고 했다. 잡지 편집자로서 대중 독자를 상대했던 경험이 여기에 영향을 미쳤을 것이다.

포의 세계관을 드러내는《유레카》는 황당한 내용이 많았기에 시인이자 평론가인 W. H. 오든[1]이 포 선집에서《유레카》를 빼는 바람에 세상의 관심 밖[2]으로 밀려나 있었던 책이다. 우주가 발산하다가 어느 시점에 이르면 수렴한다고 상상했던 포의 생각은 뜻밖에도 빅뱅이론[3]에 부합하는 측면이 있다.

검은 고양이와 알레고리

알레고리allegory는 그리스어에서 유래한 단어로 '무언가 다른 것을 말하기'라는 뜻이다. 대표적인 알레고리는 동물을 통해 인간의 삶을 빗댄 이솝우화다. 알레고리는 학자마다 해석의 차이가 꽤 큰 용어로 작가 보르헤스는 탐정이라는 존재 자체를 알레고리로 본다. 셜록 홈스 하면 보통 헌팅캡을 쓰고 담배 파이프를 물고 있는 모습을 떠올릴 정도로 구체적인 인상을 갖고 있지만, 그것은 외양일 뿐이고 셜록 홈스가 궁극적으로 대변하는 것은 '이성'이란 이념의 추상성이라는 것이다.

서구에서는 상징symbol과 대립시켜 알레고리를 파악하기도 한다. 상징에 대한 알레고리의 우월성을 주장한 사상가는 폴 드 만Paul de Man인데, 상징은 이미지와 실체를 결합해 그 어떤 초월적인 지식이나 진리를 암시하는 반면 알레고리는 인간의 인식이나 실존의 우연성 너머에 불변의 초월적 진리가 있는 듯한 태도를 취하지 않음으로써 더 정직하다는 것이다.

1   1930년대 이후 영미 영문학계에서 가장 영향력이 있었던 비평가로서 미시간대학교에
    재직할 때 추리소설가 로스 맥도널드의 스승으로 논문을 지도하기도 했다.
2   최근에 이 책이 한국어로 번역되었다. 만시지탄이다.
3   빅뱅으로 우주가 생겨났다가 차갑게 식어 소멸의 길을 걷는다는 이론.

알레고리의 가장 큰 매력은 발터 베냐민이 말했듯이 화해할 수 없는 것들의 대립(선과 악, 건설과 파괴, 실재와 허구, 희망과 절망 따위) 속에서 삶을 이해하고 예술화하는 것이다. 추리소설가 정석화 또한 고양이 이미지를 매개로 경제적 독립과 의존의 대립, 생활에 구속된 노동과 자유를 추구하려는 이상의 대립을 구현하고 있다. 살면서 누구나 한번쯤 느꼈을 법한 내면의 갈등일 것이다.

추리소설의 기원을 찾으려고 할 때 흔히 수수께끼의 정점으로 알려진 밀실 살인사건, 명석한 두뇌를 가진 탐정을 친구로 둔 내레이터의 관점을 통한 서술 방식, 간접 정보만으로도 재기발랄하게 사건의 핵심에 이르는 안락의자 탐정 같은 친숙한 요소들을 포에게서 발견하게 된다.

수수께끼가 해결될 때까지 장소가 공간으로 경험되는 밀실, 진술된 내용보다는 진술하는 방식을 중요하게 여기는 것, 직접적인 경험의 영향력이 약화되면서 간접적인 정보를 집약·선호하는 태도는 우리에게 이미 익숙해진 현대적 경험이다. 이 모든 생각의 씨앗을 포함하고 있는 추리소설은 근대 부르주아 문화의 산물이란 게 정설이지만, 그런 정치적·계급적 그리고 시대적 평가가 기존 가치와의 단절에 방점을 찍음으로써 포가 창조한 탐정 뒤팽에 대해 오해를 불러일으킨 것도 사실이다. 가령, 근대란 구체적인 개인과 뗄 수 없는 개념으로, 일기나 소설 같은 문학 장르가 권리가 확대된 개인의 내면을 표현하는 매체가 된다. 개인은 그 어떤 범주로도 옥죄어 틀 속에 집어넣을 수 없는 고독한 실존이다.

이성은 어떤가? 이성 또한 개인을 옥죄는 범주인가? 인간을 감성적 동물로 규정하면 안 되는가? 아리스토텔레스는 '인간은 이성적 동물이다'라고 정의했다. 동물로서의 인간은 다른 동물과 마찬가지로 유類 개념에 속한다는 것이고, 이성은 종으로서의 차이를 뜻한다. 이때 서구의 유구한 역사 속에서 '유와 종' 개념은 영원불변하는 무엇으로 파악되었다. 이런 인식에 철퇴를 가한 인물이《종의 기원》을 쓴 찰스 다윈이다. 유와 종도 변한다는 것이 이 위대한 생물학자의 주장이다. 새로운 인식에 힘입어 니체는 이성을 인간만이 갖는 숭고한 특성이 아니라 그저 망치나 도끼 같은 생존 도구로 파악한다.

보르헤스는 현대 사상에 많은 영감을 주었지만, 근대인처럼 영원불변하는 가치에 대한 신념을 잃은 사람은 아니다. 그는 탐정 뒤팽을 부르주아적 개인이 아니라 핵심 인간성을 표상하는 '이성' 그 자체로 파악한다. 이럴 때 그의 시선은 미래가 아니라 중세로 향한다. 보르헤스에 따르면 중세에는 개인이 아니라 유나 종을 소설의 내용(더 큰 소재로는 신)으로 삼았는데, 이런 소설을 흔히 알레고리 소설이라고 불렀다는 것이다. 보르헤스의 말이 옳다면 탐정 뒤팽은 중세의 그림자를 완전히 떨쳐내지는 못한 인물로 보아야 한다.

이 문제에 대한 포의 생각은 다르다. 그는 '인간은 이성적 동물이다'라고 정의함으로써 인간이 이성을 통해서만이 그 고유한 존재 특성을 갖는다는, 인간과 다른 동물 사이에는 분명한 경계선이 있다는 관념에 반대한다. 그는 인간과 다른 동물 사이에 분명한 경계선 따위는 없다고 말한다. 아리스토텔레스에게 '본능/이성'의 경계선이 흑백처럼 분명한 것이라면, 포에게는 양자가 서로 연결되어 있다.

본능은 아마도 강요된 이성일 것이다.

포는 이 명제를 뒷받침하기 위해 개미, 거미, 비버, 벌처럼 건축가의 재능이 있는 곤충과 동물을 소환한다. 과연, 그 곤충과 동물의 건축가적 자질이 본능인지 이성인지 반문함으로써 자신의 논리를 정당화하려는 것이다.

이런 맥락에서 본다면 〈모르그 거리의 살인〉에서 '범인이 왜 하필 오랑우탄일까?'라는 의문과 달리 포의 입장에서는 오랑우탄을 범죄자로 설정한 것은 억지스러운 일이 아니다. 오랑우탄의 뜻이 '숲속의 사람'인 데다 어차피 이성이 인간의 고유 특성이 아닌 한, '범인 대 탐정'이라는 구도에서 범인은 당연히 사람이라고 믿는 독자에게도 하등 놀랄 일이 아니라는 생각이 들기도 한다. 오히려 궁금해지는 것은 이성이 인간 고유의 특성이 아니라면, 근대 추리문학의 기원[4]과 관련해 주체성의 이념과 이성의 관계에 대한 물음에 포가 어떻게 대답할까 하는 점이다.

근대적 주체는 데카르트적 주체, 사유하는 주체다. 데카르트의 코기토Cogito는 이성 그 자체다. 포의 입장에서 이성이 인간 고유의 특성으로 내세울 수 있는 속성이 아니라면, 그리고 뒤팽

---

4   1841년 당시 포는 추리소설(detective novel)이라는 표현을 쓰지 않았다. 이 단어는 2년 후에 생겨난다. 따라서 나의 물음은 상상 속의 물음이다.

의 비상한 두뇌에도 불구하고 그것이 추리소설의 정체성[5]을 대변할 만큼 뚜렷한 특징이 아니라면, 우리는 포의 문학 전체에서 이성을 앞세우는 추리소설이 차지하는 지위와 한계를 묻지 않을 수 없다.

그 한계 너머에 무엇이 있을까? 어쩌면 가장 쉬운 대답은 환상문학일 것이다. 환상문학을 소박하게(모호하긴 하지만) 이성 너머에 있는 것, 현기증 나는 것, 무어라 규정하기 힘든 소재를 다루는 문학이라고 정의[6]해보자.

포의 '검은 고양이'는 소설 속 아내가 믿듯이 '마녀의 화신'이다. 고대 이집트에서는 고양이가 부정적인 대상만은 아니었다. 태양과 달을 동시에 상징하던 고양이가 불길한 징조를 지닌 밤의 모습으로 변화된 것은 중세 그리스도교 사회의 민간신앙을 거치면서였다.[7] 포가 고양이 이름을 플루토(지옥의 왕)라 부를 때 그런 전승은 정점에 이른다. 하지만 '마녀의 화신'이 악을 상징한다면 이성으로 이해하지 못할 바도 아니다. 상징이란 기호화이자 의미화이므로 어디까지나 이성의 영역 안에 있다.

잦은 폭음으로 성격이 난폭해진 주인공은 '검은 고양이'의 발톱에 손목이 긁혔다는 이유로 고양이의 눈알을 파내는 잔인한 짓을 한다. 더 나아가 짓궂은 감정—인간의 성격을 형성하는 원초적 충동이자 '하면 안 된다'(금기)는 것을 알기에 오히려 어기고 싶은 욕구다—이 발동하자 고양이 목에 밧줄을 걸어

---

5   어원에 따르면 포의 소설은 '스포일러' 개념과는 무관하다.
6   학문적 정의는 훨씬 더 까다로운 논쟁을 거쳐야 할 것이다. 한 예로, 보르헤스는 서구의 유구한 형이상학조차 환상문학이라고 본다.
7   《고양이》, 창해ABC북 참조.

나뭇가지에 매달아 죽인다. 이날 밤, 공교롭게도 불이 나는데 얼마 전에 석회를 발라 새로 칠한 벽에 실루엣으로 새긴 듯 거대한 고양이의 형상이 나타난다.

주인공은 공포에 사로잡힌다. 그러나 곧 정신을 차리고는 나름의 추리로 이 상황을 이해해보려 한다. 즉 불이 나자 누군가가 자신을 잠에서 깨울 요량으로 고양이 시체를 열린 창문 안으로 집어던졌는데, 화염에 휩싸인 벽이 무너지면서 새로 바른 석회의 성분과 고양이 시체에서 나온 암모니아 성분이 화학작용을 일으켜 이 같은 형상을 그려냈을 것이라고.

며칠 후 주인공은 플루토와 똑같이 생긴(가슴 언저리 부분만 흰 얼룩점으로 덮여 있는) 고양이를 만난다. 그 고양이는 주인도 없고 어디서 왔는지도 알 수 없었는데, 다음 날 아침에는 플루토와 똑같이 애꾸눈이라는 것을 알게 된다.

두 고양이는 같은 고양이일까, 다른 고양이일까?

아마도 이 대목이 이성을 혼란케 하는 최초의 지점일 것이다. 교수대 형상을 한 가슴 언저리의 흰 얼룩은 두 고양이가 다른 고양이라는 점을, 반면에 어디서 왔는지 알 수 없으며 한쪽 눈이 없다는 것은 두 고양이가 같은 고양이라는 점을 암시한다.

양가성兩價性을 애매성으로 본다면 우리의 이성은 당혹스러움에서 벗어날 수 있다. 애매성이란 선택의 어려움에서 오는 곤란이지, 파악할 수 없는 것에서 생겨나는 당혹감이 아니기 때문이다. 따라서 아직은 우리의 정신이 견딜 만하다. 포는 격한 형용사를 총동원해 독자의 감정에 공포와 불안의 불길을 지피려 하지만 독자의 이성을 혼란에 빠뜨릴 정도는 아니다.

이제 소설의 주인공은 지하실로 내려가다가 고양이 탓에 발을 헛디뎌 넘어질 뻔하는 수모를 겪는다. 이에 화가 머리끝까지 치밀어 오른 나머지 도끼로 고양이를 내려치려다가 뒤따라온 아내의 정수리를 박살내는 돌이킬 수 없는 짓을 저지르고 만다. 그는 시체를 어떻게 처리할까 궁리하던 중에 지하실 벽을 떠올린다. 마침 장식용 연통과 난로가 있던 자리라 시체를 넣고 본래대로 벽돌을 쌓아 올리자 감쪽같았다.

웬일인지 불길한 고양이는 보이지 않는다. 눈앞에 있었다면 당장 요절을 냈을 테지만 사흘이 지나도 고양이가 나타나지 않자 한시름 놓는다. 나흘째 되는 날 아내의 실종 첩보를 접한 경찰관들이 찾아와 집 안을 수색한다. 그러나 시체를 감춘 곳을 절대 찾아낼 리 없다고 확신한 주인공은 전혀 당황하지 않는다. 심지어는 집 안을 수색하는 경찰을 돕기까지 한다. 마침내 의심을 거둔 경찰관들이 철수하려고 하자 주인공은 승리를 확신한 나머지 기쁨을 억누를 수가 없었다. 이 장면이야말로 나의 긴요한 관심사였으므로(지루하게 줄거리를 요약해온 이유도 여기에 있다) 인내심을 갖고 본격적으로 더 인용해보자.

나는 승리의 표적으로 다만 한 마디라도 말해서 나의 무죄를 그들에게 한층 더 확실하게 하고 싶은 마음으로 불탔다. "여러분!" 경관들이 계단을 올라갈 때 참다못해 나는 입을 열었다. "여러분의 의심이 풀어져서 무엇보다 기쁩니다. 자, 이제 여러분의 건강을 빌며 경의를 표합니다. 그런데, 여러분, 이 집은요, 이 집은 말이죠, 그 구조가 썩 잘되어 있답니다(아무 말이나 무작정 술술 얘기하고 싶은 격렬한 욕망에 휩싸여서 무얼 얘기하고 있는지 나도 몰랐다). 특별히 잘 지어진 집이라고 할 수 있겠죠. 이 벽들은 말이죠, 아, 여러분 그만 가시렵니까? 이 벽들은 말이죠, 견고하게 쌓아져 있답니다."

그러고 나서 주인공은 미치광이처럼 자신이 들고 있던 막대기로 아내의 시체를 숨긴 그 부분을 힘껏 내려 갈겼다.

그러나, 하느님, 악마의 이빨로부터 나를 구해주소서! 때린 소리의 반영이 채 가시기도 전에 그 소리에 이어 무덤 속에서 나오는 듯한 소리가 들려왔다! 처음에는 어린아이의 울음소리와 같이 막혔다 끊어졌다 하는 소리로 들리던 것이 갑자기 길고 높고 계속적인, 아주 이상하고 잔인한 비명으로 변했다. 그것은 지옥에 떨어진 수난자의 입과 그에게 형벌을 주고 기뻐 날뛰는 악마들의 입으로부터 동시에 흘러나온 지옥의 고함소리이며, 공포와 승리가 반반씩 섞인 슬피 울부짖는 비명이었다. (…) 그 모두가 이 고양이의 간책이었다. 나는 이 괴물도 아내의 시체와 함께 벽 속에다 틀어박고 발라버렸던 것이다.

이 장면에서 생겨나는 첫 번째 의문은 왜 주인공이 경찰들을 그냥 돌려보내지 않고 한층 더 무죄를 확실하게 하고 싶은 마음에 사로잡혔을까 하는 점이다. 이에 대한 포의 입장은 단호하다. 그것은 그저 '심술궂은 장난꾼'의 농간 때문이라는 것이다. 심술궂은 장난꾼이 발생시키는 것은 '동기 없는 행위'다.

대체 동기 없는 행위란 무엇일까?

포는 이 대목에서 분명한 해명을 내놓지는 않는다. '동기 없는 행위'란 게 본디 동기는 있지만 아직 실체가 드러나지 않았다고 보는 것인지 문자 그대로 동기가 없는 행위인지 불분명하다. 그런데도 그 결과는 같다. 결국 이성으로 파악할 수 없는 행위인 것이다.

이 장면에 대해 정연재[8]는 특별히 벽 속에서 들려오는 소리에 주목하면서 바로 이 순간이야말로 라캉이 말하는 실재계의 맹목적인 힘, 다시 말해 말할 수 없는 것 또는 재현할 수 없는 것과 〈검은 고양이〉의 화자가 대면하는 순간이라고 주장한다. 그러나 그가 말한 '말할 수 없는 것'이 무엇을 의미하는지 불분명해 보인다.

플루토는 처음부터 지옥의 왕이었으므로 벽 속에서 지옥의 목소리가 들려오는 것은 당연하다. 주인공인 화자가 그로 인해 교수형에 처해진다면 그것은 검은 고양이가 '눈에는 눈 이에는 이'식의 복수를 하는 셈이 되므로 나름 이해가 가능하다. 다만 어린애의 입, 수난자의 입, 악마의 입에서 동시에 흘러나온 지옥의 고함소리라는 것이 혼란을 줄 수 있는데, 이 또한 독자의 감정을 얼어붙게 하려는 작가의 수사적인 기교로 볼 수 있다.

우리는 차라리 서구에서 '존재한다'는 의미와 함께 '건축한다' — 독일 고어 bauen은 영어의 be 동사에 해당[9]한다 — 는 의미

8   〈Poe, Lacan, and the "impossible" Real〉, 《근대영미소설》 9권 1호, p239-258, 정연재 참조.

를 갖는 어원에서 파생한 건축물building에 초점을 맞춰보자.

주인공인 화자가 시체를 감춘 벽을 나무 막대기로 두드렸을 때 소리가 들려온 것은 쌓아 올린 벽돌이 방음의 칸막이 역할을 제대로 하지 못했음을 의미한다. 쌓아 올린 벽돌이 방음 역할을 제대로 하지 못했다는 것! 문제의 핵심은 여기에 있다.

앞서 나는 포가 비버 같은 자연의 건축가들을 끌어와서 인간의 이성이 다른 동물들의 본능과 본질적인 차이가 없음을 역설했다고 했다. 포는 '본능은 강요된 이성이다'라는 주장을 펼치기 위해 왜 하필 건축가의 비유를 들었을까? 건축을 위해서는 질서정연한 설계도가 필요한 만큼 건축 자체가 이미 이성을 상징적으로 함축한다고 말할 수 있지 않을까.

소설의 화자는 '구조가 썩 잘된 집', '특별히 잘 지어진 집', '견고하게 쌓아 올린 벽'이라고 누차 강조해서 말한다. 그런데도 방음에 실패한 것이다. 이것은 건축에 생긴 틈입이자 이성에 생긴 틈입이다. 그러므로 더 이상 사유로 땜질해 막을 수 없는 무엇이다. 환상의 출현은 바로 그 함량 미달된, 어쩌면 결코 완벽할 수 없는 이성 자체의 균열로부터 생겨나는지 모른다.

탐정 뒤팽과 자기의식의 문제

평론가 하워드 헤이크래프트는 "탐정이 없는 한 탐정소설은

---

9   M. Heidegger, *Poetry, Language, Thought* 참조.

있을 수 없다"라는 유명한 말을 남겼다. 이것은 동어반복의 형식논리가 아니다. 추리소설이 탐정 없이 디텍트detect('발견하다 혹은 간파하다')라는 추리적 요소만으로 정의될 수 있느냐는 물음과 관련된다. 볼테르의《자딕Zadig》과 그리스 비극《오이디푸스》, 심지어는 성서에까지 디텍션detection의 빈틈없는 요소가 있다는 반론이 제기될 수 있기 때문이다.

탐정 뒤팽은 디텍트만으로 정의되지 않는다는 점을 염두에 두자. 탐정에게 '디텍션'하는 행위가 논리적이기 때문에 '추리문학은 논리적 문학 장르다'라고 주장한다면, 우리는 뒤팽의 천재성을 파리 경시청 수사국장의 평범한 능력쯤으로 여기는 우를 범하게 될 것이다.

〈모르그 거리의 살인〉은 이스라엘 장윌의《빅보우 미스터리》를 거쳐 자크 푸트렐의 〈13호 감방의 비밀〉과 체스터튼의 탐정 브라운 신부 시리즈 일부, 가스통 르루의《노란 방의 비밀》, 그리고 밀실 살인 플롯의 대가로 정평이 난 존 딕슨 카의《세 개의 관》으로 이어지는 확고한 계보[10]를 형성한다.

이 계보가 독자의 상상력을 자극하는 것은 사실이지만, 밀실 살인의 수수께끼를 푸는 열쇠, 즉 기발한 착상과 해법의 테크닉에만 주목한 나머지 드러난 것 뒤에 숨겨진 작가의 진짜 얼굴을 놓칠 수도 있다. 특히 포의 경우, 그가 뒤팽 3부작[11]을 통해 탐구하고자 했던 것은 밀실 살인의 기법을 뛰어넘어 서구 사유의 철

10   보드킨(Bodkin)이나 더 핸슈스(The Hanshews) 같은 작가에 대해서도, 평론의 관점에서라면 주목해야 할 것이다.
11   포가 쓴 단편 추리소설은 총 다섯 편인데 그중 〈모르그 거리의 살인〉, 〈마리 로제의 수수께끼〉, 〈도난당한 편지〉세 편을 뒤팽 3부작이라고 한다.

학적인 주제와 관련돼 있다.

나는 그 주제를 자기의식self-consciousness이라 부르고자 한다. 〈도난당한 편지〉에서 뒤팽은 의식의 자기부정을 통해 여왕의 은밀한 편지를 훔친 범인 D장관에게서 장물을 되찾게 된다.

자기의식과 의식의 자기부정. 이 개념들은 헤겔 사상의 근본축이다. 어쩌면 헤겔 사상을 제대로 이해한 독자만이 포의 추리소설을, 나아가 밀실 살인을 더 잘 이해할 수 있다는 주장도 그리 틀린 말은 아닐 것이다.[12]

짝패[13]

작가가 성장하면서 작품의 주제나 성향이 달라질 수 있기 때문에 단순화의 위험을 잊지 않는다면 우리는 특정 추리작가를 이해하기 위한 핵심 키워드에 대해 말할 수 있다. 가령 코넌 도일의 가추법abduction, 애거사 크리스티의 전원살인country-house murder, 대실 해밋의 프리크래프트 우화, 보르헤스의 공가능성com-possibility 개념, 그리고 김성종의 아기baby를 들 수 있을 것이다.

포의 경우 그의 추리소설은 '짝패Double'와 관련돼 있다. 탐정 뒤팽이 범인이 훔쳐간 편지를 되찾기 위해 자기부정의 과정

---

12 John Muller, "The Purloined Letter: Hegel, Poe, and Lacan," John P. Muller & W. J. Richardson(eds.), *The Purloined Poe: Lacan, Derrida and Psychoanalytic Reading*, p 343~368.

13 짝패란 카드나 화투에서 같은 패 두 장을 뜻한다.

을 수행하는데 이는 범인의 범행 수법을 알아내기 위한 필요조건인 셈이다. 즉 범인의 치밀한 수법을 알아내기 위해서는 '탐정은 범인이 되어야 한다'는 것이다.

'탐정 = 범인'[14]이라니?

이런 의문에 사로잡힌 독자에게 우선 포가 탐정 뒤팽의 이니셜을 따서 범인을 D장관이라고 호칭한 것에 주목하라고 말하고 싶다. 물론 이름의 이니셜이 같다고 해서 두 인물이 동일 인물이라는 것을 의미하지는 않는다. 하지만 탐정과 범인이 선과 악이라는 마니교도적인 이분법으로 대척되는 존재가 아니라는 것만은 분명하다. 거울의 비유로 설명하면 범인 D장관은 뒤팽의 거울상이라고 할 수 있을 것이다.

〈도난당한 편지〉는 1844년에 쓰였다. 거울 이미지로서의 짝패 사상이 포에게 분명하게 드러난 것은 그보다 5년 전인 〈윌리엄 윌슨〉(1839)에서였다.

"내 이름을 우선 윌리엄 윌슨이라고 해두자"로 시작하는 이 소설은 헨리 데이비드 소로의 오두막을 상기시킨다는 점에서 개인(주체)을 둘러싼 암흑과 은둔이라는 미국 문학사의 고유한 주제와 맞닿아 있다고 평가하지만, 우리는 범위를 좁혀서 윌리엄 윌슨이 자신의 짝패를 만난 미로 같은 학교에 초점을 맞추어 보자.

윌슨은 자신이 다니던 학교를 "안개 자욱한 잉글랜드 어느

---

14 이 주제를 심화해 완성한 작가는 체스터튼이다. 탐정 브라운 신부의 수사 기법은 범인의 내면으로 들어가 범인처럼 느끼고 생각하는 것이다. 공교롭게도 사상가 슬라보예 지젝은 '범인보다 더 위반적인 탐정'이라는 주제를 독특한 방식으로 해석한 헤겔의 변증법과 연결시킨다.

마을의 크고 불규칙적인 엘리자베스 왕조 풍의 저택"[15]으로 묘사한다. 이 낡은 저택, 오랜 세월이 흐른 탓에 퇴락해 붕괴의 조짐을 보이는 이 저택이야말로 본격 추리소설[16]의 초석이자 자아에 대한 깊은 이해가 가능한 장소[17]다. 한데, 낡은 저택이라는 매개를 통해 이해된 자아는 통합된 데카르트적인 코기토가 아니라 끊임없이 기표 위를 미끄러져 내리는 자아, 다시 말해 분열된 자아다. 포는 〈모르그 거리의 살인〉에서 뒤팽이 가진 이중적인 능력 — 창조적이고 분석적인 the creative & the resolvent[18] — 을 분열된 자아[19]로 표현한 바 있다.

쇠락한 저택과 분열된 자아.

여기서 쇠락한 저택을 밀실의 원형적 상징으로 보아도 무방하다면, 우리는 한 번 더 베른슈타인의 말을 빌려 밀실이란 건축 공간에 대한 사실일 뿐만 아니라 심리적이고 형이상학적인 우울함의 감옥[20]이라고 주장할 수 있다. 하나의 상징으로서 밀실은, 분열된 자아들이 서로 다투는 투쟁의 장이자 의미가 동결된(투쟁의 결과에 따라 의미가 결정된다는 점에서) 혹은 임계점으로서의 자기의식의 회색지대다.

---

15 포, 김병철 옮김, 〈윌리엄 윌슨〉, 《검은 고양이》, p193.
16 David Lehman, *The Perfect Murder: A Study in Detection,* The University of Michigan Press, p75.
17 Stephen Bernstein, "The Question is Story Itself," *Detecting Texts: The Metaphysical Detective Story From Poe To Postmodernism,* p143.
18 이 발상은 시인 새뮤얼 콜리지적인 것인데 지식의 객관성에 대한 의혹의 해결책으로 제시된 것이다.
19 *Detecting Texts: The Metaphysical Detective Story From Poe To Postmodernism,* p146.
20 포의 Bi-Part Soul은 Divided-Self나 매한가지다.

짝패를 떠나서 밀실 살인이 갖는 문화적 의미를 이해할 수는 없다. 트릭의 기발함만을 강조하는 이해 방식은 한계가 있다. 다시 한번 〈모르그 거리의 살인〉은 '분열된 자아'라는 주제를 가진 〈윌리엄 윌슨〉과 〈도난당한 편지〉의 연속성 위에서 파악되어야 함을 강조해두자.

밀실

〈모르그 거리의 살인〉에서는 〈도난당한 편지〉와는 달리 탐정 대 범인의 대립 항이 분명하게 드러나진 않는다. 범인이 오랑우탄이라는 점 때문에 데이빗슨은 중심적인 자아와 창안된 자아를 구별한 뒤 오랑우탄이란 존재를 창안된 자아의 여정[21]으로 묘사한다. 거칠게 표현하면 모함(중심적 자아)과 구축함(창안된 자아)의 관계, 즉 모함 앞에서 전방을 주시하며 행로를 개척하는 구축함의 모습이라는 점에서 제국주의적 성격을 띤다고 말할 수도 있다. 그러나 경제적 착취를 위한 제국주의적 영토 확장은 진정한 의미의 분열을 수반하진 않는다. 차라리 그것은 귀환이 약속된, 왕복권을 손에 쥔 기약된 여행이라고 할 수 있다. 그렇기에 오랑우탄은 뒤팽의 연장으로서의 탐색하는 자아는 아니다.

짝패가 분열을 함의한다는 점에 눈을 돌려보자. 분열은 정확

---

21   E. H. Davidson, *Poe: A Critical Study*, Harvard University Press, p56.

히 어떤 의미일까?

거울을 바라보면 우리의 모습이 좌우로 뒤바뀌어 반영된다. 분열의 경우, 거울상과는 달리 좌우의 분열과 상하의 분열로 나누어 생각할 수 있는데, 〈모르그 거리의 살인〉에서는 '상하의 분열'이 밀실 살인사건을 해결하는 실마리일 뿐만 아니라 포문학의 상징적인 의미까지 포괄한다.

〈모르그 거리의 살인〉 서두에 에피그람으로 인용된 사이렌(바다요정, 얼굴은 여자이고 몸은 새의 모습으로 나중에 인어로 변형된다. 스타벅스의 로고 이미지이기도 하다), 4분의 1쯤이 잘려나간 창틀 고정 못, 창문의 반을 가린 침대, 목이 잘린 레스파네 부인, 그리고 무엇보다 '숲속의 사람'이라는 뜻인 범인으로서의 오랑우탄, 즉 뒤팽의 하체(지성과 상반된 의미에서)에 해당하는 동물성은 상하의 분열인 셈이다.

잠깐 〈모르그 거리의 살인〉의 줄거리를 더듬어보자.

어느 날 새벽 3시경, 모르그 거리에서 참극이 발생한다. 건물 4층에서 들려온 무서운 비명소리에 열 명가량의 이웃 사람들이 경관과 함께 단단히 잠긴 문을 쇠지레로 비틀어 열고 집으로 들어가 보니 차마 눈 뜨고 볼 수 없는 광경이 펼쳐져 있다. 난잡하게 어질러진 방 안에서 피 묻은 면도칼, 뿌리째 뽑힌 것 같은 머리카락 뭉치 등이 발견된다. 레스파네 부인의 모습은 보이지 않고 그녀의 딸 카미유 양이 굴뚝에 억지로 끌어넣어진 채로 살해당해 있다. 얼굴은 심하게 긁힌 상처투성이였고 목에는 시커먼 타박상과 손톱자국이 있어 목이 졸려 죽은 것으로 짐작되었다.

한편, 집을 샅샅이 뒤진 끝에 건물 뒤쪽 뜰에서 목이 잘려 나간(몸을 들어올리는 순간 머리가 떨어져 굴렀다) 레스파네 부인을 발견하는데, 부인의 몸은 거의 알아볼 수 없을 정도로 심하게 훼손된 상태였다.

집 안의 통로는 쇠지렛대로 연 문(당연히 안쪽에서 잠겨 있었다)과 굴뚝(연기 배출구가 위로 올라가면서 좁아져 고양이 새끼 한 마리 나가기 힘들다), 그리고 양쪽 방의 창문(이곳으로 나갔다면 밖에 있는 사람들의 눈에 반드시 띄었을 것이다) 외에 뒤쪽 방 창문 두 개가 있는데, 모두 안쪽에서 잠겨 있었으므로 범인이 빠져나갈 출구는 없었던 것으로 판명되었다.

뒤팽은 이 수수께끼 같은 밀실 살인사건을 어떻게 해결하는가?

그는 파리 경찰이 사건의 진실을 볼 줄 아는 능력이 부족하다고 비판하면서 진리란 표면에서 발견되는 것[22]이라고 주장한다. 뒤팽은 살인 현장에서 들려온 '날카롭고 귀에 거슬리는 거친 소리'에 대한 증언이 사람들마다 다르다는 점을 주목한다. 프랑스인 증언자는 그 소리가 스페인어였다고 말하고, 네덜란드인 증언자는 프랑스어, 영국인은 독일어, 또 누구에게는 이탈리아어로 들렸다는 것이다. 뒤팽은 이로부터 경찰과는 다른 판단을 내리는데, 그 거친 목소리가 사람의 언어가 아니라는 것

---

22 〈모르그 거리의 살인〉에 '분석'에 대한 설명이 나오는데, 라캉은 이 '분석'을 '기의의 불가능성'이라고 정의한다. 기의가 불가능하다면 분석을 통해 우리가 알 수 있는 것은 기표뿐이다. 일상용어로는 단어의 의미가 불가능하므로 단어 그 자체, 표현 자체에 주목하라는 요구인 셈이다. 이 순간, 포는 진리가 단어 그 자체에 있다고 보는 것이다. E. A. 포우, 이환범 옮김, 〈모르그 거리의 살인〉, 《검은 고양이》, 혜원, p33.

이다.

덧붙여 뒤팽은 유일한 탈출구로 뒤쪽 방 창문 두 개를 주목하면서 소설 속 화자인 나에게 다음과 같이 말한다.

"그 방에는 창문이 두 개 있네. 하나는 가구가 놓여 있지 않으므로 전체가 보이는 것이고 또 하나는 멋없이 큰 침대가 빈틈없이 들어차 침대 머리에 숨겨져 밑의 절반은 보이지 않게 되어 있지. 첫 번째 창문은 안에서 꼭 잠겨 있었고, 몇 사람이 힘을 다해 들어올리려고 했으나 꿈쩍도 하지 않았지. 창틀 왼쪽에 송곳으로 낸 커다란 구멍이 있고 거기에 굉장히 단단한 큰 못이 거의 대가리까지 꽉 박혀 있었거든. 또 한쪽 창문도 조사해보니 같은 모양의 못이 같은 형태로 박혀 있었네. 물론 이것도 들어올리려고 안간힘을 써보았지만 역시 꿈쩍도 하지 않았지. 이로써 경찰은 이곳으로 탈출했을 리 없다고 단정해버린 거야."[23]

뒤팽은 용수철이 교묘히 숨겨진 두 개의 창문 중 하나(침대 머리 쪽 창문)에서 고정 못대가리가 4분의 1쯤이 부러져 있었기 때문에 범인이 그리로 도망쳐 나갈 때 우연히 창문이 자동적으로 닫히면서 완전히 밀폐된 것처럼(겉보기에 못은 멀쩡했다) 보였다는 사실을 밝혀낸다.

이로써 범인의 탈출구는 알아낸 셈이다. 문제는 그다음이다. 밖으로 나온 범인이 건물 4층이라는 아찔한 높이에서 땅바닥으로 곤두박질쳐 온몸이 만신창이가 되는 끔찍함을 모면하기 위해서는 창문에서 5피트나 떨어진 피뢰침을 잡을 수 있어야

---

23   위의 책, p39.

하는데, 그것은 인간 능력 밖의 일로 보였다. 하지만 덧문이 프랑스 목수들이 흔히 '페라드'라고 부르는 특수한 종류의 문이라는 점에 착안한 뒤팽은 그것이 반 이상만 열려 있으면 2.5피트의 팔 길이로도 탈출이 가능하다는 결론에 이른다. 그런데도 여전히 곤혹스러운 문제가 남아 있다. 피뢰침에 팔이 닿는다 해도 그토록 위험하고 어려운 곡예를 성공적으로 해내기 위한 필수조건이 있는데, 범인이 '아주 놀라울 정도의 운동능력'을 가진 자여야 한다는 점이다.

이쯤에 이르러 화자인 내가 "범인은 미친 사람"이라고 하자 뒤팽은 "미치광이라 해도 어느 나라 사람일 수밖에 없으며 비록 말하는 내용은 종잡을 수 없을지라도 음절 쪽은 확실한 법"이라고 반박한다. 따라서 범인은 사람이 아닌 것으로 추정되었다. 결국 뒤팽은 죽은 레스파네 부인이 손아귀에 꼭 쥐고 있던 털 뭉치의 주인이, 동물학자 퀴비에의 책을 활용하여, '놀라운 힘과 운동능력, 잔인성, 모방력'을 가진 거대한 몸집의 동물, 즉 오랑우탄이라고 주장한다.

시인이자 수학자인 탐정 뒤팽

독자의 입장은 상대적으로 불리하다. 부러진 못보다는 여러 국적의 사람이 4층에서 들려온 거친 목소리가 하나같이 자기 모국어가 아니었다고 증언한 점을 힌트로 삼지 않을 경우, 문제 해결은 어려워 보인다. 독자가 용수철의 역할과 부러진 못의 상관관계를 단서로 짐작하기란 거의 불가능하다. 이 대목에서 페어플레이를 문제 삼아 포에게 시비를 걸 수도 있지만, 우리가 논의해온 주제, '밀실 살인과 자기의식'과 관련하여 오랑우탄이 끔찍한 범죄를 저지른 경위로 눈길을 돌려보자.

좀 더 세부적인 물음은 이렇다. 왜 하필 레스파네 부인은 목이 잘렸을까?

오랑우탄은 주인인 선원이 얼굴에 비누 거품을 잔뜩 묻힌 채 거울 앞에 앉아 면도하는 것을 열쇠구멍을 통해 엿보아왔다. 범행 당일, 오랑우탄은 갇혀 있던 방에서 빠져나와 면도칼을 들고 주인 흉내를 내던 중 외출했다가 돌아온 주인에게 발각되자 두려운 나머지 달아났는데(주인은 습관적으로 회초리를 들어 오랑우탄의 거친 행동을 제압해왔다), 우연히 모르그 거리의 레스파네 부인 집이 눈에 띄었고 그 집 덧문 안으로 들어가게 된다. 다시 말해, "오랑우탄의 광포성은 자기반성적self-reflective 행위, 즉 주인이 거울 앞에서 수염을 깎는 행위를 모방하려는 시도에 의해 촉발되었다"[24]는 것이다.

자기의식의 특징으로서의 반영, 거울, 모방…. 서구 사유의 핵심은 동일성(A=A)으로부터 출발하는데, 이것이 동어반복이라는 형식적 특성으로 인해 전혀 생산력이 없음을 알기에 실질적 내용을 추가하기 위해 거울(냇물)에 비친 자신을 바라봄으로써(거울 표면에 비친 자기 모습은 영락없이 자기 모습이라는 점에서 자기와 같지만, 좌우가 뒤바뀐 모습이라는 점에서는 자기와 다르다고도 할

24   J. T. Irwin, *The Mystery to a Solution: Poe, Borges, and the Analytic Detective Story*, The Johns Hopkins University Press, p198.

수 있다. 이 점을 이용해 형식논리에서 탈피해 A=A'로 나아가게 된다) 문제를 해결한다.

이때 거울은 거울에 비친 자기 모습을 반영하는 것이고, 거울에 맺힌 상이 실제 자기 모습을 모방한다고도 할 수 있다. 또한 거울 속의 자기를 자기가 바라보는 순간 자기는 분열(거울 속의 자기도 자기라는 점을 부정할 수 없으므로)하게 된다. 포에게 '짝패'란 이 분열의 문학적 상징이다.

비록 역순이긴 하지만 오랑우탄의 모방행위가 거울상이라는 가교를 넘어 짝패에 이르게 되는 과정을 추적해보았다.

〈모르그 거리의 살인〉의 끝부분에서 범인으로 오해되던 드봉이라는 자가 마침내 풀려나게 되는데, 뒤팽은 근거도 없이 아무나 범인으로 지목한 경찰국장의 무능에 대해 비난의 말을 거칠게 쏟아낸다.

"그 작자의 지혜에는 수컷성이 결여되어 있어. 여신 라베르나(로마신화에 나오는 도둑의 여신)의 그림같이 머리만 있고 몸은 없던가, 그렇지 않으면 생선 대구 모양 머리와 어깨뿐이던가."[25]

뒤집어 말하면 뒤팽 자신처럼 지혜에 수컷성이 있어야 사건을 해결할 수 있었을 것이라는 의미인데, 수컷성이 없는 지혜가 합리적 계산의 평상적 과정에 불과하다면 연상작용을 할 수 있는 자신의 능력은 초감각적 메커니즘이라는 것이다. 어리석은 경찰국장과 달리 전제에 사로잡히지 않고 고차원의 추리를 하

---

25 이환범 옮김, 《검은 고양이》, p53.

기 위해서는 뜻밖에도 추리 자체에 비합리적 요소가 개입되어 있어야 한다는 예상치 못한 결론[26]에 이른다.

비합리적인 것의 기미가 있기에 뒤팽은 최상의 추리를 할 수 있다!

이것이 포의 선언적 문장이라니?!

결국 포의 문제의식은 '진정한 합리성이란 무엇인가'(실천으로 평가되지 않은 합리성이란 진정한 의미의 합리성이 아니라고 보는 역사적 유물론)라는 문제로 귀착되는데, 뒤팽의 자기부정과 반영으로서의 자기의식 그리고 밀실 살인사건과 결부된 합리성에 대한 탐구를 통해 우리가 거대 담론을 찾아가는 것은 역부족이자 어쩌면 불필요한 일일지 모르지만, 적어도 포에게 있어서의 밀실 살인사건과 자기의식의 문제는 사유와 문화의 폭넓은 지평에서 이해되지 않으면 보잘것없는 것이 된다는, 사뭇 평범하면서도 의미심장한 교훈을 우리에게 던져주는 듯하다.

포는 왜 억압되었는가?

〈모르그 거리의 살인〉이 최초의 근대 추리소설이라는 사실은 잘 알려져 있지만, 포가 추리소설의 기원으로서 억압되었다는 사실에 주목하는 이는 드물다. 포가 억압되었다는 것은 무슨 의

---

26   Daniel Hoffman, *Poe Poe Poe Poe Poe Poe Poe*, Louisiana state university press, p107.

미인가? 결론부터 말하자면, 서구와 미국의 추리문학사[27]는 포를 억압함으로써 성립한다.

추리문학사는 '솔루션-스포일러solution-spoiler'에 근거한 자기동일성의 역사다. 사건을 해결하지 못하는 천재적인 탐정을 상상할 순 없다. 엘러리 퀸이 '독자에의 도전'을 과제로 내세울 때, 절대적으로 사건의 해결 가능성은 전제되어야 한다. 따라서 페어플레이란 탐정과 독자 중에 누가 먼저 미스터리의 해결책을 내놓을 수 있는가를 두고 벌이는 공정한 두뇌 싸움일 수밖에 없다.

이처럼 솔루션[28]의 가능성은 당연히 추리소설을 펼쳐 든 독자의 기대 속으로 흘러든다. 독자는 사건 해결의 의지를 가지고 하나하나 단서를 취합하여 추리한다. 뿔뿔이 흩어져 종잡을 수 없었던 추리의 파편과 맥락이 쌓여 마지막에 가서는 누구도 부인할 수 없는 논리적인 해결책에 이르렀을 때 범인은 드러나고 사건은 종결된다.

스포일러란, 독자가 책을 읽기 전에 해결책, 혹은 범인이 누구인지를 알림으로써 독서 체험을 맥 빠지게 하는 장난꾼인 셈이다. 한데 해결책을 안다면, 등장인물 중 누가 범인임을 안다면, 추리소설의 독서 체험은 왜 그토록 맥이 빠지는 것일까?

추리소설은 왜 이토록 솔루션에 목을 매다는 것일까?

〈모르그 거리의 살인〉에서는 오랑우탄을 범인으로 짐작할 만한 단서조차 없을 뿐만 아니라, 차라리 오랑우탄은 데우스 엑

---

27   코넌 도일, 애거사 크리스티, 하드보일드 작가 등등.
28   번역이 어려운 '스포일러'의 상관 항이므로 때론 번역하지 않고 쓴다.

스 마키나Deus ex machina[29]에 가까운지라 해법은 전혀 페어플레이에 근거한 것이 아니라고 지적되기도 한다. 〈도난당한 편지〉도 예외는 아니어서, 편지를 훔쳐간 범인은 이미 밝혀져 있고 단서는 불충분한 데다 심지어 이 소설은 '미스터리'로 충분히 구성되어 있지 않다[30]는 것이다.

존 어윈John Irwin은 '포의 추리소설은 스포일러 개념과는 무관하다'고 주장한다. 포의 추리소설은 스포일러에 의해 거의, 혹은 전혀 해를 입지 않는다는 것이다. 포의 추리소설은 '솔루션-스포일러'의 짝이 아니라 '다시 읽을 가치가 있는 솔루션'으로 이해되어야 한다.

이것은 이미 수많은 추리소설을 읽어온 우리의 독서 경험과는 사뭇 어긋난다. 이 어긋남, 이 어긋남의 역사… 왜 결말이 알려져도 맥이 빠지지 않는 추리소설은 망각된 것일까? 그것이 애초에 포가 의도한 것이라면 우리가 일반적으로 생각하는 추리문학사는 그 망각, 아니 그 억압의 토대 위에 세워진 것이 틀림없다.

대단한 문호로 추앙받는 보르헤스는 일정 부분 추리소설가로서의 정체성을 가진 작가다. 올곧이 포의 유지를 받든 이가 보르헤스다. 포를 의식한 보르헤스는 첫 추리소설 〈끝없이 두 갈래 길로 갈라지는 정원〉[31]을 〈모르그 거리의 살인〉(1841)이

---

29   고대 그리스극에서 자주 사용하던 극작술로 초자연적인 힘을 이용하여 극의 긴박한 국면을 타개하고 이를 결말로 이끌어가는 기법.

30   D. I. Grossvogel, *Mystery and Its Fictions: From Oedipus to Agatha Christie*, p96.

31   이 소설은 《엘러리 퀸 미스터리 매거진》 2등상을 받기도 했다.

나온 100년 뒤인 1941년에 출간했고 〈마리 로제의 수수께끼〉가 연작형태로 1842~1843년에 출간된 100년 뒤인 1942년에 〈죽음과 콤파스〉를 썼다. 포의 〈도난당한 편지〉는 1844년에 출간되었는데, 보르헤스는 세 번째 추리소설인 〈이븐 하칸 알-보카리, 미궁에서 죽다〉를 포와 대비한 자신의 추리소설의 성격에 관한 여러 가지 고민으로 인해 1944년이라는 의미 있는 해에 출간하지 못했다. 하지만 이 소설에서는 포의 시 〈갈까마귀 The Raven〉를 의식해 언레이븐Unraven이라는 이름의 시인과 언윈Unwin이라는 이름의 수학자를 등장시킨다.

포가 창조한 탐정 뒤팽은 시인이자 수학자다. 무능한 경찰의 능력은 수학자에 한정된다. 수학은 단순한 계산 능력이라 궁극적인 사물의 질서를 밝혀내지 못한다. 그에 반해 시인의 자질은 진정한 분석의 힘이자 창조적 능력의 원천이다. 아니, 양자의 능력을 공유한 자만이 탐정으로서의 탁월한 재능을 발휘할 수 있다.

어원은 뒤팽의 이런 이중화된 능력이 분석적 추리소설의 표준적 요소[32]라고 본다. 엄밀히 말하면, 뒤팽은 자기동일성을 잃고 시적 인간과 수학적 인간으로 분열된 데다 그 거울 이미지인 D장관으로 이중화되어 있다. 이 점은 자기동일성을 제국주의적 자아imperial self로까지 확장한 셜록 홈스와 비교할 때 확연한 차이를 느낄 수 있다.

흥미로운 것은 어원이 이런 이중화를 분석적 추리소설의 요

---

32   J. T. Irwin, *The Mystery to a Solution*, p5.

건인 동시에 고급예술과 저급예술을 나누는 기준으로 본다는 점이다. 예상되듯이, 그는 분석적 추리소설가로 포와 보르헤스를 꼽고 있다. 둘 다 해결책을 알고 나서도 읽을 가치가 있는 추리소설을 썼다는 것, 달리 말해 미스터리의 해결보다는 미스터리 자체에 중요성을 부여했다는 것이다. 이것을 간단히 수학화하면 다음과 같다.

미스터리 〉미스터리의 해결

미스터리가 미스터리의 해결보다 크다는 것의 의미는 무엇일까? 그것은 지식 혹은 지식의 체계 밖에 남는 잉여, 칸트의 물자체 Das Ding an sich[33]나 라캉의 소문자 대상 a[34]를 겨냥하고 있지 않은가!

어원의 논리에 따를 때, 표준적인 추리문학사는 포의 생각을 억압했다고 볼 수밖에 없다. 더 나아가서는 '포-보르헤스'라는 두 작가의 사승師承 관계가 잊힌 방계의 추리문학사를 형성하고 있다고 볼 수 있다.

지금 와서 돌이켜 보면, 1840년대에서 코넌 도일이 등장하는 1890년대 전후 기간 사이의 작가인 윌키 콜린스의《월장석》에는 포가 억압되기 전의 지적인 분위기가 남아 있었다.

---

33 칸트 철학의 중심개념. 인식주관에 대립하여 나타나는 현상으로서의 물(物)이 아니라, 인식주관으로부터 독립하여 그 자체로 존재하며 현상의 궁극적인 원인이라고 생각되는 본체(本體).

34 인간이 상징계 안에서 빗금 친 주체로 태어날 때 생겨난 구멍(간극)을 메우는 대상.

지식은 수수께끼를 드러낸다.

이 명제는 후기 빅토리아 왕조 시대 지식인들의 보편적인 고민거리였다. '솔루션-스포일러'의 짝에서 보면 위의 명제가 유지되는 한 추리문학은 불가능하다. 미스터리가 해결될 수 없기 때문이다.

어원은 전혀 의도하지 않았거나 짐작하지 못했겠지만, 시간을 되돌려 억압된 내용을 제시한 순간 판도라의 상자를 연 것이나 다름없다. 그는 미스터리가 미스터리의 해결보다 크지만 여전히 그 어떤 해결로 귀결되므로 양자의 균형을 맞출 수 있다고 생각한 모양인데, 이것이야말로 순진한 오산이다. 오히려 반대로 생각하는 것이 더 논리적이다. 미스터리가 미스터리의 해결보다 언제나 크다면 결국 해결은 제한적이거나 무의미한 것이 아닌가.

여기서 해결 밖이나 지식 밖의 어떤 영역, 그것이 원초적 욕망으로 불리든 무의식으로 불리든 지식으로 제어하지 못한 강력한 힘이 추리소설 속으로 흘러든다.

정신분석학자로 사상계의 지축을 뒤흔든 라캉이 기표 개념을 설명하기 위해 포의 〈도난당한 편지〉를 텍스트로 삼은 것은 우연이었을까? 정신분석학과 추리소설이 공히 위상수학과 무관하지 않다는 것도 우연일까?

여기서 중요한 점은 우리 스스로 동일성의 논리에서 빠져나옴으로써 추리소설을 사랑하는 우리를 괴롭혔던(추리문학을 주변부로 밀어냈던) 동일성의 논리를 비판할 수 있는 자격을 갖추게 된다는 것이다. 그리고 우리가 오해하지 말아야 할 것은 방계의 추리문학사가 기존의 추리문학사를 폐기/극복하는 것이 아니란 점이다. 이 또한 자기동일성의 논리를 다른 관점에서 제시한 것에 불과하다. 우리에게 필요한 것은 표준적인 추리문학사를 탈-중심화하는 것이다.

기원은 늘 차이로서의 기원이다. 스포일러 개념이 전혀 영향력이 없는 방계 추리문학사를 염두에 두지 않는 한 우리는 탈-중심화에 성공할 수 없다. 기원이란 늘 배제의 가혹한 임무를 수행한다. 우리가 '포-보르헤스' 라인에서 발견한 것 중 이보다 더 놀라운 것은 없다.

2. 삶은 가면놀이다
: 애거사 크리스티와 니체

✚ 추리소설가들이 크게 놀랄 니체의 물음
너, 사람 죽이는 이야기를 겁도 없이 펑펑 써대는 추리작가라면서?
'그런데 너, 살인자가 될 만한 그릇이기는 한 거야?'

(Aber vermögst du das, Mörder zu sein?)

성경 다음으로 많이 팔린 책을 쓴 작가, 구성의 천재이자 추리소설의 여왕 애거사 크리스티에 대해 본격적으로 분석한 글은 예상외로 드물다. 지금도 막강한 영향력을 행사하는 이 추리소설가를 한번 제대로 들여다볼 필요가 있다. 대중의 심리를 장악하고 '코지 미스터리'를 만들어낸 장본인인 애거사 크리스티를.

애거사 크리스티의 기본 정서는 노스탤지어 nostalgia다. 누가 뭐래도 마음이 과거라는 콩밭에 가 있는 것이다. 노년의 인간에게 대부분 나타나는 보편적 정서지만 크리스티의 경우 개인에게 국한될 문제는 아닌 것 같다. 그녀가 속해 있던 영국 부르주아 문화 전체가 노쇠 현상을 겪는 가운데, 예외 없이 그녀의 작품에서도 한없이 뒤를 돌아보는 듯한 만년晩年의 쓸쓸한 모습이 드러난다고 보아야 할 것이다.

전 세대 작가인 아서 코넌 도일의 셜록 홈스와 애거사 크리스티의 미스 마플을 비교해보라. 육체적 활력에 있어 얼마나 큰 변화가 있었는지 알 수 있다. 권투선수 경력이 있는 데다 타고난 활동가인 셜록 홈스는 지치는 기색조차 없이 도시 후미진 곳 구석구석을 누비고 다닌다. 그 덕에 런던에 관한 한 백과사전적 지식을 가진 인물로 그려진다. 그에 반해 노년의 미스 마플은 세인트메리미드라고 하는 시골동네에 처박혀 무기력한 관음증을 달래려고 살인사건에 호기심을 보이는 영민한 노파로 묘사된다.

영국 시민으로서 대영제국의 잃어버린 영광에 대한 그리움일 수 있다. 아니면, 산업화로 인해 우후죽순처럼 들어선 공장지대와 도시 빌딩숲의 삭막한 풍경에 대한 거부감으로 전원생활에 대한 애착이 커진 것일 수도 있다. 그 무엇이든, 애거사 크리스티는 유년시절 삶의 풍경이었던 자연이 인공의 세계로 급속히 대체되는 것에 불안을 느꼈던 것 같다.

살인은 행복한 전원생활에 균열을 내고, 탐정은 범죄자를 솎아내어 균열을 봉합하는 치유를 통해 공동체의 완전성을 회복한다. 살인은 질서를 파괴하는 디오니소스적인 힘이다. 근대의 디오니소스는 도시의 성장과 함께 힘을 키워간다. 그 힘은 도시의 초대를 받아 도시의 이름으로 도시를 파고든다. 이 어두운 힘에 매료돼 노래를 부른 도시의 시인을, 체스터튼은 추리소설가라 불렀다.

애거사 크리스티는 어깨를 옹송그리고 목을 끌어당겨 잔뜩 움츠러든다. 체스터튼만큼 디오니소스의 침입을 감당할 정신적 여유도 없고, 자연의 파괴 위에 건설된 미래를 낙관하지도 않는다. 그녀는 도시에서 시골로 달아남으로써 시대의 변화에 역행한다. 도시 탐정인 푸아로로부터 시골 탐정인 미스 마플로, 정신적 칩거를 감행함으로써 스스로에게서 신체적 활력을 앗아간다. 크리스티의 정신적 퇴행의 풍경을 감상한 어느 평자는 추리소설을 '도피문학'이라 규정했다. 도시적 디오니소스적인 힘을 표현한 모더니즘으로부터의 도피라는 것이다.

현대인의 정서는 모든 것이 파괴된 폐허로부터의 상상을 허용한다. 노인의 하얘진 머리칼과 하이힐을 신은 관능적인 다리를 연결시키는 '불연속성'의 세계를 노골적으로 드러낸다. 콜라주라는 회화 기법이다.

이런 감각에 오래 노출되면, 파편화된 세계에 대해 공포감도

낯설음도 없어지기 마련이다. 셜록 홈스에 대해 해박했던 한 평론가는 영국 보수당을 지지했던 코넌 도일이 이 디오니소스적인 힘을 소설에서 형상화해 빌런인 제임스 모리아티 교수를 창조했는데 그 모델이 철학자 프리드리히 니체라는 것이다.

니체는 원본 따위의 세계란 없다고 주장한 사상가다. 해석된 세계만 있을 뿐이라는 것이다. 라틴어 계열로부터 구성된 세계와 한국 같은 우랄-알타이어 계통의 언어를 통해 보인 세계가 얼마나 다를까, 라고도 말했다. 인간이 언어를 사용하는 한 독일어도 영어도 중국어도 한국어도 아닌 모든 인간의 언어를 벗어나 파악된 세계 따위란 있을 수 없다는 것이다.

19세기에서 20세기로 넘어갈 무렵, 온 유럽이 니체를 죽이지 못해 안달이 나 있었다. 그에게 '미친놈'이라는 딱지를 붙여 세상의 관심을 차단하려고 했다. 그 방법은 아주 효과적이어서 니체는 60년 넘게 사상계로부터 멀어져 있었다. 위대한 철학자인 독일의 하이데거와 프랑스의 들뢰즈가 1960년대 사상적 인공호흡으로 죽어 있던 니체를 되살려냈다.

애거사 크리스티의 추리소설에서 니체 사상의 흔적을 감지한 것은 뜻밖이었다. 강한 부정은 긍정이라고 했던가. 부정한다는 것은 어쨌든 부정의 대상을 의식할 수밖에 없다. 아마추어 피아니스트였던 애거사 크리스티는 유연한 선율을 거부함으로써 파편화된 음악이 되고 만 무조음악에 대해서도 잘 알고 있었다.

살인자는 자신이 살인자임을 감추기 위해서 얼굴에 가면을 쓴다. 그 가면으로 인해 주변 사람들은 쉽게 속아 넘어간다. 영민한 탐정만이 가면 뒤에 감춰진 본모습을 알아볼 수 있는데, 그 본모습이 또 다른 가면에 불과하다면 어찌할 것인가?

니체의 말처럼 원본(실체 또는 본모습)이 없는 곤혹스러운 형국이 아닌가. 가면 밑에 또 다른 가면이 숨어 있을 뿐이라면 범인을 찾아내 사건의 진상을 밝혀야 하는 추리소설이라는 장르가 성립할 것인가? 한데, 애거사 크리스티는 드러내놓고 언급하지 않았을 뿐이지 이 문제를《죽은 자의 어리석음》에서 명확히 인식하고 있었다.

전원田園

우리는 1975년 8월 4일자 〈뉴욕 타임스〉의 표지 모델로 선정된 탐정 푸아로Poirot의 창조자로서 애거사 크리스티를 기억하고 있다. 또한 연극계의 신데렐라로서《쥐덫》의 대대적인 성공과 더불어 영국 여왕으로부터 하사받은 데임Dame 작위가 그녀의 명성을 일약 세계적 위상으로 끌어올린 것도 잘 알고 있다. 이 외에도 그녀가 몹시 수줍음을 타는 성격이라 전문 피아니스트의 꿈을 접었다던가, 흠모했던 음악가로 바그너와 드뷔시 그리고 뜻밖에도 쇤베르크[1]를 들 수 있다던가, 첫 남편인 아치볼드 크리스티가 친구의 여비서와 눈이 맞아 저지른 불륜으로 인

---

1   애거사 크리스티의 추리소설에 대해 '모더니즘으로부터의 도피'라는 평가를 내릴 수 있다면 무조음악과 12음계로 널리 알려진 쇤베르크를 좋아했다는 사실은 의외라는 게 중론이다. Martin Fido, *The World of Agatha Christie*, p109.

해 스스로 종적을 감춘 사건 등, 이런저런 일화를 곁들여 그녀에게 흥미와 관심을 가질 만한 얘깃거리를 만들 수 있을 것이다. 이런 일화는 호사가들의 입방아에 오를 뿐 정작 중요한 점을 알려주진 않는다.

우리가 무엇보다 관심을 가져야 할 것은 그녀가 추리문학이라는 장르를 통해 표현하려고 했던 가치와 신념이다. 서구 추리문학사에서 그녀가 차지하는 위치를 통해 그러한 가치와 신념이 어떻게 이해될 수 있는지를 탐구해볼 필요가 있다.

애거사 크리스티는 1890년에 태어나 1976년에 사망했다. 장수했던 만큼 다작의 행운을 누렸는데, 1920년에 발표된 데뷔작《스타일스 저택의 괴사건》을 집필한 시기는 제1차 세계대전 직후인 것으로 알려졌다. 1914년을 전후해서 영국사와 추리문학사에 큰 획이 그어졌기에 이 시기는 특별히 주목할 필요가 있다.

보어전쟁(1899)의 패배에 이어 영국군 열 명 중 한 명이 전사했다는 제1차 세계대전은 19세기 내내 세계의 지배자였던 대영제국을 급속히 붕괴시키는 데 큰 역할을 했다. 이즈음 영국 추리문학계에서는 가부장적 권위가 쇠퇴하면서 영웅주의를 표방하던 셜록 홈스의 시대가 종막을 고한 뒤, 새 시대를 맞아 남성의 세계관에 억눌려 있던 여성 작가가 대거 등장한다. 애거사 크리스티 외에 옥스퍼드대학 출신의 지적인 작가로 평가되었던 도러시 세이어스Dorothy L. Sayers[2]와 마저리 앨링엄

---

2   옥스퍼드대학을 졸업한 최초의 여성 중 한 명이다.

Margery Allingham 등이 그들이다. 코넌 도일이 유행하던 시기에도 메리 엘리자베스 브래던Mary Elizabeth Braddon이나 그린A. K. Green 같은 여성 작가가 없었던 것은 아니지만, 그들은 코넌 도일이라는 거목에 가려진 미미한 존재에 불과했다. 그러다가 차츰 여성천하라 불러도 손색이 없을 만큼 여성 파워로 무게중심이 옮겨가기 시작했다. 이런 분위기는 전반적인 사회 변화의 추세로서 1918년에 30세 이상의 여성에게 참정권이 주어진 것[3]과 궤를 같이한다. 또한 시골마다 공공도서관이 생겨나면서 여성 독자층을 많이 확보하게 된 것도 여성 작가들의 주요 성공 요인이었다.

이렇듯 전쟁의 참상을 통해 제국주의에 제동이 걸리면서 생겨난 사회구조의 변화에도 불구하고 좀처럼 변하지 않는 것이 하나 있었으니, 그것은 바로 영국인의 멘털리티였다. 역사가 나카니시 데루마사中西輝政는 그 점을 다음과 같이 요약한다.

이러한 "성공한 사람의 지주 젠틀맨화"라고 하는 현상이 중세 이래, 아니 영국이라는 나라가 생긴 이래 영국 사회의 기본 현상이었다는 것이다. 성공한 관료, 군인, 상인, 문필가 그리고 공업가들은 거의 모두가 항상 "농촌"을 지향했다. 영국에서는 "농촌에 토지를 가지는 일"이 다른 무엇보다 확실한 인생의 성공을 의미했기 때문이다.[4]

3   M. A. Ackershoek, "'The Daughters of His Manhood': Christie and the Golden Age of Detective Fiction," J. H. Delamater & R. Prigozy(eds.), *Theory and Practice of Classic Detective Fiction*, p119.
4   나카니시 테루마사, 서재봉 옮김, 《대영제국 쇠망사》, 까치, p104.

농촌 지향 혹은 전원 지향이 영국인의 사고를 얼마나 깊숙이 지배했는지는 1930년대 영국 시인[5]들의 태도에서도 여실히 드러난다. 그들은 1912년 에즈라 파운드가 이미지즘의 공리를 내세운 이후, 모더니즘의 영향력이 막강할 때조차 전원의 전통 속에서 자신들의 세계를 구축해나갔다.

그들은 세기말의 데카당스를 모더니즘을 통해서가 아니라 (…) 타고난 영국의 전원적 전통의 환기를 통해서 축출했다.[6]

전원 전통에 대한 애착이라는 점에서는 추리작가도 예외가 아니었다. 시골집 살인사건Country-House Murder으로 대표되는 애거사 크리스티는 물론이고 앞서 언급한 세이어스와 앨링엄 그리고 그들보다 한 세대 후배 작가들인 제임스P. D. James와 렌들R. Rendell도 전원을 작품의 주요무대로 삼는다.[7]

이것은 〈군중 속의 사람〉에서 심층범죄를 찾았던 에드거 앨런 포의 도시적 전통과 정신적으로 결별하는 셈이다. 셜록 홈스만 하더라도 런던 거리를 사냥개처럼 헤매 다니며 범죄를 추방하는 데 온 힘을 쏟았다. 그래서 체스터튼은 주저하지 않고 추리작가를 '도시의 시인'이라 불렀다. 그는 근대인답게 도시

---

5   새삼스럽게 영국 시인을 거론하는 이유는 오든 세대(Auden Generation)에, 우리에게는 N. 블레이크(Blake)라는 추리작가로 더 잘 알려진 시인 루이스(C. D. Lewis)가 속해 있기 때문이다. 오든 또한 〈죄 지은 목사관(The Guilty Vicarage)〉이라는 유명한 추리 문학 관련 에세이를 썼으며, 미국으로 건너가 미시간대학에서 가르칠 때 위대한 하드보일드 추리작가 중 한 명인 로스 맥도널드(Ross Macdonald)를 지도한 인연이 있다.

6   Albert Gelpi, *Living in Time: The Poetry of C. Day Lewis*, p15.

7   S. Rowland, *From Agatha Christie to Ruth Rendell*, p71~72 참조.

라는 장소를 시골보다 더 시적인 곳으로 보았는데, 자연이 무의식적 힘들의 무질서인 반면 도시는 의식적 힘들의 무질서로 생각[8]했기 때문이다. 그러나 영국 대중은 체스터튼이 긍정적으로 보았던 시적인 힘을 그저 도시에 침입한 무질서, 즉 추방해야 할 불길한 디오니소스적인 힘으로 보았다. 그래서 셜록 홈스는 줄지어 나타나는 그런 난신괴력과 맞서는 영웅일 수밖에 없었던 것이다.

애거사 크리스티에 이르면 '도시의 악을 물리치는 영웅'이라는 주제는 현저히 위축된다. 푸아로는 런던 화이트헤븐 맨션의 플랫식 아파트에 살면서 줄곧 자신의 회색 뇌세포를 자랑하고 다니는 뛰어난 탐정임이 틀림없지만, 적어도 퍼스트네임인 에르퀼을 뺀 푸아로라는 이름의 프랑스적인 어원('익살광대'라는 뜻의 buffoon 혹은 '옹이'라는 뜻의 wart)에서 보듯 투쟁적·남성적 영웅의 이미지[9]를 갖고 있지는 않다.

애거사 크리스티의 도시적 전통과의 결별 조짐에도 불구하고 벨기에 출신의 왜소한 이방인인 푸아로가 도시적 영혼의 소유자임을 부인할 순 없다. 그는 도시적 세련됨을 선호했으며[10] 암탉이 크기가 제각각인 달걀을 낳는 것을 못 참을 정도로 균형

---

8 G. K. Chesterton, "A Defence of Detective Stories," H. Haycraft(ed.) , *The Art of The Mystery Story*, p4.

9 뒤에서 따로 얘기할 테지만, '에르퀼이 헤라클레스를 상징하는 어원적 기원을 갖고 있다면 이것이야말로 남성적 영웅의 이미지가 아닌가?'라는 반론이 가능하다. 그런 의미에서 '에르퀼'과 '푸아로'는 상충하는 듯이 보인다. 하지만 셜록 홈스가 권투선수 경력이 있는 것에서 알 수 있듯이 에너지 넘치는 활력형 인간이라면, 푸아로는 가만히 앉아 회색 뇌세포에 의지해 사건을 해결하는 안락의자 탐정(Armchair Detective)으로 수동적 인간임을 부인할 순 없을 것이다.

10 E. F. Bargainnier, *The Gentle Art of Murder*, p47.

성에 집착했는데, 생활습관 또한 규칙적이어서 아침에는 초콜릿과 크루아상을 먹고 점심은 반드시 12시 30분과 1시 사이에 먹기를 고집했으며 저녁 식사는 오후 7시에 마치는 것을 신조로 삼는다. 이렇듯 깔끔하고 질서정연한 생활과 안락함을 즐긴 푸아로가 자연을 싫어한 것은 어쩌면 당연한지 모른다.

비록 그는 자신이 워즈워스의 열렬한 독자라고 말했지만 (…) 자연이나 전원생활에 대한 영국인의 정열을 갖고 있지는 않았다. 전원생활은 그에게 너무나 무계획적이고 비균형적으로 보였던 것이다.《애크로이드 살인사건》에 보이듯 그의 유일한 시도였던 정원 가꾸기가 실패로 돌아가자 그는 두 번 다시 호박을 키우는 일 따위는 하지 않았다.[11]

따라서 전원풍 추리소설의 중심에 애거사 크리스티가 있다고 말할 때 우리는 푸아로보다는 가상의 전원 마을인 세인트메리미드를 거의 떠나지 않았던 미스 마플에 주목하지 않을 수 없다.《애크로이드 살인사건》의 수다스러운 캐롤린 셰퍼드와 《블루 트레인의 수수께끼》의 바이너가 마플의 예비적 원형으로서 그녀는 크리스티가 푸아로에 싫증을 느낀 나머지 창조한 노처녀 탐정이다.

푸아로에서 미스 마플에 이르는 긴 여정을 통해 우리는 영국 상위중산층[12] 출신인 애거사 크리스티의 신념과 가치관을 엿볼 수 있다. 이 유한계급의 가치관은 대체로 이성에 대한 신념,

11   ibid, p50.

안정성의 회구, 문명화된 행위에 대한 믿음, 사유재산의 옹호, 그리고 강한 도덕심으로 요약될 수 있다.

특히 애거사 크리스티에게 문제시되는 것은 '안정성의 희구'다. 그녀를 이데올로기적으로 비판하는 시각은 단호하다. 그녀의 추리소설은 진정한 사회적 행위의 깊이와 갈등이 없는 부르주아의 전원생활을 그리고 있을 뿐이지 인간이 살아가면서 응당 겪는 변화와 무질서와 노동이 결여되어 있다는 것이다.[13] 그로스보겔은 한 술 더 떠서 주저 없이 애거사 크리스티의 추리소설을 향수鄕愁의 정서 혹은 향수의 박물관이라고 간단히 규정해버린다.[14]

노스탤지어

인간은 늙어갈수록 사진첩을 뒤적거리며 한창때였던 젊은 시절을 추억하곤 한다. 더 이상 미래가 남아 있지 않은 사람에게 애착의 대상이 되는 것은 당연히 과거일 것이다. 1965년에 출

12 상위중산층(upper-middle class)이라고 하지만 대영제국이 축적한 부가 워낙 막대했기에 애거사 크리스티가 누렸던 유한계급의 호사스러운 생활을 짐작하기는 쉽지 않다. 잠깐 애거사 크리스티의 아버지 일과를 보자면, 매일 아침 토키에 있는 저택을 빠져나가 클럽으로 놀러 간다. 점심 때 택시를 타고 돌아와 식사를 하고는 다시 클럽에 나가 오후 내내 휘스트(카드놀이의 일종)를 하며 시간을 보낸다. 그리고 밤에는 특별한 일이 없으면 화려한 정장을 차려입고 만찬을 즐긴다. 애거사 크리스티의 집에서는 매주 요리사들을 고용한 큰 규모의 디너파티가 열렸으며, 부모님은 일주일에 두세 번은 지인이 마련한 디너파티에 참석했다. *Agatha Christie: An Autobiography*, p3~4.

13 S. Knight, *Form and Ideology in Crime Fiction*, p117~118.

14 D. I. Grossvogel, *Mystery and its Fictions: From Oedipus to Agatha Christie*, p52.

간된 《버트램 호텔에서》는 황혼기에 접어든 애거사 크리스티가 미스 마플을 등장시킨 작품으로 전형적인 향수를 보여준다. 관절염에 걸린 노인들에게 편안했던 옛날 팔걸이의자며 요즘엔 맛보기 힘든 진짜 머핀, 하녀가 반질반질하게 닦아놓은 석탄난로와 오후에 습관처럼 마시던 차 한 잔을 떠올리는 것이다.

만약 버트램 호텔을 처음 방문하는 사람일 경우에는 대개 깜짝 놀라면서 자기가 이미 사라져버린 세계에 다시 발을 들여놓은 게 아닌가 하는 생각을 하게 된다. 그만큼 버트램 호텔 내부의 모습은 세월이 다시 뒤로 흘러간 듯한 모습을 하고 있었던 것이다. 그러니까 다시 한번 에드워드 왕조 시대의 영국으로 돌아간 셈이라고나 할까.[15]

향수란 기본적으로 시간의 축 위에서 형성되는 감정이다. 그런데 우리의 논의를 위해 더 중요한 점은 공간적 규정이다. 에르퀼 푸아로의 에르퀼Hercule은 그리스 신화의 영웅인 헤라클레스[16]를 상징한다. 왜 하필 탐정이 벨기에 사람이고 이름이 에르퀼 푸아로일까? 그녀는 자신의 소설 속 등장인물이자 추리작가인 올리버A. Oliver가 독자들로부터 핀란드인 탐정 스벤 예르손Sven Hjerson의 국적과 이름에 대한 질문을 받았을 때와 같이 '그저 그냥just happen'[17]이라고 대답할 것이다.

이것을 액면 그대로 받아들이기는 어렵다. 영국인은 전통적

---

15   애거서 크리스티, 정성희 옮김, 《버트램 호텔에서》, 해문, p6.
16   1947년에 출간된 단편집 《헤라클레스의 모험(The Labours of Hercules)》에 's'자 하나가 더 붙은 점에 주목할 필요가 있다. 그리고 에르퀼이 헤라클레스를 상징한다는 것은 독일의 군사적 침공과 관련이 있어 보인다.

으로 벨기에와 네덜란드 일대의 저지대를 자신들의 안마당쯤
으로 생각해왔는데, 아니나 다를까 제1차 세계대전의 발발과
함께 독일이 그곳을 침공하자 자신들에게 선전포고를 한 것이
나 다름없다고 여겨 분개했다. 에르퀼이란 이름에는 독일의 침
공에 대한 영국인의 무의식적 소망이 드러나 있는 것이다. 영웅
헤라클레스처럼 독일 군대를 물리쳐달라는. 따라서 푸아로는
벨기에 출신임에도 불구하고 영국 바깥보다는 경계선에 있는
인물이다. 공간적으로 그 경계선에서 점점 안으로 들어가 세인
트메리미드에 이른다. 이런 동선과 중첩해서 '도시에서 전원으
로'의 의미 이동을 생각해볼 수 있다.

내친 김에 얘기를 잠깐 돌려보자. 도러시 세이어즈는 일반문
학을 표현문학literature of expression으로, 추리문학을 도피문학
literature of escape으로 규정하는데, 홀퀴스트는 이 도피를 색다
르게 해석한다.

추리문학은 늘 도피문학이라고 인식되어왔다. 그러나 무엇으로부
터의 도피인가? 무엇보다 문학 자체로부터의 도피이다.[18]

여기서 문학 자체는 토마스 만이나 제임스 조이스 부류의 모
더니즘 계열 문학을 지칭한다. 그들이 신화를 차용해 붕괴된 전

---

17   S. W. Patterson, "Agatha Christie's Alter Ego: Ariadne Oliver," *The Armchair Detective*, 1981년 여름호, p226. 비록 명시적이진 않지만 애거사 크리스티의 자서전에도 이와 비슷한 언급이 있다.

18   M. Holquist, "Whodunit and Other Questions: Metaphysical Detective Stories in Post War Fiction," G. W. Most & W. W. Stowe(eds.), *The Poetics of Murder*, p165.

통사회의 질서를 회복하려 했는지, 아니면 모더니즘에 내장된 균열에 더 관심을 가졌는지는 논쟁이 분분하다.[19] 그럼에도 불구하고 홀퀴스트는 후자에 더 무게를 두는 듯하다. 즉 무질서로부터 질서로의 도피인 것이다.

앞서 체스터튼이 의식적 힘이냐 무의식적 힘이냐의 차이일 뿐 도시와 전원 모두 무질서한 곳으로 파악했다고 말했다. 그렇다면 애거사 크리스티의 생각은 어떠했을까? 도시를 버리고 시골로 숨어든 만큼 그곳은 뱀의 유혹이 없는 에덴동산 같은 곳이었을까?

전원에 세워진 시골 저택들이, 산업혁명 후 새롭게 구축되어 엄청난 변화에 노출된 도시와는 달리 정체된 사회를 상징하는 것은 분명하다. 《애크로이드 살인사건》의 킹즈 애보트는 1920년대 산업화된 도시의 사회 현실과 소란으로부터 영향을 받지 않은 전형적인 시골 마을이다. 이곳에서도 살인사건은 발생했다. 미스 마플은 세인트메리미드에서조차 고통스럽고 슬픈 일이 가끔 일어난다는 점을 인정한다.[20] 에덴동산은 원래 뱀의 유혹이 있는 곳이다.

푸아로에서 마플로의 이행(또는 도피), 즉 도시로부터 세인트메리미드로의 공간 이동은 무슨 의미가 있는 것일까? 양자 모두 무질서한 공간, 살인으로 인해 질서에 균열이 생긴 장소라면 도시에서 시골로 도피한 대가의 이득은 어디서 찾아야 하는 것일까?

19   A. 아이스테인손, 임옥희 옮김, 《모더니즘 문학론》, 현대미학사, p15~65 참조.
20   애거사 크리스티, 유명우 옮김, 《화요일 클럽의 살인》, 해문, p11.

우리는 시골 마을이 전통 가치와 정서를 보존하고 있는 곳이라는 전제에서 이렇게 말할 수 있을지 모른다. 살인은 그 마을이 보존해오던 부르주아적 질서를 훼손하므로 탐정의 사건 해결은 치유기능을 갖는다고.

애거사 크리스티의 많은 이야기들이 유산 상속을 둘러싼 갈등과 살인사건을 다루고 있는데, 소설은 이 사건들의 해결로 끝나는 것이 아니라 외로운 두 남녀의 결합으로 끝난다. 훼손된 가족 질서의 회복과 사유재산의 옹호라는 두 마리 토끼를 잡고 있다.

애거사 크리스티는 과연 이데올로기적인 목적을 위해 시골 마을을 추리소설의 주요 무대로 삼았을까? 왜 하필 범죄를 통해서 그것도 살인이라는 도저히 받아들이기 힘든, 차라리 개인의 트라우마라고 할 수 있는 충격적인 사건을 통해서 부르주아적 가치들을 옹호하려 했을까? 도시 생활의 경험 속에서 자아가 정체성을 잃고 익명성에 노출된다면, 도시로부터의 도피에서 얻는 이익은 당연히 자아정체성의 회복 또는 획득이어야 할 터인데, 애거사 크리스티는 과연 이러한 목표를 달성했을까? 내 대답은 '아니요'다. 애거사 크리스티는 시골이라는 무대가 자아정체성을 가져다주지 못할 것이란 점을 분명히 인식하고 있었다. 나는 이 인식을 그녀의 작품에 나타난 극장적 성격이라 부르고자 한다.

극장

연극이 상연되는 극장이라면 반드시 무대 장치와 배우와 연출가가 있을 것이다. 이것을 그녀의 추리소설에 비유해보면 연출가의 몫은 작가에게 돌아갈 테고 배우는 소설 속의 등장인물들이고 무대 장치는 소설 속 장면을 구성하는 특정한 공간이 될 것이다.

난 당신이 이곳을 무대 장치로 생각하길 원해요.[21]

마플의 이 말은 소설 속 공간이 무대 장치에 불과함을 애거사 크리스티가 항상 의식하고 있었다는 것을 반증한다. 평면적인 인물[22]들과 무대 장치로 의식된 공간은 그녀의 소설에 등장하는 시골의 장원莊園이 현실의 장소이기보다는 극장의 성격을 띠고 있음을 증언하는 셈이다. 《죽은 자의 어리석음》에서는 나스 저택 전체가 하나의 무대 장치로서 범인 찾기 게임에 이용된다. 우리는 시체 역을 맡았던 열네 살의 소녀 말린 터커가 스카프에 목이 졸린다는 사실에 주목할 필요가 있다.

시체라는 배역이 소녀의 운명이 된다는 사실. 얼핏 보면 피상적일 수도 있는 이 사실에 애거사 크리스티 추리소설의 핵심이 들어 있다. 자아에 대한 중대한 언급을 하고 있는 것이다.

---

21 Agatha Christie, *They Do It with Mirrors*, London: Pan, Original edn, 1952, p175.

22 '모험심이 강한 퇴역군인'이랄지 '수다쟁이 할머니'랄지 애거사 크리스티는 한두 마디의 형용사로 인물의 특징을 그려내는 것으로 정평이 나 있다.

'시체'는 터커 양이 쓴 가면이었다. 그런데 그게 연기가 아니라 진짜 인생이 된 것이다. 여기에는 우리는 가면을 쓴 모습과 진짜 모습을 구별할 수 없다는 암시가 깔려 있다. 그러나《슬픈 사이프러스》에 드러난 애거사 크리스티의 견해는 양자의 구별이 뚜렷해 보통의 상식을 벗어나지 않고 있다.

그렇지만 가면이란 이따금 벗겨지는 수가 있지요.
가면이라고요?
사람의 얼굴은 결국 가면 같은 게 아니겠습니까?
그렇다면 그 밑에 숨어 있는 것은?
본바탕의 남자 또는 여자이겠지요.[23]

애거사 크리스티가 '진정한 얼굴이란 존재하지 않는다. 가면만이 진정한 얼굴이며 가면 뒤에는 다른 가면이 있을 뿐'[24]이라는 니체의 사상을 공유한다고 볼 수는 없다. 그럼에도 불구하고 후기로 갈수록 크리스티의 생각은 니체와 가까워진다.

그렇다면 그런 모습은 진실한 것일까? ― 아니면 하나의 꾸밈이었을까 ― 애써 꾸미다 보니 이젠 제2의 천성처럼 되어버린 건 아닐까?[25]

23   애거서 크리스티, 홍묘선 옮김,《슬픔의 관》, 자유시대사, p63.
24   고병권,《니체, 천 개의 눈 천 개의 길》, 소명출판, p238~239.
25   애거서 크리스티, 이광용 옮김,《파도를 타고》, 해문, p66.

폐쇄된 공간으로서의 전원이 극장의 분위기와 느낌을 고양시킨다면, 배역, 즉 가면을 써서 자신의 참모습을 감추는 것은 범인의 목적 달성을 위한 행위다. 《마술 살인》에서처럼 실제로는 두 사람인데 한 사람처럼 보일 수도 있고, 《밀물을 타고》에서처럼 이녹 아든으로 가장해 자신의 실체를 혼동시킬 수도 있다. 탐정은 범인의 가면을 벗겨내야 하는 임무를 떠맡게 되면서 항상 '이 사람은 자기 자신일까, 아니면 다른 누구일까?'라는 의문에 시달리게 된다.

한편 '탐정 대 범인'의 구도가 '작가와 독자'의 두뇌 싸움으로 옮겨갈 때 특히나 《애크로이드 살인사건》에서처럼 범인이 1인칭 화자(나)일 때, 독자는 자신이 범인일 수도 있음을 알고는 화들짝 놀란다. 그것은 독자의 자아에 일탈이 있을 가능성을 암시하는 것으로서, 추리소설을 읽는 독자의 경험을 도덕적 관점에서 애매하게 만드는 것[26]이다. 독자는 지금까지 추호도 의심하지 않았던 자신의 모습이 가면일 수도 있음을 깨닫게 된다. 자기정체성에 의혹을 품고 스스로에게 자문해야 할 판이다.

나는 나일까, 아니면 다른 누군가일까? 혹은… 나는 탐정일까, 범인일까?

이 주제는 에드거 앨런 포가 '범죄자는 탐정의 거울상'이라는 맥락에서 짝패double[27]를 자기의식self-consciousness을 탐구

---

26   H. Pyrhönen, *Mayhem and Murder: Narrative and Moral Problems in the Detective Story*, p196.

하는 수단으로 다룬 것과 관계가 있어 보인다. 그러나 헤타 피르회넨은 애거사 크리스티의 생각이 포의 전략과는 상당한 차이가 있음을 지적한다.

두 작가의 중요한 차이는, 크리스티가 처음 생각했던 것과 달리 의식의 자기반영 문제를 솜씨 있게 다루지 못했다는 것을 보여준다. 왜냐하면 포가 정반대의 거울상을 의식의 자기반영의 문제를 고찰하는 데 사용한 반면, 크리스티는 그것으로 대립되는 형상을 구축하는 데 만족했기 때문이다.[28]

그러나 나는 포의 문제의식과 크리스티의 문제의식이 크게 다르지 않다는 전제에서 색다른 결말로 마무리하고자 한다. 포는 〈모르그 거리의 살인〉에서 진리가 표면에 있다고 말했다. 들뢰즈에 따르면 자아가 녹아버리고 '나'가 금이 가고 정체성이 상실되는 곳은 표면이다. 역설적이게도 이 표면은 그 어떤 바닥보다도 더 깊은 곳[29]이다. 뿐만 아니라 헤라클레스는 표면과 대지의 왕국을 건설하고자 했으므로 표면 구축과는 뗄 수 없는 존재[30]다.

그렇다면 헤라클레스를 상징하는 '에르퀼'을 탐정의 이름으

---

27 〈도난당한 편지〉에서 범인 D장관은 탐정 뒤팽의 거울상이다. 이름의 첫 철자가 같은 것도 그런 연유에서다. 〈죽음과 콤파스〉에서도 탐정 뢴로트와 범인 샤를라흐가 같은 붉은색을 상징한다는 점에서, 보르헤스는 이 기법을 차용하고 있다.

28 *Mayhem and Murder*, p220.

29 질 들뢰즈, 이정우 옮김, 《의미의 논리》, 한길사, p248.

30 위의 책, p340.

로 삼은 것은 우연이 아닐 것이다. 에르퀼 푸아로가 애거사 크리스티의 의식 속에서 차츰 여성화(여성은 어머니로서 대지를 상징하지 않는가)되면서 결국에는 마플과 뗄 수 없는 존재인 세인트메리미드로 변형된다.

그렇다면 세인트메리미드는 마플이 세운 대지의 왕국이자 헤라클레스로서 푸아로가 기획한 왕국이면서 동시에 애거사 크리스티의 정신에 투영된 무대로서의 전원에 세워진 왕국이기도 하다. 거기엔 가면놀이가 있다. 가면을 통해 살인자는 매력 있는 인물로 나타난다. 가면의 위장 뒤에 또 다른 가면이 있을 뿐(이것이야말로 표면효과가 아닌가)이라면 우리는 얼굴과 분위기의 매력을 통해서만 살인자를 식별할 수 있다는 역설에 빠져들게 된다. 크리스티는 이 점을 마플의 입을 빌려 말한다.

대개 살인을 한 사람들은 자기 주변에 흔히 그러한 인상을 주더군요. 아주 매력 있는 사람으로 살인범이 유쾌하고 기분 좋은 사람인 경우가 많았고, 그래서 사람들을 더욱 놀라게 하지요. 저는 그런 것을 훌륭한 살인이라고 하기로 했답니다.[31]

코지 미스터리

나는 '코지 미스터리cozy mystery'라는 양식[32]이 애거사 크리스

31   애거서 크리스티, 강호걸 옮김, 《복수의 여신》, 해문, p271.

티의 천성적 기질과 추리문학사에서 차지하는 영향력 때문에 생겨나고 일반화된 것이 아닐까 하는 의구심이 든다. 흔히 '코지 미스터리'로 분류되는 하부 장르는 성숙한 어른으로 성장하지 못해 늘 세상에 대한 두려움을 떨칠 수 없었던 한 인간의 성격적 결함에 불과한 것이, 세상에 둘도 없는 출중한 이야기꾼이라는 사정으로 인해, 그리고 성경 못지않은 상상을 초월하는 판매 부수가 보여주는 압도적인 영향력에 의해 하나의 양식으로 자리 잡은 것은 아닌가 하는 의구심 말이다.

애거사 크리스티는 전형적인 영국 중산층답게 사생활이 노출되는 것을 극도로 꺼려했다. 1926년 이후 잇달아 일어난 어머니의 죽음, 남편과의 불화와 실종 사건 그리고 이혼에 대해 독자들의 끈질긴 호기심에도 불구하고 그녀는 입을 꾹 다물었다. 그녀가 죽은 지 1년 후인 1977년에 자서전이 발간되었지만, 이미 대중이 알고 있던 사실을 반복 서술하는 정도에 그쳤다. 그녀의 내면세계로의 접근이 차단된 이상, 나는 그녀가 쓴 시詩를 통해 순수하게 내면을 들여다보고자 한다.

세상에 대한 두려움이 컸던 탓인지, 애거사 크리스티는 평생 안락함을 추구한 인간이었다. 소원을 묻자 그녀는 이렇게 대답했다.

집 안에 가득 아주 잘 훈련된 하인들이 있는 거지요.

32　다음과 같은 애거사 크리스티의 말 속에서 우리는 코지 미스터리가 무엇인지 가늠할 수 있다. "나는 얼굴이 잔인하게 난도질당한 것은 차마 볼 수 없답니다. 그래서 독약에 흥미를 갖고 있는 거지요. 그리고 나는 보통 시체가 되기 일쑤인 최후의 순간을 묘사하지 않는답니다."

솔직하다고 할까, 작가의식이 결여돼 있다고 할까. 하긴 그녀 스스로 작가의식을 내세우거나 지성인으로 자처한 적은 없었다. 어쩌면 허세가 쏙 빠진 그녀의 소원은 오래도록 자신의 생활 감각에 배어 있는 자연스러움의 발로였을지 모른다. 그녀의 신분은 대영제국의 중산층 부르주아에 속해 있었다. 현재 우리 사회에서 짐작하는 중산층의 자산을 크게 넘어서는 수준이었다. 120명이나 되는 인원이 한꺼번에 춤을 출 수 있는 공간이 식당 겸 무도회장으로 쓰였고, 약 2500평 규모의 정원이 푸른 초원처럼 펼쳐져 있었으며, 열두 명의 하인들이 부지런히 움직이며 그 모든 곳을 정성껏 관리했다. 미국 출신의 부자였던 아버지는 평생 직업 없이 클럽에 들락거리던 한량이었다. 애거사 크리스티 또한 훗날 인세 수입으로 부를 축적하면서 두 명의 비서를 두었고, 집을 여덟 채나 소유했다.

1890년생(나중에 1891년생으로 생년이 정정되면서 불가피한 혼동이 있다)인 애거사 크리스티는 1920년 《스타일스 저택의 괴사건》으로 데뷔했다. 유명세를 탄 것은 1926년에 《애크로이드 살인 사건》을 발간하고 나서였다. 그사이 추리소설 《갈색 슈트를 입은 사나이》를 발표한 1924년에 시집 《꿈길The Road of Dreams》을 출간했는데, 그녀는 시집에 대해 이렇게 말한다.

나는 시를 쓰곤 했답니다. 내가 시를 쓰던 때는 추리가 나를 매혹시키기 이전의 순진했던 시절이지요. 한번 추리를 택하고 나면 이것을 포기하기란 어렵습니다. 나는 그것을 결코 포기할 수 없다는 것을 압니다. 추리는 마치 마약과 같지요.

시집의 표제작이기도 한 〈꿈길〉은 순진했던 시절의 글쓰기였다고 고백할 만큼 여린 문학소녀의 냄새가 물씬 풍기는, 아직 성숙하지 못한, 일면적인, 시각적 아름다움으로 가득 찬 글이다. 언덕으로 이어진 꿈길은 아몬드 나무가 늘어선 하얗고 쭉 뻗은 길로서 장밋빛 봄의 기쁨으로 충만하다. 빛이 나는 그 길의 꽃들은 웃음의 표정을 머금고 있다. 꿈이 사라지고 기쁨이 달아날지 모른다는 두려움이 없는 것은 아니지만…. 시인은 다시 언덕 너머를 상상하는 꿈만으로도 행복하다.

시는 의미가 부족한 라임의 남발이 눈에 거슬린다. 〈꿈길〉의 dream/gleam뿐만 아니라 다른 시에서도 side/glide, ware/care, say/away/today, only/lonely, mist/unkist, life/wife, sleep/weep, pity/city, sorrow/tomorrow 등 빈번히 라임을 사용한다.

심지어 시 〈나의 꽃 정원My Flower Garden〉에서는 첫 번째 연 전체를 'knowing/bring/growing/spring' 등 라임에 맞춰 끝내고 있다.

서른네 살! 물론 일부 시는 훨씬 이전에 쓰였을 것이다. 어쨌든 시에 대한 인상은 라임에 꿰맞춘 내용인지라 도무지 시적 힘이 느껴지지가 않는다. 예컨대 〈선택A Choice〉이란 시에서 그녀가 인간의 슬픔을 다루는 방식을 보자.

과거의 기억에 발목feet이 잡힌 내 삶이 달콤해지기sweet 위해서는 그것을 나이프로 도려내야 하는데, '그 행위는 용감한 행위일까, 아니면 비열한 행위일까?'라는 물음에 뒤이어 자신의 또 다른 상상의 분신을 통해 충고를 경청한다.

나 또한 슬픔이나 기억의 무거운 짐으로부터 벗어나고자 열망하니 부디 과거의 시간에도 미래의 시간에도 의미를 두지 말고 현재의 시간에 올라타라!

'feet'와 'sweet'의 라임에 집착한 나머지 발목 잡힌 과거로부터 현재 삶의 달콤함으로 획 비약한다. 한순간의 선언이나 다짐만으로 과거를 쉽게 떨쳐버릴 수 있는 것일까? 나는 이 지점에 인간 애거사 크리스티의 정신적 공백이랄까, 허점 같은 것이 있다고 생각한다. 그녀가 묘비명으로 택한 16세기 시인 에드먼드 스펜서의 시구를 보자.

수고 후 단잠, 폭풍우 치는 바다를 헤쳐 나와 항구
전쟁 후 휴식, 살고 난 뒤 죽음
이 모든 것이 크나큰 기쁨이어라

그녀가 왜 하필 이 시구를 묘비명으로 선택했는지는 알 수 없지만, 나는 이 시구만으로는 뭔가 부족함을 느끼고 묘비명에 추가한 찬송가 구절을 통해 그녀의 내면을 조금은 들여다볼 수 있다고 생각한다.

기쁨으로 충만한 삶이기를.

행복을 향한 답은 이미 정해져 있다. 수고가 계속 이어지는 고단한 세상의 삶을, 바다 한가운데서 표류한 채 폭풍우에 시달리다가 수장당하는 삶을, 적군의 흉기에 난도질당해 전사하는 삶을, 견디다 못해 자살할 수밖에 없는 가혹한 삶을, 그녀는 이해할 수도 없고 들여다볼 용기도 없는 것이다.

어쩌면 그녀는 시를 쓸 때 라임에 집착했던 것처럼 자신이 구성한 세계만을 보려고 했는지 모른다. 구성할 때 배제된 세계에 대한 무관심! 구성의 천재라는 소리를 듣던 추리소설의 세계가 그랬고, 자신이 죽은 뒤의 절차에 철저히 대비[33]하는 행위가 그랬으며, 심지어는 자신의 실종 사건조차 그랬다. 남편의 외도로 촉발된 그녀의 실종 사건은 공식 기록으로는 '단기 기억상실증'에 의한 비자발적 혼란이지만, 의심스러운 구석이 한두 군데가 아니었다. 당시 언론과 대중은 수많은 의혹을 제기했다.

실종 사건이 기억상실증 때문이 아니라 크리스티의 자작극이었다는 의혹에 대해 군인이었던 당시 남편 아치볼드 크리스티는 시종일관 부인했다. 진실이 무엇인지는 이제 영원히 알 수 없게 되었지만, 나는 자작극이었다고 추측한다. 자작극을 벌인 이유는 남편 아치볼드의 바람기를 세상에 폭로함으로써 그에게 모욕을 주려는 의도였을 것이다.

코지 미스터리가 '죽음'을, '총성이 울리자 그는 무릎을 꿇으며 쓰러졌다'라는 부드럽고 애매모호한 표현으로 묘사하는 것을 선호한다면, 상처에서 흘러내린 흥건한 피와 죽어가는 이의 고통스러운 몸부림을 독자의 시선으로부터 차단함으로써 그 표현 방식이 언제나 실존적 삶으로부터 거리를 두기 위함[34]이

---

33   그녀는 가족과 몇몇 지인 외에는 장례식에 참석하지 못하도록 유언으로 남겼을 뿐만 아니라 찬송가와 낭독될 구절을 포함해 세세한 부분까지 미리 준비해놓았다.

고, 작가가 의식하지 못하는 순간에 단 한 문장이 한 문장의 표현에 그치는 것이 아니라, 일정한 거리를 둔 관찰에 의해 구성된 것을 통해서만 세상을 보고 있다는, 그녀의 고유한 세계관이 드러나고 있음을 부인할 수는 없을 것이다.

애거사 크리스티는 자기 자신을 언급할 때 1인칭인 '나' 대신 3인칭인 '어떤 사람'으로 지칭했던 것으로 알려져 있다. 그녀의 세계관은 육체가 개입된 탐색을 외면하고 거리를 둔 관찰에 머물러 있었다.

애거사 크리스티는 어떤 사람이었을까? 온화하고 부드럽지만 말 붙이기에 까다로운 사람이었다는 상반된 증언도 존재한다. 그녀는 추리소설 속에서 독자를 휘어잡는 능력 못지않게 실생활에서도 간계에 뛰어났다. 그녀는 마흔 살에 열네 살 연하의 미혼 남성 맥스 맬로원과 재혼했는데, 결혼 서류에는 자신의 나이를 서른일곱 살로, 스물여섯 살이던 남편의 나이를 서른한 살로 기재했다. 딱 이만큼의 눈높이로 세상을 속여왔던 것이 애거사 크리스티의 허구적 세계관이자 삶이 아니었을까?

이 글을 읽는 독자들이여, 당신은 삶의 고통을 어떻게 받아들이는가? 애거사 크리스티의 시[35]에 드러난 고통의 감정은 이렇다.

---

34 물론 무엇보다 '무릎을 꿇고 쓰러졌지만 죽지는 않았다'라는 전략적인 트릭으로 이용될 것이다.

35 〈이탈리아 가면극A Masque from Italy〉이라는 코미디 인형극 시로 여섯 명의 등장인물이 나온다. 에필로그에서는 펀치넬로가 말한다.

웃고 또 웃어라!
내가 너를 웃게 만들지 못한다면
고통이 무슨 소용이 있겠는가?

그런데 내가 고통에 대한 그녀의 인식의 깊이를 가늠해보려는 순간, 그녀는 내 진지함을 비웃기라도 하듯 이렇게 선언해버린다.

연극은 끝났다! 이야기는 말해졌다!

편안한 삶을 추구했기에 인간의 고통을 보지 않으려 했던 것일까? 삶의 고통을 외면함으로써 인간은 행복해질 수 있다고 믿었던 것일까? 그녀는 자신의 육체를 실존 상황 속에 던진 '탐색의 눈'이 아니라 삶과 거리를 둔 '관찰의 눈'으로 세상을 보았던 사람이 아닐까. 그마저도 구성되고 계획되고 연극으로 선언되고 철저히 라임에 맞춰진 것이기를 바랐다. 나는, 그녀의 고백과 달리 순진함이 시 쓰기에만 머물렀던 것이 아니라 마약 같았던 추리소설로도 이어졌다고 생각한다.

3. 생존감각을 확보하는 법

: 레이먼드 챈들러와 사르트르

✚ 누아르란?

탐정 필립 말로를 창조한 레이먼드 챈들러가 공허에 빠져드는 독특한
방식. 그는 과거(타락한 사회)와 미래(팜파탈, 타락한 여자와의 성관계)를
거부함으로써 현재마저 공허로 나락시킨다. 프랑스인들은 챈들러의
소설에서 프랑스적 실존, 누아르를 발견한다. 그의 하드보일드
추리소설은 삶과 분리되어 있지 않다는 것이다. 공허로서의 누아르, 즉
어둠. 삶이 어둠 속을 헤매는 공허라면….

레이먼드 챈들러의 세계는 어둡다. 그래서 누아르noir라고 한다. 그러나 밤의 어두운 뒷골목 풍경의 이미지에 빗대어 하나의 화폭에 다 그려낼 수 있는 간단한 세계는 아니다. 챈들러를 읽고 있으면 슬퍼진다. 들뢰즈가 카프카의 《심판》을 읽고 웃지 않았다면 제대로 읽은 것이 아니라고 했듯이, 챈들러를 읽고 슬프지 않았다면 제대로 읽은 것이 아니다. 그가 구사하는 화려한 대사와 능수능란한 유머는 슬픔을 감추기 위한 외양일 뿐이다.

제1차 세계대전 후 정치적 지도력을 잃은 미국 사회. 아버지가 부재하는 가정. 남성의 무능함에 교활해진 여성들은 남성을 유혹해 파멸해가는 꼴을 즐길 뿐이다. 와인 잔을 든 고혹적인 여성의 들뜬 웃음소리가 탐정 필립 말로의 고독을 깊이를 알 수 없는 곳으로 몰아가는 것만 같다.

B급 서부영화를 만들던 존 포드 감독을 '작가주의 작가'로 읽어낸 사람이 프랑스인이듯, 챈들러의 세계에서 원시-실존주의자로서의 호모 아메리카누스homo americanus(미국인)를 발견[1]해낸 것도 프랑스인이다.

챈들러와 실존주의

오래도록 누적된 역사의 짐에 짓눌린 나머지 반성·사색·개념화를 거치지 않은 행동을 좀처럼 할 수 없는 유럽인에 비해 필

---

[1] 지젝은 이것을 전형적인 타 문화에 대한 오인(méconnaissance)이라고 말한다. 자기가 보고 싶은 것을 타인의 얼굴에서 찾아내는 왜곡된 의역일 수 있다는 것이다.

립 말로는 행동으로 규정되는 사람이다. 과거를 믿지 못하는 사람이니 곧바로 상황에 뛰어든다고 해도 장해가 될 것은 없다. 사랑을 믿지 않으니 여자의 유혹에 진로가 방해받지도 않는다.

《안녕 내 사랑아》에서 필립 말로는 의뢰받은 여자의 남편을 찾으러 갔다가 낭패를 본 뒤 들른 바에서 우연히 만난 '큰 사슴 머로이'라는 덩치 큰 사내가 일으킨 사건에 무작정 뛰어든다. 실존주의자 사르트르가 이 장면을 읽었다면 다음과 같이 말했을 것이라고 콩라트[2]는 주장한다.

'사물들이 필요성도, 다르게 있을 가능성도 없이 단순히 거기 있고 내가 이러한 사물들 사이에 있다는 사실'로 정의되는 사실성이 필립 말로에게서 발견된다.

전후 일본의 사정도 비슷했다. 과거의 모든 가치가 붕괴하면서 범죄행위가 실존주의로까지 고양된다. 생존의 위기에 내몰린 서민들은 사사로운 범죄부터 사회에 충격을 가하는 범죄에 이르기까지, 스스로 책임을 지는 행위 외에 그 어떤 다른 가치가 개입할 여지가 없는 '실존 행위'에 그대로 노출되었던 것이다. 우리의 1950~1960년대도 사르트르와 카뮈의 실존주의가 영향력을 행사하던 시대였는데, 유교 윤리가 여전히 맹위를 떨쳤던 우리의 경우 실존주의는 주로 한국전쟁 후 지성인의 정신적 방황과 공허감을 위로해주는 관념적 보완물로 행세했을 뿐

---

2   장-베르나이 푸이 책임편집, 이규현 옮김, 《필립 말로》, 이룸, p22.

이었다.

챈들러의 문학은 동시대 음악 장르인 재즈와 철학적 질문을 공유하고 있다. 챈들러의 근본 질문은 '불확실성의 공포' 속에서 '나는 누구인가?', '왜 내가 여기에 있는가?'이다. 이것이야말로 우주의 공허 속에 아무 의미 없이 내던져진 인간의 실존철학적 물음이 아닌가.

재즈 또한 다르지 않아 당김음(싱커페이션)은 두 가지 철학적 표현에 이른다. 본래 약박으로 연주하기로 약속된 음표를 작곡가의 충동적인 의도에 따라 연주자가 강박으로 표현할 수밖에 없는 상황에서 불확실성의 공포를 느낌과 더불어 그 어떤 파국을 예감하게 된다. 왜냐하면 당김음이란 예상된 루틴으로부터 벗어난 결판, 즉 파국의 다른 이름이기도 하기 때문이다.

실존주의가 특별한 상황에서만 득세하다가 곧 영향력이 쇠퇴하는 이유는 익숙한 사회적 맥락이 완전히 제거된 상태—그것이 전쟁으로 인한 파괴든 국가 지도력의 부재든 가정의 붕괴든 또는 이 모든 것들이 조금씩 여러 양상으로 조합된 것이든—에서 한 개인이 맞닥뜨린 공포를 오래도록 감당할 수 없기 때문이다. 이 엄청난 감당을 평생 해낼 수 있는 인간은 드물 수밖에 없다.

우주의 무한한 침묵이 나를 전율케 한다.

이것은 17세기 수학자이자 물리학자였던 파스칼의 말이다. 그는 실존철학적이고 신비주의적 색채를 가진 철학자이자 신학자였다. 우주적 침묵이 느껴지는 순간이란 언어로 대변되는 모든 상징체계가 보잘것없다는 깨달음에 이른 순간이기도 하다. 정서에만 한정한다면, 삶의 토대(사회)가 사라진 개인의 실존은 파스칼적인 심연 앞에서 전율할 수밖에 없다. 필립 말로의 입장에서는 과거(부모 세대의 가치)와 미래(팜파탈과의 성관계)를 거부함으로써 현재의 시간마저 어둠 속으로 사라지게 만드는 순간인 셈이다.

세대라는 역사의 지평이 사라지는, 몹시 슬픈 순간 속에서 프랑스인들은 챈들러의 실존주의 감각을 읽어낸 것이었다. 인간은 '사회적 동물'이라고 쉽게 말해버리는 경향이 있지만, 그리고 사회라는 완충지대 없이 실존주의를 견뎌내기엔 인간이 너무 나약한 존재이지만, 실존주의는 금세 사라졌다가도 그 어떤 정신의 폐허 속에서 자신의 존재감을 드러내는 인내력 강한 '우주의 어두운 그림자'(암흑물질)를 닮았다.

검은 미니멀리스트

타잔과 더불어 미국의 신화적 인물이 된 탐정 필립 말로를 창조한 레이먼드 챈들러에 대해 무어라 말할 것인가?

1888년 출생, 1959년 사망. 평생 알코올 의존증이 있었으며 필립 말로도 작가를 닮아 주종을 가리지 않는 애주가를 넘어 중독자였다는 것. 두 번의 이혼 경력이 있는 열여덟 살 연상의 씨씨Cissy와 결혼했다는 것. 젊은 시절 시를 썼으나 작가보다는 바리스타가 되기를 꿈꿨으며, 훗날 사내 추문과 알코올 문제로 석유회사의 중역에서 은퇴한 후 밥벌이를 위해《블랙 마스크》에 단편을 기고하며 소설 쓰는 법을 단련한 작가. 국내에서는 무라카미 하루키가 모방했음을 감추지 않았던 작가로 알려지며 더욱 유명세를 탄 하드보일드파의 대표 추리소설가.

미국에서는 지금도 챈들러에 대해 꾸준히 연구할 터이지만, 기존의 연구만으로도 이미 풍성한 성과를 이룬다. 수사 중에 빈번하게 구타당하는 필립 말로의 무기력은 금융자본의 독과점 지배에 대한 시민의 저항 불가능성을 상기시킨다는 에르네스트 만델의 해석[3]은 그 자체로 흥미롭다. 같은 경제적 관점이지만 새로운 생산과 소비행태에 초점을 맞춰, 산업자본으로부터 금융자본으로의 변화가 문학적 수사, 즉 문체figure의 변화, 즉 제유synecdoche에서 환유metonymy[4]로와 상응한다는 말링의 해석[5] 또한 눈길을 끈다. 뿐만 아니라 이 변화의 중심 테마를 전통 가정의 붕괴라는 맥락에서 파악해 19세기의 감상소설을, 가정의 온기를 잃은 등장인물들에게 연민을 느끼는 말로의 센티멘털한 감성에 연결하기도 한다.

---

3   산업자본이 지배적인 시대만 하더라도 개인이 홀로 머리(푸아로의 뇌세포) 하나만으로 사건을 해결하는 천재적인 탐정 능력을 선보일 수 있었다. 그만큼 개인의 의지와 능력이 먹혀들던 시대라는 뜻이다.《즐거운 살인》참조.

4   돛이 배의 제유적 상징이라면 왕관은 왕의 환유적 상징이다. 돛은 왕의 머리와 분리될 수 있는 왕관과 달리 배와 유기적으로 연결돼 있다. 효율성을 강조하는 포드주의의 정신은 노동(작업 과정)의 파편화를 필연적으로 수반한다. 그 대가는 소외의 감정이다.

5   William Marling, *The American Roman Noir*, The University of Georgia Press, Athens and London, p40.

우리는《빅 슬립》과《하이 윈도우》에서 챈들러가 말로를 자유 행위자라기보다는 가족 기반의 공동체에, 그리고 할 수만 있다면 사람들의 유대를 도모하는 데 더 관심이 많은 인물로 그리고 있음을 알 수 있다. 이렇게 두 소설은 하드보일드 소설이 어떻게 감상주의의 전례를 잇고 있는지를 그 유례가 없을 만큼 솔직하게 보여준다.[6]

이와는 전혀 다른 콩라트의 실존철학적 시각도 있다. 신이 부재하는 카프카적인 전망(타인과의 관계가 허망하고 우연적이며 임시적이라는 것)과 대비시켜 말로를 비관적으로 읽는 방식이 그것이다.

말로 신화는 이 정도에 그치는 것일까? 시간의 어둠 속에서 빛나는 작은 전구. 하찮은 먼지인 우리를 위한 무한소無限小의 승리. 구원의 일시적인 형상.[7]

해석이란 해석자가 특권적 경험이라고 생각하는 바를 작품에서 찾아내거나 관념적으로 부여하게 되며 그에 부속되는 가치는 뒤이어 평가적으로 배분된다. 마르크스주의자인 만델과 실존주의자인 콩라트의 대립은 피할 수 없다. 집단의식 대 개인의식. 계급투쟁 대 실존. 비판적 전망 대 비관적 전망.

나는 챈들러의 인생 삽화에서 중요하다고 생각되는 경험으로부터 챈들러의 삶과 작품을 간략히 이해해보고자 한다.

6   레너드 카수토, 김재성 옮김,《하드보일드 센티멘털리티》, 뮤진트리, p142.
7   로베르 콩라트,〈그리고 말로는 언제나 거기에 있었다〉,《필립 말로》, p37.

첫째, 아버지 모리스 챈들러는 철도 엔지니어로 신앙심이 약한 퀘이커교도이자 알코올 중독자였다. 챈들러는 알코올 중독자 아버지를 두었던 자신의 경험을 이렇게 묘사한다.

알코올 중독자 아버지의 그림자 속에서 살았으며 스스로도 알코올 중독자가 된 남자는(비록 아버지를 한 번도 보지 못했을지라도), 그런 이유로 아이를 갖지 않은 것을 기뻐했을 것이다.[8]

아버지 모리스는 챈들러가 일곱 살 때쯤 서부로 떠난 뒤 두 번 다시 나타나지 않았다. 사라지기 전에도 아내와 사이가 좋지 않아 노상 티격태격했고 이혼으로 관계를 파탄내고 말았다. 어린 챈들러는 엄마 플로렌스를 따라 외가인 아일랜드로 이사를 간다. '비록 아버지를 보지 못했다'는 고백은 스스로를 타자화한 과장된 표현일 수 있으나, 하드보일드 추리소설이 '아버지의 부재'라는 테마(권력 문제)와 떼려야 뗄 수 없다는 점에서 평자들은 이 주제에 이런저런 유혹을 느껴왔다. 한 시대의 상징으로서의 타락한 아버지. 사회 리더십의 부재.

제1차 세계대전 직후 전쟁(1918년 4월, 우드로 윌슨 미국 대통령의 참전 결정)에서 돌아온 퇴역군인들은 주크박스를 틀어놓은 시끄러운 당구장에서 술을 마시며 사회에 대한 불만을 터트렸다. 그들이 총알이 빗발치는 전장에서 전우의 참혹한 죽음을 목

---

8   Tom Hiney, *RAYMOND CHANDLER*, Grove Press, p108에서 재인용. 이것은 챈들러가 나타샤 스펜더에게 보낸 편지 내용의 일부로 날짜는 알려져 있지 않다. 출처는 미리엄 그로스가 편집한 《레이먼드 챈들러의 세계》다.

격하며 자신의 목숨을 위협받고 있었을 때, 사회 지도층에 속하는 인간들은 책임을 망각하고 부동산 투기에 열을 올리고 있었던 탓이다. 하드보일드의 의미는 다의적인데, 이 퇴역군인들 또한 하드보일드하다고 일컬어져왔다.

그렇다면 '사회적 아버지는 왜 타락했는가?' 사회경제적 데이터 분석에 만족하지 못한 사상가는 곧바로 공격의 화살을 여성에게로 돌려 희생양으로 삼는다. 본질상 죄가 물질화된 존재인 여자가 남자를 타락시켰다는 것이다. 이것은 보수적 기독교인인 오스트리아인 오토 바이닝거Otto Weininger의 불온한 사상으로 미국식 누아르의 팜파탈을 설명하는 대표적인 해석이다.

어쨌든 필립 말로는 '원인-결과'가 무엇이든 타락한 사회와의 타협을 거부하고 또한 팜파탈의 유혹을 이겨냄으로써 죄로 물든 비열한 거리에서조차 자신의 명예를 더럽히지 않고 굳건히 살아가는 존재로 그려진다. 한 가정을 책임져야 할 아버지의 '알코올 중독'을 부정적으로 언급하고 '아기를 갖지 않은 것을 기뻐했을 것'이라는 챈들러의 고백은 유년의 쓰라린 경험이 밑바탕이 되어 타락한 사회와 싸우고 팜파탈의 손짓을 거부하는 탐정 필립 말로를 창조하는 원동력이 되었음을 짐작하게 한다.

둘째, 챈들러는 결혼 전 철학자 워런 로이드가 주도하는 아방가르드 성격의 모임에 빈번히 드나들었다고 한다. 그곳에서 독립적인 정신의 소유자이자 사회 관습과 풍속을 경멸하는 열여덟 살 연상의 유부녀 씨씨를 만나 결혼하게 된다. 두 사람은 서로를 소울메이트로 느끼고 서로에 대한 애착이 강했던 만큼 늙고 약해진 씨씨가 폐섬유증으로 진통제를 맞게 된 이후(씨씨는 늘 지쳐 있는 데다 약 기운 탓에 잠들어 있는 시간이 많았다), 챈들러가 정신적으로 급격히 무너지기 시작했다는 게 정설이다.

씨씨와 공유했던, 전통적 가치관을 통해 사물과 인간을 보기를 거부했던 태도가 챈들러의 글쓰기에 얼마나 드러나 있는지를 가늠하기는 어려울 것이다. 그러나 적어도 플롯이 신scene을 통제하는 것이 아니라, 역으로 신의 삽화적 성격이 전체 구조보다 더 중요시되는 글쓰기를 했던 것만은 분명해 보인다.

《빅 슬립》에서, 각각의 신은 자족적이며 그 자체로 흥미롭다.[9]

이것은 찰리 채플린이 영화 〈모던 타임스〉에서 보여줬던, '파편화된 노동' 속에서 생활하는 인간의 '세계 감각'에 대한 문학적 공명의 하나일 것이다. 프레드릭 제임슨은 챈들러의 이런 감각을 '예술을 위한 예술'이 등장하는 시대의 흐름 속에서 파악하여, 이야기narration와 플롯에 반발하는 모더니즘의 형식적 충동이라며 비판[10]한다. 거대 서사를 옹호해야 하는 마르크스주의자의 입장에서는 부득이한 비판일 것이다.

셋째, 러시아 출신의 블라디미르 나보코프가 모국어가 아닌 영어로 소설을 썼던 것처럼 어릴 때 아일랜드에서 영국식 영어를 습득한 챈들러가 미국에서 작가로서 미국식 영어를 사용할 때 느꼈던 감각이 유사하다고 본다는 점이다. 제임슨에 따르

---

9   *RAYMOND CHANDLER*, p105.
10   "On Raymond Chandler," Glenn W. Most and William W. Stowe(eds), *The Poetics of Murder*, HBJ, p124.

면 나보코프에게 영어는 무의식적으로 사용할 수 있는 언어가 아니었듯이 챈들러에게도 미국식 영어가 그런 낯선 역할을 했다는 것이다. 그는 무의식적으로 사용할 수 없는 단어는 대상 object이 되기에 작가가 글을 쓰면서 물질적 농도와 저항감을 느끼게 된다고 주장한다.

어쩌면 언어에 대한 이런 강한 자의식 탓에 챈들러는 조어造語에 관심을 가졌는지 모른다. '빅 슬립Big Sleep'은 챈들러가 만든 조어다. 뿐만 아니라 '비열한 거리'[11]도 챈들러가 의도적으로 만든 표현이라고 추정하는 평자도 있다.

위의 세 가지 측면을 요약해보자.

생식(번식)의 거부. 플롯(이야기)의 거부. 조어 생산.

우선, 생식의 거부는 한 측면만을 지나치게 부각한 결론일 뿐 소설의 내용과는 사뭇 다르다는 반론이 가능하다. 필립 말로 (지금 나는 작가 챈들러와 탐정 말로를 의도적으로 구분하지 않고 있다) 는 매력적인 앤 리오단을 마음에 들어했으며,《플레이 백》의 마지막 장면에서는 하룻밤 사랑을 나누었던 린다 로링[12]과의 재결합을 암시하는 장면[13]도 있고, 유작인《푸들 스프링스》에는 둘의 결혼이 적시되고 있다. 그러나 이런 반론을 흔쾌히 인정하면서도, 우리는 말로가 린다 로링과의 잠자리 후 보인 불쾌한

---

11   "여기 이 비열한 거리(mean streets)를 지나가야만 하는 한 남자가 있다. 그 자신은 비열하지도 않으며 세속에 물들지 않았으며 두려워하지도 않는 사람." 〈간단한 살인기술 (The Simple Art of Murder)〉 중에서. 장경현의 번역을 인용했다. 레이먼드 챈들러, 박현주 옮김, 〈파괴된 인간의 치유자 필립 말로〉,《하이 윈도》, 북하우스, p380.

12   《기나긴 이별》에 등장하는 실비아 레녹스의 언니다.

13   레이먼드 챈들러, 윤세미 옮김,《원점 회귀》, 책과삶, p286~288. 원제는 *Play Back*.

반응에 주목해야 한다.

　베개 밑에 긴 검은 머리카락이 떨어져 있었다. 내 뱃속 깊은 곳에 납덩이가 들어 있는 기분이었다.[14]

　게다가 의뢰인의 딸인 카멘이 알몸으로 자기 집 침실에 누워 유혹하는 것을 단호히 뿌리친 후 침대시트를 찢어발기는 행동[15]에서 탐정으로서의 직업윤리 이상의 강한 반감을 발견할 수 있다. 챈들러의 작품에 거의[16] 아이가 등장하지 않는 점에도 눈길이 간다.

　잠시 얘기를 돌려보자. 서구 사회에서 텍스트 개념은 특별한 은유의 위치를 점유하며 성장해왔다. 중세 지성인들이 세계를 하나의 텍스트라고 생각했다면, 현대에는 텍스트가 곧 세계라는 관념이 그것이다. '텍스트 밖은 없다'라는 자크 데리다의 사상은 이를 잘 표현하고 있다.

　여기서 주목할 것은 텍스트 개념이 작가의 위상과 결부되어 왔다는 점이다. 작가란 무엇인가? 작품의 생산자다. 작가가 작품을 쓴 동기나 목적은 '기의the signified'가 되어 내용과 작업 과정을 통제하는 특권적 지위를 누린다. 작가author가 '권위authority의 인간'일 수 있는 것은 스스로를 기의와 동일시하거나

14　《기나긴 이별》, p601.

15　"그녀(카멘) 머리의 흔적이 아직도 베개에 남아 있었고 그녀의 부패한 육체의 흔적이 여전히 시트에 남아 있었다. 나는 빈 잔을 내려놓고는 침대를 난폭하게 갈기갈기 찢어버렸다." 레이먼드 챈들러, 박현주 옮김, 《빅 슬립》, 북하우스, p246.

16　시나리오를 포함한 모든 작품을 읽지는 못했기에 '거의'라는 표현을 썼다.

기의의 카리스마적인 장악력을 행사할 수 있기 때문이다. 이것은 작품이 작가에게 귀속된다는 소유권property이 법적으로 보장되기 시작한 시대(프랑스 혁명 후 고유명사가 영어로 proper name이 된 것은 우연이 아닐 것이다)의 우연한 산물에 지나지 않을까? 국가가 증인이 되어주는 제도의 확고한 보장 속에서도 이런 의문은 줄곧 이어져왔다.

텍스트가 곧 작품이라는 일상용법과 달리 롤랑 바르트는 작품과 텍스트의 첨예한 대립을 기의와 기표의 대립에 상응시키고 있다. 이 대립의 구도 속에서 필립 말로의 생각을 읽어보자.

증거는 언제나 상대적인 것이라고 말하고 싶다. 증거는 천칭을 마침내 기울어지게 하는 확률들의 합에 지나지 않을뿐더러 여전히 해석의 문제이다.[17]

고전 추리소설에서 증거는 확고한 의미를 갖는다. 뿐만 아니라 천재적인 탐정은 일반인의 눈에 잘 띄지 않는 세부적인 디테일이 살인사건의 이면에 감춰진 질서로 향하는 통로의 단서가 된다는 것을 확신한다. 최종 국면에서 여러 해석의 차이는 성공적으로 제거되어 혼란의 빌미가 되진 않는다. 확고한 의미란 '기표와 기의의 일대일 대응'의 다른 이름이다. 여기서 기표와 기의는 상징적으로 결합한다. 탐정은 뚜렷한 질서로 이해되어야 하는 결합된 의미의 발견자이자 궁극적인 보증자인 셈이다.

17   《안녕 내 사랑》 중에서. 이 부분은 국내 번역과 사뭇 다른 로베르 콩라트의 번역을 그대로 인용했다.

하드보일드 탐정 필립 말로는 그런 역할을 하지 않는다. 그는 결코 의미와 질서의 보증인이 아니다. 권력의 한 축인 경찰이 스스로 법을 어기기 일쑤인 타락한 사회에서 탐정은 오히려 가정의 붕괴를 막아내기 위해 범인을 경찰에 넘기지 않고 몰래 떠나도록 배려한다.《빅 슬립》에서 마약 중독자인 카멘은 유혹을 거절한 형부 러스티 리건을 죽이지만, 언니 비비안의 비호를 받는다. 말로는 무기력한 아버지 스턴우드 장군을 대신해 가정을 지키기 위해 에디 마스의 협박을 감내해가며 비밀을 간직해온 비비안에게 연민을 느낀다. '범인=악'이라는 등식은 말로의 세계에서는 성립하지 않는다. 그는 무질서(악)를 제거함으로써 질서(선)가 회복되는 이분법의 세계가 아니라 LA라는 도시로 대표되는 혼란스러운 경계 위의 세계[18]에 산다.

《안녕 내 사랑》에서 필립 말로는 경찰에 은신처 정보를 흘려 은행 강도 무스 맬로이를 감옥에서 8년이나 썩게 만든 여자 벨마에게 분노는커녕 연민을 느낀다. 삼류 싸구려 밤무대 가수에서 르윈 로크리지 그레일 부인으로 신분세탁을 해 살고 있던 그녀는 자신의 배신을 용서하고 찾아온 맬로이의 배에 다섯 발의 총알을 박아 넣는다. 그리고 자신에게 진정한 호의를 베풀어준 유일한 그 남자가 구설수로 고통받지 않도록 자살함으로써 보답한 점에 필립 말로는 공감하면서 가슴 뭉클한 슬픔을 느낀다.

서늘한 날이었고 하늘은 아주 맑았다. 아주 멀리까지 내다볼 수 있

---

18   《필립 말로》, p18~19.

는 날이었다. 하지만 벨마가 간 곳만큼 멀리까지는 아니었다.[19]

타인에 대한 뼛속 깊은 연민의 감정을 말로의 특출한 공감능력이나 인간성만으로 설명할 수 있을까? 챈들러 세계의 팜파탈들, 그녀들은 이름을 바꿔가며 신분을 속이고 과거의 행적을 지운다. 그녀들의 삶은 탈구脫臼, dislocation(있어야 할 곳에서 사라졌다는 의미)되어 있다.

밤무대 가수 벨마 바렌트는 그레일 부인이 되었고(《안녕 내 사랑》), 여배우 메이비스 웰드는 자신이 오파메이 퀘스트라는 것을 속여야 했으며(《리틀 시스터》), 밀드래드 하빌랜드는 뮤리엘 체스로 개명하고 산지기의 아내가 되었다가 살해된 것으로 위장당하기까지 한다(《호수의 여인》). 정주하지 못하는 삶의 여정 속에서 결말은 가혹한 운명의 낙인인 양 언제나 불행하다. 스스로 목숨을 끊거나 살해당하거나 기껏 행운이 따라도 살던 곳을 버리고 떠나야 할 처지다.

이 아름답고 사악한 여자들은 왜 세탁된 신분으로도 평안한 삶을 이어갈 수 없는 것일까? 혹시 남자와 결코 공존할 수 없는 존재이기 때문일까?

예외적으로 《리틀 시스터》에는 두 명의 팜파탈이 등장한다. 오빠의 죽음에도 눈 하나 꿈쩍하지 않는 오파메이 퀘스트가 중심인물이지만, 그녀의 비서로 일하는 돌로레스 곤잘레스야말로 팜파탈의 전형으로서 내 의문에 힌트를 준다. 그녀는 이렇게

19   레이먼드 챈들러, 박현주 옮김, 《안녕 내 사랑》, 북하우스, p427.

묘사된다.

그녀는 더없이 아름다웠으며, 그녀는 어두웠으며, 그녀는 치명적이었다. 그리고 아무도 그녀에게 손가락 하나도 댈 수 없었다. 심지어 경찰이라도.[20]

그녀는 말로를 유혹하는 데 실패하고 난 뒤, 사람들을 유혹해서 죽음에 몰아넣는 자신에 대해 이렇게 평한다.

내가 검은 옷을 입는 건 내가 아름답고 사악하기 때문이에요. 그리고 파멸했기 때문에.[21]

그리고 자신이 오린 퀘스트를 죽인 이유에 대해서는 다음과 같이 말한다.

두 가지 이유 때문이죠, 아미고. 그는 약간 정신이 돌아서 결국에는 나를 죽였을 것이기 때문이에요. 그리고 다른 이유는… 이 모든 것은, 절대로 아무것도, 돈 때문이 아녜요. 단지 사랑 때문이죠.[22]

서로 죽이려는 충동에 빠져든 남녀관계라니?!
사랑과 죽음! 그러나 이것은 죽음을 마다하지 않고 덤벼드는

---

20 레이먼드 챈들러, 박현주 옮김, 《리틀 시스터》, 북하우스, p428.
21 위의 책, p325.
22 위의 책, p428.

낭만적인 사랑의 정열과는 무관하다. 욕망이 불타오르는 격렬한 사랑 따위가 아니다. 질서와 정의는 최종 심판이 되지 못한 채 끊임없이 내일로 연기되고 죽음만이 유일하게 확실한 것[23]이라는 말로의 세계에서 사랑의 지위는 대체 무엇일까?

어쨌든 사랑은 삶을 꾸려가기 위한 토대가 되지 못하는 불확실한 영역이다. 왜 결혼하지 않았느냐는 팜파탈 오파메이 퀘스트의 물음에 말로는 이렇게 대꾸한다.

"대답을 아는 것 같기는 해."

나는 말했다.

"그러나, 너무 건방지게 들리겠군. 내가 결혼하고 싶을 만큼 좋아했던 여자들은, 글쎄… 그 여자들이 필요로 하는 걸 난 갖고 있지 못했지. 다른 여자들하고는 결혼할 필요가 없었고. 그 여자들은 그저 유혹하기만 하면 되거든. 그쪽에서 선수 치지 않는다면."[24]

하드보일드 탐정과 팜파탈은 시의 대구對句처럼 서로 마주하며 공명하는 짝인 것처럼 느껴지다가도 상대방에 대한 요구와 필요에서 엇나간다. '아는 것'도 아니고 '모르는 것'도 아닌, 왜 모호하게 '아는 것 같다'는 표현을 썼을까? 이 불확실성을 어떻게 이해해야 할까?

같은 팜파탈로 분류되어도 그 잔인함에는 정도의 차이가 있을 수 있다. 형부를 죽인 카멘은 마약 중독자라 살인할 때 제정

23   콩라트, 《필립 말로》, p25~26.
24   《리틀 시스터》, p397.

신이었는지 의심스러우며, 벨마 바렌트는 무스 맬로이가 사랑에 집착한 나머지 집요하게 그녀를 뒤쫓지만 않았더라도 그를 죽일 까닭이 전혀 없었던 반면,[25] 밀드레드 하빌랜드[26]는 자신의 죽음을 위장하기 위해서는 무고한 사람을 죽이는 짓도 서슴지 않는다.

내 생각으로는 범죄에 직접 연루되어 있진 않지만, 얼음송곳으로 살인을 저지른 동생의 범죄에 대해서조차 자신의 이득으로만 저울질하는 오파메이 퀘스트가 가장 냉혹한 인물일 것 같다. 비서이자 같은 팜파탈인 돌로레스 곤잘레스조차 그녀에 대해 이렇게 평한다.

이 세상에서 메이비스 웰드(오파메이 퀘스트)에게는 그 누구도 더 이상 아무런 의미가 없어요.[27]

팜파탈에 대해 지젝은 흥미로운 해석을 내놨다. 타락한 남성의 사회에서, 여성은 남성에게 존재론적 일관성을 부여하는 토대로서 특정한 의미화 형성signifying formation[28]을 한다는 것이

25는 《하이 윈도》의 브라이트 머독 부인의 범죄 또한 남편의 바람기와 가정을 지키려는 몸부림이라는 변명의 여지를 남기고 있다. 그녀는 남편을 창밖으로 밀어뜨려 살해한 후 심약한 비서인 멀에게 혐의를 덮어씌운다. 말로가 구해내기 전까지 계속 자기 옆에 두고서 죄의식에 시달리게 한다.

26 그녀는 전 남편이자 베이 시티 경찰인 드가르모에게 살해당하는데, 말로는 늙은 경찰국장 패튼의 물음에 이렇게 대답한다. "그녀가 죽어야 할 필요가 있다고 생각한 사람, 그녀를 사랑했으며, 그녀를 증오한 사람, 너무나도 경찰의 본분에 충실해서 그녀가 더 이상 살인을 저지르면서 도망 다니게 놔둘 수 없었던 사람, 그렇지만 그녀를 체포해서 모든 이야기를 털어놓게 할 만큼 경찰 본분에 충실하지는 못했던 사람. 드가르모 같은 사람이죠." 레이먼드 챈들러, 박현주 옮김, 《호수의 여인》, 북하우스, p383~384

27 《리틀 시스터》, p348.

94   생존감각을 확보하는 법

다. 역설적으로 팜파탈은 받아들여짐으로써가 아니라 거부됨으로써 이런 기능을 수행할 수 있다. 그렇다면 말로가 팜파탈의 유혹을 거부하지 못할 때, 즉 거부할 때만이 생겨나는 자아의 일관성을 확보하지 못할 때 그는 어떤 존재일까? 아마 그는 비존재일 것이다.

난 투명인간이었다. 얼굴도 없고, 의미도 없고, 개성도 없고, 이름도 없는 사람이었다.[29]

자기 정체성을 찾기 위한 사투

이제까지의 논의를 비유적으로 이미지화하면, 하드보일드 우주란 초점이 둘 있는 타원형의 세계라고 할 수 있다. 이와 달리 확고한 질서의 세계(고전 추리소설의 세계)란 원의 형상으로 볼 수 있는데, 특권화된 경험인 중심으로부터 동심원을 그리듯 주변으로 넓게 퍼져나가는 물결의 이미지가 그것이다. 특권화된 경험[30]은 중심일 뿐만 아니라 안과 바깥, 중심과 주변, 질서와 무질서, 선과 악의 경계를 긋는 형식과 가치의 역할을 할 것이다.

타락한 사회에서 이제 '남성적인 것'과 '여성적인 것'이 공히

28   슬라보예 지젝, 주은우 옮김, 《당신의 징후를 즐겨라!: 할리우드의 정신분석》, 한나래, p253.
29   《리틀 시스터》, p308.
30   조선 유교사회라면 서당에서 스승에게 배워 과거시험에 응시하는 것이 그럴 테고, 불교라면 위파사나(무상과 삶의 고통을 특별히 보는 것으로서의 통찰이자 지혜)의 깨달음이 그러할 것이다.

타원형 세계의 두 초점으로 이해될 수 있다면, 이 두 초점은 힘겨루기를 통해 상대를 견제하면서 서로 중심임을 자처한다. 필립 말로는 이 두 초점(타락한 남성 권력의 사회와 타락한 여자로서의 팜파탈) 사이에서 아슬아슬하게 줄타기를 하는 곡예사인 셈이다. 그의 불확실성은 이 긴장감에서 비롯된다. 정직한 인간인 말로는 수사 대상인 거친 사내들과 타락한 경찰에 맞서는 용기로 인해 수시로 폭행당한다. 이 육체적 고통은 챈들러의 표현대로라면 슬픔을 알기 위해 태어난 삶의 조건이자 잔인할 수밖에 없는 과정으로서의 삶[31]의 은유다.

응축된 경계선으로서의 도시 LA. 경계선 위에서의 삶. 말로의 실존은 늘 두 가지 물음에 무방비로 노출된다.

나는 누구이고, 왜 여기 있는가?

이런 철학적 질문이 가능한 조건으로 동시대 산물인 하드보일드 추리소설과 1930년대 미국 재즈 음악은 세 가지 점을 공유한다.

첫째, 두 초점, 즉 타원형의 세계에 가장 잘 어울리는 음악 용어로 싱커페이션syncopation(당김음)이다. 싱커페이션이란 강박과 약박의 위치가 바뀐 음을 뜻하는데 음표의 길이, 붙임줄, 쉼표, 음악 기호에 의해 자신의 정체성을 바꾸는 특징이 있다. 4/4박자 '강-약-중강-약'의 마지막 박에 오는 약박 음표에 작

---

31   《호수의 여인》, p43.

곡가가 스포르찬도sforzando(sf 혹은 sfz로 나타내며 그 음을 특히 '세게' 연주하라는 뜻이다)라는 음악 기호를 붙이면 연주자는 약박을 강박으로 바꿔 연주할 수밖에 없다. 시간의 흐름 위에서 볼 때 약박에서 강박으로의 느닷없는 변화는 약박 정체성의 파국으로 이해할 수도 있다.

소설가 스콧 피츠제럴드는 낭비벽이 심한 아내의 헤픈 씀씀이로 인해 재산을 한순간에 탕진한다. 자신의 삶도 그랬거니와 《위대한 개츠비》에서 자신이 죄를 뒤집어썼음에도 불구하고 톰 뷰캐넌에게로 돌아가버린 옛 애인 데이지에게서 개츠비가 느꼈을 정신적 파국의 감정이 그러할 것이다. 이처럼 싱커페이션은 정체성의 혼란, 탕진, 파국의 이미지를 지닌다.

둘째, 즉흥성이다. 재즈는 즉흥연주와 떼어서 생각할 수 없다. 말로가 사건에 개입하는 방식 또한 이와 다르지 않다.《안녕 내 사랑》에서 말로는 알레이디스 부인의 의뢰를 받고 이발사 알레이디스를 찾으러 갔다가 나오는 길에 우연히 무스 맬로이를 보게 된다. 그의 엄청난 덩치에 압도되어 쳐다보다가 살인 현장까지 목격한 뒤 사건에 개입하게 된다.

셋째, 재즈의 스윙이 주는 가벼움과 흥겨움이다. 말로가 구사하는 유머가 이에 해당한다. 은행 강도범으로 8년간 감옥에서 썩다 나온 무스 맬로이가 "내가 8년 동안 어디에 가 있었을 거라고 생각했나?"라고 묻자 초면임에도 말로는 능청스럽게 대꾸한다. "뭐 나비라도 잡으러 다녔나 했지." 또 검사보 밑에서 경찰 생활을 했던 말로는 자신이 결혼하지 않는 이유에 대해 이렇게 말한다. "경찰 마누라가 싫어서."

확고한 실체의 존재이기보다는 늘 자기가 누구인지 자문해야 하는 경계선의 즉흥적 가변적 인물 — LA라는 장소를 닮은 —이라는 점에서 말로는 자기 정체성을 찾기 위해 사투할 수밖에 없다. 그가 생식(섹스)과 아이에 무관심한 이유는 여자의 유혹을 거절함으로써만 존재의 최소 반석盤石을 확보할 수 있기 때문이다.

추리소설의 역사는 일반적으로 '고전 추리소설 → 하드보일드 → 형이상학적 추리소설'[32]의 흐름으로 이해된다. 이 흐름은 언어학에서 말하는 기의에서 기표로의 무게중심 이동[33]과 무관하지 않다. 삶의 의미, 동기, 목표는 기의로써 정초된다. 기의의 역할이 축소된다는 것은 무질서가 증가한다는 것이고 기껏해야 삶이 기표의 유희로 이해된다는 것을 뜻한다. 유희라는 말에서 천박성이 감지된다고 해도, 반대로 언어가 요구하는 복종[34]에 저항해서 기표의 유희만이 궁극의 자유를 보장할 수 있다면 혹은 최종 기의로서 작품에 의미를 부여하는 작가가 그 자체로 권위가 되어 독자의 자유로운 해석의 가능성을 억압하는 인물이라면?

이런 반성의 물음 속에서 파악할 때 권위의 흔적이 드러나는 미스터리 오서mystery author가 아니라 미스터리 라이터mystery

---

32 형이상학적 추리소설이라는 용어에 불만인 평자는 그냥 메타픽션이나 반-추리소설이라는 용어를 고집하기도 하지만.

33 무엇(what)에서 어떻게(how)로의 이동으로 표현할 수도 있을 것이다.

34 들뢰즈에 따르면 언어는 정보를 전달하기 위한 수단도 대화를 하기 위한 도구도 아니다. 무엇보다 언어는 복종을 요구한다.

writer라는 용어는 표현 이상의 의미를 갖는다. 흔히 말하듯 고전 추리소설의 핵심 중 하나인 탐정과 독자의 게임은 이 최종 기의의 흔들림을 반영한다. 바르트에 따르면 텍스트는 기표의 영역에 있다. '텍스트 밖은 없다'라는 것은 '변별적 차이로서의 기표의 체계'(소쉬르) 밖은 없다는 뜻일 것이다.

그렇다면, 챈들러의 소설은 텍스트일까?

텍스트는 권위의 보증 없이도 읽힌다. 말로의 생존방식의 근거로서 챈들러의 실제 삶! 적어도 챈들러의 소설이 텍스트라면, 말로의 삶의 근거를 챈들러의 삶에서 찾는 것은 어불성설일 것이다. 왜냐하면 이때 우리는 다시 작가[35]라는 최종 기의의 권위(판사, 선생, 분석가, 고해 신부, 강한 해석자의 입장 등)로 돌아가는 어리석음을 범하기 때문이다.

챈들러의 삶조차 더 이상 소설 속 말로의 기원이 아닌, 자신의 작품을 두고 서로 '협력하는/경쟁하는' 허구일 뿐이다. 나아가 텍스트를 쓰는 작가인 '나'는 종이 위에 쓰인 1인칭 '나'일 뿐이다. 이 모든 조건은 챈들러의 작품보다는 폴 오스터의 《뉴욕 삼부작》에 잘 들어맞는다. 폴 오스터라는 이름이 자기 작품 속에 등장하는 텍스트.

글쓰기와 읽기

단순화의 위험을 무릅쓰고 이상을 요약하면 두 물음의 대립으로 정리할 수 있다. '목적 없는 삶이 현실적으로 가능한가? 가능하다고 해도 너무 무기력하고 허망해지지는 않을까?'라는 물음과 '목적은 타인의 삶을 설정된 목적의 강박 속에 끌어들이는 것은 말할 것도 없고 자기의 삶조차 억압적으로 구성하는 것은 아닌가? 진정한 자유는 목적에 따르는 삶을 벗어던질 때나 가능한 것은 아닌가?'라는 물음의 대립이 그것이다. 이 속에서 '쓰기'와 '읽기'의 문제를 이해해보려는 것이다.

'글쓰기'란 무엇인가? '글 읽기'란 무엇인가? 바르트에 따르면 소설가 플로베르 시대 이전까지만 하더라도 유럽의 수사학은 학생들에게 쓰기와 읽기를 동시에 가르쳤다고 한다. 그런데 현대인에겐 방점이 '읽기'에 찍히며 주도권이 '글 읽기'로 넘어간 상태다.

양자 사이에 벌어진 틈은 고전 추리소설의 탐정과 독자 사이의 두뇌게임이라는 도발적 형태를 통해 문화적으로 양식화되었다. 이때 탐정의 든든한 후원자는 수수께끼와 그 해답을 고안해낸 작가일 수밖에 없다.

챈들러의 소설은 플롯보다는 신scene에 중점을 둠으로써 작가의 상징적 힘을 약화한다. '챈들러의 소설은 텍스트인가?'라는 물음은 글쓰기와 글 읽기 사이에 존재하는 거리감을 파기할 것(적어도 축소할 것)을 요구하는 텍스트의 이상적 기능에 얼마나 부합하는지를 가늠해보는 문제와 연관된다.

작가 또한 종이(텍스트) 위에 쓰인 존재에 불과하다면(챈들러가 존재론적 우위를 점하기는커녕 자신이 창조한 탐정인 말로와 서로 협

---

35   아버지와 자식의 관계에서처럼 작가는 작품에 대해 선행적인 관계를 가진다는 관념.

력하며 경쟁하는 관계에 불과하다면), 작가와 탐정은 교체 가능한 존재[36]가 된다.

달리 말해 글쓰기란 탐정 행위(수사 행위, detect)를 닮는다. 증거(자료)를 수집하고, 사건의 동기를 생각하고(주제를 드러낼 수 있는 장면을 상상하고), 범행 수법(플롯 구성)을 되짚어 사건의 전모를 파악해낸다(처음과 끝을 어떻게 써나갈지 결정한다). 손쉽게 해결할 수 있는 사건도 있지만, 도무지 실체를 파악할 수 없는 사건도 있다. 마찬가지로 수도 없이 주제를 결정하고 플롯을 구성해보지만 끝내 쓰다가 마무리하지 못한 작품이 생겨난다.

반면 글 읽기는 열린 결말에 이르더라도 마지막 책장을 덮음으로써 어쨌든 결말의 느낌(다 읽었네!)을 가질 수 있다. 여기서 교체 가능한 '탐정의 수사와 글쓰기'는 삶의 은유로 이해된다. 항상 범인을 찾아내거나 사건에 대한 명쾌한 결론을 내릴 수 없는 것처럼, 그리고 글쓰기가 노력과 무관하게 마무리되지 못할 수 있는 것처럼 삶 또한 선명한 목적도 결말도 의미도 없이 방황에 이를 수 있다.

삶이란 애매하고 불안정한 것이라는 회의주의적 귀결은 일정 부분 우리가 확고한 신앙이나 출산(삶의 목적으로서의 결혼) 같은 것이 삶의 의미가 될 수 없다는 포기 선언의 대가인 듯하다. 우리가 지향하는 경험은 예전처럼 전체를 조망하고 통제하는 플롯(이야기)에 있지 않다. 이제 경험은 파편화되어 조각조각 흩어져 있을 뿐만 아니라(챈들러처럼 플롯보다는 신 한 장면을 더 중

---

36 폴 오스터, 한기찬 옮김,《뉴욕 삼부작》, 웅진출판, p16.

요하게 생각하는), 그 경험조차 직접성을 잃고 영화·소설·잡지·유튜브·포털사이트 등에서 제공하는 잡다한 정보의 상호텍스트성에 머문다.

혹시 즐김(주이상스jouissance)이 우리 삶에 은밀히 숨어 들어와 플롯(이야기, 거대 서사, 인생의 여정을 통제하는 삶의 목적)의 자리를 대신 차지한 것일까?

바르트는 프랑스어 'écrire'(글을 쓰다)의 자동사적 특징에 기대어 글쓰기란 생식이 없는 섹스의 양상, 즉 '변태적인 것'이라 규정한다. 아마 글쓰기는 자위행위일 수 있을 것이다. 트라우마의 고통에 시달리는 사람에게 글쓰기(보통은 일기이겠지만)에 심리 치유 기능이 있으니 글을 써보라고 권유하는 것도 이런 인식의 그림자에 희미하게나마 닿아 있다.

물론 바르트는 이 즐김의 대상으로 일기나 보통의 대중문학이 아니라 전위적인 텍스트들을 꼽는다.

챈들러의 소설은 미국 서부('안락한 삶과 거친 삶의 경계 지역'으로 상징되는)를 배경으로 한 리얼리즘 계열 소설이다. 그러니 그의 소설을 '프롤레타리아의 삶'에 대한 이야기로 규정하는 어느 평자의 생각도 일리가 있다. 챈들러는 가독성을 위해 멜로드라마적 요소를 가미했다고 재치 있게 말한 바 있다. 그렇다면 챈들러의 소설이 바르트가 말하는 수준의 전위적인 텍스트는 아닐 것이다.

그런데… 슬하에 자식을 두지 않고 알코올 중독자로 산 삶[37]이 뜻하지 않게 깊고 둔중한 울림을 준다. 쉰 살이 넘어서

야 출간한 장편소설, 플롯에 대한 구상 없이 쓰고 싶을 때만 썼
다는 작업 방식, 결혼을 앞두고도 엄마 플로렌스에게만은 차마
말할 수 없었던 씨씨의 실제 나이, 자살 기도, 그의 삶의 나침반
은 언제나 누아르를 향하고 있어 어두웠다는 것!

그가 세공해서 깊이를 주었던 단어들은 소설 페이지의 구석
구석에서 자신의 어두운 영혼의 지표이기라도 하듯 그것을 알
아볼 수 있는 독자에게만 빛을 발한다.

죽음, 우연, 슬픔, 고독, 공허, 타락, 기사도 정신chivalry, 아이러니,
김릿(진 반 로즈라임 주스 반만을 섞은 술), 그리고 마지막으로 연민과 조
롱… '돈도 없고, 가족도 없고, 전망도 없고, 아무것도 없지(…).'[38]

아니, 아무것도 없지는 않다. 최소한의 극미한 존재. 검은 미
니멀리스트minimalist. 그는 가까스로 살아갈 이유를 찾아낸다.
**말로는 타락한 경찰에게 죽도록 얻어맞는다. 그러므로 존재
한다. 말로는 아름다운 여자 팜파탈의 유혹을 뿌리친다. 그러
므로 존재한다.**

---

37 챈들러가 제일 좋아했던 소설 중 하나가 《위대한 개츠비》다. 피츠제럴드 또한 알코올 중
독자로 알려져 있다. 챈들러는 이 인간적 결함에 동지애 같은 것을 느꼈던 걸까?

38 《기나긴 이별》에서 멘디 메넨데스가 말로를 조롱하며 한 말, p133.

4. 악인이란 가장 사회적인 인간이다

: 추리소설가가 된 철학자, 줄리아 크리스테바

✚ 추리소설가 줄리아 크리스테바의 사유

악이란 한마디로 '사회'다. 금기, 계약, 금지, 위선,

남용 따위가 만연한 악의 사회,

특히 사회의 중심인물은 가장 부패한 사람,

즉 가장 사회적인 사람들이다.

탁월한 사상가의 추리소설은 어떻게 읽힐까? 우리에겐 사상가와 추리소설의 조합이 낯설기만 하다. 이 낯섦에 대한 반응 중 하나는 줄리아 크리스테바가 추리소설을 쓸 정도로 그쪽 취미가 남달랐다, 라는 것쯤으로 치부해버리는 것이다. 이런 반응이야말로 우리 문화의 최대 약점이다.

무엇이든 깊게 파고들어가 심도 있게 이해하기보다는 적당한 선에서 파악하고 만족한다는 것, 무엇보다 분류란 늘 변하는 것임에도 자기가 이론적 투쟁을 통해 애써 구분한 것도 아니면서 '고급/하급' 문화의 경계선을 철칙으로 받아들인다는 것, 자신이 우연히 속한 고급문화의 자족감 속에서 하급문화를 근거 없이 폄하하며 본인이 어리석은 편견에 빠져 있다는 것조차 모른다는 점이다.

크리스테바에게 사유와 추리소설은 뗄 수 없는 관계다. 사유가 시시해져서 영향력을 잃으면 추리소설이 고개를 쳐들고 세상의 인기를 한 몸에 끌어당기게 돼 있다는 것이다. 그녀는 그런 의미[1]에서 21세기를 추리소설의 시대로 내다봤다.

그녀는 사유와 추리소설은 공히 '위반의 문제'와 관련되어 있다고 생각한다. 불가리아 태생이지만 프랑스에 정착한 그녀는 '위반=자유=문학'이 되어버린 프랑스적인 가치를 체화한 듯하다. 위반이 생겨나는 이유는 금기가 있기 때문이다. 금기를 깨뜨리는 자유를, 문학은 이상理想의 이름으로 형상화한다.

---

1   사유가 자신의 시시함을 극복하기가 쉽지 않다는 의미에서다. 이때 사유가 시시한 이유는 메타(초월)의 위치를 상실한 현대 사유가 '가치의 상대성'과 '형식의 허무함'을 극복하기가 쉽지 않다는 뜻일 것이다.

대표적으로 조르주 바타유 같은 작가를 지목하게 되지만, 추리문학 또한 다르지 않다.

《포세시옹, 소유라는 악마》에서보다는 《비잔틴 살인사건》에서 이 주제가 더 심도 있게 표현된다. 뿐만 아니라 그녀의 독창적인 개념인 '세미오틱과 쌩볼릭'을 통해 보면 더 선명히 드러난다.

추리소설 속 등장인물의 삶과 주인공이 던지는 물음은 바로 이 철학적 개념들의 예시로 볼 수 있다. 그녀는 추리소설을 그저 재미로 쓴 게 아니다. 등장인물들의 신념과 행위에 사유의 근간이 반영돼 있는 것이다.

위반이란 달아남이다. 울타리를 넘어 지도에 없는 길을 찾아나서는 고독한 모험이다. 자신을 황폐화시키는 기성의 가치를 거부하는 자유의 몸부림이다. 프랑스 문학은 프랑스 대혁명의 가치(자유, 평등, 박애) 중 자유를 온몸으로 지탱해온 장르다. 크리스테바의 추리소설 역시 프랑스 문학의 이 숭고한 정신을 뒤따른다.

본격적으로 궤도이탈을 한 《비잔틴 살인사건》의 세바스찬처럼, 크리스테바는 삶 속에서 궤도이탈을 경험하라고 독자에게 요구한다. 어렴풋이나마 '나는 어디에 있는가?' 또는 '나는 어디로 가는가?'라는 명상에 잠기는 삶이야말로 훌륭한 삶일 수 있다는 것이다. 그 엄청난 뒷감당이야 자유로운 삶을 위해 반드시 지불해야 할 대가일 테지만.

사상가의 추리소설

사상가가 자신의 사유를, 적어도 사유체계의 일부를 추리소설을 통해 드러낸 경우를 우리는 이미 알고 있다. 작고한 움베르토 에코의 《장미의 이름》이 그 대표적인 예일 것이다. 에코와 크리스테바는 독자를 잃어 궁지에 몰린 현대 문학의 처지를 안타까워하면서, 21세기는 추리소설의 시대이므로 각자 추리소설을 써보면 어떻겠냐는 의견을 교환한 뒤 곧바로 실천에 옮긴 사상가들이다.

유명세는 에코가 탔지만, 사유와 추리소설의 관계를 전면적으로 심도 있게 탐구한 이는 오히려 크리스테바 쪽이다. 그녀는 거짓 사유가 버젓이 사유의 이름으로 뻔뻔하게 유통될 때, 그에 실망한 사람들의 관심이 범죄사건을 다룬 미디어나 추리소설 쪽으로 옮겨가는 까닭이 양자 공히 위반의 문제를 다루고 있기 때문이라고 주장한다. 이때 그녀는 '금지와 위반'이라는 프랑스적 사유모델에 기초해 사유와 추리소설의 관계를 탐색한다.

아쉽게도 그녀의 소설은 두 권만 번역돼 있다. 1996년에 출간된 《포세시옹, 소유라는 악마》가 프랑스 현지에서 평이 좋지 않았던 것에 비해 2004년에 출간된 《비잔틴 살인사건》은 호평을 받았다. 이 두 작품을 중심으로 그녀의 핵심 사유가 추리소설의 등장인물을 통해 어떻게 드러나는지 살펴보고자 한다.

우선 추리소설을 즐겨 읽는 독자들의 독서 체험을 혼란에 빠뜨리지 않기 위해 크리스테바의 고유한 접근법을 먼저 살펴볼 필요가 있다. 통상 추리소설은 범죄자의 살해 방법, 동기, 자신의 정체를 들키지 않기 위해 설치한 덫, 그 덫과 미끼의 혼란에서 벗어나 기어이 올바른 추리에 도달하려는 탐정, 아니면 위기에 처한 나약하지만 도덕적인 주인공이 어떻게 하면 그 위기에서 탈출할 수 있을까, 하는 플롯에 스토리의 초점이 맞춰져 있다. '추리소설'에 대한 추리소설 같은 예외적인 독서 체험이 있을 수도 있겠지만 대부분은 이러할 것이다.

크리스테바는 이런 취향을 앵글로색슨적인 것, 영미英美적인 것으로 치부한 뒤, 이와 달리 풍자를 섞지 않고는 추리소설을 쓸 수 없는 프랑스 전통에 자신이 서 있음을 강조한다. 풍자는 그것을 이해할 수 있는 대중을 필요로 한다고 강조하면서 '프랑스에서는 나무조차 사색을 한다'라는 프랑스인의 복잡함과 지적 수준에 기대고 있음을 부인하지 않는다.

크리스테바는 사유와 범죄 모두 위반이라는 점에 주목한다. 위반이 정당화될 수 있는 유일한 조건이 사회악에 대한 저항이라고 할 때, 그녀는 위반의 정당화에 있어서 부분적이 아니라 전면적이다. 사회 안에서 보면 위반이 악이지만, 밖에서 보면 사회 자체가 악이라는 전도된 생각이 그것이다.

이 전도가 불러일으키는 불안감과 위험. 우리의 정서는 그런 극한의 결과를 감당할 수 없다. 그 이유는 우리의 유교적 상상력이 권력 중심적인 반면, 한恨은 권도를 행사할 수 없는 백성의 정치적 한계로서의 한限의 정서이기 때문이다. 그렇기에 유교적 성숙의 지향점은 철저하게 인사이드inside적이다. 반면 프랑스인의 문학적 상상력은 '정신 대 육체'라는 변증법적 대립 속에서, 육체를 억눌러온 정신에 반발하는 육체의 물질적 궤적을 그린다는 점에서 철저하게 아웃사이더outsider적이다. 프랑스적 감수성 속에서 문학은 무엇보다 허위의 정신에 대한 물리적 공격성을 대변한다. 그렇기에 '쾌락을 위해 침대 위에서 채찍을 든 변태성욕자'를 상기시키는 사드Sade는 프랑스 문학정신의 근간을 이루는 존재일 수밖에 없는 것이다.

악이란 한마디로 '사회'다. 금기, 계약, 금지, 위선, 남용 따위가 만연한 악의 사회, 특히 사회의 중심인물은 가장 부패한 사람, 즉 가장 사회적인 사람들이다.

불가리아 태생의 유대인인 줄리아 크리스테바(1941~)는 프랑스로 이주한, 사회적으로 성공한 엘리트다.《텔켈Tel Quel》이라는 아방가르드 문학잡지에 글을 실으며 여러 문인과 교제하던 중에 누보로망 작가 중의 한 사람인 필리프 솔레르스를 만나 결혼했으며, 슬하에 다비드라는 이름을 가진 아들을 두었다. 이런 정황에서 판단할 때, 그녀의 삶이 세속적 행복을 철저히 부정했다고 보긴 어려울 것이다. '현실'과 '현실에 대한 수사학' 사이의 근원적인 간극을 의식해서인지, 그녀는 '살인을 통해 가상의 도시인 산타바르바라를 정화하는 살인자'이자 무한無限이라는 닉네임을 가진 샤오 창에 대해 소설 속 정신분석가의 입을 빌려 이렇게 비판한다.

당신은 법과 사회를 견디지 못하는 사람입니다.

내면의 이런 갈등 탓일까.《비잔틴 살인사건》에는 사회의 부패를 몰아내려는 두 명의 정화자淨化者가 등장한다. 쌍둥이 여동생 파창을 사랑했기에 근친상간의 금기로부터 상처를 입은 샤오창, 그리고 자신의 정부情婦였던 파창이 임신하자 그녀를 살해한 '이주사 연구소' 교수이자 역사학자인 세바스찬 크레스트 존스. 둘은 살인을 한 뒤, 새로운 삶을 찾는 여정에 돌입한다. 어찌 보면 자신의 정체성을 찾는 여행이다. 같으면서도 다른 두 정화자의 삶은 어떤 결말에 이르게 될까? 이것이 위반의 여정으로서의 소설을 이끌어가는 추진력이다.

크리스테바는 소설 속 자신의 분신이자 기자 겸 탐정 역할을 수행하는 스테파니 들라쿠르를 통해 세바스찬의 여정을 뒤따라간다. 세바스찬은 파창을 죽인 뒤에 제1차 십자군전쟁 이야기인 15권의 역사서《알렉시아스》를 쓴 황녀 안나 콤네나의 삶의 궤적을 상상 속에서 추적하기에 이 여정은 관찰자가 바뀌면서 이중삼중으로 펼쳐지는 셈이다.

세바스찬이 안나를 뒤따르고 스테파니는 세바스찬을 뒤따른다. 이주, 이동, 여정 등등… 물의 이미지로 환원할 수 있는 상징들은 또한 '과정 중에 있는 주체The subject in process'로서의 여성의 이미지이기도 하다. 사회의 부패를 악으로 규정하고 스스로 정화자가 되어 살인을 마다하지 않는 남성들. 그런데 이 남성들은 생물학적이든 환경적이든 반은 여성의 기질을 갖고 있다. 꼭 껴안는 엄마를 떼어내지 못한, 정신분석학적으로 말하자면 건강한 분리를 성취해내지 못한 인간들이다.

《포세시옹, 소유라는 악마》라는 제목에서 크리스테바가 암시한 것처럼 '여성이라는 악령 혹은 마귀가 들린' 남성들이다. 샤오 창에게는 세상이 금기시하는 쌍둥이 여동생에게 사랑을 느끼는 악령이, 세바스찬에게는 유부남이었던 아버지와 불륜을 저지른 육욕적인 어머니라는 악령이 들려 있다. 그러나 그 무시무시한 표현에도 불구하고 심리상태로는 우울증이나 히스테리로 드러나는 이 악령은 부정적인 것이 아니다. 오히려 긍정적이다.

크리스테바에 따르면 우울증이나 히스테리 없이는 정신활동도 사유도 없다. 그렇다면 그 수많은 서구의 사상가들, 니체, 비트겐슈타인, 하이데거, 라캉 등은 모두 우울증 환자란 말인가? '환자'라는 부정적 딱지만 떼면 크게 틀리지 않은 주장이다. 사상가들은 늘 고개를 푹 떨어뜨린 채 사색하는 멜랑콜리커 Melancholiker인 것이다.

이동 중인 주체, 즉 방랑자적인 불안정성에 노출된 인간은 십자군 병사, 무국적자, 주거부정자, 사막의 대상, 대초원의 기사, 혹은 비잔틴이나 산타바르바라 같은 상상 속 도시를 헤매는 나그네들이다. 어둠의 인간, 외톨이, 두더지라 호명되기도 한다.

크리스테바는 이 이동의 경로를 쌩볼릭symbolique(상징계)에서 세미오틱sémiotique(기호계)으로 향하는 여정으로 개념화한다. 기호계는, 프로이트에게는 망각된 무의식의 '잃어버린 영토'이지만 크리스테바에게는 '의식되지 않으면서도 의식되는', 전前-언어적 영역이다. 상징계가 질서 잡힌 언어, 관념, 이데올로기, 초자아의 영역이라면, 기호계는 알아들을 수 없는 말이나 공기의 파동을 바꾸는 '트림'이 분출하는 영역이다. 이

영역은 전-언어적 혹은 비언어적이지만 여전히 논리적 영역이다. 그럼, 기호계 너머엔? 아마 광기가 있을 것이다.

크리스테바는 헤겔의 부정성negativity이라는 개념을 다듬어 이 여정의 에너지이자 '매혹하는 힘'을 엑스펄션expulsion이라는 단어로 표현한다. 우리말로 옮기기 몹시 어려운 단어로, '충동의 방향을 상징계 밖으로 향하게 하는 것'이라는 의미가 내포돼 있다. 엑스펄션은, 밖으로 향하려는 그 충동성으로 인해 반가족적, 반국가적, 반사회적 특징을 지닌다. 한편 크리스테바는 엑스펄션을 '가족·국가·사회'에 대한 불만이나 대립으로 좁혀 읽지 않고 제한과 속박을 벗어나는 그 어떤 과잉으로 읽어낸다. 문학의 시니피앙이야말로 이 과정을 드러내는 사건인바, 시니피앙(기표)과 시니피에(기의)의 관계에 개입하는, 다시 말해 합목적성이라는 이름으로 세상을 장악하려는 정치와 종교의 이데올로기성을 비판한다.

그렇다면 소설에서 가족을 떠나고 국가와 사회를 버린 인간은 어디로 가는 것일까? 쌩볼릭 밖으로의 이주자들은 이동하면서 늘 질문한다.

나는 어디에 있는가?

세바스찬은 하느님의 어머니, 즉 성모 마리아에게 봉헌된 성 스테판 성당에서 이 위험하면서도 매혹적인 여행의 끝을 본다. 그럼으로써 그는 자신의 위치에 대해 스스로 물었던 위상학적 질문에 최종 대답을 한 것인가? 아니다. 성당은 그에게 잠시 휴식의 시간을 내어준 간이침대일 뿐이다. 그저 순간적인 '정립적 단계'일 뿐이다. 그가 십자군 원정을 마치고 귀향길에 올랐다고 단언할 수는 없다. 샤오 창의 경우는 사정이 더 나빠 보인다. 그는 상징적 집을 불태웠기 때문에 돌아갈 집도 없다. 세바스찬은 상상 속(기호계)에서 집을 확장해왔는데, '확장된 집'이 쌩볼릭의 역할을 할지는 미심쩍다. 샤오 창의 총구가 세바스찬의 생물학적 삶을 끝장낸 뒤에도 같은 물음이 반복된다.

세바스찬 크레스트 존스는 어디에 있는 것인가? 그는 시간 속에서 길을 잃은 주거부정자인가?

크리스테바는 세바스찬의 여정을 추리소설과 삶의 은유로 이해한다. 평소 영미 추리소설과 일본 추리소설을 즐겨 읽은 독자라면 다소 맥락이 부족한 글이라 생각할 수도 있겠지만, 사상가의 전언이라 들어볼 만한 가치가 있을 것이다.

추리소설처럼 인생 자체가 읽을 만하고 견딜 만한 것이 되려면 '궤도이탈'이 필요하다. 같은 궤적, 같은 생각을 따라가지 말 것.

황녀 안나 콤네나도, 세바스찬도, 샤오 창도, 스테파니도, 그리고 작가인 줄리아 크리스테바도 궤도이탈을 경험한다. 그러나 이 궤도이탈은 궤도를 이탈하려는 목적 외에는 아무 목적이 없는 여행이다. 그런데 우리가 아는 통상의 추리소설이, 세바스찬의 간이침대나 성당을 최종 국면으로 받아들일 때, '악이 어디서 유래하는지 알 수 있다'라는 의미에서 낙천적인 장르로 축소된다는 것이다. 탐정은 '바로 이 악이 어디서 오는지 안다고 가정된 주체'다.

하지만 줄리아 크리스테바의 입장은 낙천적인 입장과는 사뭇 다르다. 그녀가 옹호하는 주체는 과정의 주체, 이동의 주체, 여행의 주체일 뿐이다. 궁극적 기의에 가닿는 최종 국면을 가늠할 수는 없다. 궁극적 기의로부터 삶의 양식이 유도되지는 않는다. 유도되더라도 그것은 누구나 받아들여야 할 보편적 이념으로서가 아니라 개인적 스타일의 차원에 머문다. 경험은 그 본질상 개인적이다. 이로부터 다음과 같은 삶의 태도가 생겨난다.

당신 마음에 드는 것을 하세요. 하지만 누구도 믿지는 마세요. 물론 나도 믿지는 마세요.

이것은 진심 어린 충고이자 일종의 빈정거림인데, '자신이 정확히 어디로 가야 할지 모르는 인간'이 세상의 부패에 맞서는 방법이자 이 시니컬하게 고양된 방법을 통해서만이 진실의 길로 들어설 수 있다는 게 크리스테바의 생각이다.

《포세시옹, 소유라는 악마》로 다시 돌아가보자. 제리의 엄마 글로리아는 머리가 잘려나간 시체로 발견된다. 머리가 없으니 당연히 얼굴 표정이 있을 리 없다. 얼굴 표정은, 굳어진 쌩볼릭의 세계가 강요한, 허락된 표정일 뿐이다. 정신이 얼굴이라는 육체에 강제한 표정. '정신/육체'의 이분법은 시소의 균형을 맞춘 대립이 아니다. 서구 사회에서 승화라는 이름으로 표명된 정신은 육체를 억압하는 정신이고, 육체는 정신에 의해 짓눌린 육체일 뿐이다.

엑스펄션은 쌩볼릭에서 벗어난 이질적 행위이자 물질적 도약이다. 엑스펄션에 매혹된 인간은 사회라는 무대 위에서 자기에게 맡겨진 역할에 충실한 배우이기를 그친다. 엑스펄션은 그 혹은 그녀를 연기자가 아니라 행위자로 내몬다. 세바스찬 같은 이주민은, 그런 의미에서 마지막 행위자다.

행위자로서의 세바스찬은 검은 성모 마리아상을 향한 향성向性을 갖고 있다. 하필 왜 검을까? 밝은 쌩볼릭 세계 밖으로 궤도이탈을 했기 때문이다. 왜 하필 성모 마리아일까? 엑스펄션의 힘이 우울증, 히스테리로 대변되는 여성적인 힘이기 때문이다. 그 귀결은?

성모 마리아는 십자가에 못 박혀 죽은 예수의 육신을 무릎 위에 올려놓고 슬퍼하는 어머니의 모습에 국한되지 않는다. 성모 마리아는 예수의 어머니이자 동시에 신인神人인 예수의 딸이다. 또한 사랑으로서의 예수의 연인이다. 어머니이자 딸이자 연인.

줄리아 크리스테바는 성령이 성자를 통해 성부로부터 온다는 믿음을 가진 동방정교회야말로 공산주의의 뿌리를 이루는 사상이라고 비판한다. 이처럼 쌩볼릭에 갇힌 사상은 스탈린이나 푸틴 같은 괴물 정치인을 양산할 뿐이라는 것이다. 성령은 성자를 통해 성부로부터가 아니라, 성부와 성자로부터 오는 것이며 여기에 '여성'이라는 항을 추가한다.

당신이 지닌 여성성의 거울에 비친 당신 자신을 사랑하라….

반남성적 태아 상태였던 당신 자신을 사랑하라. 그곳까지 퇴행하는 사람들은 누구에게도, 어떤 성에도, 어떤 국가에도, 어떤 종교에도, 어떤 정당에도, 아무것에도 속하지 않는다.

이렇게 소속된 곳이 없어 정체불명인 신인류는 '밤의 연인'이 되어 '눈부신 태양'을 경배할 일도 없어진다. 태양이 있더라도 그것은 '검은 태양'일 뿐이다. 각자가 자신의 비잔틴을, 산타바르바라를 찾아낼 때 우리는 쌩볼릭에 갇힌 편집증적 태도를 버리고 내재성이 결핍된 비본래성을 회복할 수 있다.

인간의 사정이 왜 이 지경까지 흘러왔는가? 크리스테바의 주장을 요약해보자. 우리는 신의 죽음, 즉 아버지의 부재를 애통해한다. 현실의 아버지들은 더 이상 자신의 자리를 지키지 않고 제 역할도 하지 않는다. 통탄스러운 권위의 붕괴. 그런데 어머니들 또한 자신의 역할을 조금도 하지 않고 있다. 어머니들은 사랑에 빠지거나 방탕하거나, 차갑거나, 관심이 없거나, 죽었다는 것이다. 이제 어머니마저 자식들의 안위를 걱정하지 않게 되었다.

제리의 엄마 글로리아는 제리의 친아빠인 스탄 노박이 청각 장애자인 제리를 따뜻하게 보듬기는커녕 아들을 피해 외국을 떠돌며 난봉꾼 생활을 하다가 객사하자 변태성욕자이자 마약 중독자인 피쉬를 집 안으로 끌어들여 쾌락에 몰두한다. 피쉬가 제리의 양육비로 들어가야 할 재산을 탐내는데도 문제의식을 느끼지 못하는 무책임한 엄마다.

엄마 자격이 없는 글로리아에게 살의를 느끼고, 그녀를 죽이지는 않았지만 시체가 된 그녀의 몸에서 머리를 분리시킨 폴린

가도는, 그럼 세상의 모든 어머니 혹은 성모 마리아를 대신할 존재일 수 있는가?

성모 마리아는 검다…. 머리통을 절단한 폴린이라는 악마가 스테파니 들라쿠르의 마음속으로 잠입해 들어온다…. 스테파니는 파리라는 논리적 풍경 속으로 뛰어들 채비를 하지만 그 결과를 짐작할 실마리는 없다. 우리는 그저 탐정이자 기자인 스테파니를 통해, 추리소설을 쓴 사상가 줄리아 크리스테바의 멜랑콜리한 기질을 살짝 엿볼 수 있을 뿐이다.

발동한 우울증은 일종의 사유이며, 차갑고도 효과적인 사유의 대행자다.

그렇다면 우울증에 걸린 사유의 대행자는 대체 무엇을 사유하는 것인가? 그 어떤 쌩볼릭으로도 결코 메울 수 없는, 심연으로서의 X를 사유한다. 이성에 대한 신뢰에 기초한 추리와 논리. 합리적 추론을 통해 의심의 여지없는 결론에 도달하려는 탐정의 노력. 로고스logos에 대한 깊은 믿음. 하지만 그 '로고스'가, 탐정의 수사와 추리로 빚어낸 '이야기 자체'가, 심연 X를 회피하기 위한 대체물이라면 어찌할 것인가? 그것이 인류가 스스로를 위안하기 위해 발명한 가상의 가면에 불과한 거짓이라면 어찌할 것인가? 추리소설의 낙천성이 소리만 큰 헛웃음이라면 어찌할 것인가?

줄리아 크리스테바는 사유를 통해, 추리소설을 통해, 그것을 당신에게 묻고 있다.

5. 탐정은 기호학자다
: 움베르토 에코가 앓는 형이상학적 질병

✚ 탐정이란?

탐정은 시각 은유의 한 종류다. 디텍티브detective는 '거짓 베일을
벗겨서 보기'라는 의미를 갖고 있다. 셜록 홈스는 자신이 보지see 않고
관찰하기observe 때문에 범인을 찾는 데 능숙하다고 말한다.
이때 관찰 대상은 범인의 통제력을 벗어난 사소한 것들이다.
예컨대《실버 블레이즈》에서 개가 짖지 않았다는 사실.
아는 사람이 방문하면 개는 짖지 않는다.
범인이 개 주인이라고 하더라도 그것까지 통제 ─ 아는 사람에게
짖게 만드는 것 ─ 할 수는 없다. 셜록 홈스는 바로 그 점을 꿰뚫어본
것이다. 부재(개가 짖지 않는다)를 특정짓는 그 어떤 물질성(짖지 않는 만큼
개의 목청은 쉬고 있다)으로서의 기호. 이 물질적 흔적으로서의 기호를
명철하게 파악한다는 점에서 탐정은 기호학자이기도 하다.
기호학자 움베르토 에코가 추리소설을 쓴 것이 우연만은 아닐 것이다.

권위가 세상을 호령하던 자리에 권위의 실추로 인해 공백이 생긴다. 그 공백은 무주공산無主空山의 다른 이름이다. 자기 권리를 앞세운 개인들이 서로 그 자리를 차지하려고 경쟁하고, 어쨌든 그 자리를 차지하는 정치세력이나 힘 있는 개인이 생겨나기 마련이다.

국민국가(민주국가)는 민주주의를 부정하는 사상 외에 그 공백을 무엇으로 채우든 신경 쓰지 않는다. 대개는 국민을 위한다는 명목으로, 주장의 대립과 토론과 논쟁을 거쳐 타협을 이룬 견해가 그 공백을 메우게 된다. 민주사회의 시민은 그 공백을 '자기만의 방식으로 해석한 세계관'으로 채워 넣을 수 있는 무한권리를 갖기에, 원리상 어리석고 아둔한 의견과 탁월하고 창조적인 의견 사이의 차이를 식별할 수 없게 된다. 하향전달식 권위의 폭력성을 알기에 인정할 수 없고, 대중추수적인 어리석은 의견을 지지하는 팬덤 현상을 알기에 해석의 무한권리에도 고개를 갸웃거리지 않을 수 없다.

이것이 움베르토 에코가 평생 고민하던 주제다. '작가의 의도'를 권위라는 딱지를 붙여 폐기하고, 해석의 옥석을 가리기 위해 '무한 해석의 권리'를 하향평준화의 이름으로 의심한다. 그는 권위에 속박당하는 것도 싫고 한심한 의견에 환호를 보내는 것도 싫다. 그렇다면 비평의 해결책은? 숱한 기호학 책을 써 온 그는 '텍스트의 의도'라는 이해하기 까다로운 개념을 제시한다.

소설도 예외는 아니어서 《장미의 이름》을 위시한 추리소설의 주요 저작이 이 개념의 예시적 해명에 바쳐지고 있다. 《장미의 이름》의 화자인 아드소 수도사가 '우리에게 남은 것은 그 덧 없는 이름뿐'이라는 허무감을 소설의 끝부분에서 토로한 것은, 그는 해결책[1]을 제시했으나 '해결책에 대한 확신'에는 이르지 는 못한 심정의 무의식적인 발로로 이해할 수도 있다. 에코의 소설들은 읽기가 쉽지 않다. 그렇기에 제대로 읽어내면 성취감 또한 어지간한 소설들을 읽는 것에 비할 바가 아니다.

살인 현장은 기호학자의 무대다

《장미의 이름》을 다 읽고 났을 때 나를 강하게 사로잡았던 의문 은 움베르토 에코가 왜 이 소설의 화자를 윌리엄 수도사가 아니 라 아드소로 택했을까 하는 점이었다. 아드소는 장장 911쪽[2]에 달하는 소설의 끝부분에서 힘겹게 책을 다 읽은 독자를 놀리기 라도 하듯 뒤통수를 치는 파격 발언을 마다하지 않는다.

나는 이제 이 원고를 남기지만, 누구를 위해서 남기는지는 나도 모 르겠다. 무엇을 쓰고자 했는지도 모르겠다. "지난날의 장미는 이제 그 이름뿐, 우리에게 남은 것은 그 덧없는 이름뿐."

회의와 허무의 감정이 아드소의 공허해진 마음을 쓰나미처

---

1   파편화된 인식을 피하기 위한 1인칭 화자의 총체적 인식이란 회고를 통할 수밖에 없기에 사라진 추억담의 그림자를 피할 수 없다. 허무감이 스며드는 이유다.

2   움베르토 에코, 이윤기 옮김, 《장미의 이름》, 열린책들, 2000(신판 1쇄).

럼 휩쓴다. 그는 기를 쓰고 오르려 했던 가파른 언덕에서 미끄러져 출발점 언저리로 굴러떨어진 듯한 인상을 준다. 바스커빌의 윌리엄 수도사에게 베네딕트회의 어린 수도사 아드소가 보였던 헌신, 믿음, 장서관이라는 미궁 속으로 함께 들어가려고 했던 갖은 노력들과 각자가 처한 입장 차이를 뛰어넘는 동지애, 정신적 스승 윌리엄의 경험주의적 추론에 대한 신뢰, 장서관 화재로 인해 함께 목숨을 잃을 뻔했던 운명 등등에 대한 자기부정의 제스처처럼 들리기 때문이다. 게다가 이 대목에서만큼은 작가 에코가《장미의 이름 창작노트》에서 자신감에 넘쳐 스스로를 변호했던 이론의 당당한 진격을 스스로 철회하는 것 같은 느낌마저 든다.

물론 에코는 생각보다 영리해서 자신을 변호할 책략을 통해 나 같은 독자의 짓궂은 물음을 교묘하게 피해간다. 그는 에드거 앨런 포가 추리소설을 창조했을 뿐만 아니라 추리소설 독자 또한 창조한 방식[3]을 자신도 따르고 있다고 주장함으로써 내 질문이 자기 소설의 핵심 가치와 무관한 것이라고 슬쩍 문제의 본질을 호도할 수 있다. 즉 그는 원리상 빼앗을 수 없는 독자 해석의 고유권리를 인정하면서도, 다른 한편으로는 독자가 '자기 이야기에 함께 놀아줄 공범자'이거나《장미의 이름》이라는 텍스트 외에는 아무것도 바라지 않는, 이를테면 텍스트의 밥[4]으

---

3   이것은 눈에 보이지 않는 작가와 독자의 계약 같은 것일 터인데, 장르의 형식적 특성의 차원이 아니라 개개의 작품마다 이런 주장이 가능한지에 대해서는 미심쩍다. 제임스 조이스가《피네건의 경야》를 이상적인 불면증 환자를 위해 썼다고 하는 말에 과연 우리 모두가 동의할 수 있을까?

4   움베르토 에코, 이윤기 옮김,《장미의 이름 창작노트》, 열린책들, p77.

로 여겨질 수동적인 독자를 염두에 두고 있다.

추측하건대, 에코의 입장에서는 양자가 전혀 모순되지 않는다고 강변할 것이다. 그럼에도 여기엔 에코가 예상하지 못한, 소설 전체를 관통하는 그 어떤 균열이나 틈입이 존재한다는 게 내 생각이다.

그가 자신이 기대해 마지않는 독자 유형을 머릿속에 그림으로써 은연중에 독자 해석의 권리를 방해하는 영향력을 행사한다는 의심, '넌 내 집필 의도를 전혀 이해하지 못하고 있어. 그렇다면, 네가 훌륭한 독자일 리 없지!'에서 벗어난다고 하더라도 앞서 내가 지적했던 것처럼, 왜 윌리엄 수도사가 아니라 그를 시봉하는 아드소 수도사를 화자로 내세웠을까 하는 근본적인 의문을 속 시원히 해명할 수 있을 것 같지 않다.

물론 이에 대한 손쉬운 답변은 존재한다. 셜록 홈스와 왓슨의 관계로 치환하는 것이다. 아드소는 윌리엄의 탁월한 추리능력을 장면마다 찔끔찔끔 감질나게 묘사함으로써 그 능력에 신비한 오라aura를 덧씌우고 소설을 읽는 재미까지 줄 수 있는 인물이기는 하다. 한데 왓슨의 서술 방식과 결정적으로 다른 점은, 아드소는 왜 시차를 두지 않는[5] 현실 경험의 직접적인 묘사가 아니라 기억에 의지하는 회고를 통해서 맹인 호르헤와 윌리엄의 대결 사건을 반추하느냐는 것이다. 《장미의 이름》은 회고문학回顧文學이다. 오랜 시간적 거리를 두고 사건을 회고함으로써 애초에 느꼈을 법한 사건의 예리함이 퇴색한다.

---

5   왓슨의 회상은 무엇보다 사건 해결과 연관된 것이다.

여기서는 에코의 대표작인 세 작품《장미의 이름》,《푸코의 진자》,《전날의 섬》의 독해를 통해 그가 생각하는 추리문학과 그에 수반된 세계관을 조망해보고자 한다.

'탐정은 기호학자다!'라는 명제는 세계적으로 유명한 기호학자였던 에코에게는 특별한 의미가 있다. '기호학'이라는 학문의 탄생은 탐정 캐릭터의 동시대적인 등장과 그 문화적 궤를 같이한다.

근대 이전까지 서구 유럽에서 자연기호는 언어기호에 부차적이거나 종속돼 있었다. 이를테면 자연기호는 인간에게 주된 관심의 대상이 아니었다. 그러다가 언어의 본성이 묘사(기술)에 있는 것이 아니라 구성에 있다는 점이 부각되면서 기존 언어관에 대한 신뢰가 현저히 훼손된다. 이전에는 언어학에 가려져 존재감이 미미했던 영역이 이를 기회 삼아 제 권리를 주장하면서 명칭을 얻은 것이 기호학이다. 고고학 발굴 현장이나 살인사건 현장은 넘쳐나는 자연기호들을 해독해야 하는 전형적인 기호학의 무대[6]인 것이다.

장서관의 실질적 관리자인 맹인 호르헤와 윌리엄 수도사의 갈등과 대결은, 다소 과장해서 말하자면 언어학과 기호학의 대립의 상징적 구도이기도 하다. 우리는 이것을 에코의 언어로 간단히 요약할 수 있다.

호르헤 vs 윌리엄 수도사, $p \equiv q$ vs $p \supset q$

---

6   정신분석학이 자연기호의 일종인 사소한 몸짓에 관심을 기울인 것도 이에 해당할 것이다. 대화할 때 손톱을 뜯는 행위는 불안한 심리의 반영일 수 있다 등등.

호르헤가 중요한 것은 다 말해졌기에(신의 말씀과 성경의 기록으로 충분하다) 기억의 도움을 받아 이미 말해진 진리와 지식을 보존하고 지켜내고 옹호하는 인물이라면, 윌리엄 수도사는 이에 반대해 지식이란 무릇 기호의 해석 작용을 거쳐 차후에 검증을 통해 정당화되어야 한다는 영국 경험주의적 인식을 드러내는 인물이다.

내가 앞서 균열과 틈입을 운운한 것은, 에코가 이론가로서 그토록 강조했던 언어의 추론적 본성($p \supset q$; p라면 q일 것이다)[7]이 검증을 유보한 미래지향성을 띠고 있음에도 불구하고 소설은 왜 회상의 서술 형식(과거지향성)이라는 외양을 갖추고 있느냐는 물음과 닿아 있다.

탐정소설은 가장 형이상학적이고 철학적인 구조를 가진다

에코가《장미의 이름 창작노트》에서 집필 과정을 소상히 밝혔으므로 우리는 많은 것을 알 수 있다. 처음 제목을 '수도원의 범죄사건'으로 정했다가 독자들이 미스터리에만 관심을 쏟을 것을 우려해 폐기했고, '멜크의 아드소'라는 제목은 이탈리아 독자들이 고유명사로 된 책을 좋아하지 않는다는 이유로 포기했

---

7   가추법(abduction)이라는 단어는 에코가 미국 기호학자 퍼스(Peirce)를 연구한 뒤 만든 것으로 셜록 홈스의 추리법과 일치한다. 현상을 있는 그대로 관찰하며 단서를 수집함으로써 현상을 제일 잘 설명할 수 있는 가설을 도출하는 사유방식이다. 가추법에는 세 종류가 있다. '과대 코드화된 가추법', '과소 코드화된 가추법', '창조적인 가추법'. 에코에 따르면, 살인사건을 해결하는 데는 창조적인 가추법이 사용된다(움베르토 에코, 김성도 옮김,《기호학과 언어철학》, 열린책들, p87~90).

다. 왜 소설의 무대 배경을 중세로 삼았을까 하는 궁금증에 대
해서는 자신은 중세에 대해서만 제대로 안다고 답변한다.

그렇다면, 반대로 '독자의 관심이 미스터리에만 집중되기를
바라지 않으면서도 소설의 플롯으로 왜 굳이 추리소설의 형식
을 택했을까?'라는 물음에 대해서는 놀라운 대답을 내놓는다.

독자들로 하여금, 우리를 전율하게 할 만한 일(말하자면 형이상학적인
전율을 느끼게 할 만한 일)을 기쁨으로 받아들일 수 있게 하고 싶었기 때
문에 나는 (무수한 플롯 중에서) 가장 형이상학적이고 철학적인 구조, 즉
탐정소설의 구조를 선택하지 않을 수 없었다.[8]

추리소설(나는 여기서 탐정소설과 추리소설이라는 용어가 불러일으
키는 어감의 세세한 차이를 무시하고 같은 의미로 쓴다)에 대한 직관적
인 혹은 통상적인 이해와 달리 추리소설의 플롯이 왜 형이상학
적이고 철학적인지에 대해서는 얼른 이해하기가 쉽지 않다.

에코가 '탐정소설의 형이상학'이라는 장章에서 내놓은 설명
에 따르면, 추리의 추상적 모델의 성격이 바로 '미궁迷宮'이기
때문에 형이상학적이라는 것이다. 더 이상의 부연 설명이 없기
에, 짐작컨대 에코는 서구 사유의 근본 이야기이자 테마인 플라
톤의 '동굴의 우화'를 염두에 둔 듯하다. 어쩌면 '동굴의 우화'
를 미로迷路라는 개념으로 대체하려고 했던 보르헤스의 세계
관을 떠올리며 이 대목을 썼는지도 모른다.

8   《장미의 이름 창작노트》, p78.

어쨌든 에코는 미궁을 세 유형[9]으로 분류한다. 첫 번째는 그리스적 미궁, 즉 사람의 몸에 소의 머리를 가진 괴물 미노타우로스를 물리친 테세우스의 미궁이다. 이 고전적인 미궁 속으로 들어갔다가 빠져나오려면 아리아드네의 실타래가 필요하다. 두 번째는 매너리스틱한[10] 미궁이다. 나무뿌리의 구조를 지닌 미궁으로 출구는 하나뿐이다. 여기서도 아리아드네의 실타래가 필요하다. 세 번째는 그물로서의 미궁인데, 대표적으로 프랑스 철학자 들뢰즈가 말한 리좀rhizome의 미궁이 있다. 겹겹이 뭉친 뿌리 한 줄기는 어떻게든 다른 줄기와 연결되기 마련이므로 이 미궁에는 중심도 없고 주변도 없고 출구도 없다.

내 소설에 나오는 장서관의 미궁은 일종의 매너리스틱한 미궁이다. 그러나 윌리엄이 경험하게 되는 미궁은 리좀의 구조를 지닌 미궁이다. 말하자면 구축될 수 있는 미궁이기는 하나 완벽하게 구축된 미궁은 아닌 것이다.[11]

여기서 에코는 결정적으로 좀 더 많은 것을 이야기하고 있다. 그는 궁극적으로 '출구 있는 세계'와 '출구 없는 세계'의 선택 사이에서 주저하고 있음을 몰래 고백하고 있는 것이다. 동굴

---

9   우리는 적절한 번역어를 가지고 있지 않다. 에코는 미궁(labyrinth)을 협의와 광의의 의미로 쓰는데, '미궁/미로(maze)/그물(net)'로 분류할 때는 협의의 의미로, 세 유형을 포괄해 미궁이라고 말할 때는 광의의 의미로 사용하는 셈이다.

10 매너리즘(mannerism)으로 번역되는 마니에리슴(maniérisme)은 예술상의 기교주의를 말하는 미술사조 개념이다. 르네상스 미술에서 바로크 미술로 넘어가는 과도기(대략 1515~1610)를 대표하는 인물로 화가 엘 그레코가 있다.

11 《장미의 이름 창작노트》, p83.

의 우화로 표현된 플라톤의 세계에는 중심도 있고 주변도 있고 출구도 있다. 반면에 리좀으로 표현된 들뢰즈의 세계에는 중심도 주변도 출구도 없다. 매너리스틱한 미궁과 리좀의 미궁 사이에 교집합이 있을 리 없는데, 에코는 은근슬쩍 모른 척 눙치면서 마치 둘 사이에 종합이 가능한 것처럼 스스로와 독자를 속이고 있는 것이다.

프랑스 문학은 모든 것을 모든 방식으로 말하기 tout dire 위해 '제도와 위반'이라는 대립적 구축 위에서 성립한다. 구축하고 허무는 것. 금기를 실행시키고 또 그것을 위반하는 것. 중심에서 벗어나 끝없이 바깥으로 나아가는 아웃사이더적 행위는 그 자체로 숭고한 측면[12]이 있지만, 이 또한 중심과 주변을 구별함으로써 끝내 플라톤적 세계관의 그림자에 영혼을 사로잡히고 마는 행위에 불과하다.

들뢰즈는 '제도/위반'의 정신적 구축물을 '더러운 작은 비밀'로 규정하고, 이것에 의탁해서 책을 쓰는 바타유 같은 작가를 비판한다. 같은 이유로, 들뢰즈는 두 세계관 사이에서 선택 장애를 겪는 에코에게도 혹독한 비판의 칼날을 들이댈 것이 틀림없다.

나는 에코가《푸코의 진자》와《전날의 섬》을 쓴 목적이 이 망설임[13]에 대한 해결책을 찾는 노력이거나 탐구의 일환일 것이

---

12   안위, 자기만족, 명성, 부, 권력, 쾌락, 찬사 같은 보통의 인간이 추구하는 욕망을 과감히 내던진다는 의미에서.
13   《장미의 이름》에서 스스로 갇히고 만 형이상학적 곤궁.

라고 짐작한다. 그는 검증을 통한 확증이 시간적으로 유예된 윌리엄 수도사의 불안[14]한 세계(추론의 합리성은 있지만 항상 구체적인 검증을 통해 확증의 판결을 기다려야 하는 세계)에 만족할 수 없었기에 자신과 윌리엄 수도사의 삶을 회고하는 아드소를 화자로 내세운 것으로 보인다.

과거의 경험을 기억의 틀 속에 봉인하는 회고문학이야말로 총체성에 접근하는 손쉬운 방법일 텐데, 곤혹스럽게도 이 총체성의 경험은 또 다른 문제를 야기한다. 궁극적 총체성의 경험은 신학 또는 관념론에서나 가능하기 때문이다. 소설 서술의 목적이 총체성의 획득일 경우, 이때 가추법을 앞세우는 윌리엄 수도사의 경험주의적 입장은 설 자리를 잃게 되며, 자신은 마지막 단서를 찾아 헤매는 탐정 샘 스페이드[15]라고 외치는 카소봉[16]의 진정성도 신뢰할 수 없게 된다.

에코는 끝내 총체성의 경험과 경험주의적 입장 사이를 확신 없이 오갈 뿐 변증법적 종합을 성취하지 못한다. 이 실패의 원인은 무엇보다 아드소가 화자의 역할을 수행함에 있어 분열되고 말아 원근법적 고정점의 역할을 하지 못한다는 데 있다.

아드소는 나이 여든에 이르러 열여덟 살 때 겪은 일을 기술하고 있다. 그렇다면 정작 말을 하고 있는 사람은 누구인가? 여든 살이 된 아드소인가? 아니면 열여덟 살의 아드소인가? 물론 둘

---

14 "대척점에서 산다는 것은 (…) 세상이 얼마나 불안정한 것인가를 아는 것일 터였다." 움베르토 에코, 이윤기 옮김, 《전날의 섬》, 열린책들, p139.

15 대실 해밋이 창조한 하드보일드 탐정.

16 움베르토 에코, 이윤기 옮김, 《푸코의 진자》, 열린책들, p1031.

다 말을 하고 있다.[17]

에코에게는 아드소의 회고를 내세워 총체성과 경험주의를 절충하려는 스스로의 시도가 미진하게 느껴졌음이 분명하다. 《푸코의 진자》에서는 회고문학을 벨보에게, 경험주의적 입장은 카소봉에게 할당한다. 《전날의 섬》은 훨씬 복잡한 구도를 보이는데, 직접적 경험과 회상(서술)이 상호 교환[18] 가능해지거나 심지어는 로베르토의 '소설 속 소설'에 화자가 끊임없이 개입하면서 대체 화자가 누구인지 헷갈리게 된다.

즉 로베르토는 작가의 입장을 버리고 소설 속으로 걸어 들어가 자신의 또 다른 자아이자 창조물인 페란테와 끝내 같은 시공간 속을 사는 것처럼 행동하며, 액자소설 밖에서도 《전날의 섬》 화자의 진술과 로베르토의 행위가 다시 교환 가능해지는 중첩을 이룬다.

《전날의 섬》은 《장미의 이름》이나 《푸코의 진자》에 비해 추리소설적인 특성이 옅다. 그럼에도 이 세 편의 소설은 중세를 배경으로 한다는 공통점이 있다. 앞서 말한 것처럼 에코는 전문가를 자처하면서 자신이 제대로 아는 세계가 중세이기 때문이라고 설명했지만, 여기엔 또 다른 비밀이 숨어 있다. 그는 과거를 기술하는 방법 중 하나로 로맨스romance를 택한 것이다.

---

17 《장미의 이름 창작노트》, p52~53.
18 "우리가 앞에서 보아왔듯이 로베르토는 처음에는 소설의 세계를 자기가 사는 현실의 세계와 뚜렷하게 구분하다가 마침내 두 물줄기를 하나로 흐르게 하면서부터 현실의 법칙과 소설의 법칙을 혼동하고는 했다. 그러니까 그가 실제로 그 섬에 이를 수 있을 것이라고 생각했던 것은 섬에 이르는 것을 상상할 수 있었기 때문이다." 《전날의 섬》, p647.

로망스는 '다른 곳'의 이야기다.[19]

　이때 다른 곳이란 장소에 한정되지 않고 시간 개념도 포함하므로 일종의 가상세계가 된다. 뿐만 아니라 로망스는 그 구조의 특성으로 '어긋남(相違)'[20]을 바탕자리에 깔고 있는 세계이기도 하다.

　에코는 해자로 둘러싸인 성 '카살레'와 파선되어 홀로 갇힌 배 '다프네'를 서로 어긋남의 공간으로 본다.《전날의 섬》의 로베르토가 타인이 들어가지 못하게 자신이 선수를 쳐서 들어가게 된 공간이 카살레 성이라면, 어쩔 수 없이 내던져져 빠져나오기를 열망하는 곳이 난파선 다프네다.

　어긋남을 바탕자리에 깐 다른 곳의 이야기라는 로망스의 특성이 세 편의 소설에서 많은 것을 지배하고 제어하는 조종간이 된다.

　'다른 곳'이 구체적 장소의 성격을 잃고 '항상 저기 너머-'라는 의미로 추상화될 때, '전날의 섬'은 '비현실의 섬'이자 '존재하지 않는 섬'이 된다. '전날의 섬'은 가까이 다가갈수록 멀어지기에 끝내 손에 닿을 수 없는 섬이 되는 것이다.

　한편 '어쩔 수 없이 내던져져 빠져나오기를 열망하는 곳'이 자연스럽게 인간 실존 조건을 상징하게 되면서, 존재의 숙명에 대한 또는 삶과 죽음에 대한 철학적 탐구가《전날의 섬》의 후반부를 점령하게 된다.

19　《장미의 이름 창작노트》, p102.
20　《전날의 섬》, p113.

결론은 이것이다. 내가 '다프네'에 내던져진 의미는 여기에 있다. (…) 모든 종류의 불안에서 우리를 해방시킬 하나의 문제와 씨름해야 한다. 우리의 부재不在는 과연 무엇을 의미하며, 우리의 존재가 기적 속으로 던져진 것은 무엇을 의미하는가.[21]

이것은 《장미의 이름》에서는 전면에 부각되지 않았던 주제다. 그러나 소설의 핵심 주제인 '중심/주변'의 대립은, 호르헤에 대한 윌리엄의 승리를 통해 '주변부'라는 공간적 개념이 하나의 유일한 관점에 집착하는 중심과 대비되는 다양한 관점으로 이해될 때, 이 관점의 다양성은 원리상 '무한'의 문제로 변형되어 나타난다.[22]

아날로지 analogy(유추)와 애너그램 anagram[23] 그리고 상호 텍스트성은 무한성을 탐구하는 훌륭한 도구로 기능하지만 과도한 사용은 사용자로 하여금 정신의 미궁 속을 헤매게 만드는 또 다른 난관에 직면하게 한다.

웃음은 권위를 무너뜨린다

《장미의 이름》도입부에서 윌리엄 수도사는 눈 위에 찍힌 발자국의 형태와 꺾인 나뭇가지만을 보고서도, 달아난 말이 숨은 위

---

21   위의 책, p611.
22   "철학을 말하고 싶다면 이 무한성을 추론할 수 있어야 한다." 《전날의 섬》, p561.
23   단어의 철자 순서를 바꾸거나 살짝 변형한 것.

치와 심지어 말의 이름까지 알아맞히는 탁월한 추리 능력을 과시한다. 이 장면은 흔히 말하듯 작가가 등장인물의 캐릭터를 독자에게 선보인 대목이지만, 드러난 것 밑에 깔린 함의는 서구 사유의 근본적인 변화나 단절을 떠올릴 수 있는 탓에 자못 의미심장하다.

태초에 말씀이 계셨다! 신의 입말이 쓰인 성경은 진리이자 이미 충만한 지식이기에 지식의 확장은 가능하지도 필요하지도 않다. 이것이 맹인 호르헤의 입장이다. 이론의 차원에서 호르헤는 '언어기호'의 신봉자다. 호르헤가 맹인으로 설정된 것은, 추리소설 독자의 입장에서 보면 가장 범인일 것 같지 않은 인물로 보이기 위한 미끼일 테지만, '자연기호'인 눈 위의 발자국과 나뭇가지에 남은 흔적을 눈으로 봐야 추론이 가능한 윌리엄의 '볼 수 있는 능력'에 대한 부정이기도 하다. 진리를 알기 위해서는 '듣는 귀'만으로도 충분하다는 점을 강조하고 있는 것이다.

《장미의 이름》은 에코가 작가로서 내심 기대했던바, 미스터리에 대한 관심 외에도 14세기 중세의 사회정치적 상황, 이를테면 황제와 교황의 대립, 교황과 청빈사상을 강조한 프란체스코 수도회의 대립, 베네딕트 수도회의 중재 노력 등 복잡하게 얽힌 세력들의 갈등과 협력관계를 통해 역사 인식의 깊이를 독자들이 느꼈으면 하는 바람에도 초점이 맞추어져 있다.

양자는 서로 동떨어진 것이 아니어서, 베르나르 기가 종교재판의 이름으로 레미지오를 처단할 때, 호르헤와 윌리엄의 대립으로 표현된 '중심/주변'의 문제는 정치지형에서 적나라하게 드러난 현실의 권력다툼으로 변형된다. 이론 차원에서의 인식 논쟁이냐 현실 이권 다툼이냐만 다를 뿐, 둘은 본질적으로 같은 문제다.

윌리엄 수도사는 황제가 파견한 인물로 베네딕트회 수도원장과 손을 잡고 교황청과 프란체스코 수도회 사이의 중재자 역할을 자처하지만, 이 노력은 베르나르 기의 이단 처벌로 인해 실패로 귀결된다. 이제 그에게 남은 것은 수도원에서 발생한 연쇄 살인사건을 해결하는 것이다.

살인사건을 해결하기 위해서는 반드시 장서관 안으로 들어가야 하는데, 수도원의 규칙 외에 여러 장애물로 인해 접근하기가 쉽지 않다. 각고의 노력 끝에 '데 레de re'(언어로 나타내는 사물)가 아니라 '데 딕토de dicto'(말 그 자체)로 '테르티우스 에퀴tertius equi'의 비밀을 풀고, 남쪽 탑루의 거울 방 앞에서 문고리 쿠아투오르quatour의 'q'와 'r'을 누른 뒤 '아프리카의 끝'에 해당하는 밀실로 들어설 수 있었다. 그때 호르헤 노인은 종말을 예감한 듯 그곳에서 수도원장을 죽인 뒤 윌리엄 수도사를 기다리고 있다. 이로써 사건의 진상은 막바지에 이른 셈이다.

미궁 속에서 윌리엄과 호르헤는 오랫동안 갈등을 빚어왔던 '웃음'(혹은 희극)에 대한 논쟁을 벌인다. 원래 윌리엄이 애써 장서관 안으로 들어가려고 했던 이유 중 하나는 아리스토텔레스의《시학》제2권 희극 편을 읽고 싶어서였다.

호르헤는 웃음에 대해 사람의 아들은 웃을 수도 있었겠지만, 그분이 웃으셨다는 기록은 복음서에 없다[24]고 잘라 말한다. 그러자 윌리엄은 예수님이 웃었을지도 모른다는 이야기만 나오면 왜 그렇게 쌍수를 들고 논파하려고 하는지 이해가 안 간다고 대꾸한다.[25] 호르헤는 시종일관 웃음을 폄하하는데(어리석은 자는 웃음 속에서 제 목청을 높인다거나, 인간이 지닌 미덕 중의 하나는 웃음이 헤프지 않다는 것), 그 까닭은 웃음이 본질적으로 온당하지 못한 이교도들의 행동이기 때문이라는 것이다. 게다가 기껏해야 농부의 여흥이요 주정뱅이의 왁자지껄함이라 천박할 수밖에 없는 인간의 저열한 특징이라는 것이다. 그런데 예술가들이 웃음을 마치 사람의 마음을 여는 마법의 문인 것처럼 치켜세우는 바람에 권장해야 할 미덕으로 오해될 수 있으므로 아리스토텔레스의 희극 서적이 공공연한 해석의 대상이 되는 것은 기독교에 극히 위험하다는 논리를 펼친다. 그가 책에 독을 묻혀놓은 것은 만에 하나 금기를 깨고 책을 읽는 사람을 죽이기 위한 치밀한 함정이었다. 거듭 웃음의 해악을 강조하면서, 범부의 헤픈 웃음은 그 자체가 이단 행위이기 때문에 교회 권력이 가만히 두고 보아서는 안 된다고, 웃음이나 농담이 미덕으로 받아들여지는 날엔 '중심의 개념'이 무너져 내릴 것[26]이라는 경고도 서슴지 않는다. 끝내 호르헤 노인은 자신의 범죄행각이 드러나자 독이 묻은 아리스토텔레스의 책을 찢어 삼킴으로써 앞으로 그 누구도 읽지 못하게 없애버린 뒤 자신은 독에 중독되어 삶을 마감한다.

24   《장미의 이름》, p186.
25   위의 책, p248.
26   위의 책, p869.

푸코의 진자를 어디에 걸어야 하는가

《장미의 이름》이 일주일 동안 벌어진 사건을 회상하는 형식을 통해 젊은 아드소와 늙은 아드소가 번갈아 이야기하는 회고문학인 것처럼,《푸코의 진자》는 1인칭 화자인 카소봉이 다른 두 장소인 박물관 전망경실(1984.6.23~24)과 구릉지에 위치한 야코포 벨보의 시골집(1984.6.26)에서 기억을 더듬은 회고문학이다. 카소봉의 회고는 두 시점을 넘나든다.

성당기사단에 관한 논문을 준비하던 카소봉은 가라몬드 출판사에서 벨보와 디오탈레비를 알게 된다. 피에드몬트 출신의 벨보는 우수에 찬 방관자적 인물이고, 디오탈레비는 만사는 되풀이되기 마련이라 역사 따위는 믿지 않는다고 목소리를 높이는 고아 출신의 카발리스트[27]다.

이 이야기의 한 축은 카소봉처럼 성당기사단에 관한 지식이 해박할 뿐만 아니라 성당기사단이 현대의 프리메이슨으로 이어져 아직까지 활동한다고 믿는 아르덴티 대령이 숙소에서 알코올 중독자에게 시체로 발견되었다가 사라지는 해프닝으로부터 생겨난다. 데 안젤리스 경위가 이 사건을 맡는다.

이야기의 다른 축은 성당기사단이 여러 모습(장미십자단이나 태백우애단도 큰 틀에서 보면 성당기사단과 다르지 않은 조직이다)으로 드러나면서 결국 성배聖杯를 찾을 수 있는지, 찾는다면 성당기사단에게야 당연히 예수님의 육신에서 흐른 뜨거운 피를 받아

---

27   유대 신비학자 혹은 은비(隱秘)학자로 번역되는데, '음모가'라는 부정적인 뜻도 가지고
      있다.

낸 잔이겠지만 현대인에겐 어떤 상징적 의미가 있는지에 대한 수탐搜探의 노력 위에서 형성된다.

불변하는 고정점으로 이해되는 푸코의 진자는 기독교인의 신神일 수도 있고, 정부의 시책에 반대하는 프롤레타리아 계급일 수도 있으며, 벨보의 백부가 은연중에 정신적으로 기대었던 정치적 파시즘일 수도, 어쩌면 그에 저항하는 총을 든 레지스탕스일 수도 있다.

카소봉은 성당기사단에 관한 자료를 수집하면서 학문적 용어로 말하면 상호 텍스트성이라 불리는 것에, 저급하게 표현하면 바보의 논리인 과도한 유사연상(아날로지)에 차츰 빠져든다. 유사연상 자체가 문제인 것은 아니다. 어린 시절 노래로 따라 불렀던 유추의 한 대목. 원숭이 엉덩이는 빨개, 빨가면 사과, 사과는 맛있다, 맛있으면 바나나, 바나나는 길다, 길면 기차….

바보의 논리가 문제가 되는 것은 연상의 재미에 만족하지 않고 맛있기에 사과와 바나나는 같고, 길기에 바나나와 기차가 같으므로, 사과는 기차라는 기적의 논리[28]를 확신하는 순간이다. 이런 방식으로 신의 존재를 증명했던 성聖 안셀무스의 논리가 바로 그런 멍청함을 드러낸다는 것이다.

카소봉은 스스로를 탐정 샘 스페이드라 자처하기에 자신의 눈에 들어온 자료에는 하찮은 것이 없고 무의미한 자료도 없다는 믿음을 강화해나간다. 그 결과 자료와 자료를 '관계 짓는' 애

---

28 이것은 실체와 비유를 구별하지 못하는 허위의 지적 감수성이다.

너그램과 메타테시스(字位轉換), 그리고 메타스타시스에 어리석게도 멀쩡했던 정신이 매몰되고 만다. 애너그램이 바보의 논리로 기능할 때, 아르테니스Arthénice와 카트린Cathérine은 같은 사람을 가리키는 이름으로 받아들여진다.

메타테시스는 전위와 교환의 의미이고, 메타스타시스는 변화와 변경의 의미다. 보통 사람에게는 확연히 구별되어 달리 보이는 사물이나 대상조차도 메타테시스와 메타스타시스의 색안경을 끼고 보면 같은 대상이나 사물로 나타나게 된다. 이런 유사연상의 바보 논리는 카소봉에게 '언어에는 질서가 없으며 상상력에는 끝이 없다'라는 사상을 주입시키는 정신적 함정 역할을 한다.

이로 인해 '프로뱅의 밀지'는 끝없는 해석의 영감을 자극하는 암호문서로 나타나는데, 이 문서가 허망하게도 암호문서이기는커녕 중세의 '물품 거래 명세표'에 불과하다는 이야기를, 아내 리아로부터 듣고 나서야, 그는 자신의 어리석음을 깨닫는다.

깨달음에 이르는 기나긴 여행의 종점에 서 있는 벨보처럼, 나 역시 내 주위에 있는 온갖 사물을, 심지어는 초라하기 짝이 없는 사물조차도 다른 무언가를 상징하는 신성문자로 해독되지 않으면 안 된다고 생각하고 있었다.[29]

모든 사물이 상호 연결되어 있다는 생각은 곧 각 사물이 확보

---

29 《푸코의 진자》, p949.

한 고유의 위치나 관점으로 이해되면서 '우주의 모든 점이 불변의 고정점이 될 수 있다'라는 인식으로 발전한다. 푸코의 진자를 걸 곳은 세상 도처에 널려 있다.

하나의 고정점(성당기사단이 찾는 유일한 성배)이 오롯이 진리를 감당한다는 믿음은 거부된다. 따라서 이제 물음은 '성배를 어디서 찾을 것인가? 푸코의 진자가 걸려 있는 곳은 어디인가?'가 아니라 '진자를 어느 곳에 걸어야 하는가?'가 된다. 카소봉의 영혼은 어느덧 세계의 무한성에 노출되어 그 속을 무작정 헤매고 있는 것이다.

중심도 없고 주변도 없고 출구도 없는 세계는 프랑스 철학자 들뢰즈가 말한 리좀의 세계다. 이것은 에코가 명시적으로 말했듯이 《장미의 이름》의 윌리엄 수도사가 미궁으로 경험했던 세계이기도 하다. 《전날의 섬》의 로베르토 또한 '세상이 무한한 시차視差를 통해 경험될 수 있다'는 것을 인정한다. '전날의 섬'이란 일견 무한성 속에서 시점時點이 어제인 세계인 것이다.

에코는 《전날의 섬》 여러 곳에서 이런 프랑스적인 인식에 유혹당할까 봐 등장인물의 입을 빌려 내심 프랑스인을 경멸해왔다. 프랑스 병이란 곧 성병을 말하는 것이고, 프랑스인들은 기껏해야 '피론Pyrrhon[30]의 똘마니들'로서 권태를 참지 못하는 나머지 천성적으로 경박성[31]을 드러낸다고 보거나 파리를 타락한 새로운 소돔성에 비유하기도 한다.

---

[30] 고대 그리스 철학자. 회의학파의 시조. 프랑스에는 회의주의자가 많다는 점을 빗댄 것이다.
[31] 《전날의 섬》, p243.

절대적 회의론자인 무슈 드 생 사뱅은 이런 프랑스적인 가치를 체현한 인물이다. 그는 거품형상으로 이루어져 우주에 드넓게 펼쳐진 무한한 중심을 별자리 너머에서 찾으라고 로베르토에게 충고[32]하는데, 로베르토는 자신의 사색을 형이상학적으로든 물리학적으로든 별자리 너머로 몰고 가지는 않는다. 이것은 두 사람이 정확히 리좀 미궁과 마니에리스틱한 미궁의 대립을 대리 주장하고 있기 때문일 것이다.

마니에리스틱한 미궁에는 아리아드네의 실타래가 필요하다고 했는데, 그렇다면 로베르토는 기어이 실타래에 의지해 어둠 속에서 미궁의 출구를 찾아내는 데 성공한 것일까? 그래서 윌리엄 수도사가 경험한 리좀의 미궁은 한때 정신의 허약성이 드러난 위기의 순간에 불과했으므로, 이젠 그것이 극복되었다는 확신에 찬 선언을 독자들에게 들려줄 수 있을까?

아니, 성공한 것 같지 않다. 출구를 찾기 위해 갖은 애를 쓰지만 만족스러운 결말에 이르지 못한다. 로베르토의 인생에 셰익스피어의 세계관(로베르토는 무대 위의 연극배우로 감독이 지시한 자기 몫의 연기를 충실히 해낼 뿐이다)을 덧씌우거나 바로크적인 대위법對位法(중심이 있다는 세계관과 중심이 없다는 세계관 둘 다를 인정한다)에 기대는 것 또한 결정적으로 독자를 납득시키지 못한다.

대체 뭐가 문제일까? 이것은 애초에 에코가 자신의 소설을, 어긋남을 바탕자리에 깐, '로망스'로 규정한 데서 오는 한계가 아닐까? 중세의 기사는 궁정 귀부인을 향한 짝사랑에 홀려 수

32   위의 책, p94.

호천사를 자처하면서 그녀의 주변을 맴돌지만, 끝내 그녀를 가슴에 품지 않는다. 아니, 못한다. 그 까닭은 중세 기사담騎士譚이야말로 '로망스'의 원형으로서 열심히 다가서지만 끝내 손아귀에는 넣지 못하는, 어떤 의미에서 좌절의 이야기인 것이다. 달리 생각할 것도 없다. 궁정 귀부인은 '전날의 섬'의 다른 이름이다.

독자의 입장에서는《전날의 섬》화자의 고백이 뜬금없는데, 그런 비난을 감수하고서라도 화자가 고백하지 않을 수 없는 이유는 처음부터 에코가 쉬 종합할 수 없는 두 관점을, 모순적으로 충돌하는 두 사상을 한배에 태워 출항하는 모험을 감행했기 때문이다.

나는 지금까지 내가 서술한 문장이 논리의 일관성도 없을뿐더러 있을 법하지도 않은 사건의 기술이라는 것을 잘 알고 있다.[33]

이 일관성 없음이란 세 편의 소설에서 그가 절대적이면서 유일한 고정점과 원리상 무한수의 고정점 사이를 오가며[34] 끝내 결정을 내릴 수 없었던 복잡한 심경의 토로로 보인다는 점이다. 논리적 곤궁에서 빠져나와 이성의 임무에 휴식을 주는 순간 씁쓸한 감정이 에코의 우울한 마음을 지배하게 되는데, 아드소

---

33   위의 책, p604.
34   '권력(아욱토리타스)에 대한 욕망을 거부하면서도 무의미에 고개를 숙이지도 않았다'라는 벨보의 삶에 대한 카소봉의 평가는 에코가 '유일한 절대적 관점'도 받아들일 수 없었고 '결국 무의미에 노출되고 마는 무한한 관점'도 인정하지 않았음을 보여준다.

의 회의와 덧없음, 카소봉의 만시지탄晚時之歎(위대한 지혜는 만시지탄과 함께 온다), 로베르토의 슬픔[35]과 절망이 바로 그것이다.

그런데 지나간 시절에 대한 덧없음이나 슬픔과 절망을 논외로 친다면(사람에 따라 병든 노인이 되어 죽어가는 순간에조차 삶은 기쁨으로 충만한 것이었다는 유언을 남길 수도 있을 테니까), 에코의 선택 장애는 그에게 국한된 문제가 아니라 민주사회를 요구하는 우리 현대인 모두가 동참해 반드시 풀어야 할 숙제이자 고민거리이기도 하다.

에코는 비평의 맥락에서 작가의 의도로 대변되는 권위(유일한 관점)를 받아들일 수도 없고, 해석 간에 그 어떤 우열도 가릴 수 없는 무한 해석의 무의미에 빠지지 않기 위해 '텍스트의 의도'라는 개념을 제시하지만, 그것이 얼마나 설득력을 갖는지는 다른 문제다.

그 시인은 기쁨을 느끼지 않을 수 없었다.

(The Poet could not but be pleasant of the joy.)

에코는 윌리엄 워즈워스의 위 시구를 인용하면서 'joy'를 시인의 순수한 기쁨으로 해석해야지 '남자 동성애의 쾌락'으로 해석해서는 안 된다는 주장을 펼친다. 이것은 자신의 사유에서 원리상 긍정되었던 독자의 무한 해석의 권리를 거부하는 행위

---

35 세상을 철학화하면 슬픔을 느낄 수밖에 없다는 게 에코의 입장이다.

다. 적어도 워즈워스가 살았던 시대에는 단어 'joy'가 동성애라는 함의를 전혀 갖지 않았기에 그런 해석은 올바르지 않다는 것이다. 에코는 학자로서 자신의 박학(백과사전적 지식)에 기대어 옳고 그름의 시시비비를 가리고 있다. 이 한 가지 예가 무한 해석의 끔찍한 범람을 막는 보편적 둑의 역할을 능히 해낼 수 있을까? 쉼 없이 지식을 축적해가는 것만이 해석의 오류로부터 빠져나올 수 있는 왕도일까? 이것은, 뒤집어 얘기하면, 삶의 옳고 그름을 지식인의 입장에서 평가하는 오만이자 편견은 아닐까?

포스트모더니즘 추리소설로 분류되는《제49호 품목의 경매》의 저자인 토머스 핀천은 런던에 대해 모든 것을 알고 있다고 가정된 셜록 홈스의 백과사전적 지식을 비판하면서, 그것은 사건 해결이라는 하나의 질서를 만들어내기 위해 보이는 장면 너머에서 발품을 팔며 숱한 곳을 돌아다녀야 하는 에너지의 낭비(그래야 녹슬지 않는 지식수준을 유지할 수 있다. 그러나 엔트로피의 관점에선 하나의 질서를 생산하기 위해 더 많은 무질서를 양산하는)라는 논점을 들이댄다. 토머스 핀천은 이 반론을 에코의 이론에도 들이댈 수 있지 않을까?

그러거나 말거나 엄밀한 이성의 논리를 요구하는 이론에 비해 삶의 선택에는 의지와 우연의 요소가 개입한다. 중간에서 멈추지 않고 갈 데까지 가보는 게 피에드몬트 사람의 운명이라고 주장하는 벨보의 몸뚱이는 끝내 진자의 추와 추선이 되어 고정점의 원심력이 허용하는 한계 범위 안에서 왕복운동을 한다. 시체가 된 벨보의 머리는 추이고 목 아래의 육체는 추선의 역할을 하면서 그가 평생 뒤쫓았던 성배, 즉 진자의 일부가 되고 만 것이다.

그에 반해, 사는 내내 '성당기사단'의 연구 활동에만 몰두하지 않고 즐거운 사랑의 끈[36]을 놓지 않았던 카소봉은 암파로와 산드라를 거쳐 마지막 연인인 리아에게서 구원을 얻는다.

세크레툼 세크레토룸Secretum Secretorum. 비의秘義 중의 비의. 그러나 가장 심오한 뜻의 정체는 그 비의라는 게 없다는 것이다. 한마디로 비밀 같은 것은 존재하지 않는다.

카소봉이 성배로 택한 것은 리아의 자궁 속에 태아로 들어 있는, 사랑의 결실로서의 '작품', 즉 아들 줄리오다. 이것은 아드소가 기억하면서 느꼈던, 지나간 역사에 대한 회고로서의 '문학작품'과는 또 다른 '작품'이다.

이 후손의 잉태라는 생명의 '작품'은 '문학작품'이 불러일으킨 역사에 대한 회의에는 구원[37]의 수단을 제공할 수 있겠지만, 카소봉이 아닌 다른 사람의 삶에 진정한 구원이 될 수 있을지는 여전히 물음표로 남는다. 그렇다면, 에코의 농담 같은 다음의 충고는 그의 작품을 읽은 독자에게 얼마나 설득력을 가질까?

성기의 쾌락과 함께 새 시대 역사의 주인공이 될 후손을 생산할 일이지, 심오한 비밀을 캔답시고 사랑하는 여자의 음문에 이성의 대가리를 처박지 말 것.

같은 문제에 대한 해법이 이론의 차원이 아니라 실제 생활에

---

36 벨보도 로렌차를 사랑했지만, 사랑에 실패하면서 둘은 불길한 운명에 직면한다.
37 '소설은 역사의 아우이다'라는 의미에서.

서 제시될 때, 그 답이 평범해지고 마는 것은 삶 속에서는 선택지 중에 반드시 하나를 택할 수밖에 없는 실천이 우선시되기 때문일 것이다. 이론과 달리, 삶은 당사자의 끝없는 주저를 너그럽게 용서하지 않는다.

그렇다고 이론에서 삶으로 도망치는 것 자체가 해결책의 궁극적 실마리는 아니다. 앞서 언급했듯이, 우리는 여전히 에코가 세공한 철학적 문제로 골머리를 앓고 있다. 그것은 무한 해석의 권리를 가진 민주사회에서 압도적 다수가 선호하기에 옳은 것(여론)이 아닌, 다른 방식의 옳은 것이 가능한지를 묻는 문제의식과 닿아 있다.

우리는 양量의 천박함에 직면할 때 위대한 질質의 기억을 떠올리지만, 그것이 개인 취향의 상대적 지위로 하대되는 평가에 저항할 힘을 갖고 있지는 않다. 에코는 삶의 덧없음이라는 대가를 지불하면서, 그 힘의 무게를 자신이 설계한 저울에 달아보는, 이론의 차원에서와 마찬가지로 이야기의 차원에서도 특유의 지적 모험을 감행하고 있다. 학자이자 소설가의 심각한 형이상학적 질병으로 보이는 이런 지적인 풍경이야말로 내가 세 편의 소설을 읽으면서 얻은, 뜻밖이면서 또 생각하기에 따라서는 전혀 뜻밖이지 않은, 수확물의 모든 것이다.

6. 미로 속에서는 자신이 어디 있는지
중요하지 않다
: 형이상학적 추리소설, 폴 오스터의 《뉴욕 삼부작》

✚ '우연만큼이나 현실적인 것도 없다'

뉴욕은 무한정한 도시, 아무리 걸어도 끝나지 않는 미로였다. (…)

뉴욕은 그에게 언제나 길을 잃은 듯한 느낌을 남겨주곤 했다. 길 위에서

길을 잃을 뿐만 아니라 마음속에서도 길을 잃고 마는 도시였다. (…)

모든 장소가 똑같아지기 때문에 자신이 어디에 있는지

중요하지 않게 된다.

-《뉴욕 삼부작》

나의 학창시절에도 '꼰대'라는 말은 있었다. 과도한 폭력을 행사하거나 제멋대로인 선생을 가리키는 은어였는데, 요즘에는 '기성세대 중 자신의 경험을 일반화해서 자신보다 지위가 낮거나 나이가 어린 사람에게 일방적으로 강요하는 사람'을 가리킨다고 한다.

이 의미의 확장은 세계관의 변화를 반영하고 있다. 기성세대의 권위를 어느 선까지 인정할 것인가 하는 문제. 나의 세대는 무조건적이었다. 교사의 부당한 요구나 폭력행사에도 우리는 끽소리 한번 제대로 내지 못한 채 모욕을 감수해야만 했다. 가도 된다는 말을 듣고 돌아서서야 '핫, 꼰대 새끼!'라는 혼잣말로 울분을 토해냈을 뿐이다.

세상이 좋아져 학생의 권리가 증진되었다거나 어린 사람의 인권이 보장되기 시작했다고 말하는 것만으로는 충분하지 않다. 그것은 그저 현상을 설명할 뿐이지 변화의 근본 이유를 드러내지는 못한다.

메타meta라는 말이 있다. '-을 넘어서' 또는 '-을 초월해서'라는 뜻이다. 형이상학metaphysics은 '물리학을 넘어선 학문'을 의미한다. 번역도 '형태의 위'라는 의미를 살려 '형이상形而上'이라고 했다. 물론 이 단어는 《주역周易》에서 빌려왔다.

은유metaphor라는 단어도 예외일 수 없다. '메타'라는 접두사에서 그 어떤 넘어섬, 초월에 대한 인간의 욕망을 읽어낼 수 있다. 해석의 다양성을 잠시 제쳐둔다면, 추리소설은 은유가 붕괴되거나 최소한 약화되는 시대에 환유metonymy의 우세를 반영한 장르다. 즉 인과관계'가 중요시된다. 그 인과관계는 동일한 차원에서 행사될 수 있는 것이어야 한다. 작가는 작품을 생산한 원인자이므로, 작가와 소설 속 등장인물은 같은 층위에 있는 존재라고 볼 수 없다. 등장인물의 입장에서 보면 소설가는 책 밖에서 살아가는, 차원이 다른 존재다.

이때 작가의 초월적 위치(메타)를 부정하고, 더 나아가 작가를 등장인물이 사는 소설 세계 안으로 밀어 넣으려는 발칙한 상상을 해볼 수 있다. 폴 오스터가《뉴욕 삼부작》에서 행한 작업이 바로 그것이다. 이 작업은 빠져나오기 어려운 미로에 스스로를 빠뜨리는 일이기도 하다. 그도 그럴 것이 '폴 오스터'라는 고유명으로 그 작업을 수행하기 때문이다. 폴 오스터는 분열된다. 소설 속 폴 오스터와 '폴 오스터'를 소설 안으로 밀어 넣는 폴 오스터.

이 논리는 상호 대립하는 쟁점을 낳으며 복잡한 양상을 띨 수밖에 없지만, 그 문화적 욕망만은 분명하다. 초월적 지위(작가)를 해체하는 것. 문턱이나 계단이라는 존재의 층위를 제거함으로써 권리의 민주화를 심화하는 몸짓.

형이상의 문제를 다루기에《뉴욕 삼부작》을 형이상학적 추리소설이라 부르기도 한다. 혹자는 탐정의 추리에 정당성을 부여하는 작가의 지위를 부정하기에 '반추리소설'이라 부르기도 한다.

이 문제가 불거질 수밖에 없는 이유는 추리소설이 권위(메타)가 해체되어가는 시기에 태어난 장르이기 때문이다. 추리소

1 좀비에게 물려야 좀비가 된다는 점(인과관계)에서 좀비는 전형적인 환유의 존재다.

설은 내용보다 형식의 우위성을 주장하는 모더니즘과 그 문화적 궤를 같이한다.

탐정은 작가가 제멋대로 조종하는 줄에 매달린 인형에 불과한 존재인가? 그 인형 줄을 끊고 난 뒤 탐정의 운명은 어떻게 변할 것인가?

숨어 있는 권위를 해체하려는 노력이 추리소설의 외양을 띠고 이 점에까지 와닿은 것이다. 폴 오스터는 《스퀴즈 플레이》라는 추리소설을 쓴 바 있지만, 추리소설가로 한정될 작가는 아니다. 추리소설 애독자라면 다른 작품을 다 제쳐두고서라도 《뉴욕 삼부작》만큼은 반드시 읽어볼 일이다. 이 작품은 강변에서 풍경을 감상하는 정도가 아니라 높은 산꼭대기에서 각각의 샘들이 발원해 지류를 이루고 한 줄기 큰 강으로 합류했다가 바다에 이르는, 추리소설의 정신을 전체적으로 조망할 수 있는, 감동적인 뷰를 제공한다.

형이상학적 추리소설이란?

추리소설이 형이상학적 어필을 한다는 것. 추리소설이 형이상形而上에 관계한다는 것은 어떤 의미일까?

이 물음은 물음 자체에 내재된 텍스트 개념(텍스트 바깥이 있는가, 없는가?)을 배경으로 하고 있는데, 우리는 이 물음을 통해 드러난 서구 사유의 변화를 '세계가 텍스트다'라는 중세 관념으로부터 '텍스트가 세계다'라는 현대 관념으로의 전회로 읽어낼 수 있다.

'세계가 텍스트'일 때는, 그것이 자연의 텍스트이든 문자의 텍스트이든, 창조자와 창조된 것이라는 이항관계 위에 성립한다. 수수께끼처럼 던져진 자연과 문자 텍스트의 난해한 기호를 해독하는 방법을 찾을 수 있느냐는 차후 문제일 것이다.

기독교 신인 하느님조차 세계를 창조하는 데 6일이라는 시간이 필요했던바, 작가는 자신이 처한 상황과 출판 환경에 따라 한 작품을 창작·출판하는 데 짧거나 긴 시간[2]을 필요로 할 것이다. 이 시간이라는 것은 아이작 뉴턴의 우주관이 확고한 진리로 여겨지던 시기까지 공간으로부터 분리돼 있었다. 절대적 시간과 절대적 공간. 19세기 말부터 이 분리는 본격적으로 의문시되었고, 1905년 아인슈타인은 통합된 시-공간time-space의 개념으로 이 의문에 종지부를 찍는다.

그런데 문학과 관련하여 근대적 경험이란 무엇보다 이 시간 경험의 약화가 아닌가? 달리 말해 이야기나 역사 범주의 쇠퇴가 문학과 인문학 전반에 강한 영향력을 행사하게 된 것은 두말할 나위가 없다. 이 쇠퇴의 이유와 그로 인해 생겨난 새로운 비전에 대해서는 농경사회를 몰락시킨 산업사회의 등장을 지적하는 선에서 그치자.

'시간의 공간화'로도 이해된 이 경험은 콜라주라는 새로운 미술 기법 등으로 화려한 등장을 예고한 반면, 장소 상실(오랜 세월이 누적된 장소place가 텅 빈 공간space으로 변하는 체험)로 인해 다

---

2   해리 케멜먼은 단편 추리소설 〈9마일은 너무 멀다〉를 쓰는 데 14년의 세월이 걸렸다고 고백한다.

가올 감각 방식에 아직 적응하지 못한 대중뿐만 아니라 예술가와 사상가에게 향수(노스탤지어)[3]의 감정을 불러일으켰다.

마르셀 프루스트의 《잃어버린 시간을 찾아서》는 '잃어버린 장소'를 찾는 것이며, 하이데거가 보통 논구論究라고 번역되는 독일어 Erörterung을 끝까지 사수한 것도 이 단어에 장소Ort라는 의미가 들어 있기 때문이었다. 논구란 어원적으로 장소에 대한 탐구인 것이다.

고전 추리소설 또한 이러한 경향[4]에 속해 있다. 단순히 애거사 크리스티의 특정 추리소설에 '전원생활에 대한 향수'라는 주제의식이 포함돼 있기 때문만이 아니다. '밀실 살인사건'으로 대변되는 추리소설은 밀실이라는, 시간이 응결된 공간(살인사건의 진상은 밀실 안으로부터도 밖으로부터도 해명될 수 없다. 따라서 이곳은 현실의 장소일 수 없는 공간상의 좌표일 뿐이다)을 천재적 탐정의 기적에 가까운 해결 능력을 통해 장소로 변화시킴으로써 그 임무를 완수한다. 이야기라는 측면에서 보면 '설명 불가능한 이야기'가 '설명 가능한 이야기'로 탈바꿈하는 순간인 셈이다. 이것을 확장해 이해하면, 이야기의 불가능성은 범행의 불가능성이자 범인의 불가능성이라는 해석도 가능할 것이다.

'범인의 불가능성'은 비문非文에 가까운 표현의 어색함에도 불구하고 미메시스(모방 혹은 재현)를 매개로, 추리소설과 프란

---

3   이 향수의 감정을 자연스러운 반응으로도 정치적 반동으로도 해석할 수 있을 것이다.
4   우연의 일치인지 모르겠지만, 프루스트는 대작 《잃어버린 시간을 찾아서》를 1913년부터 1928년에 걸쳐 썼으며, 크리스티는 그 유명한 《애크로이드 살인사건》을 1926년에, 하이데거는 《존재와 시간》을 1927년에 각각 발표했다.

츠 카프카로부터 시작되는 서구 현대소설의 특정한 연관성[5]을 보여준다.

원칙적으로 추리소설은 재현될 수 없는 한 익명의 인물을 소개하고, 결국엔 이 인물을 행위의 동인으로, 특히 한 살인사건의 동인으로 재현하면서 결말짓는다. 추리소설의 경우 재현의 원천적 결여라는 가설을 유지하게끔 허용할 수 있는 것이 무엇인가를 알아내는 데 있다.[6]

문제는 천재라는 수식어가 붙은 탐정의 해결 능력(재현 불가능성에서 재현 가능성으로)이 어디서 비롯되는가 하는 점이다. 독자는 탐정의 탁월한 이성적 능력에 매료돼 동화되기도 하지만, 수수께끼의 해결을 두고 패배하지 않기 위해 탐정과 경쟁하는 관계이기도 하다. 독자는 작가가 교묘하게 심어놓은 유혹의 미끼들에 걸려들어 자신도 모르게 엉뚱한 추리에 빠져들 수 있다. 소설이 대단원을 넘어 종장에 이르렀을 때, 독자는 흩뿌려진 기호들의 연관성을 파악해 범인을 색출하는 데 성공할 수도 있지만 때로는 실패할 수도 있다.

고전 추리소설의 독자는 기꺼이 탐정의 이성적이고 논리적인 설명에 만족할 수 있다. 이때 전제되어야 할 것은 예시된 증거의 '증거 능력'에 대해 서로 동의해야 한다는 점이다.

---

5   범인을 X로 표기할 수 있듯이 카프카의 요제프 K도, 우리가 그의 인간적 특성을 거의 확인할 수 없다는 점에서, X로 표기할 수 있다.

6   장 베시에르, 주현진 옮김, 《문학의 위상》, 동문선, p170.

그러나 증거가 확률의 문제이고 해석에 의존한다면 어찌할 것인가? 기의와 어긋난 기표를, 그 어긋남에 대한 철학적 해석이 탐정이 살인자를 최종 확인하고도 새로운 삶을 살 기회를 주는 따뜻한 인간애의 빌미가 된다면 어찌할 것인가?《빅 슬립》에 나오는 탐정 필립 말로의 세계가 그렇다.

추리소설이 '형이상'과 관계한다고 할 때 우선 고전 추리소설에 주목해야 한다. 형이상학적 추리소설metaphysical detective story이라는 용어는 원래 추리소설 연구가 하워드 헤이크래프트가 탐정 브라운 신부를 창조한 체스터튼의 추리소설에 대해 처음 쓴 것으로 알려져 있다. 나중에 이 용어에 '글쓰기란 무엇인가?'라는 무거운 주제가 실리면서 여러 조어들의 고안과 함께 논쟁과 상호 비판의 소용돌이 속으로 빠져들었다. 학자마다 착안점의 차이에 따라, 형이상학적 추리소설뿐만 아니라 '반추리소설anti-detective story', '메타-반추리소설meta-anti-detective story', '탈구축적 반추리소설deconstructive anti-detective story', '분석적 추리소설analytical detective story'[7] 등 선호하는 표현이 다르다.

줄리언 시먼스는 추리소설 애호가답게 '형이상학적 추리소설은 추리소설이 아니다'라고 단호히 거부[8]한 바 있지만, 그의 경계선 긋기는 '글쓰기란 무엇인가?'라는 물음에 관한 논의를 피해간 듯이 보인다. 그간의 여러 관행들, 추리소설의 역사 속

---

7   이 용어의 경우 포와 보르헤스의 추리소설에 한정해 쓰기도 한다.
8   그러므로 그는 반추리소설이라는 용어를 더 선호할 것이다.

에서 드러난 작가, 독자, 편집자, 평론가, 출판업자의 태도, 그리고 다양한 잡지에 실린 추리소설의 표현 형식과 문화적 수용 방식에 관한 평가일 뿐이다.

흔히 형이상학적 추리소설로 분류되는 폴 오스터의 《뉴욕 삼부작》, 토머스 핀천의 《제49호 품목의 경매》, 블라디미르 나보코프의 《서배스천 나이트의 진짜 인생》, 그리고 보르헤스의 몇몇 단편을 문제적 추리소설[9]로 인지하는 독자는 그리 많지 않을 것이다.

의미를 결정할 수 없는 보잘것없는 장소

나는 《뉴욕 삼부작》 가운데 〈유리 도시 City of Glass〉(1985)를 중심으로 글쓰기와 관련해 어떤 논의가 전개돼왔는지 살펴보고자 한다.

앞서 언급했던 것처럼, 시간과 관련된 범주(이야기, 역사)의 약화는 작가와 작품 사이의 관계를 토대부터 뒤흔든다. 시간 범주가 위력을 행사했을 때, 작품은 작가의 집필 동기나 목적을 밝혀냄으로써 그 의미를 확정 지을 수 있었다. 독자나 비평가에 따라 해석의 차이가 있겠지만, 작가의 의도와 목적은 반드시 점검해야 할 비평의 핵심이었던 셈이다. 아리스토텔레스식으로 말하자면 작가가 원인原因이자 목적인目的因으로서, 작품은 그

---

9   이 외에도 파트릭 모디아노의 《어두운 상점들의 거리》, 알랭 로브그리예의 《엿보는 자》, 안토니오 타부키의 《수평선 자락》 같은 작품이 있다.

에 따른 결과물로 받아들여진다.

이제 작품의 원인으로서의 작가의 의도와 목적이 의심받는다고 생각해보자. 작가와 작품 사이의 인과관계가 약화됨으로써, 작가author의 권위authority는 훼손된다. 이 훼손의 강도와 문화적 파장을 가장 잘 들여다볼 수 있는 장르가 고전 추리소설인 까닭은 탐정이 수사를 통해 제시한 수수께끼 해결책의 궁극적 보증인이 텍스트 밖의 작가이기 때문이다. 텍스트 밖 보증인과 이어진 끈을 끝까지 놓지 않으려는 투쟁! 그런 의미에서 고전 추리소설은 약화된 시간성, 축출되고 있는 역사성을 회복하려는 시도다.

〈유리 도시〉는 이 보증에 대해 근본적인 의문을 제기한다. 이 소설은 잘못 걸려온 전화를 받은 추리소설가 퀸(그는 윌리엄 윌슨이라는 필명으로 작품을 쓰며, 탐정의 이름은 맥스 워크다)이 소설 속 탐정 오스터의 역할을 자임함으로써 시작되는데, 한참 후 회상을 통해 '우연만큼이나 현실적인 일도 없다'고 결론짓는다. 이 것은 의미심장한 주장이다.

'한참 후'란 일정한 시간이 경과한 후 회상한다는 것을 공간적으로 이해하면, 이제 시공간이 분리될 수 없으므로 바깥이거나 어떤 초월일 텐데, 메타-포지션에서 볼 때 인과관계causal connection가 필연이 아니라 우연으로 보인다는 것은 메타-포지션 스스로의 부정[10]에 다름 아니다.

따라서 이 소설에서 '소설 밖' 폴 오스터의 지위는 전지적 작

---

10   니체는 망각을 주장했다. 망각은 회상(기억)할 수 없는 상태로, 달리 말하면 초월이나 메타-포지션의 부정이다.

가로부터 기껏해야 탐정으로 알려진 소설 속 인물[11]이거나 '소설 속 등장인물인 화자' 정도로 축소된다.

결국 작가와 탐정은 교체 가능한 존재[12]다.

이 교체 가능성은 의미 있는 질서의 보증인인 작가가 자신의 지위를 박탈당한 채, 메타-포지션이라는 소설(텍스트) 바깥의 위치에서 소설 안으로 추방[13]됨으로써 생겨난 결과다. 자신보다 높은 존재인 질서의 최종 보증인을 잃은 탐정은 이제 자신의 수사 결과에 대해 어떤 확신도 가질 수 없다.

탐정 오스터의 신분으로 활동하는 퀸은 며느리 버지니아 스틸맨으로부터 피터 스틸맨이 자신의 남편을 해칠지 모르니 감시해달라는 의뢰를 받는다. 퀸은 피터 스틸맨을 충실히 감시하지만 이렇다 할 성과를 내지 못하고 오히려 혼란에 빠져든다.

퀸이 감시한 바에 따르면, 스틸맨은 아들에게 위협적인 계획을 꾸미기는커녕 그저 고개를 아래로 떨어뜨리고 눈을 도로에 못 박은 채 아무짝에도 쓸모없는 온갖 잡동사니를 주워다 쓰는 생활을 한다. 그가 하루 종일 뉴욕 거리를 돌아다니면서 수집한 것은 부서지거나 내다버린 물건이 아니면 고작 쓰레기 조각들

---

11   어쩌면 이마저도 확실하지 않다. 퀸은 탐정 오스터를 찾아가는데 오스터는 작가임이 밝혀진다. 따라서 사건을 의뢰한 버지니아 스틸맨이 왜 전화 너머에서 오스터 탐정을 찾았는지에 대해서는 끝내 풀리지 않는 수수께끼로 남는다.

12   폴 오스터, 한기찬 옮김, 《뉴욕 삼부작》, 웅진출판, p16.

13   이 주제는 '동굴의 우화'라는 이미지를 통해 서구 사회의 지적 풍경을 압도해온 전형적으로 플라톤적인 주제다.

이다. 찢어진 접이우산의 일부, 고무인형의 떨어진 머리, 까만 장갑 한 짝, 깨진 전구의 밑동, 물에 젖은 잡지나 찢어진 신문지 같은 인쇄물, 더럽혀진 사진, 뭔지 알 수 없는 기계장치의 일부 등등….

퀸은 빨간 공책에 스틸맨의 일거수일투족을 기록하는데, 이 행위의 의미를 종잡을 수가 없자 자신의 평소 신념에 대해 깊은 환멸을 느낀다. 원래 퀸의 평소 신념은 이러했다.

그는 언제나 훌륭한 탐정 작업은 대상에 대한 면밀한 관찰에서 나온다고 여겨왔다. 정밀한 조사를 하면 할수록 결과는 성공적일 것이라고 생각했다. 그것은, 인간의 행동이 이해할 수 있는 것이며 무한한 몸짓과 경련과 침묵 저편에는 결국 어떤 일관성이나 질서, 동기가 있다는 전제 하에서 나온 생각이었다.[14]

탐정의 수사가 그런 것처럼 더 이상 메타 지위의 사치를 누릴 수 없는 작가 또한 글을 쓰는 동안 드러난 사물의 의미와 인간의 행위에서 무동기, 무질서, 비일관성, 이해 불가능성만을 발견할 뿐이다. 따라서 작가와 탐정이 교체 가능한 존재인 이유는 이제 양자 공히 의미를 결정할 수 없는 보잘것없는 장소tenuous place[15]에 있음으로써 불확실성이라는 곤경에 처했기 때문이라는 것이다.

---

14   《뉴욕 삼부작》, p96. 밑줄은 필자의 강조.
15   Jeffrey T. Nealon, "Work of the Detective, Work of the Writer," *DETECTIING TEXTS*, PENN, p119.

사실 〈유리 도시〉의 작가 폴 오스터는 워크work라는 단어의 유희를 통해 이미 이 교환 가능성을 예고하고 있었다. 추리소설가 퀸의 '작가로서의 작업Quinn's Work'과 퀸이 윌리엄 윌슨이라는 필명으로 쓴 '소설 속 탐정의 수사 행위detecting'는 맥스 워크Max Work라는 탐정의 이름을 통해 서로 등치될 수 있다.

메타의 지위를 잃은 글쓰기 행위와 메타와의 고리가 끊긴 탐정의 수사 행위는, 의미가 '안/밖'으로 이분화된 세계에서 밖으로부터 관념적으로 부여된 질서를 가리키는 한 받아들일 수 없는 것이 된다.

중요한 것은 이야기 그 자체이며, 그것이 의미하는 바가 있느냐 없느냐는 이야기가 의도하는 일이 아닌 것이다.[16]

작가의 글쓰기 행위에서 '의미가 있는지'의 여부가 관심 밖으로 멀어지면서, 이제 의미를 결정할 수 있는 권리는 독자에게 모호하게 양도된다. 추리소설 속에서 탐정이 사건을 해결했느냐와 상관없이 독자는 마지막 책장을 덮음으로써, 읽기를 끝냄으로써 의미 부여의 최종 심판관의 위치에 설 수 있다. 하지만 이것이 모호하다는 것은 애초에 추리소설을 집어든 독자와 탐정의 머리싸움, 즉 작가가 제시한 해결책을 두고 서로 경쟁하던 구도 속에서의 의미가 아니란 점 때문이다. 작가의 지위가 하락하는 것과 독자의 지위가 상승하는 것은 동전의 양면이다. 자본

---

16   《뉴욕 삼부작》, p9.

주의는 판매 부수라는 실적을 통해 소비자인 독자의 지위를 강화한다.

반면 작가와 탐정은 미로에 갇힌 존재가 되고 만다.

뉴욕은 무한정한 도시, 아무리 걸어도 끝나지 않는 미로였다. (…) 뉴욕은 그에게 언제나 길을 잃은 듯한 느낌을 남겨주곤 했다. 길 위에서 길을 잃을 뿐만 아니라 마음속에서도 길을 잃고 마는 도시였다. (…) 모든 장소가 똑같아지기 때문에 자신이 어디에 있는지 중요하지 않게 된다.[17]

장소가 좌표로만 식별되는 공간으로 변하자 모든 곳이 중심이 될 수 있는 탈-중심화 현상이 생겨난다. 모든 곳이 중심이 될 수 있다는 것은 중심이 그 어디에도 없다는 것과 같다. 이제 주변을 단계적으로 차별화함으로써 하나의 중심으로부터 위계질서로 해명하는 인식체계는 적어도 〈유리 도시〉의 세계에서는 종말을 고한다.

이로 인해 고전 추리소설에서는 당연히 제시되어야 할 결정적 질문들에 대한 해법은 제시되지 않은 채로 남는다.

첫째, 범죄는 실행되었는가?

둘째, 잠재적 희생자에게 무슨 일이 일어났는가?

셋째, 범인에게 무슨 일이 일어났는가?

넷째, 탐정에게 무슨 일이 일어났는가?

17   《뉴욕 삼부작》, p10.

이것은 고전 추리소설가가 되기에 실패한 그 어떤 무능력이다. 작가 혹은 작가의 페르소나로서의 화자는 해결책은커녕 범죄조차 제시하지 못하는 무능력에 빠져든다. 오스터의 주장대로 탐정이 사상의 탐색자[18]라면, 추리소설가인 탐정 퀸은 '모든 것을 한데 조합하여 의미를 띠게 만드는 데' 실패한 사상가인 셈이다.

퀸의 사상은 그 어떤 것도 부정하지 못하는 무능력이라는 점에서 반反헤겔적이다. 절대정신 속에서 부정성negativity을 통해 변증법적으로 자기실현에 이르는 헤겔 사상과는 사뭇 다른 셈이다.

이 무능력은 'S는 P다'라는 '주어-술어'의 구조 속에서 주어에 대한 술어의 불가능성, 그로 인한 일관된 자아의 불가능성을 드러낸다. 퀸의 자아는 애초부터 하나의 정체성이라는 일관성을 잃고 분열돼 있었다. '퀸-윌리엄 윌슨-맥스 워크'로서. 더구나 에드거 앨런 포의 동명 단편소설 제목이기도 한 윌리엄 윌슨은 짝패doubling self라는 분열된 자아의 주제의식을 가지고 있지 않았던가?

퀸이 탐정 오스터[19]를 자처하자마자 자아 정체성의 의문에 시달리는 것은 어찌 보면 당연한 일이다. '넌 누구냐?'라는 자문에 '내가 할 수 있는 말은 이것뿐이다. 내 말에 귀를 기울이자. 내 이름은 폴 오스터다. 그건 내 본명이 아니다'라고밖에 대답할 수가 없다. 자신의 자아 정체성에 대해 말할 수 있는 게 고작

18   《뉴욕 삼부작》, p16.
19   오스터는 '소설 안' 오스터와 '소설 밖' 오스터로 다시 분열돼 있다.

본명이 아닌 이름뿐이라니!

오스터는 하나의 이름, 알맹이가 없는 껍질에 지나지 않았다. 오스터가 된다는 것은 내면이 없는 인간, 생각이 없는 인간이 되는 것을 의미했다.[20]

소라퓨어Sorapure는, 오스터라는 이름에 대해 텅 비어 있음이나 익명성의 존재, 더 중요하게는 정체성이 기껏해야 내성 없이 표면surface 위에서만 작동하는 것으로 해석한다.[21]

껍질, 표면, 텅 비어 있음, 익명성. 이 빈약한 표현들이 자아를 드러내는 최대치인 것일까? 그로 인해 글쓰기 행위에서 의미를 부여하는 술어화authorship는 불가능해지는 것일까?

여기서 폴 오스터의 글쓰기는 사상가 모리스 블랑쇼Maurice Blanchot를 닮아간다. 오스터는 블랑쇼의 작품을 번역하면서 그의 사상으로부터 영향을 받은 것으로 알려져 있다. 버지니아 스틸맨에게 전화를 해서 의뢰받은 사건에서 손을 떼겠다고 말하려고 했지만 그것이 여의치 않자, 퀸은 문득 운명이라는 단어를 떠올리면서, 블랑쇼라면 '동일성의 신화'(정체성)와 결별하는 문학적 글쓰기의 힘이라고 정의했을 법한 '중성적인 것'을 생각한다.

---

20   《뉴욕 삼부작》, p90.
21   Madeleine Sorapure, "The Detective and the Author: City of Glass," DENNIS BARONE (ed.), *Beyond the Red Notebook*, PENN, p78.

존재하고 있는, 이미 존재한다는 의미에서의 운명, 그것은 '비가 온다it is raining'라든가 '밤이다it is night'라는 구절에서 비인칭대명사인 'it'과 같은 어떤 것이었다. 그 'it'이 뭘 가리키는 것인지 퀸은 지금껏 알지 못했다. 어쩌면 현재 처해 있는 사물의 일반적인 조건인지도 모른다. 또는, 세상의 일이 일어나는 바탕이 되는 '있음'의 상태를 말하는 것일지도 모른다. (…) 아무튼 그것은 운명이다.[22]

앞서 나는 고전 추리소설의 정신은 어떤 의미에서 시간성, 역사성을 회복하려는 장르라고 말했다. 모더니스트들에게 '모더니즘으로부터의 도피'라고 비난받았던 이 장르는 초월과 기억 —우리는 이제 초월과 기억이 같은 말임을 알게 되었다— 과 관련하여 자신만의 사유를 펼치는 서구 지성인들에게 큰 자극제[23]가 되었다.

놀랍게도 인간 사유의 본성에는, 어쩌면 언어를 통해서만 사유할 수밖에 없는 인간적인 결함 때문에, 흩어져 있는 것을 꿰려는 생각과 꿰어진 것을 흩어놓으려는 생각이 동시에 있는 것 같다.

꿰려는 생각은 전제라고도 불리는 특권적 경험을 관철시키려는 강한 의지 탓에 '부정'하려는 노동이 필요한 반면, 흩어놓으려는 생각은 그 어떤 전제도 거부한 채 사물을 있는 그대로 받아들이려는 태도를 보임으로써 정서적 무기력 —의지의 인

---

22   《뉴욕 삼부작》, p154~155.
23   다른 의미로 들뢰즈는 주저 《차이와 반복》의 서문에서 '철학은 부분적으로 추리소설적이어야 한다'라고 언명한다.

간이 생존경쟁에서 필연적으로 발생시키는 폭력성을 감소시키는 무기력—에 빠져든다. 인간의 운명을 말하면서 그 혹은 그녀가 아니라 그것it이라니! 지울 수 없는 허무의 느낌….

우리는 '고전추리소설 → 하드보일드 추리소설 → 형이상학적 추리소설'의 흐름을 범죄와 관련하여 꿰는 방식으로 파악할 수도 있고, 세 장르는 각기 세계관이 너무도 달라서 한 범주로 파악하기가 불가능한 것으로 판단할 수도 있다. 꿰는 방식에는 언제나 깊은 고뇌가 필요한 경계 지점이 나타난다. 내딛는 한 발의 짧은 거리에 안팎으로 영역이 갈리는 지점.

'형이상학적 추리소설'이란 바로 이 경계 지점에서 태어난 용어다. 그렇기에 입맛에 따라 '추리소설이 아니다'라는 의미에서 '반反추리소설'로도 불리는 것이다.

7. 예리한 눈빛과 따뜻한 미소의 병립 구조
: 히가시노 게이고와 마루야마 마사오

✚ 형사 가가 교이치로의 신념

'설명이 되는 것'과 '이해가 된다는 것'은 서로 다르다.

"형사라는 건 사건의 진상만 해명한다고 해서 끝나는 게 아냐. 언제
해명할 것인가, 어떻게 해명할 것인가, 그것도 아주 중요해."

'재밌으니 읽어라!'

히가시노 게이고의 소설에 다른 말을 얹는 게 필요할까? 사족이고 방해가 될 것이다. 그런데도 나는 그의 작품 상당수를 아우르는 주제를 통해 작가가 표현하고자 했던 세계관을 전체적으로 조망하고자 하는 욕구 때문에 이 글을 쓰게 되었다.

히가시노 게이고의 자서전격인《그 시절 우리는 바보였습니다》를 읽었지만, 추리소설의 해명에 아무런 도움이 되지 않았다. 트릭이야 독자가 읽고 나서 판단할 영역이지 제3자가 나서서 일일이 체크하고 설명할 일은 아니다. 사정이 이렇다 보니거의 절망에 빠져드는 기분이었다. 그때, 정치사상가 마루야마 마사오丸山眞男가 생각났다. 그의 이론적 입장에서 히가시노 게이고를 들여다보고자 했다.

마루야마 마사오에 따르면 합리성(일본의 공직 사회와 기업의 문화윤리)과 비합리성(저변의 촌락공동체의 정실관계에 압도되어 합리성이 먹혀들지 않는 세계) 사이의 왕복운동이 일본인의 정신적·사회적 문화의 기저를 이룬다는 것이다. 이것이 가가 교이치로 형사의 얼굴 표정에도 여실히 드러나 있다. 사태를 꿰뚫어보는 이성을 상징하는 예리한 눈빛과 인간적으로 상대를 배려하는 따뜻한 미소.

그뿐만 아니라 '본격파(전후 요코미조 세이시) → 사회파(1960년대 마쓰모토 세이초) → 신본격파(아야츠지 유키토로 대표되는 1987년 이후)'의 변증법적 과정으로 이해되는 일본 추리소설의 역사도 이 왕복운동의 변형태들로 이해될 수 있는 것은 아닌가. 와이던잇Why done it과 하우던잇How done it의 교체 속에서.

마루야마의 사상은 우리 사회에도 화두를 던진다. 일본은 근대화에 걸맞게 오규 소라이荻生徂徠라는 사상가를 배출했다. '자연is의 세계/당연ought의 사회윤리의 세계'의 분리 감각 없이 정신적 근대화¹를 성취할 순 없다. 이 작업을 진행한 이가 오규 소라이다.

이 분리의 관념적 수용이 일본인의 생활 감각과 맞닥뜨려 개화함과 동시에 그 한계를 드러낸 것이 전후부터 계속 이어져왔다. 다소 무리일지도 모르나 이 거대 담론 속에서 히가시노 게이고를 파악한 것은 '왜 덴카이치 다이고로라는 탐정을 창조했을까?'라는 의문 때문이었다.

가가 형사와 유가와 마나부(탐정 갈릴레오)는 독자의 호불호에 상관없이 별로 낯설지 않은 캐릭터다. 그에 반해 덴카이치가 등장하는 소설을 읽고 나서는 히가시노 게이고가 '왜 이런 유의 추리소설을 썼을까' 하는 생각이 머릿속을 둥둥 떠다니는 느낌이었다. 일본에서 추리소설이 워낙 많이 발간되다 보니 단지 진부해진 작풍이나 클리셰에 시비를 걸어본 것일까?

히가시노 게이고에 대한 일본 비평가의 멋진 글을 읽지 못해 아쉬울 뿐이다. 내 경우는 역량 부족 탓이겠지만 아무리 애를 써도 거리를 좁히지 못한 채 가까스로 위성의 자격을 부여받아 행성의 궤도를 빙빙 도는 느낌이다. 그 사이로 행성의 움직임이 발산하는 해맑은 소리가 들려온다.

---

1   북한에서 내세우는 백두혈통이란 이 분리가 전혀 이루어지지 않았다는 것을 반증한다. 이 분리 없이 민주주의도 공산주의도 성취될 수 없다. 한데, 일본은 정치인의 세습에 관해서만큼은 볼썽사납게 눈을 감음으로써 정치적 후진성을 벗어나지 못하고 있다.

'닥치고, 그냥 읽으세요. 아주 재미있습니다.'

합리성과 정실주의의 공존

애독자조차 읽은 내용을 다 정리해 머릿속에 간직하기 어려울 만큼, 다양한 소재의 수많은 작품을 발표하고 엄청난 인기에 힘입어 숱한 영화와 드라마로도 세를 확장한 작가를 통합적으로 이해하는 것이 가능하기는 할까? 이런 의문이 30권이 넘는 히가시노 게이고의 작품을 읽는 내내 뇌리를 떠나지 않았다.

유일한 통합적 접근법은 일본 추리문학 통사通史를 내재적으로 이해하는 가운데 히가시노 게이고의 좌표를 상대적으로 파악해보는 것일 텐데, 이는 내 능력 밖의 일이다. 통합적 접근법을 일본 추리문학 역사에 정통한 비평가에게 맡겨둘 일이고 보면, 나만의 접근법을 찾아낸다는 것이 더욱 비참한 작업인 것처럼 느껴져 결국 포기해야 하는 것은 아닌가, 하는 회의 또한 없지 않았다. 발상의 전환이 필요했다. 내 글의 편향성을 노골적으로 드러내어 그 한계를 명확히 인식하는 가운데 접근해보는 것이다.

구사나기 형사는 수사가 장애에 부닥칠 때면 물리학 교수인 유가와 마나부(일명 천재 탐정 갈릴레오)의 연구실을 찾아가 조언을 구하면서도, 그가 논리성에만 매달리는 모습은 만족스럽지 않았던 모양이다.

그 녀석(유가와)²은 아이를 싫어합니다. 행동이 논리적이 아니라서 스트레스를 받는다나 뭐, 그런 요상한 이유로 말이죠.³

'아이를 좋아하지 않는 것'을 유가와 마나부의 개인적·인간적 특질로 보지 않고 '논리의 예리한 창끝이 뚫고 들어가지 못해 자신의 힘을 행사할 수 없는 지대'나 '비논리적인 세계', 이를테면 '인간관계의 현실 세계'의 반발에 대한 좌절감의 표현으로 이해해보는 것이다. 이 반발은 끝 간 데를 모르고 밀어붙이는 논리적인 세계에 '비인간적'이라는 딱지를 붙이는 전통사회에 대한 조건반사다.

이 생각을 머릿속에 떠올렸을 때 나는 이미 마루야마 마사오의 사상 안에 깊이 들어와 있음을 알게 되었다. 마루야마에 따르면, 미국에 의해 천황제가 강제로 폐지되고 일본 근대국가가 닻을 올린 이후 그 발전의 원동력은 위로부터 아래로 하강하는 힘으로서의 합리성(정부 관료와 기업 구성원들의 정신을 지배한 조직 원리)과 끝내 이 합리성이 도달하지 못한 곳, 무라(村)나 향당사회를 모델로 하는 인간관계의 저변으로부터 위로 치솟아 국가기구나 사회 조직의 내부로 전위해가는 과정, 이 두 방향의 무한한 왕복운동⁴이 일본 사회의 본질이라는 것이다.

덧붙이기를, '정실의 인간관계'가 역사적으로 누적된 공동

---

2   과학 저널리스트 도이 나오미는 유가와를 쏙 빼닮은 여성이다. "저는 논리적 사고를 하지
     않는 사람과는 대화하지 않는다는 신념을 갖고 있어요." 히가시노 게이고, 이혁재 옮김,
     《명탐정의 저주》, 재인, p241~242.
3   히가시노 게이고, 김난주 옮김, 《성녀의 구제》, 재인, p279.
4   마루야마 마사오, 김석근 옮김, 《일본의 사상》, 한길사, p106.

체적 습속에 뿌리를 내리고 있는 한 그것은 본래 합리화 = 추상화 일반과 서로 용납될 수 없으며, 따라서 어떠한 근대적 제도도 본래 '실정'에 들어맞는 것은 불가능[5]하다. 이것을 압축해 길항관계의 표현으로 나타내면 다음과 같다.

논리성(합리성) vs (정실의) 인간관계

어느 쪽도 상대를 완전히 제압하지 못한 채 상대의 힘을 버티어냄으로써 살아남은 두 힘의 '왕복운동'이란 일본 사회가 양자를 종합할 방법(사상)을 찾지 못했다는 것을 뜻한다. 마루야마가 역사적으로 이해한 '일본 사상의 프레임'의 그림자가 형사 가가 교이치로의 얼굴에도 찍어낸 기계틀을 빼닮은 붕어빵처럼 드러나 있다. 예리한 관찰의 눈빛과 상대를 배려하는 따뜻한 미소. 눈빛은 관찰 능력을 넘어 이성을, 논리를, 냉정한 합리성을 우회적으로 상징하고, 따뜻한 미소는 논리성이 가닿지 않는, 혹은 소외시키는 인간의 애틋한 정서를 위로한다.

가가 교이치로는 '설명이 되는 것'과 '이해가 된다는 것'이 서로 다르다고 여긴다. 혹은 상호 보완적이어야 한다고 생각한다. 형사의 임무와 역할은 논리적이고 합리적인 사건 수사에 그쳐서는 안 되고, 사건과 연루되어 불가피하게 상처 입은 사람들의 마음을 치유할 방법을 찾는 것까지 포함한다고 말한다.

일본이 처한 실제 '현실'과 '판타지 세계'라는 간극에도 불구

5   위의 책, p109.

하고, 인간 본성을 더 깊이 이해하려는 노력과 위로의 세계를 집약적으로 보여준 작품이《편지》와《나미야 잡화점의 기적》이다. 이것은 '가가 교이치로 형사 시리즈'에 초점을 맞춘 렌즈를 통해 보면,《기도의 막이 내릴 때》에서 끝내 가출한 가가의 어머니가 가족의 외면 속에서도 유일하게 외할머니로부터 위로받았던 상황을 확대·연장한 작품이라 볼 수도 있을 것이다.

특정 국면이나 상황에서 서로 한 치도 물러설 수 없는 '논리(이성) vs (정실)관계'의 대립은 가가 교이치로의 얼굴 표정과 수사 방법에 그치지 않고 연애관(사랑), 직업 선택(교사냐, 경찰관이냐), 피의자의 호칭 문제, 경찰관 아버지와의 관계, 심지어는 살해 동기(혹은 역사)의 메타 레벨에까지 연결되어 있다.

히가시노 게이고가 창조한 소설 속 등장인물 중에서 가가 교이치로와 가장 대립적인 인물은 뜻밖에도[6]《용의자 X의 헌신》의 범죄자 이시가미다. 그는 논리성을 맹신한 나머지 그 귀결에 속한다면 어떤 잔혹한 짓도 마다하지 않는 인물로 묘사된다.

이시가미는 논리적이기만 하다면, 어떤 잔혹한 일도 해낼 수 있는 인물이야.[7]

노숙자를 일말의 죄의식도 없이 자기 계획의 희생양으로 삼을 수 있는 이시가미의 정신에는 자신과 무관한 타인의 억울함

---

6   그런 의미에서《용의자 X의 헌신》에 유가와 마나부가 아니라 가가 교이치로가 등장했으면 어땠을까 상상해본다.
7   히가시노 게이고, 양억관 옮김,《용의자 X의 헌신》, 현대문학, p264.

에 대한 정서적 반응이 없다. 그 무엇보다 논리성(관념)을 앞세우는 그에게 감정은 이차적인 문제[8]일 뿐이다.

유가와 마나부는 자신과 이시가미의 차이를, 수학과 출신의 이시가미가 '관념'이나 '시뮬레이션'에 집착하는 반면 물리학을 전공한 자신은 경험주의자로서의 '관찰'과 '실험'을 중시하는 것이라고 주장하지만, 유가와의 친구이기도 한 구사나기 형사의 눈에는 오십보백보일 뿐이다.

도무지 상식으로 이해할 수 있는 이야기가 아니었다. 그런 일을 대학 강의라도 하는 듯한 어투로 이야기하는 유가와도 구사나기의 눈에는 비정상적으로 보였다.[9]

상상컨대, 가가 교이치로가 유가와 마나부를 소설 속 어디에선가 만났더라면 구사나기 형사와 크게 다르지 않은 첫인상을 느꼈을 것이다. 물론 가가와 유가와는 저 유명한 〈네 개의 서명〉에 나오는 셜록 홈스의 소거법消去法[10]을 공유한다.

불가능한 것들을 제외하고 남은 것은, 그 무엇이든지, 아무리 사실 같지 않다 하더라도 진실임에 틀림없다.

---

8   그런데도 사랑에 빠진 이시가미는 평소의 그닥지 않게 옷차림에 신경을 쓴다.
9   《용의자 X의 헌신》, p372.
10   가가 형사가 등장하는 《졸업》,《잠자는 숲》,《내가 그를 죽였다》, 그리고 유가와가 나오는 《성녀의 구제》 등에는 소거법에 대한 명시적인 표현이 있다. 《용의자 X의 헌신》의 유가와도 마찬가지이지만, 가가 형사가 '가능하다는 것'을 증명하는 것보다 '불가능하다는 것'을 증명하는 게 더 어렵다고 생각하는 것은 바로 이 소거법의 연장선상에서 한 말이다.

그뿐만 아니라 가가 교이치로도 단편집《거짓말, 딱 한 개만 더》에서는 짧은 글의 제약 때문인지 감정의 영역을 되도록 배제하고 논리적 해명에만 몰두하는 듯이 보인다. 당연하게도 '하우던잇How done it'이라는 범행 수법을 논리적으로 해명하는 것이 추리소설에서, 또 경찰관의 입장에서 빠질 수는 없다. 제대로 구색을 갖춘 추리소설이라면 '와이던잇Why done it?'과 '후던잇Who done it?' 그리고 하우던잇의 요소를 골고루 드러내 보여주어야 한다.

한데 범행의 수수께끼(how)를 풀었다고 해서 범인(who)이 특정되는 것은 아니다.

범인이 누군지 모르는 한 추리는 미완성[11]일 뿐이야.

마찬가지로 A라는 인물을 죽일 동기를 가진 사람이 여럿이라면(B, C, D…), 각각의 살해 동기를 알아내는 것만으로 범인을 솎아낼 수 있는 것도 아니다. 'how, who, why' 이 셋은 서로 밀접하게 관계하면서 때로는 독립적이다.

역사의 부재, 과거의 망각, 기억의 상실, 인과율의 전도

한번 다음과 같은 생각을 해보자.

---

11   히가시노 게이고, 구혜영 옮김, 《방과 후》, 창해, p222.

히가시노 게이고의 추리소설에서 '어떻게?'를 그 극단의 지점으로까지 몰고 간 탐정은 덴카이치 다이고로다. 아니, 덴카이치는 동일한 논리의 극단의 지점에 선 유가와 마나부다. '유가와 마나부→덴카이치 다이고로'의 라인은 '어떻게?'가 심화하는 과정과 깊이를 표현한다고.

이는 가당키나 한 주장일까? 유가와 마나부와 덴카이치 다이고로의 연속성을 확인하는 작업은 충분한 가치가 있는 것일까?

가가 교이치로가 거짓말로, 때로는 조작된 상황 설정으로 피의자의 다음 행동을 유도하기도 하지만, 앞서 언급한 것처럼 《거짓말, 딱 한 개만 더》는 하우던잇에 충실한 작품이다. 그럼에도 가가 형사가 등장하는 작품 전체를 보면 가가의 탐구[12]는 늘 how에 그치지 않고 동기나 범인이 처한 사회적 환경인 why를 집요하게 파고들고자 한다.

이렇게 어중간한 상태로 사건이 종결되면 누구도 그 사건에서 벗어날 수 없어. 어떻게든 밝혀내야 해…. 지금 이대로 사건이 종결된다면 그 누구도 납득할 수 없고 그 누구도 사건에서 벗어날 수 없을 것이다.[13]

모든 수수께끼를 풀어낸 뒤, 가가의 얼굴은 검도 시합에서 분패했

---

12   다른 작품에서도 가가 형사와 유사한 태도를 읽어낼 수 있다. "살인사건은 해결되었지만 유사쿠는 아직 아무것도 해결하지 못했다." 히가시노 게이고, 구혜영 옮김, 《숙명》, 창해, p410.

13   히가시노 게이고, 김난주 옮김, 《기린의 날개》, 재인, p191~194.

을 때의 표정 그대로였다.[14]

히가시노 게이고는 가가 교이치로가 등장하는 작품에서는 형사지만 사건에 직·간접적인 당사자로 연루된 사건을 선호하는 듯하다.《기도의 막이 내릴 때》에서 자신의 어머니와 깊이 연관된 사건이 그랬고, 대학 졸업반 친구로서 연쇄살인을 해결해야 하는— 형사가 되기 전 오랜 우정을 나눈 친구들을 의심해야 하는 심리적 위기에 처한다 —《졸업》에서 가가의 입장이 그랬다.《악의》에서는 옛 중학교 동료 교사가 범인으로 설정돼 있고, 결정적으로《잠자는 숲》에서는 사랑하는 여자 미오를 자기 손으로 체포해야 하는 절망적인 상황에 놓이기까지 한다.

'가가 형사가 연루된 사건'이란 콘셉트는 수사가 how에 머물지 않고 why(동기와 환경)의 세계로 진군[15]해 들어가도록, 히가시노 게이고가 교묘하게 마련해놓은 장치로 볼 수 있다.

그렇다면 수사 대상 인물들과 비교적 냉정한 거리를 두고 사건을 해결하는 유가와 마나부와 덴카이치 다이고로를 한 조로 묶어 가가 교이치로에게서 떼어놓을 수 있을 것 같다. 이제 남은 문제는 '유가와 → 덴카이치' 연속성의 근거를 어디서 찾을 것인가 하는 점이다. 이에 대한 힌트는 히가시노 게이고가 왜 탐정 덴카이치 다이고로가 등장하는 메타 추리소설(명탐정 덴카이치 다이고로와 지방경찰 수사1과 경감 오가와라 반조가 자신들이 소설

---

14   히가시노 게이고, 양윤옥 옮김,《졸업》, 현대문학, p370.
15   "경찰로서는 백로장의 출입을 비롯한 물리적인 면, 그리고 범행 동기 같은 인간관계적인 면, 양쪽에서 공략할 거야." 위의 책, p125.

이라는 세계에 들어와 있음을 의식하는 추리소설)을 썼을까 하는 물음에서 시작하지 않으면 안 된다.

《명탐정의 규칙》과《명탐정의 저주》는 이상한 소설이다. 히가시노 게이고의 다른 추리소설들은 상규에 맞게 난제의 수수께끼를 제시하고 탐정을 등장시켜 독자의 참여라는 전제하에 차근차근 해법을 제시해나가는 구성이거나 더 극단적으로는 탐정을 뒤로 빠지게 하고 결정적인 단서와 추리의 계기들만을 제시한 채 최종 답을 독자의 몫으로 남겨두는 플롯(《둘 중 누군가 그녀를 죽였다》,《내가 그를 죽였다》)을 취하는 데 반해, 위 두 작품에서는 오가와라와 덴카이치의 대화를 통해 끊임없이 작가 히가시노 게이고를 소환해 창작 능력과 집필 철학 그리고 작가가 놓인 추리소설계의 상황 따위를 상기시키고 있기 때문이다.

이 두 소설에서는 '작가가 작품을 낳는다'[16]라는, 작품에 '선행된 시간의 점유자'로서의 작가의 초월적인 지위가 부정된다. 덴카이치와 오가와라는 무대의 배역으로서만 설정된 자신의 존재를 절감하면서 소설의 안팎을 드나드는 인물들이다.

여기서 나는 다시 소설의 세계를 벗어났다.[17]

나(오가와라)와 덴카이치는 곧바로 소설의 세계로 돌아왔다.[18]

16   "작가에게 작품은 분신과도 같은 것입니다. 좀 더 알기 쉽게 말하자면, 자식이나 마찬가지입니다." 히가시노 게이고, 양윤옥 옮김,《악의》, 현대문학, p214.
17   히가시노 게이고, 이혁재 옮김,《명탐정의 규칙》, 재인, p159.
18   위의 책, p50.

독자의 참여를 방해받는 듯한 인상을 지울 길 없는 이 소설들이 궁극적으로 겨냥하는 것은 무엇인가? 소설 속 등장인물들이 작가의 초월적 지위를 박탈해 창조자와 대등한 위치에서 비난[19]하면서 소설을 블랙유머의 세계로 끌고 가는 저의는 무엇일까?

결국 이것은 기억에 연관된 '시간의 선후'를 문제 삼음으로써 '인식'과 '행위'의 관계[20]를 탐구하는 것이다. 《악의》에서 히가시노 게이고는 이 문제를 명확히 거론하고 있다. 우선 아동문학 작가 노노구치 오사무의 입을 빌려 '작가에게 작품은 자식이나 마찬가지'라는 말을 내뱉음으로써 '인식이 행위에 선행한다'는 생각을 비유적[21]으로 암시한다. 살인자로서 노노구치는 행위(살인)를 먼저 저지르고 인식(동기)을 만들어내는 기상천외한 발상을 하고 있다. 노노구치가 히다카를 죽인 동기로 알려진 것은 나중에 다 근거 없이 꾸며진 이야기로 밝혀진다. 고스트라이터(대필 작가)로서의 수모와 고충 그리고 불륜 상대인 히다카의 아내를 히다카의 손아귀로부터 해방시키는 것 말이다.

인식과 실천의 관계나 일본의 합리성과 정실주의의 갈등이 추리소설의 하우던잇과 도대체 무슨 상관일까? 살인에는 다양

19　심지어 징징대면서.

20　대상과 거리를 둔 이론적 인식으로서의 해석(고대 그리스 이후 서구 사상을 관통해온 오래된 전통)과 '이제 해석은 그만하고 실천하자!'라는 사상을 대표하는 역사유물론(마르크스).

21　작가가 집필 계획을 세워 자료를 수집하고 스토리를 구성한 뒤 작품을 써나가 최종적으로 완성에 이른다는 생각은, 인식(계획, 판단)이 행위(쓰는 작업)에 앞선다는 사상의 한 예에 해당한다. '부부가 자식을 낳는다'라는 평범한 진술도 "'결혼과 출산 계획' 후에 출산에 이른다"라는 '인식' 우위의 사상을 은연중에 내포할 수 있다.

한 동기가 있기 마련이다. 돈 문제로 질투를 느껴서, 모욕을 참지 못하고 무시를 당하는 바람에, 경쟁 상대라서, 유산을 물려받기 위해, 불륜을 저질렀기에…. 와이던잇에 초점을 맞춰 당사자의 살인 욕구뿐만 아니라 사회적 환경의 맥락에서 동기를 탐구하는 추리소설을 일본에서는 흔히 '사회파'라 부른다.《제로의 초점》을 쓴 마쓰모토 세이초[22]가 대표적인 작가다.《백야행》이나《환야》같은 작품을 일본에서 사회파로 분류하는지는 알 수 없지만, 적어도 가가 형사 시리즈를 사회파로 분류하지는 않을 것이다.

사실 사회파란 일반문학[23]이 제기하는 문학성 ― 여러 가지 의미가 있겠지만 여기서는 사회 탐구 없는 개인 탐구는 팥소가 빠진 찐빵일 수 있다는 의미로 ― 을 '동기의 천착'을 통해 당대 사회의 구조적 왜곡을 예리하게 파악하는 작가 의식으로까지 고양해, 오락거리로 치부되는 추리소설의 위상을 다시 생각해 보자는 취지로 탄생한 개념으로 보인다. 따라서 사회파 작가는 강력한 리얼리티를 요구할 수밖에 없다. 내 기억에도 마쓰모토 세이초의 촌철살인 같은 명구가 남아 있다.

리얼리티가 없는 소설만큼 병신스러운 것도 없다.

그런데 '리얼리티'라는 표현은 사회구조가 개인의 의식을 좌

---

[22] 히가시노 게이고는 자신이 거장 마쓰모토 세이초의 팬이라고 밝힌다. 히가시노 게이고,
      이혁재 옮김,《그 시절 우리는 바보였습니다》, 재인, p163.
[23] 나는 '순문학'이란 용어가 우리 사회에서 너무 정치적인 쓰임을 갖기에 혐오하는 편이다.

지우지한다는 함의를 가질 수 있기에 '인식이 행위에 앞선다'라는 사상을 뒤틀어 비판하고 있는 셈이다. '인식이 실천을 추동한다'라는 생각에 앞서 그 인식이란 게 대단히 자유로운 발상이 아니란 점을 지적함으로써 '인식이 실천에 앞선다'라는 명제가 헛발질하도록 유도하는 것이다.

한편 리얼리티를 강조하다 보면 '소설은 허구fiction'라는 인식이 상대적으로 약화될 수밖에 없다. 반대로 허구성을 그 극한으로까지 강조하지 않으면 작가를 초월적 지위에서 끌어내릴 수 없다.

작가(히가시노 게이고)는 도대체 무슨 생각을 하고 있는 거야.[24]

노하우-Knowhow란 말이 모더니즘의 핵심을 적확하게 표현하듯이 하우던잇의 세계란 의도치 않게 세계에 대한 인간의 이해가 형식적으로 (특수한 하나의 방법으로) 구성된 허구임을 깨닫게 해준다. 일본인들이 말하는 본격 추리소설[25]의 스토리 전개에서야말로 소설의 허구성이 최대한으로 부각·증폭되어 독자에게 전달된다. '시간 때우기용 읽을거리', '오락의 일종', '담배 같은 기호식품'이라는 하대와 비아냥거림은 역설적으로 '소설의 허구성이 극단적으로 강조되면 소설 문학에 위기가 찾아온다'는 두려움의 표현으로 이해될 수 있다. 모더니즘 소설이란

24   《명탐정의 규칙》, p50.
25   일본 추리문학 평론가마다 약간씩 다른 것 같은데, 니카이도 레이토의 정의는 다음과 같다. '본격 추리소설이란 단서와 복선, 증거를 바탕으로 논리적으로 해결되는 수수께끼 풀이와 범인 찾기 추리소설이다.'

이 두려움을 밑바탕에 깔고 있는 형식실험이 아니겠는가.

당연히 하우던잇에 집중하다 보면 리얼리티가 약화하면서 후던잇에 대한 관심이 줄어들기 마련이다. 마쓰모토 세이초의 비판은 그런 의미에서 아무리 추리소설이라 하더라도 하우던 잇의 강조가 인간과 삶을 추리소설에서 배제해서는 안 된다는 주장이자 경고인 셈이다.

1985년 데뷔작인 《방과 후》에서 범인이 '여고생 집단'으로 드러났을 때, 이것이 현실적으로 극히 이례적인 경우임에도 충격이 크지 않은 까닭은 밀실 살인 트릭으로 인해 독자의 관심이 온통 수수께끼 풀이(how)에 집중됐기 때문일 것이다.

동기, 범인의 정체, 범행 수법 어느 것 하나 소홀히 해서는 안 되지만, 고전 추리소설을 전범으로 삼는 일본의 본격 추리소설 은 동기나 범인의 정체를 흐릿한 배경으로 물러나게 하고 초점 을 '범행 수법'에 맞춰 피사체를 확대하는 느낌이다.

《탐정 갈릴레오》를 읽다 보면 기상천외한 수수께끼로 인해 온 신경이 마비될 정도다. 멀쩡히 서 있는 사람의 뒤통수에서 왜 갑자기 불이 났는가, 실종된 가키모토 신이치의 죽은 얼굴을 본뜬 듯한 금속제 데드마스크를 어떻게 저수지에서 건져 올릴 수 있었는가, 욕조에서 심장마비로 사망한 사람의 가슴께에서 갑작스러운 세포 괴사 현상이 나타나는 것은 왜인가, 비치매트 를 타고 있던 여자를 죽게 한 바다의 폭발 원인은 무엇인가, 어 린 다다히로가 유체이탈로 빨간색 미니쿠퍼를 본 것(범행의 결 정적 증거)을 어떻게 논리적으로 설명할 것인가 등등. 즉 '어떻 게?'가 독자의 관심을 끌어들이는 블랙홀 역할을 한다.

통상 이 장르의 맛을 제대로 느낄 수 있는 추리소설에서 하우던잇이 초미의 관심사가 되는 이유는 수수께끼를 만들어내는 작가의 창작 역량이 그 해법을 통해 독자들로부터 최종 판결을 받기 때문이다. 독자들이 과연 납득할 만한 작위성인가에 대해 흡족하게 동의하는가. 이때 독자의 독서 체험은 소설의 허구성이 가장 강렬하게 인식되는 순간 중 하나일 것이다. 소설의 허구성이 본격 추리소설만큼 표 나게 드러나는 장르가 또 있을까.

허구성이 폭로되기에 등장인물이 작가에 의해 배정된 자기 역할에 불만을 토로하고 작가의 능력에 의문을 표할 수 있다. 창조자로서 작가의 신적 지위가 등장인물에 의해 상대화되는 것이다. '작가는 작품에 선행한다'라는 철칙에 균열을 낸다.

이 색다른 주제는 여러 변형된 모습으로 히가시노 게이고의 작품 곳곳에 나타난다. 앞서 지적했던 것처럼 《악의》의 상징적 주제는 '계획 후 실행'(동기에 따른 살인)의 전도된 형태인 '실행 후 계획 짜기'(살인 후 동기를 만들어내기)이고, 《잠자는 숲》에서는 내면(표현)을 배제하고 외면(동작)을 중시하는 가지타의 발레 철학이 남녀의 사랑이라는 인간적 감정을 훼손하는 바람에 살인의 빌미가 된다. 가지타는 '다양한 인생 경험이 축적되어 성숙한 내면이 자연스럽게 발로되면 발레 동작이 깊은 표현을 획득할 수 있다'라는 생각을 거부한다. 위의 논리적 맥락에서 추상화해보면 '동기→살인 행위'나 '창작자→작품'의 시간적 흐름을 거부하거나 적어도 불필요하다고 느끼는 것이다.

이 시간적 흐름을 거부하면 '기억의 진정성'에 문제가 발생하기에 '역사 없는 마을'을 배경으로 하면서 '살인사건이 발생

했는데 알고 보니 밀실 살인이더라'가 아니라, 보레로시墓禮路
市에 '밀실 살인이란 개념을 들여왔더니 그 개념을 쏙 빼닮은
살인사건이 발생하더라'라는 전도된 세계관을 선보인 작품이
《명탐정의 저주》다.

이렇게까지 전면적인 주제로 드러나진 않지만, '사연 없는
사연'이라는 이름의 백지 편지(《나미야 잡화점의 기적》)나 치매로
인해 그 어떤 진술도 기억에 부합할 수 없는(그래서 아들의 죄악을
덮는 수단으로 어머니의 치매[26]를 악용하는) 환자의 상태(《붉은 손가
락》)도 기억의 문제와 연관되어 있다.

이에 그치지 않는다. '있었던 경험을 망각하고 없던 경험을
이미지로 기억해야 하는' 황당한 처지에 빠지는 것이 고쓰카의
입장(《게임의 이름은 유괴》)이고, 육체와 영혼의 분리를 통해 과
거의 기억이 지금의 내 행동에 영향을 미치는 상황의 혼란스러
움(놀랍게도 공부를 통해 습득한 지식은 기억[27]된다)을 표현한 작품
이 《비밀》이다. 급기야 '덴카이치 탐정이시죠?'라는 미도리의
물음에 덴카이치는 "기억에 있는 이름이다. 어디서 들었지? 분
명히 들은 적이 있는데…"[28]라는 반응을 보인다.

본격 추리소설을 쓰는 히가시노의 머릿속을 역사의 부재, 과
거의 망각, 기억의 상실, 인과율의 전도라는 주제가 휩쓸고 다
니는 이유는 대체 무엇일까?

자서전격인 《그 시절 우리는 바보였습니다》에 작은 힌트라

26   치매가 교묘한 반전 역할을 하기도 한다.
27   반면 코르사코프 증후군으로 인해 기억력이 극단적으로 저하되는 증상이 나타난다. 히
      가시노 게이고, 이선희 옮김, 《비밀》, 창해, p432.
28   《명탐정의 저주》, p19~20.

도 숨겨두었으면 좋으련만, 오사카 지역의 불량기 있는 친구들 속에서의 학창 생활, 고질라, 울트라맨, 이소룡과 성룡, 비틀스 얘기로 흥분하다가 순식간에 300쪽이 훌쩍 지나가버린다. 하긴, 그게 어디 히가시노 게이고 탓일까.

유가와 마나부 → 덴카이치 다이고로

유가와 마나부라는 인물의 특성을 극한으로 밀어붙이면 덴카이치 다이고로의 얼굴이 모습을 드러낸다. 둘은 본격 추리소설에 특화된 탐정들인 셈이다. '왜?'와 '누구?' 그리고 '어떻게?'에 대한 탐구 중 무엇보다 '어떻게?'에 탐욕스럽게 집중한다. 등장인물들을 짧은 요약으로 묘사하는 데 그치면 누가 범인으로 드러나든 그 살해 동기 또한 간단한 정보 수준으로 축소되는 경향을 띨 수밖에 없다. 인물이 평면적이니 동기를 파헤칠 까닭도 없게 되는 것이다. 인물의 리얼리티를 강조하는 사회파가 불만을 품을 수밖에 없는 이유다. 그러나 바로 그렇기에 'how'에 대한 집중도를 높여갈 수 있다.

그럼에도 달리던 레일의 끝 지점에 이르면 유가와는 다름 아닌 덴카이치의 모습으로 변해버린다는 주장이 과연 설득력을 가질까? 둘 다 천재 탐정이라는 것 외에 이렇다 할 공통점이 없지 않은가. 유가와는 물리학 교수라는 현실 기반을 가진 인물인 반면, 덴카이치는 자신이 사는 곳이 상상의 공간임을 아는 존재다.

유가와와 덴카이치가 동일한 레일 위에 있다고 했을 때 우리는 '현실/가상'이 어떻게 동일한 레일 위인가를 설명하지 않으면 안 된다.

이 설명의 근거를 언어의 구성적 성격에 의해 리얼리즘[29]이 약화되고 모더니즘이 지배력을 행사하며 등장하던 시기와 겹쳐 읽어야 한다. 거칠게 이해해보면, 리얼리즘이 견고한 수학적 지식이든 프롤레타리아 계급의 진실한 경험이든 무엇(what)을 추구하는 것과 달리 모더니즘은 무엇을 언제나 '해석된 무엇'으로 파악하여 해석의 방법론을 추구한다. '무엇'은 그 자체로 존재하는 것이 아니다. 해석된 방식을 통해서만 그 모습을 드러낸다.

양자의 첨예한 다툼 사이에서 고전 추리소설은 어정쩡한 제스처를 취한다. 무엇이라는 날것의 세계를, 작가의 '창작 의지와 계획'의 내용이자 궁극적 실체로 위장해 숨겨두고 등장인물인 탐정을 활용해 독자와 대등한 조건에서 수수께끼를 풀어내도록 한다. 하우던잇이란 모더니즘 방법론의 변형태가 아니던가?

당연한 이야기지만, 이때 탐정과 독자 누구에게든 'how'에 대한 우선권이나 독점권은 허용되지 않는다. 뿐만 아니라 소설의 세계에서는 결론을 내리기 위해 하나의 풀이(정답)만을 상정하기 마련이지만, 풀이가 여럿일 수 있다는 가능성을 차단하진 않는다.

---

29   리얼리즘은 언어를 음식을 담는 투명한 그릇 같은 것으로 보아왔다.

페어플레이 정신이란, 작가의 존재를 잠시 잊은 채, 탐정과 독자 모두 수집할 수 있는 정보의 목록에서 소외되는 일이 없도록 하겠다는 것이다. 탐정과 작가 사이에는 사실 수직적 위계 관계가 성립하지만, 그것이 드러나지 않도록 솜씨를 부리면서, 탐정과 독자의 대등한 경쟁 관계를 전면에 부각해 독자를 현혹한다. 추리소설에 대한 포괄적 이해에서 보자면, 독자가 이 현혹에 온전히 농락당할 상황에 이르면, 탐정과 작가의 연결고리가 애초부터 없었던 것처럼 느껴져, 추리소설의 역사와 내재적 규약에 통달하고 그 전통을 지켜가려는 애독자와 달리 그에 제한되기를 거부하는 발칙한 독자는, 탐정이 끝내 수수께끼의 해법을 못 찾을지도 모른다는 불길한 상상[30]을 하게 된다.

그리고 이 회의에 앞서, 모더니스트가 선두에 서서 감당해왔던 인식의 상대성과 허무 감각[31]에 노출된다. 이 감각은 현실과 가상의 경계가 무너짐으로써, 다른 말로 하면 현실이 갖고 있던 무게감이 사라짐으로써 생겨나는 것인데 그 귀결은 자못 심각해서 이제 현실은 가상의 한 종류로 이해되는 심각한 처지에 놓인다.

사정이 이러할진대, 작가와 독자는 말할 것도 없고 소설의 등장인물마저 '모든 것은 구성되었다. 언어의 구성적 성격이 그것을 가능케 한다'라는 생각에 오염되지 못할 것도 없다.

오가와라와 덴카이치의 있을 법하지 않은 대화와 행동은 이

---

30 물론 이것은 추리소설을 읽는 통상의 관습과 문화의 상징적 계약에 대한 회의로부터 생겨나는 예외적 독자의 입장이기는 하다.

31 언제나 '해석된 무엇'이 아니면 그 실체는 텅 빈 공백이 아닌가 하는 느낌.

런 맥락에서 이해되어야 마땅하다. 자신의 발밑에 깔린 레일 위의 유가와 마나부의 시야에 결코 모습을 드러낼 일이 없을 것 같았던 덴카이치가 시야 안으로 들어오는 이유는 이 경계의 견고한 둑이 사라졌기 때문일 것이다.

다른 한편, 가가 형사는 상징적 의미에서 '유가와 → 덴카이치'의 반대 방향[32]으로 이동하면서 '가정의 붕괴'라는 삶의 조건에, 명민한 수사관이라는 사회적 정체성에 존재의 뿌리를 내린다.

본격 추리소설과 일본 민주주의의 상관관계

무엇이 국가를 위한 일인가?

천황제 국가에서는 이것을 결정하는 것은 천황폐하와 천황폐하의 정부에 대해 충성의 의무를 지니고 있는 관리(공무원)들이다. 1945년 패전 이후, 천황제가 점령국 미국에 의해 폐지된 후 성립된 국민국가는 자신의 정체성을 순수하게 형식적인 법 기구 위에 둔다.

국가 질서가 자신의 형식성을 의식하지 않는 곳에서는 합법성 역시 결여되지 않을 수 없다.[33]

---

32 유가와 마나부가 아이들을 사랑하게 되면, 삶은 논리적으로만 굴러가는 게 아니라는 지혜(가슴이 따뜻해지는 지식)를 깨닫게 될까?

마루야마 마사오에 따르면, 이 형식성이란 역사적으로 토머스 홉스가 말한 '주권자의 명령'이라는 형식성으로부터 발원해 국민 각자의 토론과 논의를 거친(국회의원을 통한 간접 행위로 드러난다 하더라도) '국민주권의 명령'으로서의 형식성으로 거듭 발전한다. 극단적으로 말하면 명령의 내용이 따로 있는 게 아니라 명령 자체가 내용인 것이다. 또 국가의 의지란 그 형식성을 채운 결단으로서, 절충과 타협으로 이루어진 국민 각자의 종합된 권리의 발현일 것이다. 그리고 그럴 때에만 법 준수 의식(자신이 참여해 제정한 법이므로 반드시 준수해야 한다는 의식), 즉 합법성 의식이 생겨난다는 것이다.

탐정에게 제공된 정보와 똑같은 정보가 독자에게도 제공되어야 한다는 평등의 원리는, 주권재민主權在民의 민주사회에서 국민 각자는 동일한 정치적 권리를 갖는다는 평등성의 문화적 내면화로 읽어낼 수 있다. 더불어 국민의 명령을 기다리는 공백(無)으로서의 국가 정체성은 탐정을 조종하는 작가의 보이지 않는 끈이 완전히 끊어질 때, 느끼게 되는 공백에 대한 감각(과거의 기억이 아삼아삼한 탐정 덴카이치)이다.

종전 후 10년에서 15년 사이에, 일본에서 압도적으로 인기를 누렸던 추리소설은 요코미조 세이시를 중심으로 한 본격 추리소설이다. 마쓰모토 세이초로 대표되는 사회파는 1950년대 후반에서 1960년대에 이르러서야 모습을 드러내는 것이다.

이 현상을 어떻게 이해해야 할까? 전후에 왜 본격이 먼저 나

---

33   마루야마 마사오, 김석근 옮김,《현대 정치의 사상과 행동》, 한길사, p56.

타나고 한참 지난 후에야 사회파가 등장했을까? 아이러니다. 전후, 생활고로 인해 사는 게 만만치 않았으므로 서민들은 크고 작은 범죄에 가담하지 않고서는 생존을 장담할 수 없었다. 미국 군수품을 빼돌린 암거래가 없었다면 굶어 죽어나간 서민이 한 둘이 아니었을 거라고 한다. 이 시대는 누구랄 것 없이 범죄가 생활상의 필요를 넘어 삶을 영위하기 위한 자각과 결단의 수단이 됨으로써 사상(실존주의)에 근접했던 것이다.

어떤 시대이건 범죄는 그 시대의 사상적 전형으로서 존재한다. 그러나 종전 직후 일본의 경우에는, 다른 어느 시대보다도 범죄가 시대 사상의 전형이 되어 있었던 시대[34]다.

범죄를 사상으로 받아들인다는 것은 자신을 둘러싼 모든 가치가 무의미함을 몸소 자각한 이후다. 따라서 이 부조리한 세계에서 믿을 것은 자신의 열정과 행위뿐이다. 그것이 무모한 범죄로 귀결된다고 해도 상관없다. 어쨌든 스스로 선택한 것이므로 책임을 회피할 생각은 없다. 이때 개인적[35]으로는 범죄가 자기 확인(의미 부여)의 도구로 기능한다. 사회적으로는 범죄 속에서 자신을 발견한 실존주의가 급변한 정치체제인 민주주의 실험의 필수불가결한 기반[36]이 된다.

개인의 선택, 행위와 그 결과에 대한 책임… 모두 민주주의의

---

34 구노 오사무·쓰루미 슌스케, 심원섭 옮김, 《일본 근대 사상사》, 문학과지성사, p163.

35 실존주의는 개인주의다.

36 《일본 근대 사상사》, p168.

핵심 가치들 아닌가.

범죄의 동기(가난, 생존)가 삶에 깊숙이 스며든 상황에서 새삼 사회적 맥락에서 동기의 진상을 파헤쳐보는 '사회파'가 먹혀들 까닭이 없다. 무엇보다 개인이 사회적 맥락을 잃은 까닭이다. 뒤집어 생각하면 책에서조차 진지한 범죄 사건을 마주하기 싫은 심리가 작동했는지도 모른다.

훗날 '사회파'의 철학에서 보면 '본격 추리소설' 따위란 범죄를 희화화한 오락일 것이다. 그런데 엄중한 삶을 오락으로 해석해버린 '병신스러움'이라는 힐난은 대중의 무의식 속에서 본격 추리소설이 민주주의의 역량을 강화하고 있었다는 특징을 보지 못한 것이다.

오래전 '추리소설은 민주주의가 발달한 나라에서 꽃을 피운다'라는 어느 일본 추리평론가의 글을 읽은 적이 있다. 이 평자는 미국, 영국, 일본을 발전된 민주주의 국가로 묶어 소위 일본의 '국뽕'을 드러내는 데 심취한 나머지 핵심을 지적하지는 못했지만, 결국 그의 주장은 본격 추리소설을 통과한 일본의 대중 문화 속에서 얼마간 진실을 드러내고 있었던 것이다.

논리와 감성의 왕복운동

예리한 눈빛과 따뜻한 미소를 겸비한 가가 형사의 개인적 특성과 인간적 고민으로 돌아가보자.

(1) 신체적 특성: a. 180센티미터의 큰 키에 넓은 어깨, 그 때

문인지 얼굴이 외국인처럼 작아 보인다. b. 턱이 뾰족하고 윤곽이 짙은 얼굴. c. 나지막하지만 우렁우렁한 목소리. d. 오랜 검도 수련(검도 실력자)과 평소 꾸준한 단련을 통해 체력이 강하다.

(2) 성격적 특성: a. 대범하다. b. 냉철하다. c. 붙임성이 있다. d. 츤데레의 모습, 따뜻한 인간적 배려를 소홀히 하지 않지만 때로는 까칠함을 보일 때도 있다. 동시에 엉뚱한 구석이 있다. e. 수사를 할 때 힘든 일을 마다하지 않고 발품을 파는 끈기가 있다. f. 수다로 귀를 따갑게 할 뿐인 소문 따위에는 관심이 없다. g. 살풍경한 원룸을 빈틈없이 정리해 깔끔함을 유지한다. h. 승부에 집착하는 편이다. i. 확고한 내면의 세계를 갖고 있다. j. 친목회나 모임을 싫어한다. k. 둔한 움직임과 느린 반응 탓에 엘리베이터를 싫어한다. l. 운전 습관이 신중하고 신사적이다.

(3) 버릇 및 취향: a. 서민 취향이라 고급 레스토랑보다는 대중식당을 선호한다. b. 생각할 때 팔짱을 끼는 버릇이 있다. c. 클래식 음악에 약하다. d. 현금을 바지 주머니에 넣고 다닌다. e. 요리(먹는 것)에 진심[37]이다. f. 블랙커피를 즐겨 마신다. g. 담배를 피우지 않는다. h. 용의자가 질문이 끝난 줄 알고 방심하는 순간 '한 가지만 더!'라고 말하며 질문하는 습관이 있다. 덧붙여 수사 과정에서 상대의 허점을 노리기 위해 가끔 거짓말을 한다.

이런 다양한 모습 중에 단연 눈길을 끄는 것은 확고한 내면의 세계가 있다는 점이다. 나는 이 내면의 세계가 밖으로 드러나

얼굴 표정에 머문 것을 마루야마 마사오가 말하는 '논리 vs 정실 적 인간관계' 사이의 왕복운동이 포착되는(예리한 관찰과 따뜻한 배려) 중요한 지점이라고 말했다.

가가 형사의 마지막 작품인《기도의 막이 내릴 때》에서 가가 의 삶은 어린 시절 까닭을 알 수 없었던 어머니의 가출이 경찰 관이었던 아버지의 탓이란 피해의식에 사로잡힌 나머지 의지 와 행동에 심각한 제약이 있다. 타인의 눈에는 이러지도 저러지 도 못하는 뭔가 어정쩡한 모습을 드러내는 것이다. 사토코에게 프러포즈를 하는 장면을 떠올려보라.

너를 좋아한다. 결혼해줬으면 좋겠다고 생각하고 있어.[38]

좋아한다는 고백은 분명하지만 결혼에 맹렬하게 매달리는 기색은 없다. 사랑이 의지의 차원이 아니라 생각, 즉 이성의 차 원에 머물고 있는 것이다.

'살인 동기'를 파헤치고자 하는 집요함은 그 동기를 알 수 없 었던 '엄마의 가출'이 그의 가슴을 계속 짓눌러왔기 때문이다. 가출 동기가 밝혀져 이해되지 않는 한 어머니를 외면할 수도 추 억할 수도 없다. 사건 전후관계의 설명만으로 수사를 마무리할 수 없고, 사건이 일어난 배경과 범죄의 동기가 명백히 드러나 야만 사건을 종결할 수 있다는 게 가가 형사의 일관된 입장이자 철학이다.

38   《졸업》, p7.

《둘 중 누군가 그녀를 죽였다》에서 논리(수사)와 감정(분노 및 복수)의 충돌 문제는 여동생 소노코가 살해된 현장을 가장 먼저 발견한 오빠 이즈미 야스마사가 왜 곧바로 경찰에 신고하지 않고 현장을 얼마간 조작하고 나서 했는가에 집중된다. 네리마 경찰서의 순사부장이 된 가가 형사가 등장하지만, 그는 한발 뒷전으로 물러난 존재일 뿐이다.

부모님이 모두 돌아가셨기에 오빠로서 여동생을 제대로 챙기지 못했다는 후회와 뉘우침이 경찰 수사를 배제하고 스스로 범인을 잡아내려는 추동력이 되었기 때문일까?

타살이라는 것을 깨닫는 순간, 야스마사는 자신이 직접 범인을 밝혀내겠다고 결심한다. 세상에는 내 손으로 해야 할 일과 그렇지 않은 일이 있다. 이건 결코 남의 손에 맡길 일이 아니라고 그는 생각한다. 그에게는 누이의 행복이야말로 인생 최대의 바람이었던 것이다.[39]

뒤집어 생각해보라. 부모를 대신해 보호해주고 싶었던 여동생인데, 시신 앞에서 광란의 몸부림은커녕 감정적으로조차 무너져 내리지 않는 상황[40]을 어떻게 이해해야 할까? 게다가 소설 초반에 이미 범인이 둘 중 하나(소노코의 애인이었던 준이치와 자신을 배신하고 애인을 빼앗아간 친구 가요코)임이 거의 드러났음에도 교통경찰관 신분의 야스마사는 결코 분노의 액션을 취하지 않

---

39   히가시노 게이고, 양윤옥 옮김, 《둘 중 누군가 그녀를 죽였다》, 현대문학, p91.
40   "소노코가 죽은 이후로 그는 한 번도 눈물을 흘리지 않았다." 위의 책, p125.

는다. 한데, 이미 자기 방식의 수사를 시작했으니 좀 더 지켜보려는 독자가 맞닥뜨리는 것은 다음과 같은 상황일 뿐이다.

좋은 거 한 가지 알려주지. 나는 99퍼센트, 네가 소노코를 죽였다고 생각해. 하지만 나머지 1퍼센트가 부족하기 때문에 아직은 점잖게 얘기하고 있는 거야.[41]

일본인과 한국인의 정서 반응에 대한 문화적 감수성의 차이일까? 그런 이유도 어느 정도 있겠지만, 무엇보다 나는 이런 믿기 어려운 이야기를 계속하는 것은 야스마사의 심리 속에서 논리(이성)가 정실(감성)을 꼼짝 못하게 억누른 상태이기 때문이라고 본다.

가가 형사는 묘하게도 야스마사의 살인 현장 조작을 눈치챘음에도 다른 수사관과 더불어 그에 대한 신뢰[42]를 보낸다.

그도 말했듯이 정말로 야스마사의 복수를 저지할 마음이라면 현시점에서도 얼마든지 손을 쓸 방법이 있을 것이다. 그것을 하지 않는 건 분명 야스마사의 이성을 믿고 있기 때문이다.[43]

하지만 '억압된 것은 반드시 되돌아온다'고 했던가? 소설 후반부에서 야스마사의 어이없는 고백은 이제까지 자신이 해왔

41   위의 책, p249.
42   물론 가가는 골머리를 앓는 현관 체인 문제를 해결하지 못했기에 섣불리 움직이지 못한다.
43   위의 책, p265.

던 행동의 냉정함을 전면 부정함으로써 마지막 1퍼센트의 논리적 연결고리를 찾고 있던 추리를 비웃는 것처럼 보이기까지 한다.

나는 경찰관으로서 진상을 밝히려는 게 아니야. 소노코의 오빠로서 범인을 밝혀내려는 것뿐이야. 그러니 자백 같은 건 필요 없어. 증거도 증언도 필요 없지. 필요한 건 확신뿐이지.[44]

대체 야스마사가 말하는 확신이란 무엇인가?

사건의 진상에 대해 스스로 갖고 있던 의문이 풀리는 것이 확신에 이르는 선결 조건일 테지만, 자기만의 추리를 통한 내면적 확신이 증거나 증언을 전제하지 않고 어떻게 생겨날 수 있단 말인가?

자신이 직접 보고 들은 것은 아니더라도 증거와 증언은 (간접적) 관찰에 속하기에 이를 기반으로 추리하여 논리적 결론에 이르기 위해서는 전제도, 추론의 가운데 고리도, 논리에 따른 총체적 귀결도, 어느 것 하나 빠짐없이 필요하다.

이것이 부정되는 것이라면 우리는 야스마사에게서《용의자 X의 헌신》의 범죄자 이시가미의 그림자를 떠올릴 수밖에 없다. 그에게 필요한 것은 관념과 관념의 시뮬레이션일 뿐이다. 야스마사의 확신도 그저 그러한 것인가?

가가 형사 시리즈가 작품 수를 늘려가는 와중에도 '논리(이

---

44   《둘 중 누군가 그녀를 죽였다》, p289.

성) vs 정실의 인간관계(감성)' 사이의 왕복운동(오락가락)은 휴식을 모르는 것 같다.

이 대립은《악의》에서 호칭 문제로도 나타나는데, 옛 중학교 동료 교사였던 노노구치 오사무를 '선생님'이라고 부르던 가가는 그의 범죄를 확신하게 되자 '당신'이라고 바꿔 부르기 시작한다. '공/사'의 구분이 명확해지는 지점이다. 사촌동생이자 형사인 마쓰미야가 가가를 부르는 호칭은 좀 더 미묘하다. '형(정실 관계) → 가가 경부보님(공식 호칭)→ 가가 선배(공과 사의 타협).'

《붉은 손가락》에서도 동기의 천착이라는 가가 교이치로만의 형사의 본분이 강조된다.

형사라는 건 사건의 진상만 해명한다고 해서 다 끝나는 게 아냐. 언제 해명할 것인가, 어떻게 해명할 것인가, 그것도 아주 중요해.[45]

그리고 이 본분은 사촌동생이자 형사인 마쓰미야가 보기엔 '사건보다 더 중요한 이야기'로서 '아버지 다카마사와 아들 가가 형사'의 불편한 부자관계로 이어지고 있다. 임종을 앞둔 아버지의 병실을 찾지 않은 아들 가가의 태도를 어떻게 납득할 것인가 하는 문제로.

공무 수행과 사적인 일(아버지 3주기 기일 참석)의 충돌은 종합에 이르지 못하고 어정쩡한 상태로 남는다.《붉은 손가락》에서

---

45   히가시노 게이고, 양윤옥 옮김,《붉은 손가락》, 현대문학, p230.

아버지를 돌봤던 간호사 도키코와의 인연이 이어져 그녀가 기일 행사를 주관하게 되는데, 무슨 연유에서인지 가가 형사의 태도는 여전히 미온적이다.

말씀하신 일정으로 진행해주세요. 도키코 씨에게 모두 맡기죠, 다만… 그날 제가 꼭 참석한다고 보장[46]할 수는 없습니다.[47]

그런 의미에서 자신의 사적인 내면 공간을 외부로 투사하여 수사와 결합한 작품이 《신참자》가 아닐까. 소제목만 보면 연작 소설처럼 보인다. 센베이 가게 딸, 요릿집 수련생, 사기그릇 가게 며느리, 케이크 가게 점원, 청소 회사 사장….

그러나 그게 아니었다. 니혼바시 고덴마초에서 살해된 미쓰이 미네코의 죽음을 탐문하는 과정에서 만난 사람들의 신분으로 소제목을 꾸렸을 뿐이다. 가가 형사는 탐문수사 중 스쳐가는 그들의 인생을 좀 지나치다 싶을 정도로 들여다보고 있는 것이다. 덩달아 독자도 수사의 끈을 놓고 가가의 안목에 동참하게 된다.

《신참자》는 히가시노 게이고가 가가 형사를 위해 특별 무대를 마련해준 것이 아닌가, 하는 생각이 들 정도로 이례적인 작품이다. 가가 형사의 끈질긴 수사 방식, 이를테면 범죄자나 주

---

46   후루하타 야스오 감독의 〈철도원〉(1999)의 주인공 유토는 딸아이가 죽는 순간에도, 아내가 큰 병에 걸려 병원으로 떠나는 순간에도, 호로마이 역을 지켜야 하는 공무 탓에 함께하지 못한다. 공무가 사생활을 바닥까지 죽여 없애는 것이다. 이처럼 극적으로 집중·부각되어 있지는 않더라도 히가시노 게이고도 자기 방식으로 이 문제를 건드리고 있다.

47   히가시노 게이고, 김난주 옮김, 《기린의 날개》, 재인, p16.

변 인물들의 '삶의 진실'을 어느 정도 포착하지 않고는 만족할 줄 모르는 그의 성격을 배려한 것처럼 느껴진다. 그렇다고 '사회파 추리소설'이 되지는 말 것!

《기도의 막이 내릴 때》에서 마침내 가가 형사는 가출 후 16년이 지난 시점에 생을 마감한 어머니와 화해한다. 서른여섯 살에 가출해 쉰두 살에 죽음을 맞이하기까지 어머니가 어떤 삶을 살아왔고, 자신에게 어떤 감정을 품고 있었는지가 지인의 증언을 통해 또 유언격인 편지를 통해 가가에게 알려진다. 어머니의 진심을 알게 된 이후에도 가가 형사의 수사 방식에는 변함이 없을까? 동기에 대한 천착이 없이는 여전히 만족하지 못할까? 도키코와의 사랑 앞에서는 좀 더 과감성을 내보이며 결혼에 골인하려나? 그것을 히가시노 게이고가 아니라 가가 형사에게 묻고 싶은 것이다.

가가의 수사 방식과 검도의 극의

마루야마 마사오는 중학교 시절 잡지 《신청년》(1921년에 창간된 추리소설 전문 잡지)을 비롯한 추리소설에 빠졌는데, 특히나 반다인 S. S. Van Dine의 원서를 즐겨 읽었다고 한다.[48] 훌륭한 사상가가 추리소설과 엮이는 것을 보면 삶의 비밀을 하나쯤 감추고 있는 듯한 인상을 받게 된다. 본격 추리소설의 전범이랄 수 있

---

48   가루베 다다시, 박홍규 옮김, 《마루야마 마사오─리버럴리스트의 초상》, 논형, p43.

는 반 다인을 읽은 경험이 마루야마가 자신의 사상을 구축하는 데 작은 섬돌이라도 되었을까?

마루야마는 '현대'가 니힐리즘의 고뇌를 깊이 안고 있다고 진단한다. 현대가 '형식 일반'에 반역하여 매개 없이 자신을 직접 표출[49]하려고 하는 시대이기 때문이라는 것이다.

예전[50]엔 형식이 다양한 '틀'로 존재했는데 문학에서의 정돈된 언어 사용과 문체, 학문이나 예능의 기초 훈련, 올바르게 전승된 교의 같은 것이 그런 틀이었다는 것이다. 차근차근 계단을 밟고 올라가 경험에 형식을 부여해가는 시간이든 역사적으로 누적된 경험 위에서 합의되고 선별된 지식이든, 현대인은 더 이상 매개성을 위해 수련하고 그것을 수용하려는 태도를 보이지 않는다는 것이다. 자유의식의 극한적인 발로일까, 현대인은 형식이나 틀에서 왠지 폭력의 낌새(교훈이나 스승에게서 느껴지는 꼰대 인상)를 느끼는 것 같다.

흥미로운 것은 마루야마가 검도 시합에서 보이는 신체 동작의 틀 또한 이에 포함된다고 본 점이다.

《졸업》에서, 일본 선수권대회에서 우승한 적이 있는 가가는 현경 교통과 소속 아키가와 요시타카 검도 4단으로부터 한 수 지도를 받는데, 그가 전수한 것은 검도의 극의極意, 즉 '힘 빼기'였다. 전력투구로 상대를 몰아붙이지 말고, 힘을 빼서 비축할 때와 그 힘을 쏟아부을 때의 타이밍을 알아야 한다는 것이다. 힘 빼기란 근육의 긴장이 풀어져 망연히 넋을 놓고 있는 상태가

49   위의 책, p176.
50   도쿠가와 시대.

아니라 다음 순간을 위해 집중하는 준비 상태로 그 순간이야말로 검도의 극의가 드러난다는 것이다.

가가 형사의 수사 철학은, 몇 번씩이나 사건과 관계없는 질문 —가지타의 발레 철학이 무엇인가 따위— 을 해대는 그의 수사 방식은, 검도의 극의를 닮지 않았을까? 《신참자》에서 수사 대상에 곧바로 돌진해 들어가지 않고 니혼바시 고덴마초에서 소시민으로 살아가는 이런저런 인간 군상의 삶의 풍경에 한참이나 시선이 머물렀던 것은 가가 형사가 체득한 나름의 '탈력의 극의'가 아니었을까?

동기를 중시하지만 사회파 수준으로 깊이 파헤치지는 않는 가가 형사 시리즈를 고려할 때, '본격 추리소설 → 사회파 추리소설 → 신본격 추리소설'의 역사적 내홍(혹은 발전)을 겪은 일본 추리소설의 도도한 역사적 흐름 속에서 히가시노 게이고는 어떤 평가를 받을까.

마루야마 마사오가 말하는 위에서부터 아래로 하강하는 합리성과 저변으로부터 위로 상승하는 정실관계의 두 힘이 가가의 분열된 얼굴 표정에 나타났던 것과 마찬가지로, 그 두 힘이 일본 추리소설의 역사에서도 '본격파'와 '사회파'의 대립·길항으로 나타난 것은 아닌가 하는 의구심이 든다.

일본 《미스터리 매거진》 2006년 3월호[51]에서 《용의자X의 헌신》이 본격 추리소설인지에 대한 논쟁이 있었다. '본격 추리소

---

[51]   일본어를 모르는 나를 위해 박광규 평론가가 번역해주었다. 그에게 깊은 감사의 마음을
        전한다.

설'을 단서와 복선, 증거를 가지고 논리적으로 수수께끼를 풀어냄으로써 범인을 찾는 추리소설로 정의하는 니카이도 레이토는《용의자 X의 헌신》을 본격이 아니라 '광의의 미스터리'로 본다. 또한 본격 추리소설을 형성하는 요소로서 본격에 대한 사랑과 열의 같은 집필 동기가 중요한데, 히가시노에게는 그 점이 부족하다는 것이다. 반면 가사이 기요시는 니카이도 레이토에 반대해서 난이도가 낮은 초보자 수준의 본격이긴 하지만, 그렇다고 본격이 아니라고 잘라 말할 수는 없다고 반론을 펼친다.

추리소설에 관한 한 정말 대단한 일본이다. 디테일한 차이를 지적하며 펼치는 논쟁을 들여다보고 있자면 한없이 부러운 생각이 들 뿐이다. 그러나 한국 작가의 추리소설 생산량이 상대적으로 크게 부족한 현실에서 일본 추리소설의 세세한 논쟁을 들여다보는 쾌감에 젖는 것은 호사가의 한가한 취미가 될 공산이 크다. 그럼에도 본격파와 사회파의 갈등 및 길항은 일본의 정치·사회·문화를 가늠하는 지표가 될 수 있다는 점에서 주목할 필요가 있다.

'본격'이라는 표현을 처음 쓴 사람은 1923년, 잡지 공모전에 〈진주 탑의 비밀〉이 당선되어 문단에 데뷔한 고가 사부로로 알려져 있다. 탐정소설이 수수께끼 풀이의 재미를 추구한다는 의미로 '본격'이란 단어를 썼다고 한다.

그런데 전전戰前에는 본격이 독자들에게 그다지 인기가 없었던 모양이다. 에도가와 란포조차 〈인간 의자〉 같은 변격에 매달리고 있었다. 그전에도 본격 추리소설이 아주 없었던 것은 아니지만, 앞서 얘기했던 것처럼 전후에야 요코미조 세이시가 본격의 이름(《혼진 살인사건》, 1946)으로 화려하게 등장하게 된다. 이어 1960년대에 반격에 나선 사회파 마쓰모토 세이초, 1987년 아야츠지 유키토는《십각관의 살인》에서 신본격의 이름으로 사회파에 재반격을 가한다.

나에게 있어 추리소설이란 단지 지성적인 놀이의 하나일 뿐이야. 소설이라는 형식을 사용하는 독자 대 명탐정, 독자 대 작가의 자극적인 논리 게임, 그 이상도 그 이하도 아냐. 그러므로 한때 일본을 풍미했던 '사회파'식의 리얼리즘은 고리타분해.

본격이 모더니즘을 대변한다면, 리얼리즘과 모더니즘의 이론 투쟁[52]이 추리소설 내에서 '사회파'와 '본격파'로 편을 갈라 싸움을 못할 것도 없다. 일본 추리소설의 역사는 바로 그 사상적 대립의 역사를 내면화한 장르소설의 역사일 수 있다.

[52] 우리의 경우, 양자의 문학관을 대표한《창작과 비평》과《문학과 지성》의 이론 투쟁에 해당할 것이다. 그렇기에 모더니즘을 지향하던 '문학과지성사'에서 이브 뢰테르의《추리소설》을 발간한 것은 우연한 일로 볼 수 없다. 모더니즘과 추리소설 사이에는 뗄 수 없는 친연성(親緣性)이 있다.

8. 철학적 타자를 탐구하는 정치 공간

: 류성희와 한나 아렌트

✚ **철학적 타자**

타자란 한 공동체 내의 규칙을 따르지 않는 타인(존재)을 일컫는
용어다. 부랑자, 마약쟁이, 보통의 범죄자 등은 이자異者일 뿐이다.
그들은 한 공동체의 일원이지만 사회를 침해하는 일탈로 인해
교화의 대상이 된 것일 뿐이다.
철학적 타자는 교화나 개과천선의 가능성이 아예 없는 존재다.
이쪽의 입장에서 보면 공통의 규칙이 없으므로
그저 낯설고 두려운 존재일 뿐이다.

추리소설을 썼을 뿐만 아니라 자기 작품에 대한 문학 이론을 제출한 유일한 한국 추리작가는 김내성이다. 다소 논란은 있겠지만, 김내성은 한국 추리문학의 시조로 호명되는 인물이다. 나는 김내성의 탐구탐이探究探異[1]에 주목해왔다. 탐구探究는 고전추리소설 — 또는 일본인들이 말하는 본격 추리소설 — 에 붙인 이름이고 탐이探異는 자기만의 주체적[2]인 탐구 주제와 영역을 가리키는 말이다. 전자를 대표하는 작품이 〈타원형 거울〉이고 후자를 대표하는 작품은 〈이단자의 사랑〉이다.

나는 〈이단자의 사랑〉을 읽은 뒤 한동안 찜찜한 뒷맛을 떨치지 못하고 있었는데, 류성희의 〈인간을 해부하다〉를 접하고 나서야 그 까닭을 이해하게 되었다. 〈이단자의 사랑〉은 끔찍한 내용의 소설이다. 삼각관계인 연인을 두고, 두 남자가 그 여인이 죽은 뒤 만나서 자신이 시체를 복숭아나무 밑에 묻어 그 영양가 있는 거름으로 나무가 열매를 맺자 그것을 따먹었다는 둥, 아니 그전에 시체를 파내어 육포로 만들었다는 둥, 몰상식의 엽기 행각이 따로 없는 이야기였다. 그런데 읽는 중에도 읽고 나서도 전혀 공포의 감정이 느껴지지 않았다. 물론 김내성은 공포심을 유발하는 데에 관심이 없었을 수도 있다.

소설 속 두 남자가 대화를 나누는 장소는 둘만이 공유하는 이상한 규칙의 세계로 그곳에서는 상대가 살인을 저질러도 서로 전혀 놀라지 않는다. 오히려 살인 방식이나 수법에서 상대를 이

1   탐구는 김내성이 일본에서 활동할 때 이해한 일반적 추리소설의 양상을 가리키는 이름이고, 탐이는 차별화 속에서 자신이 추구하는 추리소설의 본질을 가리키는 이름이다.
2   물론 김내성이 일본 유학 시절 일본 추리작가들로부터 받은 영향을 지적함으로써 독창성이 떨어진다는 반론이 있을 수는 있다.

기는 데만 신경을 쏟을 뿐 잔혹한 범죄에 대한 반응이 상식인의 그것과 사뭇 달랐다. 나 또한 책을 읽는 동안 그 독특한 세계의 규칙에 전염되어 공포를 느끼지 못하게 된 것이다.

반면, 류성희의 〈인간을 해부하다〉의 주인공은 연인을 사랑하기에 해부하고 싶은 욕망을 가진 인물이다. 자신의 범죄가 백일하에 드러난 후에도 반성이나 뉘우침이 없다는 점에서 진정한 의미의 철학적 타자다.

타자란 공동체의 규칙을 따르지 않는 타인(존재)을 일컫는 용어다. 부랑자, 마약쟁이, 보통의 범죄자 등은 이자異者다. 그들은 한 공동체의 일원이지만 사회를 침해하는 혹은 침해할 가능성이 있는 일탈로 인해 교화의 대상이 된 것일 뿐이다.

철학적 타자는 교화의 가능성도, 개과천선의 가능성도 아예 없는 존재다. 이쪽의 입장에서 보면 공통의 규칙이 없으므로 그저 낯설고 두려운 존재로 보일 뿐이다. 류성희는 바로 이 타자의 세계를 탐험한다. 장편소설 《사건번호 113》도 〈인간을 해부하다〉와 같은 주제를 다룬다. 김내성의 탐이는 철학적 타자로까지 나아가지는 못했다. 류성희를 김내성에 이어서 읽어야 하는 이유가 여기에 있다.

철학적 타자

최근 법무부 산하에 이민청을 세워 노동인구 절벽의 위험에 처한 한국 경제를 살리기 위해 본격적으로 이민을 받아들일 계획을 세운 모양이다. 대략적인 통계에 따르면 우리 경제가 발전을 멈추지 않으려면 매년 40만 명가량의 신생아가 태어나야 하는데, 2021년엔 27만 명 정도에 그쳐 위기의 체감도가 크게 올라갔다는 후문이다.

아직까지는 다문화를 이해하고 받아들이려는 노력으로 충분할지 모르지만, 곧 진정한 타자—한국인의 보편적 정서나 가치와는 다른—가 정치세력으로 떠오를지 모른다. 그전에 이성적 토론의 장에서 활발하게 논의를 이어가지 않으면 나중에 정치적 소모전으로 세상이 시끄럽기만 할 뿐 문제 해결의 실마리를 찾지 못할 가능성이 있으니 염두에 두어야 한다.

이 철학적 타자의 문제에 대한 류성희식 해법은 철학자 칸트가 말한 일종의 '확장된 사유 방식'이다. 이는 타자의 입장을 전제로 한 사유하기이며, 논리적 추론과는 달리 보편타당성을 타자에게 강요하지 않는다는 점에서 취미판단의 영역이고, 획일성의 사회 담론이 아닌 타협을 전제한 정치 담론에 속한다.

민주주의 사회에서는 무조건 자기주장이 옳다고 상대에게 강요할 수 없으니 역지사지로 상대방의 말을 잘 들어볼 필요가 있다. 문제는 상대를 배려하는 이 원리가 내 의견도 옳고 네 의견도 옳다는 상대주의에 빠져들 수 있다는 점이다. 칸트는 이 지적 곤궁에서 빠져나오기 위해 취미판단을 전면에 내세운다. 취미판단이란 미각, 즉 맛의 문제다. 사람의 입맛이 각자 다르기에 어느 집 음식이 제일 맛있는지 의견을 절충하기 어려울 수도 있지만, 우리가 살면서 경험하듯이 그래도 먹어본 사람들이 공통으로 인정하는 맛집이 있다. '확장된 사유 방식'은 '취미판단의 영역에 속한다'라는 말을 이해하기 위해서는 날마다 고객들로 북적이는 맛집을 떠올리면 된다.

사회 담론과 정치 담론의 구별은 한나 아렌트가 칸트의 '확장된 사유 방식'을 자기식으로 이해하면서 발전시킨 이론적 구축물에 해당한다. 사회 담론은 근대의 산물로 결코 양보할 수 없는 경제적 이해관계의 다툼이 이 개념에 본질적으로 포함돼 있는데, 타협의 여지가 없이 자기주장에 상대가 굴복할 때까지 논리적으로 밀어붙이는 대화 방식과 토론을 가리킨다. 반면, 정치 담론은 경제적 여유가 있는 귀족(생활에 필요한 노동을 노예에게 맡길 수 있는) 간의 대화이기에 경제적 손해를 감수하거나 양보하는, 따라서 논리적으로 상대의 의견을 굴복시키는 데 혈안이 된 '획일성' 담론일 필요가 없다.

류성희 작가의 일부 추리소설은 '추리소설에 관한 추리소설'인 메타-추리소설이다. 이런 유의 추리소설을 쓸 때 류성희의 집필 의도는 정치 담론과 무관하지 않아 보인다. 한나 아렌트의 역사 분석에 따르면, 근대란 획일성을 욕구하는 사회 담론이 타협의 여지를 두는 정치 담론을 밀어내는 시기였다는 것이다.

탐정의 추론은 획일성 담론(사회 담론)의 한 예시일 수 있다. 류성희는 일방적 강요로 밀어붙이는 사회 담론을 뛰어넘어 정치 담론 속에서 추리소설을 파악한다. 그녀의 추리소설을 읽고 나면 추리소설이 무엇인지 한 번 더 깊이 생각할 수밖에 없는 이유가 여기에 있다.

한 작가에 대한 이해도를 높여가면 작가 고유의 사유 구조가 방사放射하는 특정한 이미지가 떠오르기 마련이다. 이것은 작가가 진정 작가라 불릴 수 있는 필요조건일 것이다. 그리하여 작가는 관점이라고도 말할 수 있는 자신의 사유 구조를 통해 개성을 표출하기 마련인데, 이 개성은 장르적인 특성과 결합하면서 성공적일 수도, 보잘것없는 것이 될 수도 있다.

류성희를 깊게 읽으면서 '정치적인 것', 좀 더 정확히 말해 '정치적인 것이 가능하기 위한 조건'을 보게 된 것은 뜻밖이었다. 적어도 〈코카인을 찾아라〉, 〈추리작가 vs 추리작가〉, 〈첫 섹스에 관한 보고서〉 같은 제목에서 정치적인 것을 떠올리기란 거의 불가능해 보인다. 표면적으로는 〈체 게바라여 영원하라〉가 가장 정치적인 함의를 갖는 제목일 테지만, 내가 '정치적인 것'으로 의미하는 바는 현상으로서의 정치의식이 아니라 정치적인 것이 가능한 장場으로서의 정치의식이다.

추리문법을 거부하고 정치 공간을 발생케 한다

현상으로서의 정치 담론에 휩쓸릴 경우, 나는 체 게바라와 광주민주화항쟁을 염두에 두면서 소시민 주인공의 입을 통한 다음과 같은 발언에 주목할 것이다.

난 단 한순간도 혁명가로서의 삶을 꿈꾸어본 적이 없다. 내게 있어 혁명가란, 타인을 위해 자신을 희생하는 비이성적인 사람이다. (…) 하지만 어쩌겠는가? (…) 그런 백일몽 같은 꿈을 꾸는 자들이 이 세상을 바꾸어온 것을.

이 구절을 읽고 나서 류성희가 체 게바라의 열렬한 팬이고 광주 출신이라는 것, 1962년생으로서 정서적으로 가장 민감한 시기에 광주 민주화항쟁을 겪었다는 사실을 덧보태 그녀의 정치의식 수준에 대해 왈가왈부할 수 있을 것이다. 그러나 추리작가로서 류성희를 평가할 때 그것은 지엽말단적일 수밖에 없는데, 그 이유는 그녀가 '정치적인 것이 가능한 조건'을 위해 추리소설의 문법을 거부하고 있다는 의구심을 떨칠 수 없기 때문이다. 현상으로서의 정치의식은 추리문법의 거부와는 무관한 탓에 추리문학에 대한 류성희의 일관된 의식을 보여주는 돌쩌귀가 될 수 없다.

수수께끼(살인사건)에 대한 풀이 과정으로서의 추리 혹은 추론. 타의 추종을 불허하는 위대한 탐정의 추리능력. 여기에 필연성과 개연성을 벗어난 우연이 사건에 개입되었다고 말하지 말 것, 그리고 반전으로 대변되는 아리스토텔레스의 형식미학이 덧붙으면 추리문법이라고 불릴 만한 것이 생겨난다.

역사적으로 이것이 약화하면서 추리문학을 협소하게 정의하려는 시도는 늘 개념적 혼란에 부딪쳐왔다. 반대로 추리문학을 범죄소설crime novel로 확장·이해하면 개념적 혼란이 줄어드는 반면, 추리문학의 장르적 특성이 손상되지 않을까 하는 불안감을 떨칠 수 없게 된다.

이런 논란이 한담일 수 없는 것은 때로 개념 정의가 한 작가의 평가에 결정적 영향을 미칠 수 있기 때문이다. 가령 《피아노 살인》을 형이상학적 추리소설로 보느냐 반추리소설로 보느냐[3]에 따라 김성종에 대한 평가는 근본적으로 달라질 수 있다. 류성희와 관련해서도 이런 점은 핵심 사안으로 부각된다.

추리문법의 거부에서 '거부'라는 표현은 적절해 보이지 않는다. 그런데도 내가 이 단어를 선택한 까닭은 텍스트 안에서의 그리고 텍스트 밖에서의 류성희의 태도를 드러내고자 하기 때문이다.

류성희는 자신의 첫 추리단편집《나는 사랑을 죽였다》를 출간하면서 초창기 단편인 〈캥거루 인형의 비밀〉과 〈하여가 사건〉을 제외했다. 이 두 작품이야말로 흔히 말하는 추리문법이 강하게 반영된 작품들이다. 추리작가로 표방되는 작가가 두 작품을 거부했다는 사실 자체가 '류성희적인 특징'이다.

반대로 류성희는 〈당신은 무죄〉를 스스로 만족스럽게 평가한 적이 있었는데, 당혹스럽게도 이 작품에는 추리문법이라 할 만한 것이 죄다 빠져 있다. 추리문학의 꽃이라 일컫는 반전은 말할 것도 없거니와 최초의 단서 발견에서 출발해 사건을 해결하는 추리 과정이라고 여길 만한 것이 빈약했다. 기껏해야 범죄와 범죄를 둘러싼 두 여자의 입장과 용서(?)가 있을 뿐이다.

나는 반전과 추리 과정의 역할이 절대적이라고 말하려는 것이 아니다. 앞서 지적했던 것처럼 범죄소설을 적용하면 류성희의 태도와 입장이 전혀 문제시될 것이 없다. 그럼에도 뭔가 미진한 점이 남은 느낌이 드는 것은 왜일까?

---

3   형이상학적 추리소설, 반추리소설, 분석적 추리소설에 대해 개념 논쟁이 있었다는 점만 밝혀둔다.

사회적인 것이 정치적인 것을 압도하면 전체주의가 싹튼다

류성희는 추리문법을 거부함으로써 '정치적인 것'이 가능한 장으로서의 정치 공간을 발생케 한다.

한나 아렌트에 따르면 고대 그리스에서는 사적인 영역과 정치적(공적) 영역을, 둘 사이에 심연이 가로놓여 있다고 표현해도 좋을 만큼 엄격히 구분했다고 한다. 사적 영역은 가장의 주도 아래 가족 구성원의 생존을 위해 생산된 재화를 소비하는 공간이다. 그곳은 생존의 필요가 절대적인 만큼 필연성이 지배하는 세계다. 먹지 않고 살아갈 수 있는 사람은 없을 테니까.

반면 인간이 정치적 동물zôon politikon이라는 것은, 그리스적 가치관에 비추어 볼 때 정치영역에서만이 인간이 생존과 종족 보존이라는 필연성에서 벗어나 자유롭게 자신의 개성과 탁월함을 세상에 드러낼 수 있게 된다는 것이다. 폴리스의 구성원에게 노예가 필요한 것은 생활의 구속에서 벗어나서 독립적인 '정치적 판단'을 하기 위해서다.

아렌트는 양자의 엄격한 구분이 '사회적인 것'이 등장하면서 모호해졌을 뿐만 아니라, 사회 담론이란 본래 사적 영역(가정)이 정치영역에 침투함으로써 생겨난 현상이므로 사적 영역의 필연성을 닮아 대화나 설득보다는 타인의 동의를 강압적으로 끌어내려는 방식—논리적 논증을 통한 증명, 인간의 이성에 바탕을 두고 보편적 도덕법칙을 수립하려는 태도 등—에 의존[4]하게 된다는 것이다.

아렌트는 다시 '사회적인 것과 정치적인 것'을 구분하면서

전자가 후자를 압도할 때 전체주의 같은 획일성을 요구하는 사상이 인류를 지배하게 되고 그로 인해 다양성의 상실, 즉 정치 영역이 협소해짐으로 인해 인류가 위기에 처할 수도 있다고 말한다.

아렌트의 분석이 흥미로운 것은 그녀의 이론이 애거사 크리스티 류의 추리소설을 정치-경제사적으로 설명하는 하나의 방식을 제공할 수 있다고 보기 때문이다. 인간의 생존에 절대적으로 필요한 소유(재산, property)가 재화의 축적으로 인해 부 wealth의 수준 — 혼자서는 죽을 때까지 다 쓰지 못해 남아도는 재산을 후손에게 물려줄 수 있을 정도의 재력 — 에 이르러서 정치적 보호를 요청하게 될 때, 즉 사적 필요가 정치적 장으로 침투할 때 사회 담론이 발생하며 그 문화적 대응점이 추리문학일 수 있다는 것이다. 추리문학이 정치-경제적 관점에서 부르주아 문학이라는 것은 이런 의미일 것이다.

애거사 크리스티의 추리소설에서 탐정의 추론이 완성된 뒤 유산이 누구에게 돌아가느냐에 관심을 갖는 것도 이런 맥락에서다. 더욱 중요한 점은 탐정의 추론은 그 본성상 사회 담론으로서 결코 예외를 허용하지 않는 획일성[5]을 띤다는 것이다.

이와 달리 류성희의 추리소설의 핵심적 특징은 사회 담론으로서의 획일성을 거부한다는 데 있다. 삶의 비애를 아름답게 승화시킨 〈사쿠라 이야기〉는 이런 문장과 함께 결론으로 향한다.

---

4   김선욱, 《정치와 진리》, 책세상, p51.
5   사회 담론의 획일성이란 추리문학의 입장에서 볼 때 추론의 확실성이다.

봉우리 진 사쿠라, 끝내 봄볕을 맞지 못했네.

우리는 류성희식 감성에 빠져들어 소설의 논리적 근거를 놓치는 우를 범하지 말아야 한다. 이 작품에서 중요한 것은 센티멘털한 감성의 표현 능력이 아니라 진정으로 감동이 생산되는 지점이 어디냐는 것이다.

나는 사쿠라 상이 내게 남긴 집과 정원을 팔았다. 한 푼 손대지 않고 한국에 있는 위안부의 집으로 보냈다.

가난한 유학생(생존의 필연성, 기껏해야 확장된 생존) 신분에서 부자(사쿠라 상으로부터 받은 유산)가 되고 바로 그 순간(생존의 필연성에서 벗어나 세상을 제대로 바라볼 수 있게 된 순간) 자신의 생존을 위해서가 아니라 공익을 위해 전 재산을 헌납한다. 이것은 고대 그리스인들이 말한 생존의 필연성에 얽매이지 않은 폴리스 구성원들의 탁월한 행위이자 공적 행위, 곧 정치적 행위다. 따라서 그 후 "가차 없이 한국으로 돌아왔다. 한 인간의 생애가 이토록 처절하고 슬프고 명징한데 (…) 문학이 무슨 대수란 말인가"라는 독백에서 느껴지는 따뜻한 인간적인 시선은 정치적 행위의 감성적 잔여물로 보아도 무방할 것이다.

그런데 아직 뭔가 석연찮은 구석에 대해 묻고 싶어진다. 누구나 생존의 필연성에서 벗어나기만 하면 그런 탁월한 정치적 행위를 할 수 있는 것일까?

류성희의 대답은 〈당신은 무죄〉 끝부분에서 신연선이 남편

— 남편 장진수는 결혼한 옛 애인 장혜란에게 수시로 음란하거나 변태적인 전화를 걸어 괴롭혔다 — 을 죽인 장혜란을 용서하기 전 스스로에게 묻는 물음에 드러나 있다.

나라면 어떻게 했을까?

이어 신연선은 장혜란의 입장이 되어 상상한다.

시도 때도 없이 걸려오는 전화. 거칠고 끈적끈적한 목소리. 한 손으론 수화기를 들고, 다른 손으론 어쩌면 마스터베이션을 하고 있을지도?

그러고 나서 자신도 그런 상황에 처했다면 그를 죽일 수밖에 없었을 것이라는 결론을 내린다.

아아, 생각만 해도 머리카락이 곤두섰다. 나라도 역시 그녀처럼 (…)

'나라면 어떻게 했을까?'라는 신연선의 자문은 칸트의 〈확장된 사유 방식〉으로 이해하는 것이 적절하다. 확장된 사유 방식이란 다른 사람의 입장에서 사유하기 — 우리에게는 역지사지라는 표현에 해당할 터인데 역지사지란 상대의 처지에서 생각하는 것일 뿐 사思 자체를 탐구하지는 않으므로 칸트의 관념을 빌려왔다 — 이며, 논리적 추론과는 달리 보편타당성을 강요하지 않는다는 점에서 개인적 판단의 영역일 뿐만 아니라 타인과 공통분모의 세계 공유하기가 이뤄질 수 있는 활동이라는 점에서 정치영역[6]에 속하기도 한다.

타자 지향적인 취미판단

아렌트는 1787년까지 취미판단Critique of Taste으로 불렸던《판단력 비판》을 새롭게 해석하면서 사회 구성원들이 자신의 이익만을 추구하지 않고, 불편부당한 공익에 이르기 위해서는 ―즉 공동체의 이익을 위한 '정치적 판단'을 하기 위해서는― 타인의 관점을 고려하는 것, 즉 확장된 사유가 필요하다고 강조한다. 그런데 불편부당함을 획득하기 위한 논리가 어떤 것인지 알기 위해서는 칸트의 미학 이론을 살펴볼 필요가 있다.

취미란 일종의 미각taste이다. 미각이란 시각, 촉각, 청각과 달리 대상 연관적이지 않다는 점 ―추억 속에서 대상을 소환할 수 없다는 점 ―에서 후각과 상통한다.

당신은 장미의 향기나 어떤 음식의 맛은 나중에 다시 경험할 때 그 것을 알아차릴 수 있지만, 장미나 음식이 존재하지 않는 가운데서 다시금 현재화시킬 수는 없다. 한편 당신이 보았던 광경이나 들었던 멜로디는 지금 현존하지 않더라도 현재화시킬 수 있다. 다른 말로 하면

---

6   한나 아렌트, 김선욱 옮김,《칸트 정치철학 강의》, 푸른숲, p184.

미각과 후각은 재현할 수 없다.[7]

미각과 후각은 즉각적일 뿐만 아니라 어떤 사고나 반성을 통해 매개되지 않기에 주관적이다. 당연히 가장 사적 감각이랄 수 있는 미각과 후각에 대해서는 옳고 그름에 대해 논쟁할 수 없게 된다.

그런데 바로 이 주관적인 감각들 가운데 있는 비주관적인 요소인 상호주관성[8]을 발견한 데에 칸트의 탁월함이 있다. 다시 말해 취미판단은 타인의 고유한 취미를 반성하는 가운데 내린다는 점에서 타자 지향적이며, 따라서 자신만을 위한 판단이 아니라 공동체 구성원으로서의 가치를 지향하는 판단이라는 것이다.

류성희의 〈용병, K〉를 읽은 독자라면 내가 왜 칸트의 미학 이론을 짧게나마 설명하려 했는지 눈치챘을 것이다. 걸프전에서 돌아온 뒤 후각을 잃은 주인공은 다음과 같이 독백한다.

냄새가 없는 세상은 너무나 조용하다. 원래 냄새가 소리를 내는 것도 아닌데 말이다. 그것이 사라져버린 세상은 흑백영화처럼 너무나 단조롭고 막막하다. (⋯) 그 어떤 음식도 맛을 구별해낼 수 없고, 심지어는 섹스조차도 무감각해져버렸다. 난, 사방이 꽉 막힌 벽에 갇혀버린 것이다. 반쯤 미친 것도 무리는 아니다.

7   《칸트 정치철학 강의》, p129.
8   전후 논리가 더 납득되기 위해서는 사적 감각에서 상호주관성이 어떻게 도출되는지에 대해 상론해야 할 것 같은데 칸트 철학에 해당하는 부분이므로 생략한다.

여기서 후각을 미각에 연결하는 것도 흥미롭지만 나는 냄새를 잃은 상태란 타인과 관계가 불가능해지면서 사회성을 잃은 상태(섹스 불능, 사방이 꽉 막힌 벽에 갇히는 것, 반쯤 미친 것)와 다르지 않다는 표현에 주목하고자 한다. 주인공은 다시 이라크전 참전을 앞두고 후미진 뒷골목에서 술을 마시는데, 우연찮게 어떤 여자와 합석하면서 상대에게서 나는 젖은 풀잎 같은 비릿한 바다 냄새를 맡게 된다.

회복된 후각은 제한적이었는데, 왜냐하면 원래 주인공은 특별한 후각의 소유자였기 때문이다. 주인공이 낯선 여인에게서 맡은 바다 냄새는 실제의 냄새가 아니라 그녀가 살아오면서 절로 몸에 밴 과거의 냄새다. 그런데 이 특수한 능력을 노리는 정체불명의 집단이 있어 주인공은 곧 납치되어 감금당한다. 주인공은 자신의 처지를 또 다른 벽에 갇힌 것으로 묘사한다.

뭔가 저 문밖에 내가 감당하기 힘든 거대한 힘이 기다리고 있구나. 나는 또 다른 벽에 갇혔구나.

그러나 이 벽은 앞서 말한 '사방이 꽉 막힌 벽'과는 차원이 다르다. 이 벽은 당장에 신체를 구속하는 감옥일 뿐 정신을 옥죄는 감옥은 아니다. 주인공이 과거의 냄새를 맡는 능력을 이 '정체불명의 집단'의 요구대로 사용만 한다면 사회성[9]은 회복될 수 있다.

자넨 앞으로 확실한 신분과 생활을 보장받을 수 있네. (…) 불편할

건 아무것도 없어. 단, 한 가지만 잊지 않으면 돼. 이 일은 하고 싶지 않아도 해야만 한다는 것. 그것 한 가지만.

특수한 냄새를 맡는 능력을 사용하기를 거부한다면 주인공은 정체 모를 집단에게 감금당한 채 평생을 비좁은 공간 속에서 살아가야 할지 모른다. 반대로 특수한 냄새를 맡는 능력을 그들의 요구대로 특별한 군사적 목적에 사용하기만 한다면 그에겐 새로운 인생이 보장된다. 주인공은 결국 상대의 제안을 받아들인다.

용병 K. 이제부터 나는 '용병 K'로 살아갈 것이다. 나쁘지 않다.

나쁘지 않다는 주인공의 마지막 말이 정치적 타협의 멜로디처럼 들리는 것은 억지 주장일까? 칸트의 주장대로 냄새를 맡는 것이 이미 상호주관성을 전제하는 것이라면, 주인공은 사회성을 회복하기 위해서라도 후각을 반드시 사용해야만 한다. 감금되었을망정 주인공의 선택이 자발적으로 느껴지는 것은 이런 이유에서일 것이다.

---

9   아렌트적 용법이 아니라 흔히 쓰는 일반적 용법이다.

정치 공간은 진리가 지배하는 영역이 아니다

정치 공간, 그것이 가능하기 위한 필요충분조건, 휴머니즘, 정치적 타협. 나는 류성희의 몇몇 작품들에서 이러한 개념이 어떻게 작동하는지 살펴보았다.

우리 정치 공간 내에서 갈등을 줄이고 관용을 베푼다면 정치적 타협은 쉬 이뤄질 수 있을 것이다. 그러나 알다시피 현실이 어디 그리 녹록한가? 우리는 같은 질문을 류성희의 소설 속 등장인물을 겨냥해 던질 수 있다. 한 인물이 도저히 타협 불가능한 생각을 하고 용납할 수 없는 삶을 산다면, 그는 어떻게 다뤄야 하는 것일까?

이 질문은 더 중요한 질문, 정치 담론이 불가능할 때, 즉 타인과의 타협이 불가능한 등장인물이 소설 속 사회에 존재할 때 류성희는 정치 담론을 버리고 사회 담론으로 돌아가는가와 연관된다. 만일 정치 담론에서 사회 담론으로 쉽게 돌아간다면 애초에 내가 가정했던 것, 추리문법의 거부라는 전제가 무너지기 때문이다. 〈인간을 해부하다〉의 주인공이 바로 그런 인물이다. 사회성이 결여된 법의학자 주인공(나)은 애인인 은우에 의해 이렇게 규정된다.

이 나무는 다른 나무와 접목이 되지 않아요. 마치 당신처럼. 당신도 다른 사람과 접목이 되지 않은 종류의 인간이잖아요.

이에 대한 주인공의 반응은 은우를 달래고 비위를 맞추려 하기는커녕 자신만의 삶의 방식이 조금이라도 훼손당할까 봐 서둘러 그녀를 죽여 해부하기로 결심하는 것이었다. 범죄 기도가 실패로 끝난 뒤, 형사의 거센 비난에 직면했을 때조차 그는 반성이나 뉘우침의 기미 없이 이렇게 생각한다.

나는 한 번도 은우를 해부하는 것이 범죄를 저지르는 일이라고 생각해본 적이 없다. 난 그저 그녀를 좀 더 알고 싶었을 뿐이다. (…) 그녀를 내 식대로 최대한 사랑하고 싶었을 뿐이다. (…) 사람은 누구나 좋아하는 음식이 다르듯, 사랑하는 방식도 다를 뿐이다. 그 점에 대해 그 누구도 나를 비난할 수는 없다.

이것은 감당하기 어려운 끔찍한 이상심리다. 이러한 내면의 묘사나 탐구에 근거해 류성희는 자신의 소설이 심리소설로 불리길 원하는 것 같다. 류성희 작가는 자신의 소설이 지향하는 바를 이렇게 말하고 있다.

생의 이면, 인간의 이중성, 내면에 숨겨져 있는 본질, 극단적인 분노 혹은 슬픔, 나도 모르고 있었던 나, 이 모든 아찔한 경계선에 서 있는 인간에 대한 오마주.[10]

의식과 연일 투쟁하느라 '바쁜 무의식'을 떠올리게 하는, 이와 유관한 서술들이 그녀의 작품 곳곳에 흩어져 있다. 대표적

10   한국추리작가협회, 《2005 오늘의 추리소설》, 산다슬, p75.

으로 "녀석이 모르는 다른 하나는 '평범한 나'가 '평범하지 않은 나'를 잊기 위함이다"(《봉선화 요원 & 384요원》) 같은 구절이 있다. 이런 분위기와 흐름 속에서 '심리소설'이라는 자기규정이 문제될 것은 없다. 그러나 이 자기규정이 류성희 작가의 개성을 드러내는 데 적합한 것일까?

류성희의 개성 혹은 사유 구조는 심리 표현 자체에 있지 않다. 핵심은 이런 것이다. 앞서 인용한 문장에서 "사랑하는 방식도 다를 뿐이다"(A)까지가 심리적 독백이라면 "그 점에 대해 그 누구도 나를 비난할 수 없다"(B)는 대타적對他的 주장이다.

류성희만의 고유한 색깔은 A에서가 아니라 B에서 드러난다. 다시 말해 A에 이른 주인공의 의식이 자동으로 B라는 논리적 귀결을 만나는 것이 아니다. 여러 갈림길 중에 하필 B를 선택함으로써 류성희다운 이미지가 생성되는 것이다. 이 점은 〈반가운 살인자〉에서 연쇄살인범이 주인공의 시선에 노출되었을 때 서미애 작가가 묘사한 대목과 비교하면 더욱 분명해진다.

그(연쇄살인범)의 얼굴은 당혹감과 수치심, 어찌할 수 없는 공포감마저 스며든 것처럼 보였다. (C)

류성희(혹은 소설 속 등장인물)는 A에서 B로도 C로도 갈 수 있었다. 이것은 선택의 문제다. 연쇄살인범의 잔혹한 행위에도 불구하고 도덕적 가치가 훼손되지 않는다는 점에서(연쇄살인범도 양심은 있다. 그의 얼굴에 드러난 수치심을 보라) C가 획일성이 요구되는 사회 담론이라면 B의 길은 정치 담론이다. 정치 담론의 근간은 타인의 생각을 인정하지 않고 갈등에 머물거나 타인을 인정하는 타협의 선택지에 있는 것이지 보편타당한 윤리나 진리 앞에 고개를 숙이는 것이 아니다.

이것은 이상심리를 가진 주인공이 "누구나 좋아하는 음식이 다르듯…"이라고 하는 주장에서도 알 수 있다. 동시에 이것은 타인에게 침해되지 않는 자기 고유의 영역을 확보하려는 주장이지만 결국 칸트가 말한 취미판단의 상호주관성에 포섭되고 만다. 따라서 주인공은 용납될 수 없는 행위를 하고 난 뒤에도 (비록 실패로 끝났지만) 개과천선이라는 사회 담론과 마주치지 않고 그저 권태로울 뿐이라는 독백에 빠져드는 것이다.

인간을 해부할 수 없다면 나는 이제 날마다 무엇을 해야 하나?

류성희가 그려내는 인물들은 확실히 사회적 질서에 포섭되지 않는다. 통상의 표준적인 추리문학이 탐정의 추론이 완성된 후 사회 질서의 회복을 도모하고자 한다면 류성희의 소설들은 거기서 멀리 떨어져 있는 한 축을 담당하는 듯이 보인다.

정치 공간은 진리가 지배하는 영역이 아니다. 보편타당한 도덕적 가치가 압도하는 곳도 아니다. 이와 달리 사회 담론을 닮은 탐정의 추론은 진리가치를 요구하고 보편타당성을 띤다는 점에서 류성희의 의식과 일정 부분 불협화음을 일으킨다.

진리를 거부하는 행위, 보편타당성을 거부하는 행위, 사회 담론을 거부하는 행위가 그 결과로 탐정(혹은 탐정 역할을 하는 인물)의 추론을 믿을 수 없는 것으로 만든다는 점에서 류성희의 추리문학 관觀 일단을 엿볼 수 있는데, 작가가 포스트모던한 추리소설을 쓸 수밖에 없었던 이유는 이런 근원적 사유 구조의 반영으로 보아야 한다. 이제 낡은 단어가 된 '포스트모던'을 새삼 장황하게 논의할 필요를 느끼진 않는다. 류성희의 얘기를 들어보자.

추리소설을 포스트모더니즘적으로 쓴다는 것은 역시 무리였을까. 하지만 난 '추리소설' 하면 먼저 떠오르는 것을 깨부수고 싶었다. 교묘하고 지능적인 살인, 그것의 허점을 파헤치는 형사…. (《추리작가 vs 추리작가》

류성희가 이런 의식을 앞세워 쓴 작품이 〈살인미학〉이다. 이 작품의 내용은 우연한 선택이 필연에 종속된다는 스피노자[11]적인 인식에 기반하고 있다. 이것은 〈추리작가 vs 추리작가〉의 최종 문구에서도 확인된다.

우연의 일치가 허용되지 않는 추리소설보다, 우연의 일치는 예외가 아닌 필연인 이 현실이 추리소설보다 더 재미있지 않은가.

이 인용문은 추리문학에서는 이야기를 전개해나가는 데 '필연성과 개연성'이 있어야 한다는 형식미학을 정면으로 부정하는 듯한 구절인데, 우연의 도입이 우연으로 끝나는 것이 아니라

---

11   스피노자에 따르면 중력에 의해 떨어지는 돌멩이도 — 돌멩이가 말할 수 있는 존재라면 — '스스로 원해서 자유롭게 떨어지고 있다'고 대답하리라는 것이다.

스피노자적인 필연성으로 귀속된다는 점에서 양상은 그리 간단하지 않다.

한데 〈살인미학〉이 흥미로운 것은 신문 광고를 보고 전화를 걸어 여자가 나오면(우연적 요소) 재수가 좋아 일을 추진하는 전문킬러[12]의 징크스 따위에 있는 것이 아니라, 일반적인 추리소설로 쓴 것이 프롤로그에 의해 그 지위가 포스트모던한 추리소설로 변형된다는 점이다. 다시 말해 프롤로그를 빼면 이 작품은 일반적인 추리소설과 크게 다를 바가 없다.

프롤로그에 등장하는 '안토니오 신부의 입장'에서 보면 이 소설은 원래 소설이 아니다. 원래는 신부님에게 쓴 편지였다. 게다가 흔히 볼 수 있는 편지가 아니라 '고해성사'를 하듯 쓴 편지라 '고해성사는 어떠한 경우에도 절대로 누설해서는 안 된다'는 원칙에 충실한 안토니오 신부는 상급자인 미켈 신부에게 보고할 수도 세상에 공개할 수도 없는 처지에 놓이게 된다. 그래서 안토니오 신부가 택한 방법은 이 편지를 고해성사가 아니라 한 편의 소설로 만들어 순서 없이 쓴 글을 편집하고 '살인미학'이라는 그럴듯한 제목을 달아 세상에 공개하는 것이었다.

그러나 자의적인 이 행위는 편지를 쓴 자의 목적(안토니오 신부의 자문자답: 이 편지를 보낸 이유는 무엇일까? 그렇다. 진실을 밝히고 싶었을 거다)에 위배된다. 즉 안토니오 신부의 관점에서 편집되고 제목이 붙여진 소설에서는 감옥에 갇힌 채 종이가 모자라 여기저기 깨알처럼 작은 글씨로 편지를 쓰는 자의 절망, 분노, 두

12   그러나 돈을 받고 하는 일이 아니라는 점에서 '동기 없는 살인'을 지향한다. 이 또한 포스트모던한 것의 특징이다.

려움, 기대 같은 맥락이 제거될 수밖에 없다.

이런 맥락을 떠난 편지는 감동을 전달하지 못한다. 마찬가지로 '이미 형장의 이슬로 사라져버렸을 우울한 한 남자의 이야기'는 맥락이 제거되는 순간 진실 또한 씻겨 나간다. 따라서 우리에겐 진실에 대한 접근이 허용되지 않는다. 그러나 사실 포스트모더니즘은 여기서 한 발 더 나아간다. 안토니오 신부가 '고해성사는 누설하지 않는다'는 원칙에 얽매이지 않고 미겔 신부에게 편지 내용을 보고하거나 세상에 원문대로 가감 없이 공개했다면 진실은 밝혀지는 것일까?

'예속적이 아닌 것은 고백할 수 없다'는 바타유의 말은 시사하는 바가 크다. 고백하기 위해서는 이미 고백하기도 전에 고백하는 사람에 의해 예속적인 방식으로 진실이 구성되므로 고백을 하더라도 진실은 알 수 없게 된다는 것이다.

류성희는 본능적으로 이 논리를 알고 있었던 듯하다. 〈첫 섹스에 관한 보고서〉는 이런 방식이 아니라면 ─ 일반소설이 아니라 추리소설이라는 옷을 입고 있는 한 ─ 그 어떤 긍정적인 의미도 끌어낼 수 없는 작품이다. 그러나 역설적으로 최미연의 알 수 없는 행위 속에는 '추리문법의 거부'가 그 어느 작품에서보다 여실히 드러나 있다. 애초에 살인사건도 없고 동기도 없는.

표준적인 추리문학 독자의 입장에서 보면 허망하기 짝이 없는데, 이것을 작품의 실패로 봐야 하는지 류성희 작가 의식의 한 단면으로 봐야 하는지는 논란의 여지가 있을 수 있다.

폴 오스터의 《뉴욕 삼부작》은 추리문학에 관한 뛰어난 메타

담론이다. 류성희도 이런 방식으로만 의미 있게 읽히는 것일까? 류성희는 왜 내재적 담론에 만족하지 않고 메타담론으로 나아가는 것일까? 이것이 여정旅程의 은유로 표현될 수 있는 성질의 것이라면, 그 여정에서 류성희가 보여주고자 했던 것은 아래 표로 설명할 수 있다.

남성성(좌)	여성성(우)
필연	우연
(통상적 표준적) 추리소설	포스트모던한 추리소설
운명	어떤 충동의 모험
짐으로서의 낙타 혹	영양분으로서의 낙타 혹
흑백(추상)	컬러(감각)
사회 담론	정치 담론(추리소설의 메타담론)

좌에서 우로의 여정은 수사의 모호함을 빌려 표현하면, '여행을 가겠다고 결심하기'(《사쿠라 이야기》), '낙타를 타고 가는 사막여행 중에 생겨난 고향 상실감'(《첫 섹스에 관한 보고서》), '같은 방향의 여행자와의 동행'(《당신은 무죄》), '여행기'(《살인미학》), '여행의 포기'(《벽장 속에서 나오기》),[13] '중도에서 여행은 끝났다고 선언하기'(《용병, K》), '여행 중에 길을 잃고 헤매기'(《인간을 해부하다》), '여행 중에 여성의 육감으로 오아시스 찾기'(《코카인을 찾아라》), '여행지에서 꾼 꿈'(《체 게바라여 영원하라》), '여행지에

---

13   납골당 장면에서 김승주가 하나뿐인 꽃을 들고 홍자홍(구체성=정치 담론을 상징)을 만나기에 앞서 백현재(추상성=사회 담론을 상징)를 찾아간 것은, 적어도 이 순간만큼은 류성희가 사회 담론에 굴복하는 듯이 보인다.

서 느낀 고향의 추억'(《추리작가 vs 추리작가》) 등으로 나열할 수 있을 것이다.

류성희의 확신은 그녀가 사막을 건너기 위해 낙타를 타고 여행을 떠났다는 점에 있다. 작품은 여행을 떠나기 전에 썼을 수도 있고 여행 중에 그리고 여행이 끝난 시점에 썼을 수도 있다.

쓰는 장소에 따라 "사람 일이란 게 항상 우연 같은 필연이 숨어 있어서…"라는 인식뿐만이 아니라 "인생이 살아볼 만한 것은 필연 같은 우연이 있어서이겠고…"라는 인식, 그리고 "만약 물품 보관소 문을 열었던 그때 그 대학생이 옆을 지나가지 않았더라면… 예리한 눈을 가지지만 않았더라면… 그의 신고가 없었다면…"으로 표현되는 우연의 회집會集 같은 인식이 펼쳐진다.

그녀의 작품이 대립되고 분열하는 정치 담론의 그것처럼 다양한 탓에 내가 일이관지一以貫之의 개념으로 제시한 정치 공간에 의해 포섭되지 않는다면 그것은 내 해석 틀의 무덤을 보여주는 것이라기보다는 류성희의 글쓰기가 자신의 정치 담론을 닮아 있다는 증거일 것이다. 다양성이 생명인 정치 담론을 내세우는 추리작가가 한결같은 테마로 글을 쓸 수는 없을 터이기에.

우정에 의존함으로써 가능한 사유 방식

풀리지 않는 수수께끼 —소설 공간 내에서 작가가 해답을 내놓지 않는 수수께끼. 해결되지 못한 혹은 해결될 수 없는 살인사건을 제시하는 것 — 는 수수께끼인가?

이 물음에 따라 추리작가를 몇 가지 유형으로 분류할 수 있다. 가령, 클래식한 추리작가는 풀릴 수 있거나 의혹이 파헤쳐질 수 있는 사건만을 취급할 것이다. 그래야 탐정과 독자가 경합하는 상황을 염두에 두고 이야기를 전개할 테니까. 여기서 탐정은 작가가 조종하는 줄에 매달린 인형일 수 있지만, 탐정의 입장에 한정한다면 그는 자신에게 주어진 단서만을 가지고 살인사건의 진상을 파악하려고 고군분투할 것이다.

이 단순한 논리 속에 서양 철학사의 변곡점이 담겨 있는 것은 무척이나 흥미롭다. '수수께끼 풀이를 가진 추리작가'에서 '인형의 역할 줄을 끊은 탐정'으로 사상사의 물줄기가 바뀌어야 한다고 생각한 철학자는 들뢰즈다. 이것은 추리작가들이 깨닫지 못한 부분을 사상가들이 선취하면서 추리문학이 얼결[14]에 인류 지성사에 공헌한 부분인데, 포스트모더니즘과 관련 있는 뛰어난 작가들이 추리문학을 직간접적으로 이용한 것과 무관하지 않다. 들뢰즈에 따르면 탐정은 기호학자다. 그런 점에서 탐정은 전지전능한 작가와는 달리 '비자발적인 지성'을 사용하는 사람이다.

기존의 철학은 추리작가의 입장처럼 모든 탐구(찾기)를 '미리 생각된 결정' 위에 근거 지음으로써 어떤 질서에 따라 관념들을 발견하고 조직한다. 그런데 들뢰즈가 해석한 프루스트에

---

[14]　다른 문화 영역 간에 공명하는 유사한 흐름이 있었다는 표현이 더 적합할 수도 있다. 추리문학사의 큰 흐름(클래식 → 하드보일드 → 형이상학적 추리소설)은 철학자 비트겐슈타인의 전기·후기철학의 변화(《논리철학논고》에서 《철학적 탐구》로의 전회)와 모더니즘의 심화라는 측면에서 공명하고 있다.

따르면, 이런 태도는 사물과 말의 의미에 대해 서로 일치하는 선의지를 가진 친구들 간의 소통, 우정의 철학, 다시 말해 사유의 선의지에 근거한 결과로 진리는 임의적이고 추상적인 것에 머물 수밖에 없다는 것이다. 이와 달리, 기호의 해석을 강요하는 어두운 힘에 의해 탐정은 어쩔 수 없이 기호를 해석해야 하며 이 강요 속에서 어두운 지대들과 부딪치게 될 때 비자발적 지성을 사용할 수밖에 없다.[15]

앞서 나는 신연선이 '장혜란의 입장에서 생각하는 것'을 칸트의 '확장된 사유 방식'에 연결했다. 그런데 확장된 사유 방식이 가능하기 위한 전제로서 사유의 자발성[16]이 필요하다는 게 칸트의 생각이다.

들뢰즈의 사상에 의거해 류성희를 비판할 수 있다. 당신은 '생의 이면, 인간의 이중성, 내면에 숨겨져 있는 본질, 극단적인 분노 혹은 슬픔, 나도 모르고 있었던 나, 이 모든 아찔한 경계선 위에 서 있는 인간에 대한 오마주'를 얘기하지만 그것이 진정 어둠 속 깊은 곳까지 우리를 인도해서 진리와 대면하게 할 수 있느냐고 묻고 싶은 것이다.

이 비판이 제기되는 이유는, 확장된 사유 방식이란 기껏해야 소통이 가능한 두 여자(신연선과 장혜란)가 여자의 이름으로 프루스트가 말한 우정[17]에 의존함으로써 가능한 사유 방식일 터인데, 이것은 류성희가 그토록 피하고 싶어 했던 사회 담론의

15   질 들뢰즈, 서동욱·이충민 옮김, 《프루스트와 기호들》, 민음사, p142.
16   I. Kant, J. H. Bernard(trans.), *The Critique of Judgement*, p171.
17   미발표 시나리오 〈레인〉에서 홍현수 사제는 다음과 같이 말한다. "강 형님, 이렇게 작은 식물도 옆에 같은 종류의 꽃이 있으면 더 잘 핀다고 합니다."

흔적이기 때문이다.

〈인간을 해부하다〉를 1인칭 화자 시점으로 쓴 것도 같은 맥락에서 이해할 수 있다. 주인공의 기괴한 심리가 보통 사람의 그것과는 엄청난 차이가 있음에도 불구하고 충격이 그나마 덜한 것은 1인칭 시점으로 묘사함으로써 작가에 의해 검열당하고 있기 때문이다. 이것은 여전히 작가가 탐정—이 소설에서 '나'는 탐정이 아니라 범인이지만 은우의 재치 있는 속임수를 알게 된다는 점에서 탐정의 역할을 일정 부분 수행하고 있다—을 조종하는 인형의 끈을 완전히 끊지 못한 상태, 즉 사회 담론의 흔적인 것이다.

류성희처럼 추리문법을 거부한 채 메타담론으로 나아가려는 추리작가는 훨씬 더 자기반성적self-reflective이어야 한다는 점[18]을 강조하고 싶다. 이것이 차라리 의무처럼 느껴지는 것은 우리의 사정이 꽃만 심어놓고 비가 오건 말건 자족할 처지가 아니기 때문이다. 이것은 또한 전적으로 투자의 문제다.

---

[18] 이에 대해서는 오해가 없길 바란다. 나는 '소설'이나 '추리소설' 같은 단어는 우리 사회가 우리의 정신을 반영하여 역사적으로 오래도록—최근 100년 남짓한 기간을 제외한다면—생성시키지 못했기 때문에 근본적인 한계가 있다고 본다. 아니 모든 발 빠르게 수입된 것의 정의(definition)상의 한계가 바로 그것이다. 문학에 푹 빠져 굉장한 것을 하고 있다는 느낌이 들다가도 아무개 법무부장관이 국회 법사위에서 아들의 입장을 비호하며 '소설 쓰시네!'라고 내뱉을 때 직면하게 되는 진실, 즉 아무리 멋진 문장과 표현으로 삶을 묘사해도 소설은 한낱 허구 나부랭이에 불과하다는 인식을 우리 소설은 극복하지 못하고 있다. 문학 내부자가 아닌 한, 결정적인 순간 문학은 시시한 사치로 분류될 뿐이다. 추리소설의 주소는 그런 문학 내에서조차 주변부로 할당되어왔다. 그렇기에 나는 좀 더 자기의식적이길—작가뿐만 아니라 이 분야에 종사하는 모든 사람에게—요구할 따름이다.

9. 초자아는 숭고의 탄생지다
: 서미애와 칸트

✚ 〈반가운 살인자〉
검붉은 핏방울을 튀겨가며 죽음의 칼을 휘두르는
흉악무도한 인상의 범죄자!
이 강력하면서도 끔찍한 이미지에 저항하는,
기어이 살인자를 반기게 만드는
저 매혹적인 힘은 어디서 생겨나는가?

최근 여러 나라로 작품이 수출되고 영화로 제작되면서 서미애 작가가 한국 추리문학계에서 차지하는 위상은 크게 높아졌다. 이 글은 서미애 작가의 장편소설의 세계관까지 다 담아내지는 않는다. 무엇보다 초창기 단편집에 그녀의 세계관의 핵심이 집중적으로 나타나 있다고 판단했기 때문이다.

'할 수 있기 때문에 해야 한다'가 아니라 '해야 하기 때문에 할 수 있다'는 윤리의 형식성을 가치판단에 끌어들인 사람은 철학자 이마누엘 칸트다. 서미애와 칸트 사상을 연결해본 것은 서미애의 작품에 나타난 욕망의 관념들이 칸트의 도덕관념과 유사하기 때문이다. '빼앗을 가치가 있기 때문에 빼앗는다'가 아니라 '빼앗아야 하기 때문에 빼앗을 가치가 있다'는 가치의 전도된 형식성이 서미애의 작품 세계에도 성립하는 것이다.

'서미애와 함께 칸트를'

'해야 하기 때문에 할 수 있다'는 '형식윤리'의 사상은 몹시 낯설다. 우리는 전통적으로 측은지심惻隱之心[1]이니 수오지심羞惡之心[2]이니 하는 것들을 인간 본성의 가치로 여겨왔다. 인간이라면 마땅히 그렇게 느끼게 돼 있다는 것이다. 느끼기에 행동하는 것이지 행동해야 하기에 느껴지는 것은 아니다.

국민국가는 근대 유럽에서 백성들이 왕정국가 세력과 싸워

---

1   맹자(孟子)의 사단(四端) 중 하나로 타인의 불행을 가엾고 불쌍하게 여기는 마음이다.
2   자신의 옳지 못함을 부끄러워하고 타인의 옳지 못함을 미워하는 마음.

탄생시킨 정치적 결과물이다. 칸트의 형식윤리는 국민국가의 정치적 구성원리에 상응하는 도덕률이다. 근대 국민국가 자체가 내용을 사상捨象한 공백, 즉 내용 없는 형식 위에서 성립하는 정치체제이기에 칸트의 '형식윤리를 이해하는 것'과 '국민국가의 구성원리를 이해하는 것'은 크게 다를 바가 없다.

최근 우리 사회에서도 민주주의 의식이 깊어지면서 사회윤리에 형식성이 두드러지게 나타나고 있다. '법대로 하자!'는 잦은 요구는 '법에 충실하겠다!'라는 의지의 표명이라기보다는 그 어떤 윤리적 내용도 이제 그렇게 외치는 당사자를 설득하지 못하는 '도덕의 무능'을 보여주는 사회현상이다. 법에 대한 현대적 맹신의 이면에는 기존 윤리의 공백, 다른 말로 하면 내용 없는 윤리의 형식성이 도사리고 있다. 이제 윤리의 형식성은 개인의 내면을 점령해 욕망 또한 같은 모습으로 만들어버린다. 무엇을 위한 욕망이 아니라 '욕망을 위한 욕망', 즉 형식적 욕망이된다.

서미애의 추리소설에 나타난 이 주제는 다음 세대에 중요한 화두 ─ 전통 윤리의 가치관과 충돌하는 윤리의 형식성을 우린 이미 목도하고 있다 ─ 로 대두될 것이 틀림없다. 사회윤리에 관한 한 이미 젊은 세대는 기존의 도덕과 에토스에 반발하고 있다. 단순히 시대가 변했기에 가치관도 변했다는 말로는 부족하다. '내용의 변화'가 아니라 '내용 자체가 형식으로 바뀌는 변화'를 우리는 경험하는 중이다. 이 탐구 주제는 해석 여하에 따라 최근에 민주화 세력이 보인 퇴행적인 모습까지 일정 부분 설명이 가능하기에 각별한 주목이 요구될 수밖에 없다.

나는 민족중흥의 역사적 사명을 띠고 이 땅에 태어났다.

어린 시절 구구단처럼 외워야 했던 '국민교육헌장'의 첫 부분이다. 끝까지 더듬거리지 않고 부드럽게 다 못 외우면 손바닥이 화끈거릴 정도로 교사에게 회초리 찜질을 당했었다. 박정희 대통령은 월요일 조회 때마다 학생들이 국민교육헌장을 반드시 외우도록 강제했다. 학생들은 모두 자신의 의사와 무관하게 민족중흥의 사명에 열정적으로 매진하는 불타오르는 존재가 되어야만 했다. 독재자로부터 부여된 삶의 당위!

우리가 자유롭게 선택한 가치를 집어넣을 '공백'(공허한 형식)에 박정희가 강압적으로 위의 구절을 집어넣음으로써 우리 사회는 국민국가의 형식성을 이해하지 못한 상태로 출발하고 말았다. 민주화 세력의 저항이 시작됐다. 장발에 통기타를 들고 나팔바지만 입어도 경찰에 잡혀가던 시절이었다. 함석헌은 박정희 정권의 고문에 굴하지 않았던 투사 중의 투사였다. 빼어난 실천가였을 뿐만이 아니라 이론에도 뛰어났다. 함석헌 선생의 책《뜻으로 본 한국 역사》는 전남대학교 철학과 김상봉 교수가 '역사'라는 이름이 붙었음에도 해방 이후 최초의 철학서다운 철학서라고 평가했던 저서다. 그런데 지금 와서 곱씹어보면 눈에 거슬리는 내용이 눈에 띈다.

문학이 개인의 슬픔과 고통을 표현해선 안 된다.

왜 개인의 감정을 세상에 드러내어선 안 된다는 것일까? 물론 일제강점기에서 해방되었음에도 불구하고 여전히 풍전등화 같았던 우리 민족의 운명을 생각하면 수긍하지 못할 것도 없다. 하지만 이 문제를 전혀 다른 시각으로 볼 수도 있다. 국민국가의 정체성을 이해하지 못하면 개인의 '내면이자 사적 공간'은 생겨나지 않는다. 왜냐하면 각자가 자신의 감정과 느낌과 사상을 공백(공허한 형식)에 채워 넣으려는 정치 활동이야말로 국민국가의 정신적 요체이기 때문이다. 더불어 정치 활동을 통해 자신의 권리만큼이나 타인의 권리를 존중하게 되고 타협을 통해 자신의 한계도 깨닫게 되면서 참여 민주주의에 대한 확신과 함께 개인의 내면과 사적 공간을 이해하는 과정을 밟게 된다.

함석헌의 문학관 또한 눈앞의 문제를 해결하는 데만 급급한 나머지 이 과정을 소홀히 여기고 말았다. 그러고 보면 2000년 무렵 '강남좌파'[3]라는 용어가 등장한 것은 민주화 세력의 퇴행의 신호탄이었던 셈이다. 민주화 세력을 싸잡아 비난하는 것은 있을 수 없는 일이지만, 이 용어는 민주화 세력이 박정희 대통령과 마찬가지로 국가의 형식성을 거의 이해하지 못했다는 것을 보여준다.

좌파 사상은 계급투쟁을 떠나서 생각할 수 없다. 노동자의 저항이 정당화될 수 있는 것은 부당한 착취에 대한 노동자 계급의 자연스러운 인간적 반응이기 때문이다. 한데 예전 북한에서 공산주의 세력이 정치권력을 장악한 뒤 토지를 몰수해 국가에 귀속시켰을 때 그들은 지주 처단을 어떻게 정당화했을까?

3   이 용어는 전북대학교 사회학과 교수였던 강준만 씨가 처음 쓴 것으로 알려져 있다.

소작농이나 새경을 받고 머슴살이하던 하층계급의 입장에서는 죽이고 싶을 정도로 미운 지주가 있었던 반면, 상대적으로 인간적이라 서로 신뢰했던 지주도 있었을 것이다. 공산주의자가 지주를 처단할 때 이 인간적 선악의 차이는 무시된다. 그간의 행실로 판단해 나쁜 지주는 처단하고 좋은 지주는 봐주는 게 아니다. 지주는 모두 처단되어야 한다. 왜? 지주이기 때문에.

마르크스 사상은 바로 이 형식성 위에서 성립하고 있다. 부를 상징하는 지역인 강남이 '좌파'라는 단어 앞에 붙은 것은 유감스러운 일이 아닐 수 없다. 대체 '지주 좌파'와 뭐가 다른가? 부자로 살지만, 국가정책은 서민을 위한 정책을 옹호한다는 신념은 잠깐 사이에도 자신의 위선을 정당화하는 간교한 도구로 전락하기 마련이다. 미국에도 유사한 여피족yuppies(1980년대 젊은 부자를 상징하는 용어. 고등교육을 받고 도시 근교에 살면서 전문직에 종사하는 고소득층의 젊은이들)이 있었다. 그들은 주말이면 느긋하게 호텔 수영장 선베드에 누워 지젝 같은 좌파 사상가의 저서를 탐독한다. 그리 못할 것도 없지만, '허락된 삶'의 스타일이라는 것 말고 그 어디서 진정성을 찾겠는가.

변증법이니 역사 유물론이니 하는 것을 열심히 배워왔지만, 독재자든 민주투사든 형식성을 이해하기가 어려웠던 이유는 우리의 정신을 오래도록 지배해온 유교사상에 형식 논리가 자리할 터전이 없었기 때문이다. A는 A다(A=A). 유교는 이 동어반복의 기본 논리조차 형식적으로 이해하지 않고 정도正道(올바른 길이나 정당한 도리)라 이름 붙여 도덕성을 부여했다. 그러니 그 누구든 '공백이나 형식성'을 이해하기가 여간 어려운 게 아니었다. 그렇다고 적당한 선에서 타협하는 이론을 신봉할 순 없다. 이제는 이 문제와 정면으로 대결하지 않으면 안 될 정도로 제반 여건이 무르익은 셈이다.

서미애의 추리소설은 이 형식성을 '질투'라는 인간의 생활 감정 속으로 끌고 들어와 독자들에게 더 깊이 이해해보라고 권유한다.

반가운 살인자

2006년 늦가을, 작가와 독자 공히 오랫동안 기다려왔을 한 권의 소설이 출간되었다. 서미애의 단편 추리소설집, 《남편을 죽이는 서른 가지 방법》. 〈경계선〉으로 시작해서 〈살인 협주곡〉으로 끝나는 이 추리소설집은 작가가 1994년 신춘문예로 데뷔한 이래 12년이라는 긴 세월 동안 추리문학에 대한 남다른 애정과 긴장의 끈을 놓지 않은 대가로 일궈낸 기분 좋은 결과물이다. 그 이후로 현재까지 서미애는 《인형의 정원》, 《잘 자요 엄마》 등 수많은 장편소설을 발표하며 현재 한국을 대표하는 추리소설가로 우뚝 서 있다.

우리는 서미애의 추리소설을 읽고 나서 무엇을 얻게 되는 것일까? 재미? 하긴 재미라는 주관적 잣대가 역설적으로 명쾌하기는 하다. 재미가 있다고 하든 없다고 하든 논쟁의 대상이 될 수 없을 테니까. 하지만 서미애에 대한 치명적인 오독은 그녀에게 '휴머니즘적', '감상적' 따위의 형용사를 덧씌워 독자로 하여금 눈물을 흘리게 만드는 따뜻한 인간애의 작가로 규정하는 일이다. 이 책이 출간될 즈음 〈반가운 살인자〉가 드라마로 제작되어 방영[4]되었는데, 연출을 담당했던 PD는 〈스포츠칸〉과의 인터뷰에서 다음과 같이 말했다.

인간의 목숨이 돈으로 환산될 수 있는 무서운 세태와 목숨으로 사랑을 지키려는 인간의 마음을 그렸다.

원작 소설과 달리 드라마에 추가된 마지막 장면은 뭉클한 감정을 불러일으키려는 의도로 보인다. 하지만 휴머니티나 따뜻한 인간애의 감정에 호소하는 것만으로는 원작 소설의 마지막 장면 대사인 '반가웠어… 살인자…'가 불러일으키는 잠재적인 리비도적 에너지의 회로를 차단하지 못한다.

PD와 시나리오 작가가 의도했든 안 했든 드라마의 마지막 장면은 '반가운 살인자'를 스스로 부정하려 한다는 점에서 자기모순적이다. 살인자와 생명보험의 연계 고리를 설명하려다 보니 어느덧 모순에 이르고 만 것이다.

6억 원의 생명보험금을 딸에게 물려주기 위해 재구란 인물은 자신을 죽여줄 누군가를 절실히 필요로 한다. 그래서 자신을 죽여줄 연쇄살인범이 반가울 수밖에 없는데, 이 표면적인 이유에 현혹될 경우 '목숨이 돈으로 환산되는 무서운 세태'라는 상투적인 결론[5]에 이르고 만다.

---

4   KBS 〈드라마시티〉, 2006년 10월 28일.

원작 소설 〈반가운 살인자〉의 긴장감을 지탱하는 근원적 힘은 소설의 최종 순간에 "반가웠어…살인자…"라고 들릴 듯 말 듯 읊조리면서, 주인공이 내면적으로[6] 살인자를 응시하는 데 있다. 이 내면적 응시에서 생겨나는 강력한 리비도적 에너지.

초자아

기억조차 가물가물한 오래전 어느 날 택시를 타고 신촌 오거리를 지날 즈음 동석했던 서미애가 불쑥 '반가운 살인자'라는 제목으로 추리소설을 쓰겠다고 말했다. 나는 강력한 흡인력이 있는 그 제목이 마음에 들었는데, 세월이 흐른 후 드디어 작품이 되어 나온 〈반가운 살인자〉를 읽고 나서 느낀 점은 무엇보다 〈거울 보는 남자〉와 구조가 같다는 것이었다.

〈거울 보는 남자〉의 줄거리를 더듬어보자.

일용잡부로 살아가는 주인공은 우연히 잡지에서, '이런 관상이 범죄자형이다. 특히 균형 잡히지 않은 얼굴형에 매부리코, 입술이 두툼하게 퍼져 있는 사람 중에 살인자가 많다'라는 글을 읽게 된다. 게다가 그 아래 실린 컴퓨터 합성 몽타주가 자신을 쏙 빼닮아 있다. 주인공은 그 글을 쓴 정수일 교수를 찾아간

---

5   이런 유(類)의 통상적 인식은 포카곰(네이버 블로그)이라는 닉네임을 가진 시청자에게서도 나타난다. "분명 그는 가정을 사랑하는 평범한 남자였을 텐데. 그렇게 죽어가다니. 돈이 반가웠겠지, 절대 살인자가 반갑지는 않았을 거다."

6   연쇄살인범이 얼굴을 가까이 가져갔으므로 희미하게나마 상대의 눈빛을 보았을 수도 있다.

다. 적당히 흘려 넘기지 못하고 굳이 애써 찾아간 이유는 평생을 괴롭혀온 자신의 혐오스러운 얼굴 때문에 순간적으로 피가 끓어올랐기 때문이다.

처음엔 그 이상도 그 이하도 아니었다. 그러나 교수에게 왜 그런 글을 쓰고 몽타주를 공개했느냐고 따지던 그는 분노가 폭발하면서 정 교수를 힘껏 밀치고 만다. 그런데 하필 정 교수는 조금 전 거울을 걸기 위해 벽에 박아둔 못[7]에 뒷머리가 부딪히면서 치명상을 입고 즉사한다.

이 소설의 백미는 자기는 결코 범죄자형이 아니라는 항변("누가 범죄를 저지를지 당신이 어떻게 안단 말입니까?")으로부터 스스로 범죄자가 되어 끝내 정 교수의 '범죄형 이론'을 정당화하고야마는 아이러니에 있다.

그러나 이 소설의 진정한 핵심에 다다르는 유일한 접근법은 정수일 교수의 입장에 설 때 가능하다. 뭐니 뭐니 해도 교수의 생명은 논문 발표와 자기 고유의 학설에 있다고 해도 과언이 아닐 것이다. 학설이 오류라면 논문의 가치는 훼손된다.

어찌 됐든, 주인공이 교수를 죽임으로써 교수의 학설은 세상으로부터 공고한 가치를 인정받게 될 상황이다. 그리하여 정 교수에게 살인자는 그 누구보다 반가울 수밖에 없는 것이다.

두 작품의 구조적 동일성을 확인한 후, 나는 서미애에 대한 기존의 관념을 바꾸지 않을 수 없었다. 그즈음 나는 아리스토텔레스의 미학적 규준을 잘 수용한 작품으로서 〈거울 보는 남자〉

---

7 〈거울 보는 남자〉는 서미애가 두 번에 걸쳐 고쳐 썼기 때문에 세 가지 판본이 있는 셈이다. 이 부분이 다트 단도날이라고 되어 있기도 하다.

의 외면적 측면에 매료되었다.

아리스토텔레스의 미학(시학)은 그의 철학에 기반하고 있다. 여기서 중요한 것은 시발점으로서의 운동인과 귀결점으로서의 목적인인데, 소설로 말하면 일단 서두(운동인)가 시작되면 결말(목적인)에 이르기까지 오로지 필연성과 개연성만 끼어들 수 있다는 점이다. 이런 미학에 근거한 가장 극단적인 형태가 추리소설이다. 그래서 추리소설을, 서술에 있어 극도의 절약을 노린 경제소설이라고 하는 것이다. 포가 말하는 단일효과이론(단일한 효과를 최대한 증폭시키기 위해서 시는 끝에서부터 앞으로 구성해나가야 한다는 시학 원리)도 따지고 보면 아리스토텔레스 미학 이론의 변용에 불과하다. 나는 〈거울 보는 남자〉가 이 문법에 충실하기에 아주 좋아한다. 주인공은 잡지에 자기 얼굴(몽타주이긴 하지만)이 범죄자형으로 분류된 것을 알고는 그 글을 쓴 교수를 찾아간다. 그의 목적은 자기 얼굴이 결코 범죄자형이 아님을 항변하고 싶어서다. 하지만 결과는….

반전이란 특정 인물을 등장시킨 뒤 그의 행동과 성격에서 반전을 끌어낼 수 있을 때 진정한 반전이 된다. 여기에 작가의 의지가 개입될 여지는 없다. 정 교수가 벽에 부딪혀 즉사하는 것은 그런 상황이 일어날 수도 있고 일어나지 않을 수도 있는, 아리스토텔레스가 말하는 개연성에 속한다.

가령, 이런 구도를 생각해보자. 작가가 등장인물 A에 대해 집중적으로 서술하다가 갑자기 B라는 인물을 등장시켜 반전의 계기로 삼는 것은 진정한 반전일 수 없다. 이것은 깜짝 놀람과 유사한 감정을 일으킬 뿐이다. 갑자기 뒤에서 나타나 '왁!' 하고 소리를 지르는 것이나 마찬가지다.

〈거울 보는 남자〉는 한국 추리문학 걸작선에 포함되어야 할 작품이다.

아리스토텔레스의 미학적 규준은 추리소설과 떼려야 뗄 수 없는 관계[8]이지만 서미애의 전 작품을 〈거울 보는 남자〉를 기준으로 줄을 세워 등급을 매기는 것은 어리석기 짝이 없는 일이 될 것이다. 그런데도 내가 이 함정으로부터 빠져나오기 전까지는 〈반가운 살인자〉의 등장이 필요했다.

살인자가 왜 반가운가?

검붉은 핏방울을 튀겨가며 죽음의 칼을 휘두르는 흉악무도한 인상의 범죄자! 이 강력하면서도 끔찍한 이미지에 저항하는, 기어이 살인자를 반기게 만드는 저 매혹적인 힘은 어디서 생겨나는가?

그전에, 이 대목을 읽고 있는 독자는 나의 비대칭적 설명에 반론을 제기할 것이 틀림없다. 그런 지적은 두말할 나위 없이 옳다. 〈거울 보는 남자〉의 경우, 6억 원의 보험금에 상응하는, 살인자를 기꺼이 반겨야 할 그 어떤 외적인 이유도 없다. 학설의 권위를 위해 정 교수가 목숨을 내놓았다는 주장은 얕은 상상에 불과하다는 비판이 제기될 수 있다.

그런데도 내가 구조적 동일성을 운운한 것은 '아버지'와 '권

---

8   이 관계를 가장 먼저 지적한 추리작가는 내가 아는 한 도러시 세이어스다.

위적인 교수'가 공히 라캉이 말하는 큰 타자, 상징적 질서를 대표하는 기표이기 때문이다.

통상적 이해에 따르면 주체subject가 상징적 질서에 진입하기 위해서는 그 대가로 '잉여-향락'[9]이 배제되어야 한다. 이 상징적 질서 내의 기입을 통해 주체는 그 유명한 빗금 친 주체[10]로 다시 태어난다. 그러나 통돼지 바비큐를 제아무리 활활 타오르는 숯불 장작 위에서 돌려대도 일부나마 기름기[11]가 남아 있듯이, '잉여-향락'의 배제에도 불구하고 그 잔여물이 남는데 그것이 대상 소문자 a(objet petit a)[12]이다. 지젝 같은 이론가에 따르면 이 대상 소문자a가 다름 아닌 초자아[13]다.

초자아의 대표적인 예는 '목소리'와 '응시'다. 반대로 상징적 질서 내지는 법을 대변하는 것으로 '글쓰기'를 들 수 있는데, 정 교수의 '글쓰기'에 살인 후 일용잡부 주인공의 '응시'가 대비되는 것은 주목할 가치가 있는 장면이다.

그는 무엇엔가 이끌리듯 거울 앞으로 다가가 가만히 거울 속을 들여다보았다. 한순간 자신의 얼굴 저 너머에 살인자의 얼굴이 보인 것

---

9   아버지를 죽이고 어머니와 동침하려는 욕망 같은, 사회윤리가 도저히 받아들일 수 없는 향락.

10   자아라 하면 금방 떠오르는 통합적 자아와 달리 분열된 자아, 무의식적 자아를 가리킨다.

11   서미애의 작품에서 휴머니즘과 인간애 따위는 제거되어야 할 불순물에 불과하다.

12   욕망의 역설을 설명하는 개념으로 욕망은 소급해서 그 자신의 원인을 가정한다는 의미다. 대상 a는 객관적 시선을 통해서는 존재하지 않는 대상이다. 즉 욕망으로 왜곡된 응시에 의해서만 존재할 수 있는 대상이라는 것이다.

13   초자아는 성격 구조의 한 요소다. 자아가 쾌락이라는 현실의 원리에 의해 지배되는 것에 반해, 초자아는 도덕원리에 의해 지배된다. 프로이트와 달리, 라캉은 이 초자아가 도덕적이기만 한 것이 아니라 욕망의 왜곡된 응시와 관계가 있음을 주장한다.

같다는 생각이 든 건 그의 착각이었을까?

무엇을 위한 욕망이 아니라 '욕망을 위한 욕망'

라캉이 사드가 "칸트의 진리를 제시한다"라고 말하면서 초자아의 예로 든 것은 목소리la voix[14]다. 여기서 서미애의 소설을 꼼꼼히 읽은 독자는 〈그녀만의 테크닉〉을 떠올릴 수 있을 것이다. 이 작품에서 초자아의 목소리는 우연히[15] 듣게 된 내면의 목소리에 그치는 것이 아니라, 작품 전체를 시종일관 지배하며 끝에 가서는 반전의 역할까지 한다.

목소리든 응시든 초자아는 물질성에 기반하고 있다. 라캉이 보기에 칸트가 보편타당한 도덕법칙의 정립을 위해 쾌快와 덕德 같은 질료적 대상을 소거함으로써(질료란 내용을 가리킨다. '질료/형상'의 형이상학적 이분법은 '내용/형식'의 관념으로 일반화된다. 사람마다 제각각 다른 쾌락과, 시대나 사회마다 다른 덕을 배제해야 보편타당한 도덕법칙이 도출될 수 있다는 것이다) 내용에서 형식으로 나아갔다면, 사드는 칸트가 도달한 바로 그 지점에서 역으로 형식에서 내용으로 나아간다.

이것은 '뫼비우스의 띠' 모양으로 잘 설명할 수 있다. 정념적 대상의 일소 혹은 그것의 순수한 형식으로의 환원이 칸트의 작

---

14   맹정현, 〈라캉과 사드: 전복을 위한 몇 가지 연산〉, 김상환·홍준기 엮음, 《라깡의 재탄생》, 창작과비평사, p181~182.
15   슬라보예 지젝, 박정수 옮김, 《그들은 자기가 하는 일을 알지 못하나이다》, 인간사랑, p458.

업이었다면, 칸트가 생각할 수도 없었던 역설, 즉 반대로 순수한 형식의 면을 끝까지 따라간다면 우리는 형식을 더럽히는 '비-형식적인' 향락의 얼룩(초자아의 목소리)을 만나게 된다는 것이다.

이 논리적 흐름의 계기들이 서미애의 추리소설에도 나타난다. 이것을 확인하기 위해 그녀의 작품을 편의상 한 번은 구조에 따라, 또 한 번은 살인자의 동기에 따라 분류해보자.

1. 구조에 따른 분류

A. 〈거울 보는 남자〉, 〈반가운 살인자〉
B. 〈비밀을 묻다〉(B1), 〈그녀만의 테크닉〉(B2), 〈잔인한 선택〉(B3)
C. 〈남편을 죽이는 서른 가지 방법〉, 〈못생긴 생쥐 한 마리〉
D. 〈경계선〉
E. 기타: 〈서울 광시곡〉, 〈살인 협주곡〉, 〈냄새 없애는 방법〉, 〈이제 아무도 울지 않는다〉, 〈숟가락 두 개〉

위에서 E항을 기타로 처리한 것은 상호 간에 구조적 동일성이 없기 때문이다. 또한 상대적으로 나의 논지에 크게 도움이 되지 않아서다. 〈경계선〉의 경우는 '법/초자아'의 단락을 보여주는 특징이 있어 단독임에도 불구하고 따로 분류했다.

2. 살인자의 범죄 동기에 따른 분류

무동기	〈잔인한 선택〉: 여자친구 사이의 경쟁심이라는 동기는 사실상 무동기다. 〈반가운 살인자〉, 〈냄새 없애는 방법〉: 무동기로 추정되나 실제 인물이 등장하므로 언급하지 않는 게 좋겠다.
동기가 없는 것은 아니지만 무동기에 가까운 것	〈거울 보는 남자〉: 무동기에 가까운 분노. 우발적 사고이기 때문에 동기/무동기로 분류하기 어렵다. 〈그녀만의 테크닉〉: 무동기에 가깝다. 〈비밀을 묻다〉에 비해 상대적으로 희박한 동성애
확실한 동기	〈비밀을 묻다〉: 동성애 〈못생긴 생쥐 한 마리〉: 자기 가치의 박탈+외도 〈서울 광시곡〉: 복수 〈남편을 죽이는 서른 가지 방법〉: 독재적인 남편에 대한 반발+외도 〈이제 아무도 울지 않는다〉: 성폭행당한 여자의 병리적 증오심 〈숟가락 두 개〉: 짐승 같은 남자의 겁탈 행위에 대한 자기방어 〈살인 협주곡〉: 부부의 권태, 증오심 〈경계선〉: 왕따당한 학생의 소극적 살인+새아빠의 오랜 성폭행에 대한 방어 본능

이상의 분류에서 내가 주목한 점은 구조에 따른 분류에서 B에 속한 작품들이 살인자의 범죄 동기로 분류할 때는 '동기가 확실한 것'에서 '무동기'로 이동한다는 것이다.

확실한 동기	중간지대	무동기
B1	B2	B3

B1에서 B3으로의 계열이동은 칸트가 《실천이성비판》에서 정념적인 것(경험적 질료적 조건들, 즉 형식이 아닌 내용에 해당하는 것들)을 하나하나 소거[16]해나가 마침내 법의 형식에 도달한 논리와 유사하다.

내가 유사라는 모호한 표현을 쓴 이유는 추리소설 속에서 매끈한 철학적 논변을 기대하기는 어려우므로 각 논리적 마디에 해당하는 개념이 칸트와 약간 다를 수 있기 때문이다. 가령, 초자아─지젝이 초자아의 힘으로 이해한 '당신의 징후를 즐겨라'라는 명령 같은 것─는 칸트가 전혀 모르거나 잠재적으로만 알고 있던 개념이다. 'B1 → B2 → B3'의 흐름에서 초자아는 B3의 한계지점에 위치한다. 그런데 서미애의 추리소설에서는 B2에서 가장 확연히 드러난다. 즉 'B1 → B2(초자아) → B3(숭고)'의 흐름이다. 초자아를 이해해야 그 어떤 개념화도 불가능한 숭고의 이념을 이해할 수 있다.

그러나 이보다 더 중요한 것은 얼핏 보기엔 가장 확실한 동기에 해당하는 '여자 친구 사이의 경쟁심리'가 어떻게 무동기로 해석될 수 있느냐 하는 점이다. 〈잔인한 선택〉의 기본 구도는 한 남자(민우)를 사이에 둔, 두 동성친구(윤희와 선경)의 경쟁심리와 증오심에 기초하고 있다. 윤희(나)와 민우의 교차 시점으로 전개되는 이 스토리는 선경의 죽음(뺑소니사고)으로부터 시작된다.

윤희는 살인자이면서 처음과 끝 장면의 시점을 제공하므로

16 "저 도덕법칙에 대한 의식은 어떻게 가능한가? (…) 모든 경험적인 조건들의 격리에 주목함으로써 가능하다." 임마누엘 칸트, 백종현 옮김, 《실천이성비판》, 아카넷, p84.

독자(혹은 작가)의 관심은 그녀에게 집중될 수밖에 없다. 그에 반해 민우의 추리 — 뺑소니사고 현장에서 개인적으로 발견한 전조등 파편에 대한 조사와 사망 시각 20분 전에 찍힌 윤희의 전화번호에 대한 본능적인 직감 — 는 전혀 놀랄 만한 것이 아니다. 비교적 세심한 지적 능력의 소유자라면 누구라도 탐색할 수 있는 수준의 추리다.

이 이야기의 핵심은 제목이 적시하듯 윤희가 왜 잔인한 선택을 했느냐에 있다. 약혼자 선경을 치고 달아난 뺑소니 차주가 윤희임을 알게 된 민우는 그녀를 불러내 만난다. 이런저런 추궁을 하던 민우는 작심한 듯 따져 묻는다.

너… 진짜 잔인하구나. 어떻게… 선경일 그렇게 할 생각을 할 수가 있어?

이에 대한 윤희의 대답(독백)은 변명하듯 책임을 회피하는 것이었다.

날 이렇게 잔인하게 만든 건 너희 두 사람이야. 내게 이런 선택을 하게 한 건 너희들이라구.

윤희의 독백은 자신과 선경 사이에서 민우가 애매하게 처신한 점 그리고 2년이나 소식을 끊고 지내던 선경을 우연히 만난 날 선경이 자신을 웨딩숍에 데려가 청첩장을 건네며 모욕을 준 것이 발단이었다고 토로하고 있다.

우리는 윤희의 이 말을 액면 그대로 받아들여야 할까?

우선, 민우의 불분명한 처신은 선경이 모욕감을 준 것에 비해 부차적이거나 기껏해야 두 여자 사이의 경쟁심을 촉발한 계기에 지나지 않는다. 즉 민우 때문에 그때까지 없었던 경쟁심이 생겨난 것은 아니란 얘기다. 이 지점에서 역설이 출현한다. 우리가 반드시 짚고 넘어가야 할 점은 민우가 극단적 경쟁심에 빠진 두 여자가 어떤 희생을 치르고서라도 손에 쥐고 싶어 하는 궁극적 목표의 대상이 아니라는 것이다. 민우의 가치는 존재 그 자체에 있는 것이 아니라 오로지 상대가 민우를 소유하고 있을 때만이 또는 소유하고 싶은 욕망이 있을 때만이 가치[17] 있는 것이 된다. 그래야 빼앗을 가치가 있는 것이다.

빼앗기 위해 빼앗는 게임의 법칙, 법칙을 위한 법칙, 법칙을 향한 법칙, 법칙의 형식이다. 더욱이 간담이 서늘해지는 대목은 그것이 선경이 죽은 후에도 여전히 작동한다는 점이다.

또다시 난 잔인한 쪽을 선택하기로 했다. 선경의 가장 소중한 것, 이제 민우의 목숨을 빼앗을 차례다.

이 논리는 반영적reflexivity[18] 성격을 갖는 욕망의 논리구조와 같다. 욕망은 언제나 욕망 자체를 위한 욕망, 즉 무언가를 욕망하기 위함이 아니라 욕망하기 위한 욕망이다.[19]

---

17 〈비밀을 묻다〉에 이 대목은 명시적으로 표현되어 있다. "당신을 빼앗아 내 남편으로 만들 생각은 없어요. 그러면 이미 당신 매력은 사라질 테니까." "이미 말했듯이 내가 그를 만나는 이유는 그가 바로 지영의 남편이기 때문이니까."

여기서 우리는 칸트의 숭고 개념을 끌어들일 필요성을 느낀다. 칸트에 따르면 그 크기가 너무 압도적이라 그것을 바라보는 인간을 한낱 보잘것없는 존재로 만들어버리는 자연의 사태(화산 대폭발, 사나운 파도, 폭풍우의 밤)에 직면할 때 인간이 느끼는 감정이 숭고das Erhabene다. 물론 관찰자는 위험한 상황에서 벗어나 일정한 거리를 유지해야 한다는 것이 전제된다.

이 숭고를 추리문학에 끌어들인 사람은 토머스 드퀸시Thomas De Quincey다. 드퀸시는 칸트가 자연적 대상에 한정한 숭고의 항목에 살인사건, 끔찍하게 죽어가는 피살자를 바라보는 상황을 포함시켰다.

인간이 숭고의 감정을 느끼는 대상은 근원적으로 표상이 불가능하다. 여기서 숭고의 역설이 나타나는데, 이것은 '표상 불가능성'(~v)을 '불가능의 표상'('~'의 v)으로 전환하는 데 있다. 지젝의 욕망이론에 따르면 욕망이란 왜곡된 응시와 관계하기에 욕망의 대상이 상실된 상태를 받아들이기보다는 '불가능' 자체를 욕망의 대상으로 받아들인다는 뜻이다. 다시 말해, 부정 자체(~)가 긍정적 존재성(표상된다)을 취하는 형식이다.

이것을 윤희와 선경의 경쟁심리에 대입해보면 다음과 같다. 만약 선경이 윤희에게 '난 아무것도 원하지 않아'라고 말했다

---

18 이 단어는 학자에 따라 재귀성(再歸性)으로도 번역하는데, 〈남편을 죽이는 서른 가지 방법〉 또한 같은 논리로 설명할 수 있다. 가부장적·독재적 남편(큰 타자)에게서 벗어나기 위해 여주인공은 또 다른 타자(사회적 권위를 갖는 전문가로서의 정신과 의사)에 의존하고 있다. 이 반영성의 논리 — 과학에 의해 파괴된 자연을 전문가 집단이 또 다른 과학위원회에 의존해 해결하려는 — 가 지배하는 사회를 울리히 벡과 앤서니 기든스는 '위험사회'라 부른다(토니 마이어스, 박정수 옮김, 《누가 슬라보예 지젝을 미워하는가》, 앨피, p100).
19 《그들은 자기가 하는 일을 알지 못하나이다》, p341.

면, 윤희는 선경의 바로 그 '원하지 않음'(부정의 형식으로서의 '~')을 빼앗으려 들 것이 틀림없다. 이 집요하면서도 파괴적인 힘이 다름 아닌 초자아의 힘[20]이다.

이 대목에서 독자는 숭고를 설명하다가 느닷없이 초자아로 넘어간 것에 당혹감을 느낄지 모른다. 숭고와 초자아의 관계는 알렌카 주판치치가 잘 지적한 것처럼 공간적 은유를 사용하면 의외로 간결하게 이해할 수 있다.

초자아는 숭고의 탄생지로 간주될 수 있다.[21]

이상의 설명에서 알 수 있듯이 윤희의 행위는 숭고의 역설이 그런 것처럼, '불가능의 표상'이란 점에서 내용적 의미가 없는 형식이다. 이것은 초자아의 명령,[22] '즐겨라!'에 복종한 결과다. 즉 순수한 과잉이자 불가해한 향유이며 순수한 낭비인 것이다.

흔히 사디즘Sadism으로 알려진 사드의 관점은 통상적인 이해와 달리 성적 대상에게 채찍질을 가하는 '현실의 고통' 수준에서 구현되는 것이 아니다. 그것은 언제나 '무한한 고통'이라는 환상 속에서 기능한다.

---

20 "〈내 안에 있는 파괴적인 힘〉은 (…) 초자아의 힘에, 다시 말해서 〈대담한 범죄자들조차 떨게 만들 수 있는〉 응시와 목소리를 갖춘 법칙에 잘 조응한다." 알렌카 주판치치, 이성민 옮김, 《실재의 윤리: 칸트와 라캉》, 도서출판b, p242.

21 위의 책, p239.

22 그런데 이 '초자아는 실재를 은폐하는 가면이기도 하다.' 슬라보예 지젝, 박정수 옮김, 《잃어버린 대의를 옹호하며》, 그린비, p511.

칸트가 양심의 목소리이기도 한 도덕법칙의 완수를 위해 영혼 불멸을 요청했듯이(신과 달리 유한한 인간은 무한한 시간 속에서 도덕법칙을 향해 뚜벅뚜벅 걸어갈 뿐이다), 사드에게도 '무한한 고통'(이 또한 인간은 유한한 존재이므로 현실에서는 불가능하다) 속에서만 신체는 숭고한 육체로 다시 태어난다.

초자아가 현실을 침범하는 순간

왜 살인자가 반가운가?

'잉여-향락'의 대변자인 살인자는 바로 큰 타자(아버지, 대학교수의 권위, 좀 더 추상화하여 질서의 근간이나 법)의 가능 조건이기 때문이다. 배제 혹은 칸트식으로 얘기하면 소거를 통해서. 법의 이면(초자아)이 없다면 애초에 주체로 태어나는 것은 불가능하다.

〈경계선〉은 왕따당한 학생의 입장에서 '짧은 시간이나마 살인자 행세를 하려던 나의 꿈'에 관한 이야기, 즉 초자아가 현실을 침범하는 순간에 관한 날카로운 통찰이다. 그가 살인자의 위치에 선다면, 그동안 자신을 괴롭혔던 친구들의 비행은 상대화되어 사소한 것이 된다. 형사가 학교에 다녀간 다음 날, 누구도 왕따당한 학생에게 감히 도전할 수 없었다. 이것은 왕따당한 학생이 한껏 고양된 순간에 느꼈던 숭고의 감정이다. 하지만 그 감정이 지속되려면 현실이 통째로 휩쓸려 나갈 수밖에 없다. 왕따당한 학생은 그것을 잘 알기에 이렇게 말할 수밖에 없는 것이다.

절대 넘어서는 안 되는 경계선… 그것이 우리 모두를 위한 가장 현명한 결론이다.

서미애는 추리문학사에서 어떤 위치를 차지하는가? 초창기 추리문학사의 큰 흐름은 '에드거 앨런 포-코넌 도일-애거사 크리스티-엘러리 퀸'으로 이어지는 계열에서 형성된다. 클래식이라 명명된 이 흐름은 탐정의 명민한 추리력을 시험대 위에 올려놓고 독자의 참여를 유도해 두뇌게임을 벌이는 스토리 구조에 근거해 있다. 게다가 이 흐름은 추리문학의 형식성을 강화하는 방식으로 전개되었다. 이 계열이 없었다면 추리문학이 세계적으로 널리 읽히는 장르가 되지 못했을 것이다. 문제는 이 전개가 때로 '왜 추리문학이 부르주아 계급에서 탄생했는가?'라는 질문을 희석하는 방해꾼 노릇을 한다는 점이다.

브레히트가 보기에, 영국 부르주아에게 추리문학이 그토록 인기를 끌었던 이유는 범인을 찾아내는 탐정의 모험이 탈정치적인 부르주아에게 유일한 상상의 모험이었기 때문이다. 이 해석이 옳든 그르든, 브레히트의 관점에 가장 근접하는 작가는 체스터튼이다.

모험은 언제나 따분한 일상으로부터의 일탈이다. 탐정 브라운 신부가 범인을 잡는 방법은 이 일탈의 정수를 보여준다.

나 자신이 살인자와 똑같이 느낄 때 살인자가 누구인지 알게 됩니다.[23]

이것은 신학과 예술사에서도 쓰였던 입감入感, empathy의 개념을 정식화한 명제이기도 하다. 셜록 홈스의 가추법假推法, abduction[24]이 내용과 비교적 무관[25]한 형식을 보여준다면, 입감은 내용과 형식이 완벽하게 일치하는 지점을 보여준다. 브라운 신부가 홈스보다 인기가 없는 이유 중 하나는 어쩌면 독자가 이 진실을 대면할 용기가 없었기 때문인지 모른다.

체스터튼은 '살인자와 똑같이 느끼는 탐정'(이것이야말로 살인자를 추적하는 탐정이라는 대립 구도를 무력화하는 지점이 아닌가)으로부터 우리가 위에서 다룬 주제 — 법이야말로 범죄를 필요로 한다. 따라서 법은 보편적 범죄다, 라는 — 를 가장 먼저 의식화해 드러내고 있다.

탐정의 활약상을 그린 소설은 어떤 의미에서 문명이야말로 가장 선정적인 일탈이며 가장 로맨틱한 모반이라는 생각에 이르게 한다. (…) 그것은 도덕이야말로 가장 음흉하고 무모한 음모라는 사실에 입각해 있다.[26]

서미애의 추리소설은 홈스 계열이 아니라 체스터튼의 뒤에서 읽혀야 한다는 게 내 생각이다.

나는 작가의 구조적 틀을 밝히는 것을 목표로 삼아왔다. 물론

---

23   G. K. 체스터튼, 김은정 옮김, 《비밀》, 북하우스, p18.
24   움베르토 에코가 만든 조어다.
25   물론 가추법은 귀결의 경험적 확인을 요청하는 형식이다.
26   G. K. Chesterton, "A Defence of Detective Stories," H. Haycraft(ed.), *The Art of the Mystery Story*, p5~6.

254   초자아는 숭고의 탄생지다

나의 해석이 유일한 구조적 틀에 맞닿아 있는 것은 아닐 것이다. 그래서 진심으로 누군가가 새로운 방식으로 서미애를 이해하는 방법을 제시해주었으면 한다. 다만 작가의 세계관이라고 해도 무방할 구조적 틀을 밝히는 데 공을 들여왔을 뿐, 그것을 '현재 우리 사회에서 어떻게 받아들여야 하는지'에 대해서는 언급을 자제해왔다.

사회적 장 내에서 추리문학이 어떻게 받아들여지는가는 정치적인 문제다. 문화 또한 권력 추구의 욕망으로부터 자유로울 수 없다. 우리가 그렇게 느끼지 못하는 이유는 서구처럼, 또는 미국과 일본에서처럼 이제껏 단 한 번도 지배담론의 위치[27]에 서지 못했기 때문이다.

한국에서 추리문학은 김내성 이후 마이너minor의 영역을 벗어나본 적이 없다. 무엇이 원인이고 결과든, 그것이 언제나 악순환이 되어 추리문학을 소비하는 방식 또한 너절하게 되고 만다. 한 걸음 양보해서 한국 추리작가의 작품이 대단치 않다고 치자. 그러나 그것을 바라보는 시각 또한 형편없음을 생각해보는 사람은 거의 없는 것 같다. 이 글은 그 괴리를 메워보려는 작은 시도인 셈이다.

라캉의 글 '사드와 함께 칸트를Kant avec Sade'을 모방해 지젝

---

27   추리문학이 마이너에 있다가 메이저로 가기 위해 어떤 노력을, 어떤 투쟁을, 어떤 희생을 치러야 하는지 나는 통 모르겠다. 미국의 하드보일드 추리소설은 마이너에 있다가 메이저로 올라가는 극적인 양상을 보여준다. 언젠가 그 힘이 무엇인지 밝히는 글을 쓰고 싶다. 그러나 정반대로도 생각할 수 있다. 루이 페르디낭 셀린이 《밤 끝으로의 여행》에서 보여줬던 것처럼. 안으로, 중심 쪽으로, 권력의 중앙으로 들어가기는커녕 도리어 밖으로, 주변부로, 소외된 곳으로 나아가려는 진정한 아웃사이더의 모습을 우리 추리문학에서 발견하고 싶다.

은 '데이비드 린치와 함께 칸트를'을 썼다. 나는 '서미애와 함께 칸트를'로 재차 모방했다. 사드의 바로 그 위치에 서미애를 대입시킬 수 있기 때문이다.

서미애는 '칸트의 진리로서의 사드'의 추리문학적 판본이다. 이것이야말로 서미애를 읽으면서 우리가 결코 놓칠 수 없는 그녀만의 고유한 색깔이자 그 누구도 흉내 낼 수 없었던 참 면목이다.

10. 변증법을 이해하는 자의 유머감각
: 황세연과 슬라보예 지젝

✚ 브레히트의 유머
변증법적 사고를 이해하는 사람치고 유머감각이 없는 사람은 없다.

이웃집 사내가 이사를 가고 있다. 나는 팔짱을 낀 채 이삿짐이 화물트럭에 실리는 것을 지켜본다. 이윽고 사다리차가 떠나고 작업이 막바지에 들어가는 순간이다. 사내가 즐겨 타던 스키와 자전거가 빈 공간을 찾아 실리자 화물트럭 뒷문이 닫힌다. 범퍼 아래 작은 항아리 단지 두 개가 버림을 받은 듯 덩그러니 놓여 있다.

"저건 안 싣나요?"

나는 목장갑을 벗고 담배를 피워 무는 40대 이삿짐센터 직원에게 물었다.

"직접 가져갈 모양입니다."

나는 입맛을 쩝 다셨다. 며칠 전 그는 이사 가면 보는 게 쉽지 않을 거라며 나를 초대해 막걸리를 내놓았다. 충남 청양 고향 집에서 올라온 무농약 재료로 직접 만든 막걸리라고 했다. 작은 항아리 단지 속 막걸리를 국자로 퍼주며 건배를 제안했었다. 마트에서 파는 막걸리에서는 느낄 수 없는 묘한 맛이었다. 항아리 단지가 두 개라면… 나는 욕심이 났다. 이윽고 화물트럭이 떠났다.

잠시 뒤, 관리실에 정산을 하러 갔던 추리소설가 황세연이 털레털레 걸어왔다.

"애하고 엄마는?"

내가 물었다.

"먼저 갔어. 저쪽 아파트 주인이 이사 갈 곳이 멀다며 잔금을 일찍 빼달라고 한 모양이야."

내가 아는 한 차는 한 대다. 아내가 아들을 데리고 차로 이동했다면? 난 항아리 단지의 행로가 궁금했다.

"저것들 좀 보고 있어. 지하 주차장에서 차 빼올게."

녀석이 찬물을 끼얹는 말을 내뱉고는 사라졌다. 곧 차를 내 앞에 주차시킨 그가 내렸다.

"잘살어. 섭섭하네. 또 언제 보냐?"

녀석이 포옹을 하는 순간에도 내 시선은 항아리 단지에 머물러 있었다.

"그러게. 수제 막걸리 감칠맛에 내 혀가 모처럼 감동받은 참이었는데."

내 속마음을 눈치채주길 바라며 과장해서 말했다.

"왜, 아침부터 막걸리 땡겨? 한 항아리 만들어주고 갈 걸 그랬나 보다. 진작 말하지."

"하나만 두고 가."

"안돼! 오늘 밤 남은 거 마신 뒤 밀린 원고 써야 해."

"작작 좀 마셔라. 한밤에 두 항아리나 마신단 말이야?"

"하나는 술 단지 아냐. 그리고 너… 어디 가서 내 별명 함부로 흘리고 다니지 말어. 글 쓸 때마다 족쇄가 되는 느낌이야. 컴퓨터 자판에 손을 올리기 전 막걸리를 한 잔 시원하게 마시지 않으면 글이 잘 안 써질 것 같단 말이야. 스트레스고 징크스가 된 기분이야. '글 쓰는 문제가 있는 막걸리 술꾼!'이 뭐냐?"

"사실이잖아. 아냐? 줄 거야 말 거야?"

"지랄!"

말은 그렇게 했지만 얼굴 표정을 보아하니 갈등이 생긴 것 같았다. 쐐기를 박듯 말했다.

"저건 그간의 우정상으로 내돌리고 술은 네가 즐겨 마시는

○○막걸리 한 병 사들고 들어가면 되잖아."

"아니, 이렇게 하자. 둘 중 하나를 골라. 오늘 밤 마시려고 아내 잔소리까지 귓등으로 흘리면서 보관해뒀던 거야. 쉽게 포기 못하겠어. 운에 맡기자고."

"항아리 하나는 뭔데?"

"내 삶의 화물 목록. 글 쓰는 내 삶의 화물 목록. 그래, 내 소설 속 등장인물인 스물네 살 최순석이 막걸리를 좋아한다고도 썼지. 어느 것 택할래?"

둘 다 막걸리 색을 닮은 백항아리였다. 겉으로는 좀처럼 분간이 가지 않았다.

"냄새는 맡아도 되지?"

"죽을래?"

나는 왼쪽 항아리를 택했다. 녀석의 얼굴에 희미한 웃음이 번져갔다. 나는 항아리를 집어들고 뚜껑을 열어 확인했다. 꽝. 속에는 단어가 적힌 작은 종이 쪼가리들이 잔뜩 들어 있었다. 황세연이 다가와 항아리 단지를 거꾸로 뒤집자 흘러내린 종이 쪼가리들이 바람결에 흩어져 내렸다. 나는 그가 고향 집 뒷산에서 밤알을 줍듯 그것들을 주워들어 살폈다.

팔말 담배, 복권, 사랑Ⅰ, 그리고 운명, 사랑Ⅱ, 소유, 시詩, 농약(제초제), 홍성준(〈고난도 살인〉의 피살자), 군대와 예수상像, 아편(양귀비)과 인어 고기, 황금만(〈보물찾기〉의 등장인물)과 항아리, 황금 기생충, 대걸레자루(쇠파이프), 떡살, 야동, 고려일보 연감과 조지 워싱턴, 사제 권총, 포르말린 용액, 수술대, 위(소화기관), 편지, 표준말, 제기랄!, 염화나트륨(소금), 소설적 진실, 돈세탁, 만우절, 범죄 없는 마을 현판, 황세연….

"뭐야, 이 수상한 단어의 파편들은?"

"얘들 눈치채! 함부로 말하지 마. 소중하고 사랑스러운 나의 거룩한 어휘들이야. 내 즐거우면서도 고단한 변증법적 사고를 거친 정신의 화물 목록이지. 비밀 하나 털어놓을까? 어쩌면 난 이야기를 썼던 게 아냐. 내가 재해석한 단어들을 소설이라는 형식을 빌려 말하고 싶었던 것뿐이야."

"간밤에 마신 술 덜 깼냐?"

"핫, 새끼, 그게 나를 읽는 재미라니깐!"

나는 황세연의 신춘문예 당선작인 〈염화나트륨〉(1995)을 읽고, 그가 제목을 그렇게 정한 까닭을 짐작하며 이 단편소설의 주인공은 성폭행 피해자도 형사도 아닌 염화나트륨(소금)이라고 생각한 적이 있었다.

"그럼, 네 말인즉슨… 형식 차원에서 '소설 이야기'가 정화 물질이라면 '단어'는 전해질이라고 간주해도 된다는 뜻인데."

"어? 그런가? 그렇게 해석해도 되나?"

"눙치기는. 너, 평생 모른 척 주변 사람들을 속인 거지?"

"뭘? 아, 아냐…. 그렇게까지는 아냐!"

"아니긴 뭐가 아냐? 다 네 고도의 전략이잖아."

"나, 너같이 배배 꼬인 꽈배기형 인간은 아니라니깐."

"혹시 너, 술단지를 바닥에 내려놓은 것도 그런 술책의 일환 아냐? 내가 수제 막걸리에 유혹을 느끼는 동안 네 정신의 목록들을 살펴볼 수 있도록 한 덫 말이야."

"아, 징헌 놈! 졌다 졌어. 막걸리 주고 간다."

황세연이 바닥에 흩어진 종이들을 주우려 하자 내가 말했다.

"단어 쪼가리는 날 위해 참고용으로 놔둬. 잘 보관했다가 손상 없이 돌려줄게."

녀석이 고개를 절레절레 흔들더니 운전석에 올랐다. 차는 잠시 미등을 밝혔다가 엔진 소리를 뿜어내며 천천히 아파트 단지를 빠져나갔다.

나는 미처 묻지 못한 물음이 있었음—'제기랄!'이라는 단어가 어떻게 '소설적 진실'과 같은 비중을 가질 수 있는지 궁금했다—을 깨닫고는 아쉬움에 멍하니 차량 꽁무니가 시야에서 사라질 때까지 바라보고 있었다.

철두철미한 변증법적 사고의 소유자

겉은 번지르르하지만 빈털터리인 사람이 있는가 하면 건물 경비원인 줄 알았는데 알고 보니 건물 주인이더라는 놀라움을 안겨주는 사람도 있다. 적절한 비유일지는 모르나 황세연 작가는 후자에 속한 인간이다. 막걸리를 좋아하는 풍모, 어눌한 말투, 시골 출신이란 점을 드러내는 여러 가지 취향들. '뭐 그까짓 거 대충!'이라는 얼굴 표정 뒤에 도시민의 세련됨과 철저함이 감추어져 있다.

나는 황세연의 단편을 즐겨 읽었는데, 그토록 철저하게 변증법적 세계관을 구현하고 있는 작가인 줄은 미처 생각하지 못했다. 사람이든 작가든 섣불리 판단해서는 안 된다는 교훈을 얻은 셈이다.

그의 세계관은 극히 현대적이다. 그는 현재와 근미래에 닥칠 우리의 생활양식을 범죄소설로 풀어내고 있다. 내면보다는 외면이 인간의 행동양식을 지배할 것이란 생각이 그것이다.

내가 황세연을 이해하기 위해 사용한 슬라보예 지젝의 변증법은 표준적인 변증법과는 다르다. 게다가 황세연의 변증법은 지젝의 그것과도 또 달라 '마지막 어휘'가 없다는 점에서 실용주의(프래그마티즘)적으로 재해석된 미국식 변증법이다.

확고한 신념을 묶어둘 말뚝 같은 고정점이 없다면 인간의 삶은 어떻게 되는 걸까? 이것은 현세대에게는 없는 고민일지 모른다. 황세연은 '인간은 내면이 아니라 행동으로 이해된다'는 인식을 선점하고 있다. 자신의 변증법적인 아이러니를 통해서 우리를 시험한다.

시골 공동체를 배경으로 한 《내가 죽인 남자가 돌아왔다》에서 세련된 도시적 감수성 —'과잉'이란 무엇보다 대량생산되어 가판대 위에 엄청난 높이로 쌓아올려진 상품을 목도하면서 생겨난 인간적 감정이다. 그 넘쳐나는 수량에 정신이 혼미할 지경이다. 우리는 시골 생활에서 도무지 과잉을 느껴본 적이 없다 —을 '범죄의 과잉'이란 이름으로 위장시킬 뿐만 아니라, 역으로 소설의 시골스러운 스타일(외면이 전부라면 숨겨둔 것이 있을 수 없다는 역설적 증언이 아닌가)을 강조하며 《내가 죽인 남자가 돌아왔다》에서 숨겨진 것은 아무것도 없다고 주장한다. 건물 경비원의 실체는 엄청난 자산가인 건물주로 밝혀졌지만, 경비원은 경비원일 뿐이라는 언명으로 우리를 혼란케 하는 것이다. 황세연 작가의 매력은 꼼꼼한 독자에게만 보이는 특별한 매력이다.

변증법적 아이러니

변증법적 사고는 시간을 요구한다. 그것은 헤겔의 아우프헤붕 Aufhebung(보통은 '버리고 간직하고 들어올린다'라는 의미로 '고양高揚'이라 번역하는데, 독일철학 전공자 상당수가 이 번역이 만족스럽지 않다고 평하기에 원어를 그대로 쓴다)이라는 개념에 드러나듯이 '부정하는 시간', '보존하는 시간', '고양하는 시간'까지를 요구한다. 하루로 치면 낮의 시간을 통과한 밤의 사색이다. 즉 사후-사고 Nachdenken이다.

쌓여가는 시간의 퇴적을 망각한 채 추상화된 현재 속에서 판단의 역량을 드러내는 것이 아니라, 하나의 사물이나 사태를 두고 그것을 바라보는 관점이 어떻게 이동해가는지 보여주고자 한다. 앞서 데뷔작으로 언급한 〈염화나트륨〉은 이런 변증법적 사고 과정을 전형적으로 드러낸 소설이다.

내러티브는 간단하다. 허름한 여관방 욕조에서 시체가 발견된다. 투숙객, 최윤재. 부검 결과 피부에서 다량의 염화나트륨이 검출되었다. 수사는 한때 방향을 잃고 헤매지만, 우여곡절 끝에 사건의 진실에 이른다.

부동산 업무 차 지방에 내려온 최윤재는 여관에 투숙하고 접대부를 부른다. 하필 접대부는 오래전 서점 주인이었던 시절 그에게 성폭행당한 여학생이었다. 최윤재는 접대부의 얼굴에서 옛 기억을 소환하지 못한다. 청산옥, 춘자.

반면 춘자는 오랜 세월이 흘렀음에도 상대가 고등학교 2학년 때 자신의 삶을 망가뜨린 서점 주인임을 알아본다. 수치심과 모멸감이 파도처럼 덮쳐온다. 그녀가 극심한 우울증에 시달리다 두 번이나 자살을 시도하고 밑바닥 인생을 살게 된 데에는 성폭행을 당한 그날의 트라우마가 크게 작용했음을 부인할 수 없다. 치밀어 오르는 분노에 살의가 겹쳐진다. 당장에 뭐라도 손에 잡히는 대로 집어들어 최윤재의 머리통을 내려치고 싶었다. 그러나 춘자는 살해 욕구를 잘 참아낸다.

이야기의 핵심은 이 순간에 드러난다. 춘자는 결국 최윤재를 죽이고 마는데, 살의를 누그러뜨렸던 춘자가 왜 다시 살인 충동에 사로잡혀 끝내 그를 죽이게 되었는가. 이 심경의 변화에 주목해야 한다. 춘자는 그 모든 상처와 심리적 혼란을 뒤로한 채 아침에 일어나 머리를 감고 조용히 여관방을 빠져나가려고 했었다. 최윤재가 전날 밤 배달 음식점을 통해 주문했던 염화나트륨 한 포대의 용도를 알기 전까지는.

춘자가 화장실 거울 앞에서 젖은 머리카락을 말리던 순간이었다. 최윤재가 슬그머니 들어와 뒤로 지나치더니 욕조에 소금을 풀고 몸을 담근다. 그러고는 이런 말을 내뱉는다.

더러운 창녀하고 잤으니 무슨 병이라도 옮을까 봐 씻으려고 그래.[1]

그 순간 억눌렸던 감정이 폭발한다. 염화나트륨(소금)은 최윤재가 성폭행을 자행함으로써 자신의 정신적 피부에 각인시켰던 더러움을 씻어내기 위한 정화의 물질이었다. 그러나 염화나트륨은 끝내 그를 구원하지 못했다. 이제, 최윤재의 관점에서 보면, 춘자 자신이 그 지위를 차지한다. 이 관점의 이동은, 즉 주체에서 대상으로의 전도顚倒는 그녀를 폭발하게 만들었다. 눈이 뒤집힌 그녀는 들고 있던 드라이기를 소금물로 채워진 욕조에 던져 넣는다. 더러움의 상징이었던 인물이 관점의 변화에 따라 최윤재에서 춘자로 이동하는 순간 염화나트륨은 의미 변화를 겪는다. 더러움을 씻어내는 '정화의 물질'이었다가 살인 도구로 탈바꿈해 '전해질'이 된 것이다. 이 이야기는 춘자의 복수에 관한 이야기가 아니라 염화나트륨의 의미 변환에 관한 이야기다.

지젝에 따르면, 헤겔의 변증법에 대한 통상적인 해석 — 정正-반反-합合으로 이해되는 — 은 오독이며 자신의 해석 — 정-반-반보다 더한 반 — 을 내놓는데 아이러니하게 자신의 변증법적 해석에 이르기 위해서는 반드시 오독을 거쳐야 한다는 것이다. 〈염화나트륨〉에서 소금을 정화 물질로 해석한 뒤에야 살인을 위한 전해질로 온전하게 해석할 기회에 이를 수 있다. 물론 둘 사이에 작동하는 논리는 살짝 다르다. 소금 그 자체를 더럽혀진 몸의 정화 물질로 해석하는 게 오독일 수는 없다. 핵심

---

1   나는 황세연의 소설 대부분을 사정상 파일 문서로 읽었다. 따라서 인용문의 정확한 페이지를 적시하지는 않을 것이다. 양해 바란다.

은 이야기의 흐름 속에서, 필요한 시간의 과정을 거치고 난 뒤에, 소금은 달리 해석된 전해질이 될 수 있다는 점을 강조한 것이다.

지젝이 든 '배뇨/생식'의 예를 통해 이해를 심화시켜보자. 지젝은 남성의 성기에 대해 배뇨의 기능을 선택하느냐 생식의 기능을 선택하느냐의 문제가 아니라, 우리는 배뇨 기능의 선택을 통해서만 생식 기능에 이를 수 있다는 변증법적 과정을 역설한다. 앞선 배뇨(더러움)의 선택 없이는 생식(생명의 탄생이라는 신성함)에 이를 수 없다는 것이다.

공교롭게도 황세연은 이와 유사한 예를 들고 있다. 〈황당특급〉(2005)은 변증법적 사유 구조의 짜임새를 표 나게 내세운 이야기는 아니다. 여러 사람(경찰들)이 한 사람(피의자)을 바보로 만드는 것이 얼마나 쉬운지를 보여주는 이야기인데 여자 교도관 이수영으로 위장한 인물이 들려주는 에피소드에 주목해보자. 교도소 내에서 살인사건이 발생했는데, 흉기를 찾을 수 없다. 이수영은 수사 차원에서 은밀히 교도소로 투입된 인물이다. 그녀는 수감된 범법자들과 함께 생활하면서 물에 불려 말린 떡살이 흉기로 사용되었음을 직감한다.

그녀가 먼저 본 것은 이것의 성적인 용도였다. 딜도 대용의 성기구. 제작 방법은 이랬다. 식사로 나온 밥풀을 적당량 주물러 으깨 떡가래처럼 길게 만든 뒤 창문 밖 햇볕에 말린다. 시차를 두고 같은 방법으로 주물러 으깬 밥풀을 덧댄다. 이러기를 몇 번 반복하자 떡살로 변형된 밥풀은 모양을 갖춰나간다. 사용 시, 떡살 막대를 물그릇 속에서 한 시간쯤 불려 속은 단단하지만 겉은 흐느적거리게 만든다.

여죄수는 밥풀 막대를 입에 넣고 몇 번 핥더니 랩으로 정성스럽게 감쌌다. 그러자 마치 성기에 콘돔을 씌운 것 같은 모양이 되었다.

어떻게 자위 도구로 사람을 죽였겠느냐는 반문에 이수영은 이렇게 대답한다.

자위 도구로 죽인 게 아니라, 자위 도구를 만들 때처럼 밥풀을 주물러 뭉쳐 말뚝 모양의 단단하고 예리한 흉기를 만들어 그것으로 사람의 목을 찔러 죽였던 거예요.

그러고 나서 범인은 흉기를 화장실 배수구 물에 녹여 흘려보냈다는 것이다. 이수영은 '떡살을 물에 불려 말린 것'이 자위 도구로 쓰이는 것을 알고 나서야 그것이 예리한 흉기로 쓰였음을 추리한다. 용도에 대한 두 번째 판단. 판단의 반복. 비유적으로 표현하면, '떡살'을 매개항으로 삼아 과소(자위 기구)를 선택하고 나서야 우리는 과잉(흉기)을 선택할 수 있다.

지젝은 이 논리를 체스터튼이 창조한 탐정 브라운 신부의 수사 기법에 적용한 바 있다. '정-반-합'이라는 헤겔 변증법의 통상적 이해 속에서는 '법(금기)-위반-탐정'이라는 삼항이 성립한다. 법이라는 질서를 깨뜨린 범죄자를 색출하는 것이, 다시 말해 질서의 회복을 통해 종합에 도달하는 것이 탐정의 임무이자 역량이다.

그러나 체스터튼의 브라운 신부가 했던 '입감empathy을 통한 범인 잡기'라는 기묘한 수사 기법은 이 궤도를 벗어난다. 입감은 범인의 내면으로 들어가 뒤틀린 심리와 범죄행위를 실제로 느껴봄으로써 범죄의 수수께끼를 풀 수 있는 능력이다. 브라운 신부는 수많은 범인의 내면에 들어감으로써 한 명의 범죄자보다 더 많은 범죄를 저지르게 된다는 아이러니. 여기서 상상의 영역과 현실을 분리함으로써 '입감'의 능력을 훌륭한 탐정의 남다른 예리한 추측 정도로 평가하는 것은 무의미하다. 그럴 거면 애초에 '입감'이라는 어휘에 특별한 의미를 부여할 까닭이 없기 때문이다. '법-위반-탐정 브라운 신부'의 삼항은 '법-범죄자-범죄자보다 더한 범죄자로서의 탐정 브라운 신부'로 해석되어야 마땅하다.

이 '과소(범죄자)/과잉(범죄자보다 더한)'의 변증법은 황세연의 《내가 죽인 남자가 돌아왔다》에서 흥미진진하게 펼쳐진다. 해프닝의 연속극처럼 읽히는 이 소설에서 시체로 발견되는 '신한국'은 칠갑산 위의 저수지 수문을 연 장본인이다. 만수위가 된 댐에서 물이 넘치면 댐이 무너져 마을에 큰 피해가 있을 것 같아서[2]였는데, 주민들에게 예고하지 않았다는 이유로 그 행위는 의도치 않은 결과를 불러온다. 마을 이장 왕주영의 아내가 수몰되어 실종되고 '범죄 없는 마을' 자격 심사에서도 탈락한다. 범죄 없는 마을로 선정되면 포상금을 받아 댐을 보수할 계획이었을 뿐만 아니라 '범죄 없는 마을'이라는 현판이 마을의 선량함

2   황세연, 《내가 죽인 남자가 돌아왔다》, 마카롱, p64.

을 드러낼 수 있는 자랑거리이자 공동체의 내면화된 도덕의식이었기에 주민들은 큰 충격을 받는다. 그런데 시체로 발견된 신한국을 검안한 결과는 상상을 초월하는 과잉 그 자체다.

배에 타이어 자국. 그리고 옆구리, 허벅지, 다리에 차에 치인 흔적들. 등과 어깨, 엉덩이에 사정없이 매질을 당한 여러 개의 몽둥이 자국. 머리에 모서리가 있는 날카로운 쇠붙이에 맞아 찢어진 절창. 이마에 커다란 둔기로 얻어맞은 것 같은 피멍자국. 등에 네 발 쇠스랑에 찍힌 것으로 보이는 깊은 자창. 입과 코, 귓구멍 속에 쇠똥이 가득하고, 피부에 전기에 감전된 자국들까지… 검안을 한 이 분야 베테랑 의사도 이렇게 잔인하게 살해된 시체는 처음이라고 하더래.

이야기 전개는 '범죄 없는 마을'이라는 현판을 얻기 위해 숱한 범죄를 은폐해야 한다는 아이러니에 의해 추동된다. 이 어지러운 소동의 끝을 마무리 짓는 황세연의 능수능란함. 작가의 기량은 그가 제시한 아이러니를 독자들이 얼마나 느끼고 이해하느냐에 달려 있을 것이다.

내가 앞서 변증법적 사고를 거친 후 황세연판 정신의 화물 목록에 올라갔다고 주장한 어휘들을 검토해보자.

팔말 담배 사형수가 사형이 집행되기 전 담배 한 대를 피우고 싶다고 요청한다. 그 시각, 사형수의 누명을 벗겨줄 구원자가 달려오는 중이다. 간발의 차이로 구원자가 도착했을 때는 억울하게도 막 사형이 집행되고 난 뒤다. 담배 회사는 '담배가 1센티미터만 더 길었어도…' 운운하면서 길이가 늘어난 담배를 출시한다. 이에 대해 황세연은 냉소적으로 반응한다.

정말 웃기는군요. 1년에 수도 없이 많은 사람들을 죽이고 있는 담배 회사가 단 한 사람이 무고하게 죽었다고 그런 쇼를 벌이다니… 아마 조금 더 길어진 그 담배 1센티미터 때문에 폐암과 각종 질병으로 죽어나가는 사람이 한 해에 못해도 수천 명은 될 겁니다. (〈동기〉, 2004)

무고한 사람을 살릴 수 있었다는 점에서 늘어난 담배 길이의 역할인 '과소'가 그 늘어난 길이로 인해 더 죽이고 있다는 '과잉'으로 재해석된다.

복권 복권은 사행심의 조장(과소)이자 희망과 꿈이 실현되는 행운(과잉)일 수 있다. (〈비리가 너무 많다〉, 2002)

사랑I, 그리고 운명 《나는 사랑을 믿지 않는다》에서 클라인펠터 증후군[3]을 앓는 연쇄살인범 강진숙과 조국발의 사랑. 강진숙이 성형을 하고 이가은의 신분으로 살아가는 한 서로 사랑할 수 있지만, 끝내 조국발의 자살로 인해 사랑이 실패로 끝나고 마는 이유는 '사랑'이라는 단어가 변증법적 사고의 여과지를 통과하지 못했기 때문이다. 황세연의 소설에서 '예술'과 '미감'은 변증법적 관점 이동의 실패를 예고하는 주제[4]다. 강진숙이 모델이

---

3   X염색체가 정상인보다 하나 더 많을 경우 XXY 염색체를 가진 남성이 생겨난다.
4   이에 대해서는 뒤에서 따로 설명할 것이다.

자 미적 감각이 뛰어난 인물로 나오는 것은 우연이 아니다. 그럼에도 강진숙과 조국발은 각자의 방식으로 운명에 저항함으로써 절망에 이른다는 변증법적 과정을 겪는다. 강진숙의 경우 '운명'과 '운명에 대한 저항' 모두 DNA(클라이네펠터 증후군)에 의한 강제적 구속이라면, 저항조차 운명의 다른 이름일 뿐이지 않은가? '운명에 대한 저항'은 '운명보다 더 가혹한 운명', 즉 '절망'에 이르게 된다. 조국발의 삶은 그 자체로 변증법적이다. 그는 이상과 현실 중에 우선적으로 현실을 택할 수 없다. 독재정권의 부당한 권위에 저항한 결과—자살미수로 인한 얼굴 화상—를 겪고 나서야 현실을 택할 수 있다. 그 과정은 '운명-저항-절망으로서의 운명'의 변증법적 과정(아이러니)과 일치한다.

사랑 II 〈진정한 복수〉(1998)는 변증법적 사고의 전형을 보여주면서도 그 깊이에 있어 더 나아간 소설이다. 변증법적 사고로 독하게 무장하지 않은 작가가 과연 김낙인 같은 인물을 창조할 수 있을까? 물론 풍성한 내면성의 파노라마를 기대했다면 실망을 금치 못할 것이다. 변증법은 개개인의 세세한 이력과 피치 못할 사정을 다 들어주지 않는다. 김낙인은 단지 하나의 행동양식으로 그려져 있다. 작가의 말을 들어보자.

참으로 이상한 것은, 그렇게 무식하고 다혈질인 그였지만 그는 가해자나 미운 사람의 신체에 직접 손을 대는 법이 거의 없었다. 그는 반드시 상대가 귀여워하는 동물이나 사랑하는 사람에게 해를 입힘으로써 복수를 한다는, 그 스스로가 정해놓은 '복수의 법칙'을 철저히 지키고 있었다. 그의 말에 의하면 그것이 '진정한 복수'라는 것이었다.

이 소설이 흥미로운 것은 최순석이 김낙인의 복수심을 자극해 아내를 살해하도록 유도하면서 — 최순석은 처음부터 아내를 죽일 생각이었지만 법망을 빠져나가기 위해 김낙인의 '복수의 법칙'을 이용하고자 한다 — 사이가 나빴던 아내에게 지극정성으로 사랑하는 척 행동하기 시작했다는 점이다.

그 '사랑하는 척'으로 인해 이 소설은 '거짓 사랑'과 '진정한 사랑' 사이에서 변증법적 선택의 회로에 빠져든다. 따라서 이 이야기의 핵심은 최순석이 '거짓 사랑'을 선택함으로써만이 '진정한 사랑'에 이를 수 있다는 것이다. '-하는 척'과 '진정성' 사이의 변증법. 작가는 이 점을 의식하고 있다.

아이러니였다. 최근 순석이 그녀를 죽이기 위한 전술의 일환으로 그녀를 무척이나 사랑하고 아끼는 척 행동했던 것이 그녀에게 큰 감동을 줬던 모양이었다.

'사랑하는 척'으로 인해 아내는 남편 최순석에게 진정 사랑을 느끼게 되고 이런저런 이유로 잘되지 않던 임신까지 하게 된다. 어느 순간(소소한 입장 차이와 오해[5]가 겹친 후에) 최순석은 김낙인의 '복수의 법칙'에 딱 들어맞는 희생양이 아내가 아니라 자신으로 바뀌었음을 깨닫지 못한다.

최순석이 스스로 생각하는 자신(나는 아내를 사랑하는 척했을 뿐이다)과 세상 사람들, 특히나 김낙인에게 비친 자신의 인상(아내에게 지극정성인) 사이에는 건널 수 없는 심연이 가로놓여 있다. 최순석은 죽어가면서 김낙인의 헛다리짚은 결정이 멍청한 오인이라고 항변하고 싶을 것이다. 지젝의 지론을 끌어오면, 이런 오인의 결과물이야말로 최순석의 진정한 모습이라는 것이다. 우리는 행위가 내면의 심리를 제압하는 시대를 살고 있다.

이 소설은 진정한 사랑을 가늠하는 기준이 내면의 자기 생각인지, 아니면 행위인지를 묻는다. '진정한 복수'와 '진정한 사랑' 사이에는 '진정성'이라는 어휘의 공명이 있다. '제발 오해들마! 나는 아내를 진정 사랑한 게 아니었다고!'라고 최순석은 울부짖을지도 모르지만 — 결국 그가 내지른 창끝은 자신의 심장을 겨냥하지 않았는가? — 최순석은 아내를 진정 사랑했기에 죽을 수밖에 없었다!

소유 내가 그녀를 사랑할 수 없다면… 내가 그녀를 소유할 수 없다면… 뒤틀린 변태적 욕망의 소유자는 자기 육신의 일부가 사랑하는 상대에게 먹히길 원한다. 과잉 상태에 도달하는 것이 불가능하다면 그 어떤 과소의 상태라도 달게 받아들이겠다는 불굴의 의지. (〈싸늘한 여름〉, 1997)

시詩[6] 시는 먹고사는 데 도움이 안 되는 쓸모없는 것(과소)이

5   최순석은 아내를 통해 김낙인에게 잦은 빚 독촉을 한다.
6   《내가 죽인 남자가 돌아왔다》, p85.

자 사치(과잉)다.

농약(제초제)[7] 제초제를 가운데 두고 살충제와 전착제 사이에 과소와 과잉의 변증법이 형성된다. 살충제는 버러지를 죽이는 농약이기에 자살하려는 사람이 버러지가 될 것 같은 기분에 사용할 수 없고, 자신의 인생이 잡초와 다르지 않기에 제초제로 자살하는 게 적당하나 농약 성분이 빗물에 씻겨 내려가지 않게 하는 약품인 전착제를 함께 마시면 제초제의 효과가 제대로 나타날 것이다.

홍성준 최순석의 육촌으로 최순석에게 살해당한다. 독자는 최순석이 홍성준을 통해 행운을 얻었지만 그 행운을 유지하기 위해서는 그를 죽여야 한다는 아이러니를 읽어낼 수 있다. (〈고난도 살인〉, 2021)

군대와 예수상像 제대한 남성에게 군대란 그 방향을 향해서는 오줌도 누고 싶지 않은 '끔찍한 경험'(과소)을 한 곳이다. 그런데 〈비리가 너무 많다〉의 주인공은 군대에 다시 들어가고 싶어 안달이다. 그에게 군대란 옷 주고, 밥 주고, 용돈 주고, 운동 시켜주고, 같이 놀 수 있는 수많은 친구들과 소총·대포·탱크·비행기 같은 값비싼 공짜 장난감들이 즐비한 곳으로 자신의 인생에서 '가장 행복한 시간'(과잉)을 보냈던 장소다. '국방이 의무

7   위의 책, p325.

라면 당연히 권리도 될 텐데…'라는 주인공의 넋두리는 의무와 대립된 권리의 이름으로서가 아니라 '의무의 과잉'으로서의 권리를 주장하는 셈이다.

재입대를 포기할 수밖에 없었던 주인공의 예전 직업은 목수였다. 그는 예수의 손목에 못을 박은 예수상을 수없이 만들어왔다. 손목에 못이 박힌 예수상을 만드는 일에 대해 사람들은 좋은 일(과잉)이라고 했지만, 자신은 밥벌이를 위해 어쩔 수 없이 예수의 손목에 못을 박아야 하는 나쁜 일(과소)로 생각한다. 예수를 십자가에 매달아 못을 박는 일에 불안을 느낀 주인공은, 어느 날 교회에 가서 자신이 손수 못을 박아 매단 예수상 앞에서 공손히 두 손을 모아 기도를 올린다. 상징적 의미에서 볼 때, 자신이 죽인 예수(과소)에게 지옥 유황불에 떨어지지 않도록 구원자(과잉)가 되어주기를 간청하는 것이다.

아편(양귀비)과 인어 고기 아편은, 진통을 위해 응급약(과소)으로 복용하는 것이 아니라 담배 같은 기호식품처럼 즐거움(과잉)을 위해 피우는 것이다(〈반토막〉, 2005). 한편 체질에 맞지 않는 사람이 인어 고기를 먹으면 흉측한 괴물(과소)이 되지만 체질에 잘 맞으면 불로장생(과잉)하게 된다.

황금만과 항아리 황금만이라고 이름을 지을 때는 떼돈 벌어 재물 쌓고 부자(과잉)가 되라는 의미였을 텐데 부자는커녕 금은방 강도(과소) 살인자가 된다. 평소의 사용 용도와 달리 항아리 안에는 보물(과잉)이 아니라 시체(과소)가 들어 있다(〈보물찾기〉,

2006).

황금 기생충 부정적 인식의 대상인 기생충(과소)은 황금보다 더 금전적 가치(과잉)가 있다(《삼각파도 속으로》, 2020).

대걸레자루(쇠파이프) 소설에서는 쇠파이프를 든 주인공이 기억 속에서 대걸레자루를 떠올리는데, 대걸레자루가 그 형태와 위기의 순간에 쇠파이프와 다름이 없는 한, 방어용(과소)이자 공격용(과잉)인 셈이다(〈개티즌〉, 2011).

떡살 앞의 설명 참조.

고려일보 연감과 조지 워싱턴 주인공 황세연은 고려일보 사주 왕이일 회장을 살해한다. 흉기(?)는 공교롭게도 고려일보 연감이다. 처음엔 왕 회장이 고려일보 연감을 책장에서 꺼내려다가 실수로 책에 머리를 맞아 사망한 단순 사고로 추정되었다. 나중에 범인 황세연이 두꺼운 연감을 휘둘러 사망에 이르게 한 것으로 밝혀졌는데, 그의 변명은 아이러니하기만 하다.

연감에서 거짓말만 빼어도 뇌출혈을 일으킬 만큼 그렇게 두껍지는 않았을 텐데….

고려일보 연감은 세상을 향한 거짓말(과잉)인 한에서 왕 회장을 죽이는 살해 도구(과소)가 된다. 같은 맥락으로, 전기 작가의 창작에 불과한 허구적 일화(현실에 못 미친다는 의미에서의 과소)가 조지 워싱턴을 더 존경받는 인물(과잉)로 만들었다(〈농담〉, 2001).

사제 권총 서미애의 권태를 없애주기 위해 총구를 머리에 대고 겨누는 장난(과소) — 죽음 앞에 선 경험이 새 삶에 대한 의욕을 불어넣어줄 것이므로 — 을 치려다가 우연한 과실로 그녀를 쏘아 죽이고 만다. 진짜 살인(과잉)을 하고 나서야 정석화는 권태로부터 해방된다(〈예전엔 미처서 몰랐어요〉, 2002).

포르말린 용액과 수술대 포르말린 용액은 사진 현상의 경막제로 쓰이는 한에서 방부제 — 죽인 여자를 예술품으로 만들기 위한 — 가 된다. 한편 수술대는 살인자가 여성의 시체를 예술품으로 만들기 위한 해부의 받침대(과잉)이자 죽어가는 사람을 살리기 위한 치료의 받침대(과소)다(《미녀사냥꾼》, 1997).

위(소화기관) 위가 비어 있는 것은 위액이 음식을 다 소화(과소)시켰기 때문이기도 하지만 구토를 함으로써 게워냈기(과잉) 때문이기도 하다.

편지 〈비리가 너무 많다〉에 나오는 '들켰다, 튀어라!'라는 협박 편지는, 협박을 해서 뜯어낸 돈으로 아내와 행복하게 사는 꿈을 꾸는 과잉이자 그 편지로 인해 아내가 자신을 버리고 달아나게 되는 과소로서의 변증법적 어휘다.

표준말 최순석은 긴장하면 표준말 비스름한 것을 빠르게 내뱉는 버릇이 있다. 따라서 이윤정을 자신에게 과분한 여자라고 생각하는 한 그는 자연스럽게 입에 밴 사투리로 말할 수가 없다. 소설의 말미에서 서로 사랑하게 되자 최순석은 사투리로 이윤정에게 말한다. 사투리는 표준말의 과소이고 '표준말 비스름한 것'은 표준말의 변증법적 과잉이 된다(《삼각파도 속으로》).

제기랄! 쪽팔림의 격한 감정을 표현한 이 단어는 미묘하게도 〈동기〉 끝 부분에서 두 번 반복되어 사용되는데, 전자와 후자는 '비웃는 사람들의 비웃음 소리'에 절묘하게 대응한다. 즉 앞의 '제기랄!'은 '비웃는'에, 뒤의 '제기랄!'은 '비웃음 소리'에 대응되어 있는 것이다. 그도 그럴 것이, 앞의 '제기랄!'이 술에 취해 곯아떨어진 은요일(등장인물)을 상대로 돈 몇 푼을 훔친 사실이 은요일 본인의 입을 통해 주변에 알려졌을 경우 느낄 쪽팔림이라면, 뒤의 '제기랄!'은 앞의 치졸한 쪽팔림이 싫어(물론 역시나 돈 몇 푼을 훔치기 위한 것이지만) 은요일을 유인해 죽인 사실이 경찰 수사로 지인들에게 알려졌을 경우에 살인자 최순석이 느낄 쪽팔림이기 때문이다. '비웃는 사람들의 비웃음 소리'는 같은 단어의 중복 탓에 매끄러운 표현은 아니다. 그럼에도 황세연이 '사람들의 비웃음 소리'가 아니라 '비웃는 사람들의 비웃음 소리'라고 표현한 것은 독자가 아이러니를 제대로 느끼기를 바랐기 때문일 것이다. 아니, 변증법적 사고 속에서 그는 강박을 느끼듯 그렇게 표현할 수밖에 없었다.

염화나트륨(소금) 앞의 설명 참조.

소설적 진실 '소설에는 〈소설적 진실〉이라는 것이 있다. 현실
에서는 날아가던 새들이 공중에서 충돌을 할 수도 있지만, 소설
에서는 그런 일이 일어날 수 없다…. 소설은 꾸며낸 이야기라는
선입견이 있어 지극히 가능한 일, 타당한 일 이외의 보편적이지
않은 이야기에는 독자들이 수긍하려 들지 않는다. 그렇기에 현
실에서는 비상식적인 현상이 더러 일어나지만 소설의 사건들
은 모두 설명이 가능한 상식선에서 일어나야 한다. 진실보다 더
진실 같은 거짓, 그것이 바로 〈소설적 진실〉[8]이다.' 이것이야말
로 과소와 과잉의 변증법이 아닌가?!

돈세탁 돈의 출처를 감춘다는 돈세탁의 상징적 의미가, 지폐
에 묻은 피를 씻기 위해 세탁기에 집어넣고 말 그대로 돈세탁을
할 때 상징적 의미에서 물질적 의미로의 변증법적 변환을 겪는
다(《내가 죽인 남자가 돌아왔다》).

만우절 뒤에 상세한 해설이 있으므로 생략한다.

범죄 없는 마을 현판 앞의 내용 참조.

황세연 황세연은 황세환(작가의 본명)이자 황세현(〈황세현 살인

8   황세연,《디디알(DDR)》, 태동출판사, p142.

사건〉, 2001)이다. 또 휴대폰의 닉네임으로 쓰는 황새이기도 하다. 그래서 황세연 작가는 푸르른 창공을 날아다니는 새가 된다. 신간이 나오면 작가 사인을 할 때 꼭 황새 그림을 그려준다. 이미지로까지 확장된 이 모든 언어유희는 변증법적 관점 이동과 관련이 있다.

이상 기술했듯이 변증법적 사고를 통과하는, 또는 관점의 이동에 따른 시간이 필수적으로 요청된다면, 우리는 황세연의 변증법적 소설들을 읽고 나서 요구된 시간(이것은 기본적으로 상징적인 의미이지만 소설의 첫 글자부터 끝 글자까지의 물리적 길이라고 이해할 수도 있을 것이다) 내에서 관점 이동에 실패한다면 어떤 현상이 생겨날까? 앞선 관점이 뒤따른 관점에 순순히 자리를 양보하지 않고 스스로 붕괴해가는 모습은 어떨까? 관점과 관점 사이는 대체 무엇으로 채워질까?

매개항에 대한 궁극적 인식이, 예리한 반복 해석을 통해 '아직 아닌…'을 '이미'로 깨달음으로써 이동을 깔끔하게 성취하는 것은 맞지만, 사후-사고라는 입장에서 볼 때 정리되거나 질서화하지 못한 그 어떤 잔해들, 수렴되지 못한 파편들에 대해서도 생각해보아야 한다.

나는 이것들을 네 가지로 분류하고자 한다. 우연의 문제, 예술과 반사회적 충동, 농담, 이름 짓기(네이밍).

a. 우연의 문제

우연의 문제는 황세연 작가에게 엄청난 골칫거리로 보인다. 현실에서 그가 겪었을 크고 작은 우연한 사건들에 대한 감각을, 추리소설가로서 소설 속 우연을 다루는 문제와 융합시키는 데 골머리를 앓는 것 같다. 자주 '처음부터 죽이려고 했던 것은 아니었다'라는 범인의 고백을 통해 살인사건에 우발적 요소가 있음을 알려주는데―〈동기〉에서 최순석은 취해 잠든 줄 알았던 은요일이 깨어나는 바람에 그를 살해하며, 〈예전엔 미쳐서 몰랐어요〉에서 정석화는 거짓으로 죽이는 시늉을 했던 것이지 진짜 죽이려고 했던 것은 아니었다. 서미애가 정석화가 들이댄 손을 치우려다가 오발로 사달이 난 것이다―추리소설가의 역량이 계획 살인을 얼마나 독자를 속이는 방식으로 구성할 수 있는가에 따라 결정된다고 할 때 소설 속 범인의 고백은 무언지 모르게 독자의 입장에서 흡족하지 않다. 때로 황세연은 까불지 말고 좀 더 두고 보란 듯이 소설 줄거리에 숱한 우연들을 깔아놓고 그 모든 우연의 상황들을 살인 기획의 필연적 구성 부분들로 되돌리는 솜씨를 보여주며 통상적인 추리소설가로서의 본분을 되찾기도 한다. 〈불완전변태〉에서 제시한 if 용법들. '내 발밑에 시너 통만 가져다놓지 않았어도…', '공사 현장 앞에 불법주차만 하지 않았어도…'. 그러나 수사관이 명민하게 찾아낸 것은 그 하찮은 우연들이 톱니바퀴처럼 맞물려 있다는 점이다. 결국 피살자는 우연의 연속으로 죽은 것이 아니라 잘 짜인 시나리오에 의해 살인 세트장에서 살해되었음이 밝혀진다. 〈황당특급〉또한 다르지 않다. '꾀죄죄한 복장의 택시 운전기사가 모는 그 택시에 오르지만 않았어도…', '마을버스가 파업을 하지 않고 그 택시만 집 앞에 없었더라도…', '눈 오는 날 하필 총을 소지한 탈영병이 묻지 마 관광버스에 올라타지만 않았어도…'. 〈불완전변태〉에서와 마찬가지로 이 모든 if 용법들은 수사관들의 꼼꼼한 한 점 기획 속으로 수렴된다.

황세연의 소설 장면들에서 우연적인 상황은 여기저기 차고 넘친다. 〈비리가 너무 많다〉에서 '들켰다, 튀어라!'라는 협박 편지를 아내가 읽게 된 것은 시장에 갔던 아내가 돌아오는 것을 보고 급히 책상 위에 놓여 있던 책(아내가 회사와 집을 오가며 읽던 소설책) 속에 자신이 만든 협박 편지를 끼워 감춘 우연 때문이었다. 《미녀사냥꾼》에서 죽게 될 위기에 처한 이가은은 세 개의 전선이 같은 극인지 그중 하나라도 다른 극인지에 따라 자신의 운명이 바뀌는 우연에 노출된다.

《내가 죽인 남자가 돌아왔다》는 두말할 것도 없이 소설 전체의 줄거리가 우연으로 시작해서 우연으로 끝난다 싶을 정도로 우연한 해프닝의 연속이다.

이와 달리 — 이 차이를 알아보는 것은 아주 중요하다 — 골치 아픈 우연의 문제와 정면승부를 겨룬 작품이 〈스탠리 밀그램[9]의 법칙〉이다. 이때, 우연이라는 상황이 소설에서 차지하는 비중은 적당한 타협의 산물, 이를테면 작가가 집필 중인 줄거리의

---

[9] 황세연이 말하길, 하버드대학교 교수였던 스탠리 밀그램에 따르면 여섯 단계를 거치면 인류 모두가 긴밀히 연결되어 서로 영향을 주고받을 정도로 지구가 좁다는 의미에서, 스탠리 밀그램의 법칙을 '작은 세계 현상'이라고도 불렀다는 것이다.

부분적 요소로서 혹은 소설의 초두에서 말미까지 여기저기 전체를 관통하는 압도적 요소로서 그 힘의 크기를 인정하고 드러내는 것[10]에 그치는 것이 아니라, 우연 자체를 대상화해 소설의 주제로, 작가의식의 주제로, 더불어 전기적傳記的으로 거기에 자연스럽게 빙의되었을 삶의 주제로 다뤄보는 것이다.

앞서 나는 변증법적 사고는 개인의 내밀한 사정과 이력에 연민을 갖지 않는다고 썼다. 변증법에 기반을 둔 마르크스의 사상은 지주地主의 생활상의 선악과 관계없이 지주라는 이름만으로 그들을 혁명적 처단의 희생물로 삼켜버린 바 있다. 얼핏 보기에 황세연은 이 소설에서 이런 매정한 사고방식을 견디지 못하겠다는 듯이(평소 자신의 작업 방식을 비판하듯) 스스로의 변증법적 사고를 부정하는 태도를 취하고 있다.

1인칭으로 서술된 이 소설에서 주인공 아빠의 늦둥이 외동딸 은비가 잔혹하게 살해된다. 범인은 같은 아파트에 사는 중학교 2학년 어린 남학생(살인자M)이다. 아버지에게 잔소리를 들은 뒤 홧김에 부엌칼을 들고 밖으로 나와 무작정 엘리베이터를 탔다가 은비를 만나 살해했다는 것이다. 칼에 찔린 은비는 그 자리에서 즉사한다. 놈은 어이없게도 경찰관에게 자신은 아버지의 잔소리에 오래도록 시달려 더없이 불행했는데 엘리베이

---

10   이 소설에도 어김없이 어지러운 if 용법은 작동한다. '수많은 상황 중 단 하나만 빗나갔더라도 은비는 죽지 않았을 것이다… 학원 선생이 수업에 빠지지만 않았더라도…, 학원 앞에서 떡볶이를 사먹지만 않았더라도…, 길을 건널 때 신호등이 조금만 빨리 또는 늦게 들어왔더라도…, 경비실에 들러 택배가 왔는지 확인만 하지 않았더라도…, 친구를 만나 잡담만 하지 않았더라도…, 엘리베이터가 9층을 지나 위로 올라가지만 않았더라도…' 등등.

터에서 만난 은비가 너무 행복해 보여 죽였다고 진술한다. 하늘이 무심하게도 놈은 만 14세 미만이라 형사처벌을 받을 수 없다. 사랑하는 딸이 죽은 마당에 뒤늦게 부모의 교육 관리 책임을 물어 민사소송을 통해 금전적 피해보상을 받는 것은 무의미해 보였다. 아버지의 잔소리가 원인이었다면 자기 아버지나 죽일 일이지 왜 하필 내 딸을….

이런 심리에 사로잡힌 '나'는 결국 놈을 죽이기로 결심할 뿐만 아니라 녀석의 '성격 형성에 가장 큰 영향을 준 사람'을 찾아내 기필코 같이 죽이겠다고 스스로에게 다짐한다. 나이와 신분 고하를 막론하고 그게 누구든 예외는 없다고 비장한 복수의 칼날을 벼리면서.

고용원을 통해 뒷조사를 한 결과 살인자 M은 아버지와 단둘이 살고 있었는데, 그마저 친아버지가 아니었다. 친엄마가 10년 전 교통사고로 돌아가시는 바람에 의붓아버지 최홍만이 홀로 키워왔다는 것이다. 그래서인지 최홍만은 평소 아들에게 무관심한 편이었고 잔소리가 심했으며 가끔 폭력 행사도 마다하지 않았다고 했다.

이 소설이 유독 흥미를 끄는 것은 뒷조사에 그치지 않고 최홍만의 변명을, 아니 해명을 들어본다는 점이다. 최홍만의 얘기는 사뭇 달랐다. 그는 아내가 죽은 후 피붙이가 아니어서 관심이 좀 덜 갔을 뿐(기회가 있었지만 새장가도 가지 않은 채) 학원도 꼬박꼬박 보내고 용돈도 넉넉히 주면서 뒷바라지에 최선을 다해왔다고 항변한다. 그러면서 넋두리하기를 '제 엄마가 그때 그렇게 무면허 운전자의 뺑소니차에 치여 죽지만 않았더라도 녀

석과 내 인생이 이렇게 개판이 되지는 않았을 텐데….'

'나'의 지시를 받은 고용원은 다시 뺑소니 무면허 운전자를 수소문해 찾아가 그가 왜 그런 무모한 사고를 냈는지 진상을 캐낸다. 무면허 뺑소니 운전자 한종팔의 변명은 이러했다.

'김용만이 그놈이 나에게 사기만 치지 않았더라도… 내가 빚더미에 올라앉지도 않았을 테고 운전면허를 정지당하지도 않았을 테고 아내가 가출하지도 않았을 테고 냉동트럭 운전을 할 일도 없었을 테고… 사람을 치었어도 뺑소니를 치는 일은 없었을 텐데….'

고용원은 이번엔 김용만을 찾아가 그의 얘기를 듣는다. 김용만 또한 주식 사기꾼 최순석에게 당해서 한종팔을 부득이하게 끌어들일 수밖에 없었던 곤란한 사정이 있었다고 한다. 그리고 이어지는 최순석의 변명…. 어린 시절 그는 학자금이 (짐자전거를 도둑맞는 바람에) 아버지의 새 자전거를 사는 데 들어가게 되어 자신의 인생이 형편없이 꼬이게 된 불운한 사정을 들려준다. 한데… 주인공의 기억 속에서 그 짐자전거를 훔친 범인은 바로 '나'다. '나'는 대학교 2학년 때 주머니를 털어 술을 마신 후 차비가 없어 걸어서 기숙사로 귀가하던 중 골목 담벼락에 오줌을 누다가 어느 술집 앞에 세워진 고물 짐자전거를 보고 훔쳤었다.

소설은 M의 살인에 나쁜 영향력을 행사한 원인의 최종 귀착지가 다름 아닌 바로 자신이었다는 충격적인 기억의 보고서를 듣고 끝나는데, 원리상 영향력의 선후관계가 그리는 궤적은 우연의 무한한 연쇄의 궤적이다. 고인이 된 터라 최순석 아버지의 아들에 대한 영향력을 알 수 없게 되었다는 문제는 차치하고서라도, 이제 소설의 열린 결말은 '나'가 빠져들게 될 if 용법을 독자들에게 상상해보라고 권하는 것만 같다.

'나'는 왜 하필 그날 술을 마셨을까? 차비까지 탈탈 털어 술을 마시지만 않았더라도 짐자전거를 훔치는 일은 없지 않았을까? 그 골목 담벼락에 오줌을 누지만 않았어도 짐자전거를 훔칠 생각을 아예 못했을 텐데… 술집을 나오기 전 화장실에 들르기만 했더라도….

'나' 또한 숱한 영향력들이 수렴하는 중간 기착지로서의 역할을 하고 있을 뿐이다. 그나마 그 힘들이 하나의 관점으로 수렴되는 이유는 소설이라는 허구 공간에서 발생하는 수사적修辭的인 이유 때문이지 존재론적 토대 원리에 의한 것은 아니다. '나'는 실체화될 수 없다. '나'는 기껏해야 실타래의 재질과 다르지 않은 매듭의 지위를 가질 뿐이다. 그것은 그저 명목적 지위에 불과하다.

중간 기착지의 성격을 띤, 명목적 지위를 가진 '나'를 실체화시키는 유일한 방법은 '나'가 살인자 M을 죽이고 나서 더불어 그 아이에게 악영향을 준 사람들—당연히 최종적으로 '나'의 자살을 포함한—을 죽이는 행위를 통해서만 달성될 수 있다. 열린 결말 속에서 결국 '나'의 지위는 독자의 상상 속 해석으로 남게 된다.

황세연은 왜 '나'의 자살이라는 닫힌 결말로 이 소설을 끝내지 않았을까? 그런 의미에서 〈스탠리 밀그램의 법칙〉은 〈황당특급〉이나 〈불완전변태〉와는 사뭇 다른 이해를 요구한다.

후자의 두 소설에는 우연들이 수렴하는(우연들을 필연으로 만드는) 최종 기획이 있다. 실체로서의 고정점이라 불러도 손색이 없을 귀착지가 존재한다. 반면 '생판 모르는 중학교 2학년 남학생이 내 사랑하는 딸을 죽였는데, 그 무한 영향력의 연쇄 고리 사이에 연결점으로서의 내가 존재하므로 나는 자살해야 마땅하다'라는 결론은 상상은 가능하지만 너무 극단적이라는 생각을 쉬 떨칠 수 없다. 내게는, 〈스탠리 밀그램의 법칙〉이 황세연 스스로가 수없이 생성시켜 변증법적 정신의 화물 목록에 올렸던 어휘들의 궁극적 지위에 대해 의심하는 소설처럼 읽힌다.

b. 농담

황세연은 사석에서도 자주 농담을 즐긴다. 술좌석에서 심각한 얼굴로 자리를 박차고 일어난 그가 '급한 용무 때문에 가봐야겠다!'고 선언한다. '갑자기? 무슨 일이야?'라는 사람들의 물음에 '오줌을 눠야 돼서'라고 능청스럽게 대답한다. 배뇨보다 더 급한 용무가 어디 있겠냐면서. 그는 '다음 주 수요일쯤 만나는 게 어떨까?'라는 물음에는 '너무 먼 미래의 일이어서 일단 약속은 잡아두지만 확답은 하지 못하겠다'고 말한다. 일주일 사이에 생겨날지도 모를 약속을 방해하는 '우연한 사건의 소용돌이'를 늘 염두에 두고 있는 듯하다.

소설에서도 크게 다르지 않다. 소탐대실小貪大失을 '소탐돼실'(소 한 마리 지키려다 돼지까지 다 잃는다는 농담)로 해석하는 언어유희,[1] 천국에 가기 어렵겠다는 말에 뒷문으로 슬쩍 들어가면 된다—사회에 이토록 비리가 넘쳐나는데 신이 만든 천국이라고 해서 비리가 없을 리가 없다! ─는 블랙유머[12] 등 갖가지 농담들이 즐비하다.

프로이트에 따르면 농담은 진지함을 유지하기 위해 억압으로 기능하는 초자아에 대한 대담한 일격[13]이다. 수장당한 아내의 어처구니없는 죽음이 야기한 고통을, 죽어서 천국에 가야 한다는 종교적 부담감을, 소탐대실이라는 도덕적 교훈과 처세술을 황세연은 농담 한 방으로 날려버린다. 억압된 충동을 방출한다.

의미의 생산이나 형성은 정신적 압박을 불러일으키기 마련인데, 농담은 그 의미 형성의 본질이 불확실한 데다 근거가 없으며 의미 형성에 의해 구축된 질서의 기표가 실상 임의적인 표식과 소리에 불과함을 보여준다. 프로이트식으로 말하면 '의미'의 기저에는 '의미 없음'이 자리하고 있다[14]는 것이다. 《내가 죽인 남자가 돌아왔다》가 소설화된 소극笑劇처럼 느껴지는 까닭도 소설 전체가 '범죄 없는 마을'이라는 현판의 무의미함(범죄 없는 마을이라는 타이틀을 얻기 위해 범죄를 은폐한다는)에 노출되기 때문일 것이다.

의미 속에 숨겨진 무의미를 환기시켜 억압된 심리의 방출을 유도하는 것이 농담이라면 황세연은 한 걸음 더 나아가 농담의

---

11   '저승길도 식후경'(《예전엔 미쳐서 몰랐어요》)이란 농담도 이에 해당할 것이다.
12   수몰되어 수장당한 아내를 두고 아직도 물 밖으로 안 나오는 잠수 신기록을 세우고 있다는, 중천리 이장 왕주영의 농담은 변증법적이면서 ─ 수동형인 수장을 능동형인 잠수로 치환한다 ─ 동시에 삶의 무거운 이야기를 가벼운 이야기로 처리함으로써 삶 자체를 풍자하는(삶을 진지하게 대하는 모든 사람의 태도를 풍자하는) 블랙유머의 성격도 지닌다.
13   테리 이글턴, 손성화 옮김, 《유머란 무엇인가》, 문학사상사, p30.
14   위의 책, p55.

역할을 전도시켜 그것을 정신의 억압 기제로 재활용하는 실험 (?)을 한다.《미녀사냥꾼》에서 최순석이 옛 애인 진영에게 사랑 고백을 하는 장면. 장미 한 송이를 준비한 최순석은 고백을 목 전에 앞둔 찰나 그날이 만우절이라는 생각에 치를 떤다.

순석은 이 만우절이라는 낱말이 순간적으로 마음에 걸렸다. 내 고백이 농담이나 거짓말로 들리면 어쩌지? (⋯) 이런 성스러운 고백을 만우절에 하면 성스러움이 치명적인 손상을 입을 것 같았다.[15]

농담이나 가벼운 거짓말이 1년 중 공식적으로 허용된 날. 역설적으로 만우절이라는 낱말이 주는 강박관념에 사로잡힌 최순석은 끝내 고백의 기회를 놓치고 마는데, 공교롭게도 진영은 이날 자살한다. 최순석은 '그날 사랑 고백만 했더라도⋯'라는 생각에 사로잡히면서도 만우절이 자신의 현실 인식을 비웃는 되먹임의 일격을 당한다.

다만 확실한 것은, 그녀는 만우절 밤에 거짓말처럼 순석의 곁을 영원히 떠났다는 것뿐이었다.[16]

이 알레고리 같은 이야기가 전달하려는 내용은 최순석의 사랑 고백 기회를 좌절시켰던 만우절(초자아로 전도된 강박관념)이 애인 진영이 자살한 현실을 조롱하는 듯한 농담(거짓말)의 기능

15   《미녀사냥꾼》, 해난터, p232.
16   위의 책, p238.

을 동시에 수행한다는 점이다. 만우절이란 황세연식 변증법적 단어는, 뒤집어진 의미로, 의미의 과잉(강박관념)이자 의미의 과소(농담, 거짓말)이다.

c. 예술과 반사회적 충동

우리는 황세연의 소설에서 예술이나 미적 감각이 변태적 욕망이나 반사회적 충동과 병렬되어 나타나는 현상을 보게 된다. 더불어 유독 잔혹한 장면과 묘사가 이어지는데, 목이 잘려나간 시체의 이미지는 그 어떤 미달 상태의 상징처럼 보인다.

> 머리와 다리가 잘려나가 발견되지 않았고… (김미정, 고3)
> 머리가 잘려나가고 없었으며… (최명순, 고3)
> 내장과 머리, 다리가 사라졌으며… (김지혜, 30세, 회사원)
> 머리와 내장, 팔이 없었다. (이화숙, 대학교 3학년)[17]

《미녀사냥꾼》의 경우 그나마 잔혹한 변태 심리를 가진 개인 범죄자에게 머리통을 자르는 끔찍한 취미를 귀속시킬 수 있지만, 국가 간의 전쟁을 앞둔 스파이물로 분류될 수 있는 《조미전쟁》에조차 이런 과한 이미지가 나온다는 것은 주목을 끌 수밖에 없다.

---

17   위의 책, p30.

여자의 시체는 몸과 머리가 완전히 분리되어 침대 위에 뒹굴고 있었다. 머리가 없는 몸은 알몸이었고, 피로 물든 침대에 반듯하게 뉘어져 있었다. 그리고 머리는 얼굴이 천장을 향한 채 사타구니 사이에 놓여 있었다.

유기체가 절단되어 파편화된 숱한 이미지들. 물론 다른 작가의 수많은 추리소설에도 악몽, 신경증, 정신적 외상, 검붉은 피로 얼룩진 범죄의 흔적들, 파괴 욕구, 시선을 돌려 외면하고 싶은 사체의 상태 등등이 존재한다. 그러나 황세연의 소설에서 머리가 잘려나간 이미지는 그저 공포를 불러일으키는 잔혹한 묘사에 국한되지 않는다. 이 이미지가 황세연의 변증법적 의식구조 속에서 갖는 역할에 주목해야 한다. 독자들이 참혹한 이미지를 만날 때, 황세연 특유의 변증법적 농담조차 실패하고 말기 때문이다. 다음은 정복 경찰과 형사의 대화를 이가은이 듣는 장면이다.

"꼭, 잘 손질되어 놓여 있는 푸주간의 돼지를 보는 것 같군."
"머리는 어디로 간 걸까요?"
"그걸 내가 어떻게 알아. 어떤 놈이 고사라도 지내려고 가져갔나 보지 뭐."

《내가 죽인 남자가 돌아왔다》에서 박달수 노인과 아내를 잃은 왕주영 사이의 농담—수장되어 실종된 상태를 잠수 신기록이라 자랑삼아 말하는—이 독자들에게 먹히는 이유는 황세연

작가가 세심하게 깔아놓은 보조 장치가 은밀히 작동하기 때문이다. 첫째, '그해 가을'의 과거 사건이라고 표현하듯이 몇 년이 지난 시점이라 당사자인 왕주영이 애도 기간을 거친 후 어느 정도 마음의 안정을 되찾은 상태에서 아내의 죽음을 객관적으로 바라볼 수 있게 되었다는 점이다. 둘째, 박달수 노인과는 시골 동네 공동체의 주민으로 오랫동안 봐왔기에 박달수 노인이 왕주영의 농담 속에서 도리어 왕주영의 슬픔을 읽어낼 수도 있다는 점이다. 셋째, 무엇보다 중요한 핵심 포인트인데, 농담을 던지는 주체가 왕주영 자신이었다는 점이다. 박달수 노인이 그 농담을 할 수는 없는 일이다.

위에서 사람의 잘린 머리를 두고 돼지머리 고사 운운하는 농담 장면에서는 이 모든 디테일이 결여돼 있다. 소설 《미녀사냥꾼》에서의 농담의 실패는 소설 전체의 변증법적 관점 이동의 실패를 반영하고 있다. 뒤집어 얘기하면 변증법적 사고를 통과하지 못하는 잔인한 충동 등에 대해 얘기할 때 황세연이 예술과 미의식을 운운하게 된다는 것이다.

이때 충족되지 못한 느낌, 미달되거나 미완성의 느낌이 소설 속 등장인물들의 의식을 지배하게 된다. 《나는 사랑을 믿지 않는다》에서 강진숙이 '볼 수는 있으나 소유할 수 없다'는 강렬한 불만족에 사로잡힐 때가 그러했고, 〈인생의 무게〉에서 지영이란 인물이 '고슴도치'란 별명이 붙은 쇠조각상(창같이 뾰족하고 커다란 침들이 수십 개나 달린)의 꼬치가 되어 죽어갈 때 그녀 스스로가 자신을 예술작품으로 인식하는 순간이 그러하다.

지영은 조각상에 온몸을 찔린 채 죽어가며, '고슴도치'와 어우러져 고통스럽게 누워 있는 자신이 새로운 하나의 훌륭한 예술작품이 되었다는 것을 깨달았다.

지영의 인식에는 확실히 맹점이 존재한다. 원론적인 입장에서 보면, 이 '고슴도치'와 한 몸이 된 자신의 모습을 예술작품으로 인정할 수 있는 사람은 죽어가는 자신이 아니라 바로 그 시점에 거리를 두고 바라보는 감상자일 것이기 때문이다. 뿐만 아니라 우리는 지영 스스로가 제시한 변증법적 종합의 결과가 성공적이었는지도 판단해야 한다.

'고슴도치 쇠조각상'은 처음 자신에게는 예술작품이었고 남편에게는 한낱 쓰레기였다. 정(예술작품)과 반(쓰레기). 성격이 변덕스러운 지영은 작품을 산 지 얼마 지나지 않아 남편의 말처럼 쓰레기에 불과한 하찮은 물건을 예술작품으로 오판해 큰돈을 지불한 자신의 어리석음에 짜증이 난다.

처음에는 첫눈에 반할 정도로 무척이나 아름다운 예술작품으로 보였는데, 보면 볼수록 눈이 멀었었다는 생각이 들었다. 어쩌다 저런 끔찍한 고철덩어리를 비싼 돈을 주고 사다가 집 안 한가운데에 놓게 되었는지….

지영이 끔찍하게 죽어가는 모습을 옆집 할아버지가 우연히 처음 발견했다고 가정할 때, 할아버지는 그 모습을 짧은 순간이나마 예술작품으로 감상할 수 있었을까? 아닐 것이다. 할아버지는 화들짝 놀라 119에 신고부터 했을 것이다. 죽기 직전 지영의 모습을 예술작품으로 감상할 수 있는 유일한 후보는 남편인데, 그때 남편은 이미 죽은 뒤였다. 변증법적 종합의 관점은 형성되지 않는다. 종합에 실패한 이 미진한 느낌을 작가는 '남편이 죽었기에 미완성인 〈인생의 무게〉라는 예술작품이 영원히 묻혔다'라고 표현한다. 남편의 입장에서 보면, 그것은 '용민이라는 남자가 자신의 아내 혜숙'을 죽이는 소설 속 액자소설인 〈인생의 무게〉가 완성되는 시간, 즉 소설 속 현실에서는 아내가 쇠조각상에 꽂혀 죽어감으로써 마무리되는 시간일 것이다.

〈인생의 무게〉는 남편과 아내가 서로를 죽이려 한다는 흔한 줄거리의 겉모습과 달리 단번에 작가가 전하고 싶어 하는 메시지를 파악하기가 어려울 정도로 복잡한 소설이다. 〈아내의 무덤〉에서 〈인생의 무게〉로 제목이 변하는 '소설 내 액자소설'의 제목과 소설의 제목 〈인생의 무게〉와의 관계, 중의적 의미를 띤 지영의 몸무게와 인생의 무게와의 비유적 관계, 미완성인 액자소설로 남게 된 〈인생의 무게〉의 운명과 변증법적 종합의 실패 속에서 죽어가는 지영의 운명의 관계 등등.

황세연의 전작을 두루 살피면서 상대적인 지위를 고려할 때 개인적으로는 《나는 사랑을 믿지 않는다》와 《미녀사냥꾼》 그리고 〈인생의 무게〉를 '예술과 잔혹한 이미지를 덧씌운, 황세연식 변증법적 사고의 여과지를 통과하지 못한 실패작'이라고 부르고 싶을 정도다. 이때, 실패란 작품의 실패[18]를 말하는 것은

---

18 나는 〈인생의 무게〉를 아주 좋아한다고 《가마우지 도서관 옆 카페 의자》에서 밝힌 바 있다

아니다.

이 세 작품에서는 잔혹성과 아름다움이 결합된다. 대표적으로 《미녀사냥꾼》의 도입부에서 낚시를 하다가 시체를 발견하는 김 대리 부부의 대화를 떠올려보라. 장난스러운 대화라고 치부하기엔 섬뜩하기 짝이 없다.

"목을 졸라 죽이기엔 당신은 너무 아름다운 목을 가졌어."

게다가 반사회적 충동은 사악한 범죄자의 보기 드문 성향에 국한되는 게 아니기 때문에 사회에서 쉽게 솎아내어 격리할 수도 없다. 바꿔 말해 변태적 성충동은 살인 현장에 출동한 강력계 형사 최순석 경위의 초동수사의 진의마저 오염시키고 있다.

장갑을 낀 뒤에도 최순석 경위는 한참이나 사체를 살피다가 연인을 애무라도 하듯이 조심스럽게 사체의 가슴과 다리를 쓰다듬기도 하고 주무르기도 하고 손가락으로 꾹꾹 눌러보기도 했다. (⋯) 그가 알몸의 시체 위에 엎드린 채 시체를 엎었다 젖혔다 하는 행동은 꼭 포르노 배우가 파트너의 섹스 체위라도 변경하는 것처럼 매우 능숙해 보였다.

최순석은 흡사 사체성애자의 모습이다. 의대 본과 4학년 때 그가 의사가 되기를 포기한 것도, 꽤 이름이 알려진 의사인 아버지 최돈권 박사의 맹장수술을 돕던 중 20대 여자의 하얀 피부 위로 붉은 핏방울이 방울방울 솟아올랐을 때 그 핏방울을 핥아먹고 싶다는 충동을 느꼈기 때문이다. 그는 점점 사이코가 되어가는 자신의 모습에 회의를 느끼고 결국 의대 본과 4학년 때 직업을 바꿔 경찰에 투신한다. 그런데 그가 자신의 의사와 상관 없이 형사과로 발령이 난 것은 범인의 눈빛을 보자마자 한눈에 그자가 범인임을 알아보았기 때문(자신도 같은 충동을 가지고 있었 기에 가능한)이다. 이런 유의 황세연의 소설에서 형사가 차지하 는 지위는 대체 무엇일까? 범인을 잡아 증거들을 꼼꼼하게 살 펴보고 기소 의견으로 검찰에 송치하는 법의 수호자이기는 한 것일까?

순석은 자신이 이 사건에 그토록 집착하는 이유가 어쩌면 범인에 대한 질투나 호기심에서 비롯된 것인지도 모른다는 생각을 했다.

…동병상련이라고, 순석은 놈보다 훨씬 심한 사이코적 경험과 충 동을 가지고 있었으므로 놈을 쉽게 이해할 수 있었다.

최순석 형사의 강렬한 반사회적 충동은 소설이 끝날 때까지 억제되거나 치유되지 못한다. 다시 말해 경찰의 신분임에도 불 구하고 초자아(사회의 윤리적·도덕적 가치)가 그의 내면과 양심에 서 제 역할을 수행하지 못함을 보여준다. 아버지 최돈권 박사 의 맹장 수술대는, 예술의 이름으로 시체를 방부 처리하는 연쇄 살인범 이병철의 작업대를 거쳐, 실혈로 인해 결국 사망 판정을 받은 이가은이 누운 해부실 수술대로 변형되어 나타난다. 그곳 은 어김없이 최순석의 변태적 충동을 충족시킬 수 있는, 드러났 으면서도 또 숨겨진, 일탈의 카니발적 장소인 것이다.

관점의 형성이란 일종의 질서화다. 그것이 확대되어 체계를 갖추면 사회의 가치를 담는 그릇이자 구성원들의 내면화된 기율紀律이 되어 자연스럽게 행위자의 양심을 자극하는 초자아의 역할을 맡게 된다. 그러나 그것은 어디까지나 무의미를 내부 속에 잠재적으로 잉태한 의미 형성에 의한 질서화일 뿐이다. 그래서 관점과 관점 사이에, 하나의 질서가 힘을 잃고 붕괴해가고 있지만 대체할 다른 질서가 뚜렷이 그 형태를 드러내지 않은 사회 역사적 상태일 때, 더 근원적으로는 자연과 제2의 자연(사회) 사이에 사회화되지 않아 길들여지지 않은 충동이 끔찍한 균열의 모습을 드러내는 순간이 있다. 황세연의 몇몇 소설들이 이 상태, 즉 변증법적 관점 이동이 실패한 상태를 적나라하게 그리고 있다.

d. 이름 짓기

황세연에게 이름이란 무엇일까? 고유명이란 무엇일까? 왜 같은 이름을 여기저기에서 서로 다른 성격과 정체성을 가진, 심지어 나이와 직업마저 모순[19]적으로 충돌하는 등장인물에게 사용하는 것일까?

그는 최순석이 실제 친한 친구[20]의 이름이며 첫 출간된 자신

---

19 《조미전쟁》의 최순석은 변태 심리를 가진 《미녀사냥꾼》의 최순석과 달리 살인 현장을 보자마자 윤리적으로 크게 분개한다.

20 이 항목의 글을 쓰기 위해 황세연 작가 주변 인물의 실명을 공개할 수밖에 없는 점은 유감이다. 실명의 공개 없이 '이름 짓기'에 대한 황세연의 작명 철학을 탐구할 수는 없다. 그리고 작명법을 도외시하고 그의 소설을 총체적으로 분석할 수 없기에 이 점에 대해서는 거듭 황세연 작가 본인을 포함한 모든 분들께 양해를 구한다.

의 장편소설을 기꺼이 열 권 샀었기 때문에 앞으로도 계속 그 이상의 양을 사줄 것으로 은근히 기대하며(?) 그 이름을 다른 소설에서도 줄곧 사용하게 되었다고 농담처럼 말했다. 그의 작품을 지속적으로 읽은 사람에게 그의 작명법은 밤무대 사이키 조명 아래에 시선이 노출된 것 같은 현기증을 유발한다.

최순석은 평범한 형사(《나는 사랑을 믿지 않는다》)이자 타락한 형사(《내가 죽인 남자가 돌아왔다》)이며 반사회적 변태 심리와 충동에 시달리는 형사(《미녀사냥꾼》)이기도 하다. 같은 이름은 막걸리를 좋아하는 스물네 살 청년 잠수부(《삼각파도 속으로》)의 모습으로 나타나기도 하고 또 차가운 인상을 가진 50세 경감(〈농담〉)으로 나타나기도 한다. 같은 요리에 다양한 소스를 부어 각기 다른 맛을 내려는 것처럼 만화가(〈보물찾기〉), 전과 5범이자 주식 사기꾼(〈스탠리 밀그램의 법칙〉), 대공수사 요원(《조미전쟁》), 살인자(〈동기〉, 〈고난도 살인〉) 등등의 다양한 모습으로 내양과 외양을 바꿔나간다.

황세연 작가의 본인 이름조차 고려일보 사주의 자서전을 대필한 작가(〈농담〉), 사람 고기를 먹은 건지 인어 고기를 먹은 건지 헷갈려 하는 자칭 수의사(〈반토막〉), 불운의 교통사고로 사망하는 소설가(《디디알》) 등 천변만화千變萬化의 종잡을 수 없는 얼굴로 등장한다.

황세연은 이런 특유의 작명법을 통해 대체 무엇을 겨냥하고 있는 것일까? 내가 이 글의 서두를 소설의 대화 형식으로 구성한 것도 이런 오독과 무관하지 않다. 훌륭한 목수는 나뭇결을 거스르지 않고 작업한다고 했던가. 마찬가지로 황세연의 소설은 특이하게도 자신이 제시한 방식을 반드시 염두에 두고 읽으라고 독자들에게 강력히 요구하는 것만 같다. 그렇게 읽지 않을 경우 오독이라는 함정에서 빠져나오지 못할 것이라고 경고하면서.

나 또한 오독의 함정에 빠져 허우적댄 적이 있었다. 이 얘기는 실화다. 2000년의 일이다. 황세연 작가가 교통사고로 죽었는지 확인해달라는 전화가 당시 한국추리작가협회 회장이던 이상우 선생으로부터 왔다. 나는 화들짝 놀랐다. 설마, 그럴 리가! 아직 젊디젊은 나이인데… 여기저기 수소문해보니 황세연이 죽긴 죽었는데 소설 속에서라는 것이었다. 압권은 실제《디디알》을 낸 출판사의 이름으로 작가 부고를 알리는 소식까지 내보냈다는 것이다.

이 소설의 작가 황세연은 2000년 5월 30일 밤 10시경, 불의의 교통사고로 세상을 타계하였습니다. 삼가 명복을 빕니다. 태동출판사 임직원 일동.《디디알》

나는 그의 결계에 속수무책으로 당한 채 그의 죽음을 확인하기 위해 수소문을 했었다. 그리고 현실에서의 나의 행위는 정확히 '소설의 이야기가 책 안의 텍스트에서 끝나지 않고 책 밖으로까지 진행되게끔 한' 그의 전략에 꼼짝없이 말려든 행위다. 달리 말해, 그의 글은 내 현실의 참여 행위—그의 죽음을 여러 경로를 통해 최종 확인하려는—또는 최소한 가상 독자 누군가의 참여를 통해서만 완성의 지점에 이를 수 있다는 것이다.

나는 황세연 작가의 글쓰기 전략에 연루되고 말았다. 따라서 그와의 친분을 드러내지 않고 이 글을 쓸 수는 없다. 또한 그와 주변 사람들의 본명을 들먹이지 않고 이 글을 쓸 수도 없다. 현실에서 내가 그가 죽었다고 잠시나마 믿고 나서야 그의 '소설 속 죽음'을 통해 '현실 속에서의 그의 생존'을 알아차릴 수 있었기 때문이다.

황세연은 왜 자신의 이름인 고유명에조차 변증법적 사고의 여과지를 통과시키는 실험을 한 것일까? 이 지독한 집착의 지칠 줄 모르는 에너지의 원천은 무엇일까?

그는 자신의 이름인 '황세연'을 두고서도 변증법적 언어놀이를 한다. '황세환'(본명)은 황세연에 대한 의미의 과소 — 이것이 의미의 과소인 이유는 작가 황세연이 본명 황세환보다 항상 더 많은 것을 말하고 있기 때문이다 — 이고 '황세현'(《황세현 살인사건》)은 황세연에 대해 의미의 과잉이다. 그 까닭은, 우리가 이 짧은 소설이 다른 작가가 아닌 황세연 작가가 쓴 작품임을 알았을 때 추가된 무엇을 느낄 수 있기 때문이다.

이상으로 볼 때 황세연은 조건부 헤겔주의자다.《정신현상학》을 쓴 청년 헤겔주의자[21]다. 시대정신Zeitgeist 따위는 믿지 않는 헤겔주의자다. 헤겔주의가 권력에 대한 비판과 저항 정신에 틀을 부여하는 논리를 수용하는 것이라면, 황세연은 그런 의

---

21   나는 황세연에게 헤겔을 읽은 적이 있느냐고 물었다. 그의 대답은 '없다'였다. 그 순간 나는 대실 해밋의 서가에 꽂혀 있었다는 헤겔 책을 떠올렸다. 대실 해밋의 프리크래프트 (Flicraft) 우화는 우연의 세계관에 대한 탐구를 상징한다. 나는 두 작가에게 '우연'이라는 주제가 갖는 의미를 되새김질해보았다.

미에서의 헤겔주의자는 아니다.

정치 투쟁을 통해 헤게모니를 장악한다는 것. 생사를 건, 정치 투쟁의 구체성을 통과한 뒤에야 진리로서의 보편성을 획득할 수 있다는 것. 흔히 말하는 역사의 전개 속에 투영된 구체적 보편성.[22]

이 담론은 암암리에 개인의 생애를 훌쩍 뛰어넘는 역사적 시간의 전개를 염두에 두고 있다. 그에 반해, 개인의 자유 — 시대정신이나 진리라는 이름으로 속박하려는 그 어떤 것에 대해서도 의혹의 눈초리를 보낸다 — 를 앞세우며 무엇보다 눈앞에 닥친 문제 해결의 실용성을 제1의 덕목으로 삼는 헤겔주의자는 자기-창조와 정치를 결합하려는 노력을 중지[23]시키려고 한다.

나는 지젝의 논리를 받아들여 황세연의 소설들을 해석해왔는데, 이제 그와 결별해야 할 순간이 왔다. 지젝은 진리가 있다는 것을 확고히 믿는 사람이다. 물론 황세연이 '재미있자'고 쓴 소설에 대해 진리 운운하는 것은 과한 관심이거나 해석이라는 쓴소리도 있을 것이다.

그럼에도 현실과 상상의 경계를 무너뜨릴 뿐만 아니라 타인의 고유명은 물론이거니와 자신의 고유명의 안정성 — 진리란 안정성과 지속성을 담보해야 하지 않겠는가? — 에마저 근원적인 의심을 가진 작가가 어찌 '진리에 대한 믿음' 여부의 물음

---

22   "보편자는 (…) 어떤 특수한 내용의 가장 속에서 스스로를 단언한다." 슬라보예 지젝, 《까다로운 주체》, 도서출판b, p171.

23   에른스트 벨러, 이강훈·신주철 옮김, 《아이러니와 모더니티 담론》, 동문선, p163.

을 피해갈 수 있겠는가?

아이러니스트

황세연 작가에게 '당신은 진리 따윈 없다고 믿는 사람인가?'라고 묻고자 하는 것은 아니다. AI가 펼쳐 보이는 가상세계를 언급할 것도 없이, 18~19세기를 거치면서 언어가 묘사(기술)의 지위를 잃고 구성적 성격을 띠게 되었다는 점을 알게 된 마당에 이 질문이 예전같이 그리 심각한 것도 아니다.

황세연의 소설에서는 진리에 필수적으로 요구되는 '변화하지 않는 안정성'이 끊임없이 훼손된다. 양귀비(아편)의 약효에 취해서 있지도 않은 인어 고기를 먹었다는 착각에 빠진 것인지 잡아먹은 인어 고기의 독성으로 인해 이상한 헛소리를 늘어놓는 것인지… 결국 황세연의 작가적 분신이기도 한 〈반토막〉의 주인공은 자신의 직업이 수의사인지 추리작가인지 특정特定하지 못한다. 〈농담〉의 대필 작가 황세연의 처지도 딱하기는 마찬가지다. 자신이 강제로 끌려와 입원한 곳이 정신병원인지, 바깥세상이야말로 갖은 정신병자들이 득실거리는 진짜 정신병원은 아닌지, 그는 특정하지 못한다. 이 헷갈림에 대한 또는 결정불가능성에 대한 타협점은 배중률의 형식 논리에 기대어 사회적 가치와 공동체의 붕괴를 막아보는 것이다.

세상이 미칠 수는 없는 것이니 미쳤다면 내가 미친 것이다.[24]

그러나 이 타협점은 임시적일 수밖에 없다. '미쳤다면'이라는 가정법은 한발 양보한 타협점에서조차 고유명에 대한 불안감을 여전히 암시하고 있다. 인간이 사회적으로 신분 보장이 된 직업과 부모가 지어준 자신의 이름에서조차 안정감을 얻지 못하면 어떻게 되는 것일까? '그/그녀'는 정착할 곳을 잃고 사회 경계선 밖으로 추방되는 것일까? 황세연은 이 문제를 더 깊이 탐구하지는 않는다. 자신의 행위, 신분, 고유명 모두를 의심의 눈초리 앞에 놓을 때 우리가 그의 소설에서 읽어낼 수 있는 것은 마지막 어휘 final vocabulary의 부재다. 다른 말로, 사회 구성의 건축학적 토대를 부여할 이름 짓기의 불가능성이다.

그런 의미에서 '최순석'이란 이름은 그 어떤 특유의 정체성(캐릭터)도 가리키지 않는다. 아니, 최순석이란 이름은 정체성을 가리킬 수 없음이다. 차라리 그는 텅 빈 교차로를 상징하는 인물이다. 교차로는 자신을 스쳐가는 길 위의 어떤 인물 — 나이 차, 성차, 빈부 격차, 신분의 고귀함, 직업, 오간 횟수 등등 — 에게도 자신이 귀속시킬 권리를 가지고 있다고 주장하지 않는다.

'변증법적 사고를 이해하는 사람치고 유머감각이 없는 사람은 없다'라는 브레히트의 유명한 말이 있다. 황세연에게 더없이 제격인 정신의 의상이 아닌가.

테리 이글턴에 따르면, 유머는 대개 질서정연한 의미세계의 순간적인 붕괴로 현실 원칙의 장악력이 느슨해질 때 발생한다.[25] 이때 유머는, 그 정도를 우리가 감당할 수 있는 수준에서,

---

24   황세연, 《삼각파도 속으로》, 들녘, p397, p478.
25   《유머란 무엇인가》, p142.

x

x

x

대부분 일탈이나 위반의 문제가 된다. 반어법, 말장난, 언어유희, 오해, 그로테스크한 것, 부적절함, 중의적 의미, 난센스, 실수, 갑작스러운 변화, 과장 들을 우리는 황세연의 소설에서 어렵지 않게 만날 수 있다.

나는 농담 자체가 받아들일 수 있는 정도의 일탈이나 위반인 경우와 달리, 사회나 공동체가 감당할 수 없는 수준의 일탈이나 위반에 이르렀을 때, 황세연의 소설에서는 '예술 감각으로 위장한 반사회적 충동'의 모습으로 나타난다고 지적했다. 기존의 질서가 붕괴해가는 와중에 새로운 질서가 현실을 장악하지 못한 상태를 황세연은 '이승도 아니고 저승도 아닌 그 중간쯤의 공간에 갇혀 있는 느낌'[26]으로 묘사한다. 그리고 두말할 나위 없이 이 상징적 공간은 우연의 사건으로 가득 들어차 있다.

이름 짓기가 마지막 어휘로 정초되지 못할 때 우연, 농담, 길들여지지 않은 충동은 각자 자신의 권리를 강력하게 주장한다. 황세연의 변증법적 사고는, 때로는, 이름 짓기의 궁극적 불가능성이라는 실패를 통해 관점 사이에 나타나는 사건의 속성으로서의 우연, 관점의 일탈이나 붕괴 작용으로서의 농담, 관점을 저주하거나 붕괴시키고자 하는 반사회적 충동을 그려내고 있다.

지젝의 경우, 이름 짓기를 통해 마지막 어휘로 정초한 단어는 '구체적 보편성'이다. 황세연이라면 우연한 사건들로 우글거릴 그 공간을, 지젝은 '사라지는 매개자vanishing mediator'라는

26   《삼각파도 속으로》, p99.

개념을 통해 소급적으로 정리한다. 소급적 정리, 사후-사고를 가능케 하는 마지막 어휘에 대한 믿음이 황세연에게는 없다. 〈황당특급〉 같은 작품을 예외로 친다면, 그는 세상이 부여한 추리작가라는 직함이 무색하게도 반푸아로주의자anti-Poirotist임에 틀림없다. 아마도 지젝이 추리소설을 좋아했던 이유 중 하나가 푸아로가 피의자들을 서재에 불러 모아놓고 개중에서 진짜 범인을 가려내는 장면이 자신의 사유로 받아들인 소급적 정리를 닮았기 때문일 것이다.

이 지점에서 황세연은 같은 변증법적 사고의 소유자이지만, 지젝과 결별하는 리처드 로티의 생각을 닮아 있다. 로티는 언어의 본질, 자아의 본질, 공동체의 본질 따위란 없다고 본다. 언어와 자아와 공동체는 넘쳐나는 우연의 질서화된 산물일 뿐이다.

황세연의 자아가 우연의 산물이기에 상황에 맞추어진 유동성을 갖고 있을 뿐 — 황세환, 황세연, 황세현, 황새 — 만 아니라 그 유동성을 가장 적절히 드러낼 수 있는 방법이 변증법적 사고라면, 앞서 내가 농담으로 말한 '글쓰기 문제가 있는 막걸리 술꾼'이란 별명보다는 로티가 니체의 생각을 끌어와 유동적인 자아에 대한 위안거리로 삼은 자기-창조자에 대한 통칭通稱이 더 어울려 보인다.

자신의 용어로 스스로를 서술함으로써 자기 자신을 창안해내는 독특한 유형의 죽어가는 동물.[27]

27   리처드 로티, 김동식·이유선 옮김, 《우연성, 아이러니, 연대》, 사월의책, p79.

그렇다. 변증법적 사고의 여과지를 통과한 정신의 화물 목록에 등재된 단어들은 황세연이 서술한 자기 자신의 다양한 모습이기도 했던 것이다. 그랬기에, 황세연은 자기의 이름마저 그 화물 목록에 올릴 수밖에 없었던 것이다.

그가 죽었다는 소식을 전해 들은 나는 허둥대면서 여기저기 전화를 돌렸었다. 후일 많은 사람들이 '황세연스러운 장난기'를 알고 헛웃음을 짓고 말았지만―당시 누구든 그 이상의 생각을 하는 것은 불가능했다―지금 나는 그 장난이 황세연 작가를 이해하기 위한 필수 관문임을 안다. 그는 자신과 친분이 있는 모든 사람들에게 '자신이 죽었다고 믿는 순간에서야 자신이 멀쩡히 살아 있음'을 보여주었다. 그는 무의식의 힘을 빌려, 자기 작품의 수준을 만만하게 보는 오독의 순간을 거치고 나서야 자기 작품의 진가를 알아볼 수 있게 하는 덫을 설치해놓았다.

나는 세상 전부를 겨냥했던 배포 넘치는 그의 농담에 소심한 되치기를 하려 한다. 이 글의 진짜 제목은 로티가 말한 의미로서의 '아이러니스트ironist, 황세연'이다. 나는 적지 않은 분량을 꼼꼼히 읽어내는 지루함과 고통을 감내하지 않고서는 이 마지막 제목과 그 진의에 도달하지 못하도록 나만의 나뭇결을 만들어놓았다. 지독한 아 · 이 · 러 · 니 · 스 · 트, 황세연.

11. 이야기는 호모 사케르의 생존 도구다

: 정유정과 조르조 아감벤

✚ 호모 사케르

고대 그리스에서 '죽여도 살해 책임을 지지 않아도 되는 존재'를 뜻하는
단어였지만, 의미가 추상화되어 '포함인 배제'의 구조 속에서 '배제'의
위치에 놓인 인간이나 존재를 일컫는 말로 쓰인다.

한 작가의 주제의식 내지 사유 구조를 따라가보는 것은 즐겁고 매력적인 일이다. 책은 제대로 읽지 않으면 어느 틈엔가 자기투영의 함정에 빠지게 된다. 책이 흡사 손거울인 것처럼 자기를 닮은 내용만 읽게 돼 있다. 가급적 작가의 전집을 읽고 자신을 잊고 작가의 세계로 빠져들도록 해야 한다. 그런 면에서 《정유정, 이야기를 이야기하다》는 정유정의 세계로 안내하는 훌륭한 길잡이 역할을 해주었다.

정유정이 날카롭게 지적한 대로 작가가 여러 주제의식을 욕심내어 가질 수 없다는 말에 전적으로 공감한다. 어릿광대처럼 흉내나 내는 글이 아니라면 절대로 그럴 수가 없다. 작가는 자기 경험을 하나의 전형으로 만들거나 추상시키는 작업을 하는 것이지 삶의 경험을 넘어서는 마법을 선보이는 것이 아니다.

형식주의자를 비롯한 수많은 비평가[1]들이 자서전적인 접근의 한계를 지적한 바 있다. 작가의 자전적인 내용을 강조하다 보면 작가의 눈치나 살피는 비평 — 집필 동기가 무엇인지, 집필할 때 작가의 삶에 무슨 일이 있었는지를 살펴보고, 그럼으로써 소설에 나타나는 작가의 숨겨진 인격을 보지 못하게 되는 — 이 될 수밖에 없기 때문이다. 그럼에도 불구하고 내가 자전적인 내용을 거리낌 없이 지렛대로 활용하는 이유는 우리 사회에 '개인의 솔직한 고백 문화'가 거의 없다시피 하기 때문이다. 자전적인 내용을 비평에 활용할 것인가를 둘러싼 이론적 투쟁

---

[1] 소쉬르의 언어학은 기의로부터 기표를 분리함으로써 '자전적인 내용'을 참고하지 않는 비평에 혁혁한 공을 세웠다. 이것은 생뵈브에 반대해서 프랑스 소설가 프루스트를 이어받는 전통이기도 하다. 정신분석학자인 라캉 또한 '기의의 불가능성'을 말함으로써 이런 비평에 권위를 더했다.

은 솔직한 자전적인 또는 믿을 만한 평전의 내용이 충분히 읽히고 소비되는 사회에서, 다시 말해 개인주의가 상식으로 통용되는 사회에서나 의미 있는 논쟁이 된다.

악이란 대체 무엇일까

정유정의 주제의식은 '아버지의 실종 → 생존을 위한 투쟁'의 진행 위에서 변주된다. 생존을 위한 투쟁에서 필연적으로 생겨나는 악 혹은 악인의 문제는 우리 사회에서 상당한 논쟁거리가 되었어야 함에도 불구하고 베스트셀러 작가라는 명성에 묻힌 것 같아 몹시 안타깝다.

악이란 대체 무엇일까? 악(인)은 나쁜 것이기에 교화하거나 처벌하거나 피해야 한다는 생각을 넘어 한 걸음 더 진전된 이야기를 할 수는 없는 것일까?

우리 사회에 톨레랑스라는 관용의 정신이 필요한 건 맞지만, 톨레랑스는 '주도권을 상실하지 않은 상태의 인내'인 것 같아 철학적 기반이 약하게 느껴진다. '톨레랑스'를 주장하는 사람이 과연 진정한 의미의 타자(자신의 전통과 가치를 부정하는 철학과 정치적 힘)에게도 관용의 정신을 베풀 수 있을까?

정유정이 제기한 문제는 해법을 찾기가 쉽지 않기에 우리 사회가 '지적인 비겁함'을 감수하고서라도 비켜설 수밖에 없었는지 모른다. 악을 소설의 세계(허구성) 안에 가둠으로써 책임을 회피할 구실을 마련할 수 있었는지 모른다.

정유정 소설의 매력은 그 악이 조르조 아감벤이 말하는 호모 사케르의 공간, 예외의 구조, 문턱의 영역으로부터 발생한다고 본 점이다. 호모 사케르로 호명되는 것은 우리 일상생활에서도 다반사로 생겨난다. 초대장을 받았는데, 그날 자신이 초대된 장소에 있었다는 사실도 모르는 호스트의 태도에서 '초대된 당사자'는 자신이 호모 사케르로 호명되었음을 느낀다. '관계 안'에서 '관계 밖'을 체험하도록 모욕을 준 것이다.

이런 사례는 역사적으로도 풍부하다. 조선시대 평안도민을 '평안도 놈(平漢)'이라 불렀는데, 정부는 그들에게 세금을 거두어들였지만 공무원 시험(문인)을 볼 자격은 부여하지 않았다. 특히 한양 도성 안에 사는 백성들은 평안도민과 혼인하는 것을 극도의 수치로 여겼다. 율곡 이이와 성호 이익이 서북인을 차별하지 말아야 한다고 상소를 올리기도 했지만 역부족이었다. 오랜 차별의 상처와 분노로 인해, 급기야 1811년, 홍경래가 난을 일으켰다. 딱,《28》의 박동해의 분노를 닮았다.

그런 의미에서 정유정의 소설을 '악(인)이 탄생하는 장소', 즉 호모 사케르로 호명된 인간이 거주하는 공간에 대한 탐구라고 볼 수도 있을 것이다. 빛고을 광주가 그 원형으로서 소설에 따라 세령호수 마을, 정신병동, 항구도시 등으로 변형되어 나타난다.

80년 5월, 당시의 광주 시민이야말로 '죽여도 죄가 안 되는', 대한민국 국민이면서도 국민이 아닌, 호모 사케르[2]의 존재가 아니었던가? 그런 의미에서 광주는 호모 사케르의 원형적 장소를 대표하는 이름이다. 나는 정유정이 발표한 일련의 소설들이 '그날의 광주'를 숨겨진 방식으로 심도 있게 묘사한 작품이라고 생각한다. 적어도 아버지의 부재가 광주를 떠올리게 하는 한에서는.

문학이 생존방식을 제시한다

'나는 오직 독자를 향해 글을 쓴다.'

정유정은 그저 힘차고 재미난 이야기를 생산하는 이야기꾼이고자 한다. 조선 후기 종로 관철동 수표교 공터에서 약장사를 하던 만담꾼이나 소설을 맛깔나게 읽어주던 강담사講談師의 후예[3]이길 원한다. 그녀는 이야기를 창조하는 것이, 소설가로 살아가는 것이 삶의 필요조건이자 행복이라고까지 말한다.

우리가 진정성도 없이 관념적으로 던졌던 프랑스적 질문, '삶이냐 문학이냐?'. 정유정 작가에게 이보다 더 무의미한 질문은 없을 것이다. 소설가가 되기 위해 감내해야 했던 쓰라린 경험의 여정을 통해 삶이 문학과 등치되었음을 알게 된다. 그녀에게 양자는 택일의 선택지가 아니라 문학이 곧 삶인 것이다.

어떤 문학일까? 소설은 이야기가 아니라는, 소설은 허구가 아니라 사유일 수 있다는, 이야기하려는 내용보다는 이야기하는 형식에 의미를 부여하는 문학관에 반대한다. 정유정은 조금

---

2   호모 사케르Homo Sacer. 고대 그리스에서 '죽여도 살해 책임을 지지 않아도 되는 존재'를 뜻하는 단어였지만, 의미가 추상화되어 '포함인 배제'의 구조 속에서 '배제'의 위치에 놓인 인간이나 존재를 일컫는 말로 쓰인다.

3   《영원한 제국》을 쓴 이인화도 소설가는 이야기꾼이어야 한다고 주장한 바 있다.

의 망설임도 없이 반모더니즘 문학관을 표명한다. '문학이 구원일 순 없지만 생존방식을 제시한다'고 보는 작가로서는 '형식 실험'을 추구하는 문학은 삶과 밀착되어 있지 않다는 점에서 공허한 말장난일 수 있다는 것이다.

'나는 오직 독자를 향해 글을 쓴다'라는 선언에서 방점이 '독자'에게 찍힌다면, 비평은 자신의 공간을 확보할 수 없게 된다. 다행히 방점은 '나'에 찍혀 있다. 소설가로서 이야기하는 주체와 살아가는 인간으로서의 정유정은 분리되어 있지 않다. 이 지점이야말로 비평가가 유일하게 드나들 수 있는 비밀 통로, 정유정이 은밀하게 내어준 뒷문이다.

정유정은 자신이 '범죄 스릴러 작가'로 호칭됨에도 불구하고 추리소설과 자신의 소설 사이에 분명한 경계선을 긋는다.

나는 소설의 종류를 크게 둘로 나눈다. 하나는 생각을 하게 하는 소설, 다른 하나는 경험을 하게 하는 소설.[4]

그녀의 주장에 따르면 추리소설은 전자에 속하고, 독자의 정서에 호소하는 자기 소설은 후자에 속한다는 것이다. 정유정 작가가 추리소설을 깊이 이해해야 할 사정은 없었을 것이다. 그런데도 추리소설에 대한 피상적인 이해에 대해서는 지적[5]해두어야 할 것이 있다.

---

4   정유정·지승호, 《정유정, 이야기를 이야기하다》, 은행나무, p54.
5   거시적 관점이라 피부에 썩 와닿는 얘기는 아니겠지만 그럼에도 반드시 알아둘 필요가 있다.

19세기와 20세기를 거치는 동안, 서구 정신 몰락의 와중에서 탄생한 추리소설. 과거에 당연시되던 가치가 의심받고 아직 충분히 신뢰할 순 없지만 새로운 가치가 배아의 형태로 생겨나던 시기다. 몰락의 시대가 통상 그렇듯, 대책 없는 몰락이 아니라면 변화의 역사를 노정하는 첨예한 대립의 양상이 드러난다. '언어의 지시적 본성 vs 언어의 추론적 본성', '언어의 지시적 본성 vs 언어의 구성적 본성', '일자一者 vs 다자多者', '재현 가능성 vs 재현 불가능성', '역사 범주에 대한 신뢰 vs 역사 범주의 퇴조', 'what(무엇) vs how(어떻게)' 등등.

　　과도기의 산물인 만큼, 적어도 기원적 형태인 고전 추리소설은 언어의 추론적 본성을 받아들인다는 점에선 미래지향적[6]이지만 소설 속 탐정의 추리 및 궁극적 판단 근거가 작가의 손에 달렸다는 점에선 과거지향적[7]이다.

　　'어떻게 쓸 것인가'에 몰입하다가 심한 몸살을 앓았다는 정유정 작가는 자신의 글쓰기가 '무엇을 쓸 것인가'에 집중돼 있음을 고백한 바 있다. 서구 문학사상의 변화와 흐름을 따를 때, 추리소설의 보수적인 측면은 '어떻게'가 아닌 '무엇'을 말했기 때문으로 드러나지만, 고전 추리소설은 그 무엇을 내용의 차원에서 말하는 것이 아니라 시대의 변화에도 불구하고 그 '무엇'을 말하는 것이 아직 가능하다고 말하는 것이다. 대표적인 예로 골치 아픈 '밀실 살인사건'을 해결하는 탐정은 수수께끼인 살인 현장의 진실을 재현해냄으로써 살인 수법을 알아내는 것은

6　　추리는 추리일 뿐 유예된 검증을 확인할, 도래할 시간을 필요로 한다.
7　　작가는 시간적으로 작품에 앞서 존재한다.

물론이거니와 추상적으로는 모더니즘의 '시간의 공간화'에 저항하여 아직 역사의 범주가 살아 있음을 증언한다.

'발생의 기원'을 억압하는 토대 위에 터전을 닦는 '발전과 성장'의 여러 진통과 양상들. 이런 배경에 무지하면 상업적으로 양산된 용어가 우리 의식을 무방비로 점령하게 된다. 예컨대 '추리·미스터리·스릴러'(추미스)가 소설과 영화를 모두 아우르는 개념으로 사용될 경우, 분류의 편의성에 따라 작가의 주제 의식을 제한하는 경우를 보게 된다. 정유정 작가의《7년의 밤》,《종의 기원》,《완전한 행복》을 '범죄 스릴러'라는 용어로 분류하고자 하는 사회적 욕망이 때론 몹시 불편하게 느껴지는 까닭이다.

정유정은 어니스트 헤밍웨이, 찰스 디킨스, 스티븐 킹 못지않게 하드보일드 추리소설가 레이먼드 챈들러를 좋아한다.[8] 스티븐 킹의 작품을 필사하며 소설 공부를 했다고 말할 정도로 인간성의 내면에 잠재된 어두운 측면에 매료되었다고 했지만, 레이먼드 챈들러와 정신적으로 공유하는 박탈감인 '아버지의 부재'야말로 정유정의 제일의적第一義的인 문학적 기원이라고 말하고 싶을 정도다. 그러나 그 공유에도 불구하고 세계관은 전혀 다른 양상으로 전개된다.

어두운 주체, 즉 누아르noir 주체는 생기와 활기를 박탈당한 주체다. 챈들러가 창조한 탐정 필립 말로는 삶의 최소 조건만으로 살아가는 존재다. 타락한 경찰에게 죽도록 얻어맞음으로써,

---

8   "레이먼드 챈들러를 좋아하게 되었고, 나도 추리소설가가 되기로 마음먹었으며…." 정유정,《내 인생의 스프링 캠프》, 비룡소, p203.

팜파탈의 유혹을 거부함으로써 가까스로 존재 조건을 획득한다. 사회를 불신하고 섹스를 거부하는 사내에게 생기가 있을 턱이 없질 않은가.

정유정도 소설에서 인용한 챈들러 에세이의 다음 구절은, 탐정 필립 말로의 고독하면서도 멋져 보이는 걸음걸이에도 불구하고 슬프고 고달픈 인생을 빙산의 일각으로 삼는 명예로운 외양일 뿐이다.

남자라면 이 비열한 거리를 통과하여 걸어가야 한다. 그 자신은 비열하지도 않고, 물들지도 않고, 두려워하지도 않으면서.

이와 대조적으로 정유정의 소설 속 등장인물들은 누아르 주체이면서도 끊임없이 자유를 갈망하는 활기찬 주체다. 그녀가 그린 정신병자가 매력적이고, 악인이 당장의 '선/악'을 떠나 독자의 관심을 끄는 이유가 여기에 있을 것이다.

아버지의 부재

기어코 슬픔이 찾아들었다. 고등학교 교사였던 아버지는 80년 5월, 우리 곁을 떠났다. 어머니와 이혼한 것도 아니고 사고나 병으로 세상을 떠난 것도 아니다. 산에 다녀오마 하고 나간 뒤 돌아오지 않았을 뿐이다.[9]

이 문장은 레이먼드 챈들러를 떠올리게 한다. 챈들러의 아버지는 열차를 타고 서부로 가겠다는 말을 남긴 채 평생 연락이 끊겼다.

a) 어려서부터 작가가 꿈이었다. 그런데 어머니가 문학하는 걸 반대해서 결국 간호대학에 갔다. 대학을 졸업한 후엔 어머니가 돌아가셨고, 나는 직장인이자, 세 동생의 엄마, 한 집안의 가장으로 이십 대를 보냈다.[10]

b) 기나긴 나날, 힘이 되어준 지영, 홍석, 미경, 공씨 아저씨에게, 덜 여문 초고를 읽어주고 조언을 아끼지 않았던 안승환 씨에게, 하늘나라에서 딸을 지켜보실 어머니께, 이 책을 바친다.[11]

a)에도 b)에도 아버지에 대한 언급은 없다. 두 작가의 차이를 생각해보자. 아버지는 현실에서, 또 정신 속에서 실종되었다. 삶의 구체적 경험이 곧 진리의 오라aura를 띠고 일반화된다. 있어야 할 위치에서 벗어난 존재의 행방을 '탈구dislocation의 이름'으로 묻는 철학적 모티프는 챈들러 소설의 원동력이다. '그(그녀)는 어디로 갔는가? 왜 사라졌는가?' 어린 챈들러의 정신이 아빠의 실종이라는 날것에 완충지대 없이 그대로 노출된 반면, 아버지의 부재 속에서 집안 가장의 역할을 자임한 것은 정

---

9   위의 책, p35.
10   《정유정, 이야기를 이야기하다》, p15.
11   《내 인생의 스프링 캠프》, p390.

유정 작가 자신이었다.

챈들러를 정점으로 한 하드보일드 추리소설은, 아버지의 부재가 야기하는 우연과 파국의 문제를 탐구한다. 공간적 개념인 탈구의 시간적 버전으로 볼 수 있는 우연과 파국은 본질적으로 다르지 않은데, 우연이 인과관계 없이 뜻하지 않게 일어난 일인 것처럼 파국 또한 당사자의 기대와 달리 일이나 사태가 예상된 루틴을 벗어난 결단(당사자의 '동기와 행위'를 벗어난 예상치 못한 결과로서의 파국)일 수 있기 때문이다.

정유정은 가장의 역할을 떠맡음으로써 챈들러와 전혀 결이 다른 문제의식을 갖게 된다. 생존, 자유, 악, 입감empathy, 호모 사케르, 윤리…. 무엇보다 정유정의 정신을 압도적으로 지배하는 가치는 생존본능이다. 살아남는 것이야말로 최우선적으로 고려해야 할 삶의 덕목이다.

그녀는 할 수 있었다. 몸 파는 일과 강도질만 빼면, 무엇이든.[12]

그녀(강은주)는 야구선수 출신 남편 최현수가 스트레스를 받는다는 사실 자체에 화를 낸다. 사는 것 자체가 압박에 시달리는 일일진대, 남편은 자신의 생존을 위협하는 것에 대항해 피터지게 싸워 거꾸러뜨려야 마땅함에도 불구하고 투쟁하기는커녕 지레 겁을 먹고 삶의 패배자가 되어 기껏 내놓은 변명거리가 스트레스라는 것이다. 생존본능이 극단으로 치달아 '몸 파는

---

12   정유정, 《7년의 밤》, 은행나무, p133.

일과 강도질만 빼면'이라고 도덕적 절제력을 잃을 때 목적을
위한 수단은 자신도 모르는 사이에 정당화된다.

나(한유진)는 모든 승부가 반드시 정정당당해야 한다고 믿는 편이
아니었다. 수단과 방법에 구애받는 쪽도 아니었다. 중요한 건 이기는
것이니까.[13]

웃기지 마. 살아남는 쪽이 이기는 거야.[14]

악인이 탄생하는 순간이다. 논리적 흐름에서 볼 때 생존본능
으로부터 악인을 끌어내는 방식은 단선적이지 않다. 생존본능
과 악인 사이에 자유의지의 문제가 있는 것이다. 가령, 생존방
식에는 소극적인 생존방식과 적극적인 생존방식이 있다. 《종
의 기원》의 주인공인 한유진은 엄마와 정신과 의사인 이모의
충고를 받아들여 향정신성 약품인 '리모트'[15] 처방에 순종할
경우 소극적인 생존은 보장된다. 그런데 선수로서 수영을 하고
싶은 욕망과 정체성을 포기할 수 없었기에 약을 먹지 않고 자유
의 이름으로 악인의 길로 들어서게 되는 것이다.
    악인에도 두 부류가 있다. 《7년의 밤》의 오영제와 《종의 기
원》의 한유진은 모두 악인이지만 결은 완전히 다르다. 오영제
는 질서 의식에 집착하는 인물로 '모든 것은 제자리에 있어야

13   정유정, 《종의 기원》, 은행나무, p319.
14   위의 책, p374.
15   가상의 약으로 '리모트 콘트롤'에 의해 조종된다는 의미를 담고 있는 듯하다.

한다'는 강박관념을 갖고 있다. 그로 인해 그는 가족(아내와 딸)을 사물화하는 만행을 저지른다. 그는 딸 오세령의 죽음에 큰 충격을 받지만 그 순간에조차 질서에 대한 강박관념에서 헤어나지 못한다.

그(오영제)는 세령을 끌어내려 따귀라도 갈기고 싶은 충동에 빠졌다. 지금 당장, 눈뜨고 일어나 집으로 돌아가라고. 네 아빠, 오영제가 정한 네 자리로.[16]

세상은 자신의 명령대로, 자신이 정한 규칙대로 정연하고 질서 있게 존재해야 한다는 것이 오영제의 변함없는 생각이다. 미니어처 목공의 꼼꼼한 취미는 그런 내면이 외면으로 드러난 상징일 것이다. 정유정의 소설에는 오영제처럼 질서에 집착하는 숱한 인물들이 있다. 시시콜콜 자기 방식으로 통제하고자 하는 《내 심장을 쏴라》의 렉터 박사, 규칙을 정하는 엄마로 등장하는 《완전한 행복》의 신유나, 사사건건 남편의 생활을 통제하려 드는 《7년의 밤》의 강은주, 대놓고 규칙주의자[17]로 호칭된 《종의 기원》의 엄마 김지원.

16   《7년의 밤》, p183.
17   《종의 기원》에는 규칙에 대한 직간접적인 언급이 수차례 나온다. "어머니는 규칙주의자였다. 식사, 배변, 운동, 그 외 대부분의 일에 규칙이 있었고, 규칙대로 움직였다."(p24) "술은… '어머니의 규칙'에선 첫 번째 금기사항이었다."(p26) "규칙에는 예외가 있었고, 예외는 곧 규칙이 되었다."(p68) "어머니는 소파의 쿠션 하나도 틀어져 놓인 꼴을 못 보는 양반이었다."(p88) "어머니가 내 삶을 쥐고 흔든 절대자였다는 점…"(p175) "사용한 물건은 반드시 제자리에 놔둬야 하는 어머니의 성격…"(p208) "어머니의 규칙을 어길 때마다 내려지는 벌, 바로 수영장에 나가지 못하는 일이었다."(p229) "나는 규칙을 지키고자 최선을 다했다."(p230) 등등.

따라서 악은 살아남기 위한 행위로서의 악과, 규칙과 질서의 이름[18]으로 인간의 자유를 말살하는 억압으로서의 악, 두 종류가 있는 셈이다.

'살아남기'란 단순히 소설 속 등장인물들의 극단적인 행동양식으로 그려지는 데 그치지 않는다.《종의 기원》은 찰스 다윈의 이론을 떠올리기에 '종의 기원'이라는 제목 자체가 문제적이다. 그녀는 '인간은 살인으로 진화했다'라는 '작가의 말'에서 진화심리학자인 데이비드 버스의 저서《이웃집 살인마》를 인용해 자신이 한유진이라는 악인을 자유와 정체성의 이름으로 창조한 것에 대한 정당화를 시도한다.

인간은 생존하도록 태어났다. 생존과 번식을 위해서는 진화 과정에 적응해야 했고, 선이나 악만으로는 살아남을 수 없었기에 선과 악이 공진화했으며, 그들에게 살인은 진화적 성공(유전자 번식의 성공), 즉 경쟁자를 제거하고 문제를 해결하는 가장 효율적인 방법이었다.[19]

이런 정당화가 현실 윤리와 부딪치는 어려움에 대해 작가가 어떻게 해명하는지에 대해서는 잠시 언급을 뒤로 미루자. 지금 이 순간, 더 주목해야 하는 것은 이야기를 쓰고 읽는 행위마저 생존본능과 연결되어 있다고 그녀가 인식한다는 점이다.

---

18   정유정은 자신의 기질도 정리정돈이 되어 있지 않은 상태를 잘 참아내지 못한다고 고백한 바 있다.

19   《종의 기원》, p379.

생존에 필요한 무엇이기에 이야기는 우리의 삶의 도구일 수 있다.[20]

덧붙여 정유정 작가에게 글쓰기는 자유의지의 발로[21]이기에 등장인물들의 삶의 행로—생존본능에서 자유에 이르려는, 혹은 극한의 상황에서의 능동적 생존본능은 자유의지에 다름 아니라는—와 작가 의식의 논리적 귀결은 일치할 수밖에 없다. 삶과 이야기가, 등장인물들의 삶에 대한 욕구와 작가의 글쓰기 욕구가, 내용과 형식의 일치가 소설 문학과 삶의 등치를 예비하고 실현하는 것이다.

정유정은 이야기story와 플롯plot을 어떻게 구별할까? 정유정이 양자를 혼용해 씀으로써 혼란을 주는 것은 사실이지만, 이야기가 그저 에피소드(삽화)의 나열에 그치는 반면 플롯을 통해 구성된 이야기에는 절정부가 있어 읽는 이에게 미학적 감동을 불러일으키고 작가의 세계관이 드러난다는 점에서 다음과 같은 추측을 해볼 만하다. 생존을 위한 수동적 본능이 '이야기'에 해당한다면, 그 능동적 본능은 '플롯'에 해당한다고.

자유의지의 발현(《내 인생의 스프링 캠프》)이나 구현[22](《내 심장을 쏴라》)을 위해 등장인물들에게 성장과 모험의 시간이 필요한 것처럼, 자유의지의 발로로서의 글쓰기는 작가의 '자유로운 사고'를 방해하는 장애물의 극복으로 이어지는 동시에 작가로서

---

20   《정유정, 이야기를 이야기하다》, p42.
21   위의 책, p32.
22   예스24 인터뷰, 2011년 9월 26일.

성숙해나가지 않으면 안 된다는, 소설 내용의 이면으로서의 형식적 차원을 이룬다.

비로소 인정하지 않을 수 없었다. 작가인 '나'가 어린 시절부터 학습돼온 도덕과 교육, 윤리적 세계관을 깨버리지 못했다는 걸.[23]

그녀는 존속살인의 범죄를 저지르는, 어머니를 죽이고야 마는 무지막지한 존재이자 '특별한 악인' 한유진을 그려내기 위해서 남다른 용기가 필요했다고 말한다. 이 솔직하면서 위험천만한 고백의 용기는 오랜 기간에 걸쳐 '한유진'에 못 미치는 악인[24]들을 그려낸 본인의 작가적 미성숙에 대한 자기 탄핵의 의미를 갖는다는 것이다.

악인을 객체가 아닌 주체로 그려내는 작업. '그/그녀'라는 3인칭이 아니라 작가인 '나'를 한유진의 범죄 현장에 입감시켜 '내 안의 잠재된 악의 터전을 확인하고 그것이 촉발되는 계기와 진화해나가는 방식'을 그려내는 1인칭의 위험한 작업.

성숙이란 그녀에겐 '진화'의 다른 이름일 수 있기에, 특정한 시기에 과거와의 단절 — 진화란 무엇보다 개인의 시간을 뛰어넘는 종의 문제이지만, 변화의 결절이 개인 삶의 문맥에서도 나타나야 한다는 점에서 — 은 필수적인 삶의 조건이자 글쓰기의 조건이 된다.

---

23 《종의 기원》, p382.
24 《내 인생의 스프링 캠프》의 정아의 아버지, 《내 심장을 쏴라》의 점박이, 《7년의 밤》의 오영제, 《28》의 박동해.

이때, 잠정적으로 소설은 실제가 아닌 허구로 인식되기를 멈춘다. 허구라는 굳건한 장벽을 계속해서 느꼈다면, 정유정은 굳이 《종의 기원》을 집필할 까닭이 없었을 것이다. '소설은 허구일 뿐!'이라는 의식이 줄곧 작동하는 한 문학과 삶의 등치는 완성되지 않는다. 그런 의미에서 《종의 기원》을 정독한 후 다음 문장을 읽는 사람은 긴장감과 불안감을 느낄 수밖에 없다.

소설의 '나'는 작가인 '나'와 함께 진화해가리라고 내다봤다.[25]

이것은 작가 정유정이 존속살인범 한유진이 되어 살다가(집필 과정 동안) 다시 작가라는 직업을 가진 현실의 생활인으로 되돌아와서 하는 전망이기 때문이다. 소설은 허구라는 의식이 사라졌다가 다시 허구라는 의식이 복원된 순간에 말이다.

작가가 살인범의 살인 행위 속으로 입감하는 실존적 선택은, 《7년의 밤》에서 학대에 못 이겨 딸 오세령을 혼자 두고 파리로 떠난 오영제의 아내 문하영의 태도에서 예시豫示되었던 방법이기도 하다.

남편이 되어 편지를 쓰는 동안, 저는 남편을 이해할 수 있게 되었습니다. 아니, 인간에 대해 좀 더 솔직한 이해에 도달하게 됐다고 해야겠지요.[26]

25   《종의 기원》, p381.
26   《7년의 밤》, p474.

'타인이 된다'라는 입감 능력은 동정이나 연민의 감정과는 본질적으로 다르다. 넓은 의미의 공감 능력이라고 할 순 있지만, 엄밀하게는 함께sympathy가 아닌 안으로empathy 들어가 타인의 경험을 가감 없이 추체험하는 극단적인 경험[27]인 것이다.

이 능력에 의문이 따라붙는 것은 사실이다. 자신의 정체성을 허물고 타인이 되는 능력이 과연 어떻게 가능한지에 대해서는 논란의 여지가 있다. 이 능력이 '소설은 허구'라는 점에 연동되면 문제는 더 복잡해진다.

소설이라는 이야기 형식 안에서 안전한 거리를 두고 겪는 감정들은 세계에 대한 우리의 시선을 확장시키고, 인간에 대한 이해의 깊이를 만들어주고, 삶을 풍요롭게 만든다.[28]

대체 '안전한 거리'를 어떻게 확보할 수 있다는 것일까? 칸트는 '단적으로 큰 것'(절대적으로 큰 것)을 숭고하다고 부른다. 태풍이 불어 닥친 바다의 거친 파도를 '안전한 거리'를 두고 감상할 때, 인간에겐 감관의 모든 척도를 초월하는 그 어떤 이성의 능력이 있다는 것을 감지하게 된다는 것이다.《예술 분과로서의 살인》의 저자 토머스 드퀸시는 '살인사건'을 칸트가 말한 숭고의 한 대상으로 간주한다. 끔찍한 살인 현장이 불러일으키는 공분의 도덕적 감정이 가라앉은 후 살인사건을 이성적으로 다

---

27   입감을 연상시키는 글이 제법 많다. "세상에는 자기가 그 입장이 되지 않으면 절대로 이해할 수 없는 진실이 있는 법이거든요."(《내 인생의 스프링 캠프》) "자신이 링고라 해도 지금의 링고처럼 행동할 게 분명했다."(《28》) 등등.
28   《정유정, 이야기를 이야기하다》, p53.

룰 수 있다[29]고 했는데, '악인 한유진의 범죄행위로의 입감 혹은 한유진이 되어 범죄를 저지르며 바라본 세상' 자체[30]가 숭고한 대상일 수 있을까?

정유정이 말한 것은 어디까지나 〈소설이라는 이야기 형식 안에서의 안전한 거리〉다. 이때 소설의 본질이 문제시된다. 정유정은 소설은 이야기가 아니라는, 혹은 소설은 '사유'일 수 있다는 생각에 반대한다. 그럼으로써 정유정이 짊어지게 될 생각의 짐은 '이야기가 허구냐, 아니냐'라는 것이다. 거칠기 짝이 없는 물음이다. 당연히 정유정은 허구라고 대답할 것이다. 덧붙여 '-인 것처럼as if'의 허구라고 강조할 것이다. 문제는 '이야기 예술'의 이 자명한 정의가 다른 맥락(도덕 관습이나 윤리)에 놓이면 그렇게까지 자명하지 않다는 점이다.

소설은 허구이기에 생존 도구가 될 수 있다

이야기가 전적으로 허구라면, 정유정이 말한 '시선의 확장', '이해의 깊이', '풍요로운 삶'에 도달하기 위해 격렬한 감정을 겪어보는 것이 왜 필요한지, 그것이 진짜 가능하기는 한 것인지 의

---

29   이런 응용이 옳은 것인지 모르겠다. 칸트는 인간이 숭고한 대상에 노출될 때 '그 어떤 이성 능력이 있다는 것을 감지하는 자신의 감정 상태에 대한 언명을 하게 된다'는 것이지 드퀸시처럼 이성을 전면에 내세워 — 도덕 감정이 잦아들었더라도 이성적 판단에 도덕 감정이 전혀 영향력을 행사하지 못하는 것일까? — 살인사건을 다룰 수 있다고는 하지 않았다. 설혹 칸트가 드퀸시와 동시대인이라고 가정해 '살인사건'을 숭고한 대상으로 받아들인다 하더라도.

30   인식(이론)과 행위(실천)의 서구적 이분법 문제는 살짝 제쳐두자.

문이 생겨날 수 있다. '허구 속에서 느낀 감정을 현실로까지 끌어들이지 마라!'라는 반문에, 또는 '재미는 있었어. 한데 허구는 허구일 뿐 인생은 실전이야!'라고 말하는 독자를 어떻게 설득할 것인가? 그것은 그저 독자가 감당할 몫이나 책임으로 남는 문제일까?

정유정에게 이야기는 허구 개념에 종속되지 않는다. 이야기는 그 자체로 생존 도구이기도 하다. 심지어, 소설가인 그녀의 삶에서 결코 누락시킬 수 없는 필요조건이다.

'이야기가 생존 도구'라는 인식이 없었다면, 소설 이야기가 전적으로 허구였다면, '문학=삶'이라는 등치는 불가능했을 것이다. 그러나 '이야기가 허구만은 아니다'라는 편리한 대답은 또 다른 질문을 던지게 한다. '생존 도구'와 '허구'는 서로 어떤 관계일까?

책을 통한 간접 경험이 인식을 확장한다는 사실을 부인할 순 없다. 그럼에도 그 정도가 있어, 엄마를 죽이는 간접 경험을 통해 인식을 확장할 수 있다는 생각에는 사람에 따라 반대할 수 있다.

소설 이야기가 '생존본능이자 허구'라는 것이 '삶=문학'이라는 등치를 가능케 한 정의임에도 불구하고, 그리고 정유정 작가의 문학적 귀결과 성취는 양자의 등치를 떠나서는 상상할 수 없는 것임에도 불구하고, '안전한 거리'를 확보하기 위해서는 그 순간만큼은 소설 이야기가 허구에 불과하다는 점에 무게를 실어야 하기 때문이다. 즉 '안전한 거리'는 소설이 허구이기 때문에 생겨날 수 있는 거리다.

놀라운 것은 그녀가 이 틈입을, 이 균열을 그녀만의 방식으로 소화해내고 있다는 점이다. 그녀는 소설 이야기가 '허구'이기에 '생존 도구'일 수 있다는 반론의 되치기를 하려 한다.《7년의 밤》후반부의 대필 작가 안승환의 소설이 의미하는 바가 바로 그것이다.

《7년의 밤》의 '작가의 말'에서 정유정은 '사실과 진실 사이에는 무엇이 있을까?'라고 묻고 스스로 대답한다.

사실과 진실 사이에는 바로 이 '그러나'가 있다고, 나는 생각한다. 이야기되지 않은, 혹은 이야기할 수 없는 '어떤 세계'.[31]

그녀는 우리가 오세령을 죽인 최현수처럼 '실수'로 인해 인생이 뜻하지 않은 파멸의 길로 들어설 수 있으므로 불편하고 혼란스러울지라도 한사코 '그러나'의 세계를 들여다보아야 한다고 주장한다.

현실에서 사건을 보도하는 매스컴의 방식(적어도 소설 속 안승환과 살인자 최현수의 아들 최서원이 느끼는 것처럼)은 선악의 배타적 구분을 통한 프레임 씌우기다. 심지어 나중에 보도 내용의 오류가 드러나도 쉬 정정되지 않는다. 그렇기에 이야기를 통하지 않고서는 사실로부터 빠져나간 진실에 접근할 수 없다. 사건의 진실을 추적하던 안승환의 순간적인 깨달음은 그것을 증언한다.

31   《7년의 밤》, p521.

단서를 찾아 스크롤바를 이리저리 움직였다. 빠진 데가 있는지, 놓친 부분이 있는지, 좀 더 구체적인 표식이 있지 않은지…. 어느 순간, 그는 동작을 멈췄다. 등 밑에서 소름이 올라오고 있었다. 자신이 검토하고 있는 건 기록이 아니었다. 제대로 구성한 소설의 플롯이었다. 살만 붙이면 곧바로 이야기가 될 뼈대였다. 아니라고 부정할 길이 없었다.[32]

안승환의 소설은 최서원에게 비루한 삶의 명분마저 앗아간 잔인한 진실을 전달하게 되지만 그것마저 미완성인 채로 끝났기에 최종 진실은 아니다. 맥락상 뒷장에 있어야 할 어머니의 이야기가 빠져 있다. 이제 그 부족분을 채워 넣기 위해 최서원이 소설적 상상력을 동원한다.

나는 소설의 마지막 장면을 재구성해봤다.[33]

안승환의 소설은 교도소 면담을 통해 최현수에게서 들은 진술, 주변 사람들에 대한 탐문, 문하영의 편지를 기반으로 구성한 이야기다. 최현수는 제본된 안승환의 소설 원고와 취재 자료를 아들에게 보냄으로써 최서원이 오영제와 대면하길 바란다.

상징적 포수의 역할을 자임하는 아버지의 무모해 보이는 기획은 믿기 어려운 '너무 소설 같은 이야기'인 것은 분명하지만, 안승환이 집필한 '소설 이야기'가 최서원의 상상력을 거쳐 삶

32   위의 책, p381.
33   위의 책, p470.

의 선택지[34]가 되는 부분은 앞서 말한 '반론의 되치기'의 순간, 즉 '허구가 생존 도구로 변화하는' 순간이다. 미완성된 소설로서의 허구를 읽는 것[35]이, 본인의 상상력으로 부족분을 메워야 하는 허구가 최서원의 선택에 따라 7년이라는 기나긴 밤을 끝내는 생존 도구로 기능할 수 있기 때문이다.

악인은 호모 사케르의 공간에서 탄생한다

정유정의 소설에서는 수많은 등장인물이 호모 사케르로 호명된다.

사람 속에서 살되 사람과 어울리지는 말 것! 우리와 같은 인간이지만 본인이 사회 구성원이라는 생각은 버릴 것!

《28》의 박동해는 악동에서 악인으로 변모해가기 전, 부모에 의해 전형적인 호모 사케르로 호명된 인물이다. 이 호명이 정신적으로 자신을 미치게 만들 것 같은 느낌(소외감)이 들게 하는 것은 박동해로 하여금 '관계의 안'에서 '관계의 밖'을 살아가도록 강요하기 때문이다.

34　"…포수는 승부수를 요구해야 하고. 7년 전, 그 아이는 내가 지켜야 할 공이었지만 이젠 아냐. 내 배터리야. 내가 사인을 보내고 시원이가 던지는 거야. 내 사인을 거부하든, 받아들이건 그건 그 아이의 선택이지." 위의 책, p508.

35　미완성된 소설의 허구성은 일기와 선명하게 대비된다. "기록한 것만 기억하는 게 일기장의 본질이라고…." 정유정, 《내 심장을 쏴라》, 은행나무, p184.

박동해는 경찰서에 연행될 곤경에 처한 상태에서 의사인 아버지 박남철로부터 '우리를 망칠 놈'이란 험한 소리를 듣는다. 이것은 '너는 내 혈육이지만 우리 가족은 아냐!'라는 의미와 같다. 궁지에 몰린 박동해는 엄마에게 구원의 손길을 내밀지만, 엄마는 아들이 경찰서로 연행된 뒤 자신들에게 부모 노릇을 제대로 하지 못했다는 비난이 쏟아질까 봐 차라리 정신병원에 감금시키기 위해 아버지와 정반대의 이야기를 한다.

어쨌거나 너는 내 아들이야. 경찰에 잡혀가게 놔둘 수는 없는 거야, 절대로.[36]

'혈육'이라는 이름의 일방적 호명을 통해 박동해는 관계 안에 위치하기도 하고 관계 밖에 위치하기도 한다. 자신의 과오도 아닌데 아버지가 살인자라는 이유로 떠돌이 생활을 하다가 항구도시로 밀려나 겨우 생존을 의탁하는 최서원(《7년의 밤》), 미성년자인 탓에 할아버지의 시신을 처리할 권리를 박탈당한 여덟 살 맹인 손승아(《28》), 살인죄 누명을 쓰고 떠돌이로 살아가는 박양수 할아버지(《내 인생의 스프링 캠프》), 그리고 각자 사연이 있는 정신병자들…. 이들은 하나같이 삶의 가장자리로 내몰렸거나 내몰린 느낌을 받는다.

처한 상황과 운명은 각자 다르지만 그들이 반드시 있어야만 하는 상징적 장소들이 있다. 항구도시, 바닷가, 세령호수, 정신

36   정유정, 《28》, 은행나무, p129.

병원, 습지(진흙 뻘), 별채(사택), 지하실, 드림랜드….

호모 사케르로 호명된 이들은 '소리 없는 비명'의 언어를 사용한다. 이들 존재는 살아도 산 게 아니고 죽어도 죽은 게 아니다. 질서 속에 존재하는 것도 아니고 무질서한 존재로 낙인찍혀 버려지는 것도 아니다. 정신병동의 일원인 《내 심장을 쏴라》의 심운산 선생은 그때그때 다르게 '안/밖'을 넘나드는 호모 사케르적 존재의 불안한 위치가 얼마나 감당하기 어려운 일인지 다음과 같이 항변한다.

미치광이는 미쳐야 사는데, 못 미치게 하니까 미쳐버린 거야.

《완전한 행복》의 악녀 신유나가 일관된 감정을 유지할 수 없는 이유도, 태생이 사이코패스지만 호모 사케르로 호명된 존재의 성향을 인격 밑바닥에 깔고 있기 때문일 것이다. 그녀는 '이리 와'(천사의 성품이 드러나는)의 시간과 '저리 가'(미친 여자로 행세하는)의 시간 사이를 무시로 오간다.[37] 그렇기에 '인간의 변덕은 불가사의'[38]하다는 인식은 바로 이 '호모 사케르의 존재'를 함의[39]하고 있다고 봐야 할 것이다.

호모 사케르의 자기규정은 '인생의 표면을 떠도는 유령'으로

---

37   《완전한 행복》, p354.
38   《내 심장을 쏴라》, p140.
39   학교에서 이쪽에도 저쪽에도 어울리기 어려운 최서원의 입장 또한 예외는 아니다. "…마을 애들하고 사택 애들하고 같이 안 놀아요. 밥도 같이 안 먹고 서로 말도 안 붙여요. 저는 어느 쪽이랑 놀아야 할지 잘 모르겠어요."(《7년의 밤》, p197) 최서원은 사택에 살지만 본채가 아닌 별채에 삶으로써 '포함인 배제', 즉 호모 사케르의 공간에 놓이게 된다.

서 정착할 곳을 잃은 정신적 부랑자이자 떠돌이다. 심지어 개 링고조차 '늘대 행세를 하며 밥을 얻어먹던 시절'[40]을 떠올린 다.

호모 사케르로 호명된 인간[41]이 사는 대표적이자 가장 절망 적인 공간이라고 할 수 있는 '정신병원'에서는 심지어 시간조 차 흐르지 않는다.

정신병원의 시계에는 숫자판이 없다. 허구, 망상, 환각, 기억, 꿈, 혼 돈, 공포 따위의 이름들이 그 자리를 대신한다. 시간은 바다처럼 존재 하고 사람들은 폐허의 바다를 표류하는 유령선이다. 나는 어디에서 왔는가, 어디쯤에 있는가, 어디로 가는가, 하는 것들은 알 길이 없다. 의미도 없다.[42]

흐르지 않는 시간을 다시 흐르게 하는 것, 시간을 온전히 자 신의 시간으로 만드는 것, 자유의지로 생기의 시간을 되살려 존 재 의미를 부여하는 것. 그것은 《내 심장을 쏴라》의 류승민처럼 행글라이더를 타고 광활한 하늘을 나는 것일 수도 있고, 《내 인 생의 스프링 캠프》의 박양수 할아버지처럼 돌고래가 반겨주는 바다를 항해하는 것일 수도 있으며, 《28》의 박동해처럼 아이젠 을 낀 발로 시비가 붙은 상대의 얼굴을 내려찍는 순간 등골을 타고 올라오는 악마적인 전능감을 경험하는 순간이기도 하다.

---

40   《28》, p107.
41   정신병동에는 미쳐서 갇힌 자와 '갇혀서 미친 자'가 있는데, 호모 사케르로 호명된 자는
       후자에 해당할 것이다. 《내 심장을 쏴라》, p213.
42   위의 책, p164.

그리고 그 누구보다도《내 심장을 쏴라》의 이수명은, 정유정 작가의 분신이라도 된 듯, 글을 씀으로써만이 삶에 의미 부여가 되는, 작가가 되는 것만이 삶의 활기를 되찾을 수 있는 필요조건이라고 선언한다.

노트는 열 권으로 불어났다. 그 사이 나는 무한히 자유로웠다. 이야기를 하는 동안, 온전히 나 자신이었다. 인생의 표면을 떠돌던 유령에게 '나'라는 형상이 부여된 것이었다.[43]

왜 정유정의 소설에는 호모 사케르를 가리키는 숱한 상징들과 이미지들로 넘쳐나는가? 대체 그것들은 어디에서 생겨난 것일까? 왜 유독 호모 사케르로 호명된 인간들이 거주하는 장소가 소설의 배경(세령호수[44])이자 무대(정신병원)인가?

나는 '실종된 진짜 아버지'와 '아버지 역할을 자임하는 가짜 아버지' 사이의 메울 수 없는 상징적 거리가 호모 사케르의 공간을 잉태한다고 생각한다. 아버지가 부재한 이유는 여러 가지가 있다.

첫째, 폭력적이기 때문이다(오영제, 박남철, 박정아의 개장수 아버지, 최현수의 아버지 최상사). 둘째, 경제적으로 무능하기에(최현수, 최상사). 셋째, 자식에게 철저히 무관심하기에(신유나의 아버지). 넷째, 사고나 질병으로 죽었기에(김해진, 서재형, 손승아). 법적으로 혈육의 자격으로는 진짜 아버지이지만 아버지 역할을

---

43   위의 책, p333~334.
44   세령마을은 없어지지 않았다. 물속에 존재한다.

제대로 수행하지 못한 가짜 아버지들이다.

정신적, 경제적, 정서적으로 삶의 울타리나 방어막이 되어주지 못한 아버지로 인해 가족 구성원 누군가는 가정 내에서 자신이 설 자리를 잃는다. 박정아가 고등학생 신분으로 김준호의 모험에 합류하는 것이나 문하영이 참다못해 딸마저 버리고 혼자 파리로 도망친 것이 그렇다. 가정은 늘 붕괴하고 있거나 붕괴할 위기를 겪는 중이다.

실종된 아버지가 그런 것처럼, 비중은 사뭇 다를 수 있겠지만, 어떤 의미에서 박정아도 문하영도 제자리에 있지 못한 존재다. 탈구된 상태인 것이다. 대표적으로 오영제(모든 것은 제자리에 있어야 했다. 그가 정한 위치에 그가 정한 모습으로[45])와 강은주(은주에게 남편은, 그녀가 정한 위치에서 그녀가 정한 일을 하고 있어야 하는 존재였다[46])에게서 나타나는 규칙과 질서에 대한 강박관념은, 탈구에 대한 불안감의 이면으로서 죽음마저 탈구의 한 종류로 이해되는 강렬한 감정인데, 역설적인 것은 이 불안감이 다른 한편으로 악의 씨앗을 뿌리고 악인을 생겨나게 하는 요인이 된다는 점이다.

이 역설은 '예외가 규칙이 되고 규칙이 예외가 되는 반전'을 통해 작동한다. 《완전한 행복》의 악인 신유나가 딸 서지유의 일거수일투족은 물론 정신과 감정까지 지배하려고 했던 까닭[47]은, 아버지의 무관심과 할아버지의 외면 속에서 마녀 같은 할머

---

45   《7년의 밤》, p338.
46   위의 책, p326.
47   "유나는 지유를 지배하는 신이었다."《완전한 행복》, 은행나무, p486.

니가 정해놓은 '시간표'대로 움직여야 했던 유년시절, 질식할 것 같았기에 저항해왔지만 자기도 모르는 사이에 내면화한 규칙의 희생자였기 때문이다. 자신도 연쇄살인의 희생자가 될 뻔했던 언니 신재인은 신유나를 여덟 살 어린아이에서 성장이 멈춘 존재로 평가한다.

미성년이었기에 할아버지 시신의 처분을 병원 측에 맡길 수밖에 없었던 손승아(그녀 또한 '포함인 배제' 구조 속에 있는 존재로서 역설적으로 '법과 무관하게 되었다는 점에서 법과 관계'가 있다)처럼, 신유나도 정신적 측면에서는 '성인이지만 성인이 아닌' 예외 상태에 머물러 있는 것이다. 악인은 바로 그 호모 사케르의 공간에서 탄생한다.

조르조 아감벤에 따르면 '배제를 통한 포함'의 구조란 다름 아닌 '예외'의 구조다. 이때 예외 상태란 식별되지 않는 문턱 또는 경계의 영역을 가리킨다. 신유나는 정신적으로 미성숙한 어린아이였기에 어른으로 식별되지 않고, 육체적으로 엄마가 된 어른이기에 정신적 어린아이로 식별되지 않는다. 예외가 규칙이 된다는 것은 어린 신유나가 가정 내에서 처한 예외적 상태, '아무리 졸라도, 아무리 울어도, 아무리 매달려도, 아빠는 언제나 나를 떼어놓고 가버린 상태'[48]가 할머니는 말할 것도 없거니와 아버지와 할아버지로부터도 문제가 없는 일상의 상태로 받아들여진다는 뜻이다. 할머니는 아들과 할아버지 몰래 어린 손녀 신유나를 자신이 정한 시간표로 괴롭히는 게 아니다. 그것은

48   위의 책, p510.

가족 구성원 모두에게 드러나 있다.

반대로 규칙이 예외가 된다는 것은《7년의 밤》에서 볼 수 있다. 오영제는 자기 방식으로 사랑하기 위해 딸을 통제하려 하지만, 외려 딸을 공포에 질리게 하고 끝내 아빠의 손아귀에서 달아나다가 교통사고를 당하는 예외 상태에 빠지게 된다.

감정이출感情移出의 방법

a) 실낱같이 열려 있던 이쪽 세상과의 통로가 닫히는 소리였다. 나는 내가 국경에 다다랐다는 것을 알아차렸다. 돌아갈 길이 없다는 것도, 돌아갈 의지가 없다는 것도 (…) 발화의 순간이었다. 내 안의 눈으로 여자의 모든 것을 읽을 수 있고, 볼 수 있고, 들을 수 있는 전지의 순간이었다. 모든 것이 가능해지는 전능의 순간이었다.[49]

b) 독자를 허구의 세계로 밀어 넣은 후 (…) 실제 세계처럼 믿게 하는 것이 우선 과제다. 그래야 독자가 주인공을 동일시할 수 있고, 그의 내면에 감정적으로 이입할 수 있으며, 이입이 돼야만 이야기로 연결되는 통로가 생긴다. (…) 즉 공감한다는 얘기다. (…) 실제에선 경험하기 힘든 일을 실제처럼 겪게 함으로써, 삶과 세계에 대한 새로운 시각을 얻어 안전한 현실로 돌아가게 만드는 것이 주목적이다.[50]

---

49   《종의 기원》, p203.
50   《정유정, 이야기를 이야기하다》, p55.

a)는 《종의 기원》에서 한유진이 어머니를 살해하는 순간을 묘사한 장면이다. 자기 어머니를 죽인다는 것은 경험은커녕 상상하는 것만으로도 끔찍하다. 아니, 사람들 대부분에겐 구토에 가까운 거부감이 일어 상상하는 것조차 불가능한 일일 것이다. 그러나 책을 읽어가는 동안 독자는 작가의 솜씨로 인해 마치 실제 살인인 것처럼 느끼게(정유정은 독자로 하여금 오감을 만족시키는 방식으로 묘사함으로써 현장감을 구체적이고 생생하게 전달할 수 있어야 한다고 주장[51]한다) 될 것이다. 그런데 독자가 악인 한유진처럼 살인 후, 전지전능의 순간을 체험한 다음 현실로 돌아갈 길도 찾지 못하고 돌아갈 의지도 없게 된다면 어찌해야 할 것인가? 독자가 모방 살인범이 되어 실제 행동으로 옮기는 것을 막아줄 절제력은 어디서 생겨나는가? 사회는 왜 쉽게 '추리소설은 살인을 가르치는 교과서'라고 믿을 만큼 모방범죄에 두려움을 느끼는 것일까?

'소설을 읽은 뒤 범죄를 모방할까 봐 두려워하는 자들'을 설득할 논리는 무엇인가?

새로운 간접 경험을 했으니 삶과 세계에 대한 새로운 시각을 갖게 되는 것은 당연한 일일 것이다. 굳이 살인 경험을 통해서까지 시각을 확장해야 하느냐는 반문에도 불구하고. 정유정은 '안전한 현실로 돌아가게 만드는 것'이 주목적의 하나임을 밝

---

[51]　"시체를 보여주는 데 그치는 게 아니라 독자의 팔에 시체를 안겨줘야 한다. 시체의 무게, 살의 차가운 감촉, 뻣뻣하게 굳은 근육을 만지게 해줘야 한다." 위의 책, p57.

히면서도 그 구체적인 방법이나 원리를 제시하지는 않는다. 마지막 페이지를 읽고 나서 책을 서가에 꽂는 순간 독자는 자동으로 현실로 돌아오는 것일까? 그렇다면 특정한 소설들이 모방 범죄를 부추긴다는 우려는 애초에 없었을 것이다.

사형제도가 있다고 해서 잔혹한 범죄가 줄어들지 않는다는 통계조사를 통해 사형제 폐지가 정당화되는 것처럼, 모방범죄 또한 소설(영화를 포함)이 독자의 행위에 결정적인 영향을 미치지 않는다(혹은 미친다)는 정량조사라도 해야 할까? 현실적으로 불가능할 것이다.

'감정이출'의 방법을 지적한 것은 그녀가 구현한 문학이 '삶=문학'의 등치이기에 '감정이출'의 방법을 제시할 수도 없고 제시해서도 안 되기 때문이다. 소설의 허구적 성격이 그 자체로 '안전한 거리'를 확보해준다면 '소설은 단지 소설일 뿐'이기에 인식의 확장은 극히 제한적이며 '삶=문학'이라는 등치도 데시벨이 낮은 문학적 수사에 불과한 것이 되고 말 것이다.

알랭 바디우가 정유정의 소설을 읽는다면?

정유정은 '80년 5월, 그날의 광주'를 자기만의 독창적인 방식으로 묘사해낸 작가다. '주제의식은 있되, 문제의식은 없다'라는 어느 비평가의 말에 나는 동의할 수 없다. '80년 5월, 그날의 광주'에서 아버지가 실종되었다는 사실을 짧은 문장으로 언급한 것에 그치고《28》에서 계엄군이 개를 무차별적으로 죽이는 행위가 광주 시민 학살을 희미하게만 연상시킨다는 점을 비판한다면, 나는 오히려 '그날의 광주'가 그 참혹함으로 인해 — 트라우마로 인해 사실상 말을 없는 것이 불가능에 가까울 수밖에 없는 상황으로 인해 — 소설가의 상상력을 제한할까 봐 그 대상에서 빠져나온 것이 신의 한 수였다고 생각한다. 나는 정유정의 일련의 소설들이 '그날의 광주'를 숨겨진 방식으로 심도 있게 묘사한 작품이라고 생각한다.

"그녀는 순수문학과 대중문학의 피할 수 없는 거리를 든든하게 메우고 있다." "순문학과 대중문학 사이의 허구성을 폭로한다." "문학성과 대중성이 이분화되지 않는 세계." 정유정에 대한 이런 평가들이 그녀를 상찬하는 것이 아니라 모욕하는 것이다. 문학 또한 정치적인 것이기에 순수문학이란 표현이 잘못되었고, 용어의 기원도 왜곡되었기 때문이 아니다. 정유정 문학의 본령은 비평가의 바로 그런 불순한 호명(호명의 주권자로서 비평가)을 문제 삼는 것[52]이기 때문이다. 비평가의 무지한[53] 찬사는 정유정이 글라이더에 태워 창공을 날도록 했던 류승민에게서 글라이더를 빼앗는 짓이고, 박양수 노인에게 항해 금지를 명령하는 행위이자, 박동해를 지하실에 감금하는 일이다. 정유정은 소설 속 가상의 아버지가 실종된, 80년 5월 광주의 기억을 문제 삼고 있고 그 변형태인 장소들(세령호수, 정신병원, 별채, 지하실,

---

52   그러므로, 정유정이 '나는 오직 독자를 향해 글을 쓴다'라는 것은 자기 문학관의 표명이기
      도 하지만 그 자체만으로 내 비평문에 대한 반론으로 기능함을 부인할 수 없다.
53   그러나, 과연 무지만의 문제일까?

늪, 드림랜드)에서 정신적으로든 육체적으로든 벗어나는 것이 삶의 목표인 인물들을 그려낸다.

법의 기원적 힘을 행사할 수 있는 능력을 가진 자, 즉 주권자이자 호명하는 자. 정유정은 주권자로부터 호명된 자, 즉 '포함인 배제'의 경계영역에서 숨죽이며 살아갈 수밖에 없는 자가 그곳에서 탈출하는 여러 가지 방법을 제시한다.

a. 글라이더를 타고 하늘을 날아 정신병원을 탈출한다(류승민).

b. 누명을 쓴 육지의 세계로부터 벗어나기 위해 배를 타고 드넓은 바다를 항해한다(박양수 노인).

c. '서재형, 인간 없는 세상으로 가다.' 작가가 진한 글자로 강조한《28》의 마지막 문장은 이렇게 해석될 수 있다. '인수공통전염병'이라는 점에서 인간과 동물(개)은 동급이다. "도덕과 무관한 특성에 따라 차별하지 않는다"라는 마크 롤랜즈의 글을 정유정이 인용한 것은 '종의 다름이 인간과 동물의 취급 차이를 정당화할 근거가 되지 않는다'라는 주장을 하기 위해서다. 그렇다면 계엄군이 개들을 죽여 구덩이 속에 던져 넣는 행위는 인간이 개들을 같음에서 다름으로 밀어내는 구조다. 역시나 '포함인 배제'의 관계. 결국 '인간 없는 세상'이란 동물에 대한 주권자(인간)로서의 호명이 없는 해방된 세계일 터인데, 불행하게도 죽어서야 그곳으로 가게 된 것이다.

d. 큰 죄의식 없이 딸 오세령을 홀로 고통(아빠의 학대) 속에 남겨둔 채 가족의 인연을 끊고 훌쩍 파리로 떠난다(문하영).

e. 이야기를 써서 자신의 유령 같은 삶(정신병동을 전전해야 했던 삶)에 형상을 부여함으로써 삶의 진정한 의미를 발생시키고 자아 정체성을 확립한다(이수명).

f. '포함인 배제'의 구조를 통해 자신을 경계영역에 머물도록 억압하는 자를 살해하는, 자유를 위해서는 끔찍한 악마가 되는 것조차 두려워하지 않는다(박동해).

나는 '이야기=삶'의 구조에서는 범죄소설을 읽고 나서 '모방의 악행'으로부터 완전히 벗어날 수 있는 '안전한 거리'를 확보하기가 이론적으로 쉽지 않을 거라고 말했다. 그렇기에 그녀의 문학관이 윤리 문제와 연동될 수밖에 없다.

문제는 정유정이 c를 통해 인간이 동물의 생명에 대한 처분권이 없음을 강조하면서 동시에 d를 통해 '생존을 위해, 자유를 위해, 자기 정체성을 위해' 타인의 생명을 처분하는 살인이 정당화될 수 있는 것처럼 말한다는 점이다.

'생존을 위해서'는 동물로서의 정체성만으로 충분하지만 '억압에 대한 저항으로서의 자유'와 '삶의 정체성'을 말할 때는 부득불 인간적 가치 판단이 들어갈 수밖에 없다는 것이다. 다음 글을 보면, 그녀는 흔히 말하는 '타자의 윤리', 즉 타인은 물론 동물의 생명까지도 존중해야 한다는 윤리의식을 갖고 있는 듯이 보인다.

링고는 그의 개가 아니었다. 어느 누구의 개도 아니었다. 그런데도 그(서재형)는 링고를 거두어야 한다는 책임을 느꼈다.[54]

전염병으로 내가 죽을 판인데 병든 개든 잠재적으로 병을 옮길 수 있는 개든 도살 처분하는 것이 왜 비난받아야 하는가? 반대로, 이 비난을 할 수 있는 근거는 이미 동물성을 넘어선 인간성을 전제하지 않는가?

'인간성'이 그저 '동물성'에 불과한 것이라면, 정신병원에 갇혀 살고 싶지 않은 박동해의 이름으로, '행복은 뺄셈'이라는 신유나의 이름으로, 수영을 하고자 하는 한유진의 이름으로 《28》의 개들을 도살할 수 있지 않은가? 어쨌거나 전염병으로 인해 내가 죽을 수 있는 긴급 상황이 아닌가?

이런 물음에 대한 정유정의 대답은 분명치 않다. 생존본능을 위해 그 어떤 짓도 할 수 있는 동물성을 인간 생존에 적용하면서도, 자유와 삶의 정체성을 말할 때는 그 동물성을 벗어나는 인간성(가치)을 요구하기 때문이다. 동물성이라는 자연에서 인간성이라는 문화를 끌어낼 수는 없다. 그녀가 말하는 '악'에, 또 '악인'에 혼란을 느낄 수밖에 없는 까닭은 앞서 말한 '소극적 생존'과 '적극적 생존'을 엄밀하게 구별하지 않았기 때문이다. 동물성으로 소극적 생존의 문제는 해결되지만, 동물성만으론 적극적 생존의 문제가 해결될 수 없다.

알랭 바디우의 입장에서 보자면 '악'은 잘못 규정되어 있다.

악은 인간 동물이 자신의 존재를 유지하기 위하여, 자신의 이해 관심을 추구하기 위하여 사용하는 폭력과 구분되어야 한다.[55]

54   《28》, p387.
55   알랭 바디우, 이종영 옮김, 《윤리학: 악에 대한 의식에 관한 에세이》, 동문선, p83.

폭력을 악과 구분하지 못할 때 '삶의 잔혹한 결백성'으로서의 자기변호만 존재할 뿐이다. 독자로서《종의 기원》의 한유진이라는 인물에 대해 느끼게 되는 불편한 감정이 바로 그것이다. 한유진은 어머니와 이모를 포함한 연쇄살인을 저지르고 나서도 떠돌이 선원이 되어 살아간다. 생존의 가치가 그 무엇보다 앞선다는 이유로. 알랭 바디우의 입장에서 보면 '악이 진리의 전체적인 힘을 강제하고 상황 안의 모든 것을 명명하고자 하는 결단'[56]이기에 진정한 의미의 악인은 한유진 같은 인물이 아니라 '규칙과 질서'를 강요했던 인물들, 그러니까 한유진보다는 도리어 그의 어머니, 강은주, 오영제, 생활시간표로 신유나의 악행을 키운 할머니 같은 인물들이다.

알랭 바디우는 악에 대한 합의된 또는 선험적 인정을 거부하고 악을 진리와 선의 과정의 차원으로 이해하고자 한다. 따라서 악은 인간 동물의 범주가 아니라 주체의 범주라는 것이다.

우리 사회는 느슨하게 합의된 형태의 '악'에 대한 규정만으로 충분하다고 생각하는 경향이 있다.

나는 에마뉘엘 레비나스의 사상에 의존하는 '차이의 윤리'나 '타자의 윤리' — 인종주의와 성차별주의에 반대하고 다문화주의를 선호하는 지성인의 멋진 모습 같지만 — 는 결국에는 '네가 자유민주주의를 받아들이는 한 너는 무한한 자유를 누릴 권리가 있다. 혹은 이슬람교를 믿는 아랍인에게 네가 한국인의 정체성으로 살아가는 한 얼마든지 자유로운 무슬림이 될 수 있

---

56   피터 홀워드, 박성훈 옮김,《알랭 바디우: 진리를 향한 주체》, 길, p423.

다'라는 말처럼, 필패의 지점이 있다는 알랭 바디우의 생각에
동의한다. 그러나 앞서 말한 것처럼, 톨레랑스와 마찬가지로
우리 스스로가 그 근거를 철저하게 탐구하지 않는 한 알랭 바디
우의 '악'의 개념 또한 스쳐지나갈 일시적 유행일 뿐이지 않은
가?

물의 이미지

정유정의 작품에는 숱한 물의 이미지들이 있다. 수몰(세령호
수), 취수탑, 수중 터널, 우물, 익사체, 잠수부, 어부, 욕조, 수영
장, 원양어선, 파도, 갯바위, 빗속의 여인, 침몰하는 난파선, 새
우잡이 배, 얼어붙은 베링해, 산속 호수, 바이칼 호수, 항구, 수
초…. 그리고 이 모든 이미지들을 품은 바다까지! 물의 이미지
는 때로는 절망을, 때로는 희망을 상징한다.

무엇이 소년의 영혼을 수수벌판 우물에 가두었을까.[57]

물속이 지상보다 자유로웠고, 수영장이 학교나 집보다 편안했다.
물속은 어머니가 들어올 수 없는 곳이었다. 온전히 나의 세상이었
다.[58]

57 《7년의 밤》, p480.
58 《종의 기원》, p134.

그녀에 따르면 바다가 절망과 희망을 부족함 없이 다 품어 안을 수 있는 것은 꿈이 둘로 나뉜 장소이기 때문이다. 꿈은 악몽일 수도 길몽일 수도 있다. 바다는 거대한 암흑의 공동일 수 있으며, 또한 자신의 삶을 옥죄는 손아귀로부터 벗어나 자유를 만끽할 수 있는 '먼 곳'일 수 있다. 바다는 절망이라는 조수가 희망이라는 갯바위를 덮치는 곳이다. 반대로, 절망이라는 조수에 맞서 희망이라는 갯바위가 삶을 견뎌내는 곳이다.

정유정의 소설에서, 바다 말고 극단적으로 상반되는 이미지를 수용할 수 있는 장소는 달리 없는 것일까? 바다 또한 그곳에서 태어났다. 절망의 난파선을 버리고 희망의 돛단배를 띄울 수 있는 곳! 빛고을 광주야말로 다름 아닌 바다의 어머니다. 광주는 뭍의 도시로서 바다의 대척점으로 존재하는 장소가 아니다.

나는 빛의 바다에서 홀로 섬이 되었다.

이 구절을, '80년 5월, 그날' 계엄군의 군홧발에 짓밟히고 총검에 살해당한 시체들이 즐비했던 장소, 세상으로부터 고립되었던 빛고을 광주에 대한 작가의 숨겨진 내면화로 읽어내는 것은 나만의 해석일까?

챈들러는 아기를 갖지 않았다. 그는 종족 보존을 위해 누군가는 반드시 이어야 할 세대의 역사를 거부했고 그 때문인지는 몰라도 이야기 전체의 흐름보다는 개별 신scene을 중시하는 파편화된 문학관을 갖게 되었다. 파편화라니! 가당찮다. 정유정은 유기체적 사고를 버릴 수가 없었다. 그녀는 생물학을, 아리스토텔레스를 포기할 수 없었다. 그녀에게는 이야기의 구성을 통하지 않고는 삶의 의미가 발생하지 않는다. 기승전결 속에 성장과 모험의 시간과 더불어 파국과 소멸의 시간이 존재한다. 필립 말로(챈들러가 창조한 탐정)여, 이 약해빠진 인간 같으니!

박양수 노인은 버려져 입양한 딸, 시력을 잃어가는 딸 월규와 함께 먼 바다를 항해하고자 한다. 누명을 쓰고 쫓기는 늙은 몸이면서도 혈육이 아닌 구성원으로 새 가정을 꾸리고 한 줄기 희망의 빛을 좇아 거대한 파도가 덮치는 위험한 바다로 뛰어들기를 마다하지 않는다.

강한 신념을 가진 작가에게는 고유의 강한 이론으로 부딪힐 수밖에 없다. 삶 또한 그러할 것이다. 강한 신념으로 살아온 인생 앞에 설 때 이론이 스스로 내면적 허약성을 깨닫게 되는 것은 바로 그 때문일 것이다. 삶과 등치된 이야기를 하는 그녀에게, '우울한 생기'라는 은유를 생산한 그녀에게, '아버지 부재'의 감각을 내면화한 그녀에게, 빛고을 광주에서 자행된 고통스러운 경험과 기억을 뒤에 숨기고 범죄소설을 쓴 그녀에게… 나는 배웠다. 누군가에겐 이야기 그 자체가 문자 그대로 생명일 수 있다는 것을.

12. 추리소설은 은유를 의심하는 정신이다
: 추리소설이 우리에게 요구하는 사유

✚ 철학자 비트겐슈타인의 말
철학 잡지에는 한 톨의 지혜도 없는 게 확실해.
반면 탐정소설에는 꽤 많은 지혜의 알갱이들이 있지.

철학자마다 역사성에 대한 생각이 달라서, 철두철미하게 철학의 역사에 기댄 탐구자, 하이데거가 있는가 하면, 철학의 역사에 대한 탐구는커녕 철학책을 거의 읽지 않았음에도 최고의 철학자가 된 비트겐슈타인도 있다. 철학은 겉보기와 달리 추상적 지식이 아니다. 하이데거는 철학에 실용적 지식을 요구하는 것은 철학을 과대평가한 것이고 추상적 지식이라고 단정하는 것은 철학을 과소평가한 것이라고 말했다. 하지만 추리소설로 철학하기 위해서는 추리소설이 서구에서 탄생한 역사적 배경을 이해할 필요가 있다. 이 역사적 이해 없이는 추리소설 자체가 왜곡되기 십상이다.

추리소설은 19세기에서 20세기에 걸친, 서구 정신이 몰락해가는 와중에 생긴 산물이다. 선정적인 '어그로'로 이 몰락을 예감하고 온몸으로 비명을 지르듯 표현했던 인물은 니체였다.

신은 죽었다.

당대에는 미친놈의 헛소리쯤으로 여겨졌던 '신은 죽었다'라는 선언이 차츰 그 의미가 명료해지면서 비평가는 여러 가지 표현을 제시해왔다. 정리하자면 다음과 같다.

1. 성스러움의 세속화
2. 시간의 공간화(장소의 공간화)
3. 은유적 수사로부터 환유적 수사로

이것은 기존의 서구적 가치가 몰락하는 방향과 의미를 지시하고 있다. 추리소설은 이 몰락의 와중에 드러난 정신의 한 형태이자 태도다. 고전 추리소설은 무엇보다 이 핵심을 잘 드러내고 있다. '밀실 살인사건'이 대표적인 예다. 밀실에서 벌어진 수수께끼 같은 살인사건과 그 해법을 통해 동결된 시간을 해동한다. '밀실'은 정지된 시간으로서의 장소 혹은 시간이 상실된 장소, 즉 공간이다.

밀폐된 방 안에 피살자가 있다. 타살이 분명한데 문이 안에서 잠겨 있고 외부 침입의 흔적은 없다. 밀실로 판정되는 순간 방 안과 문 밖이 장소성을 상실하고 공간으로 바뀌게 된다. 두 공간은 분리되어 시간이 흐르지 않는다. 문을 사이에 두고 방 안과 방 밖은 연속성이 차단된다. 명민한 탐정이 밀실 살인사건의 수수께끼를 푼다는 것은 동결된 시간을 해동시켜 안팎의 두 공간 사이에 시간이 흐르게 함으로써 공간으로 전락한 장소의 지위를 되찾는 것이다.

이런 점을 고려할 때 고전 추리소설을 모더니즘 계열의 서구 현대문학과 대비시켜 읽는 것은 정당해 보인다. 프루스트가 찾는 '잃어버린 시간'은 '상실된 장소'를 찾는 것이다. 홍차에 찍어 먹은 마들렌 과자의 맛과 향기가 과거의 기억을 떠올리게 했기에 가능한 일이었다.

파티가 벌어진 하루의 짧은 시간 전후에 삶과 죽음 모두를 담으려 했던 버지니아 울프의 《댈러웨이 부인》이나 외출했다가 숙소로 귀가하는 30분 남짓의 시간 속에 구현된 이야기인 토마스 베른하르트의 《몰락하는 자》는 시간이 공간화됨으로써 소설에서 시간, 즉 역사의 영향력이 감퇴한 전형적인 예다.

프랑스어 'histoire'에는 '역사'와 '이야기' 두 가지 의미가 있다. 역사의 퇴조는 결국 이야기의 퇴조와 맞물리게 된다. 그렇다면 이런 부류의 현대문학은 '이야기할 게 없는 이야기'라고 규정해도 아주 틀린 말은 아닐 것이다. 반대로 고전 추리소설은 동결된 시간을 해동시킴으로써 아직 이야기가 가능한 시간의 토대가 있다고 말하는 것이다.

인간이 '장소'가 아니라 시간이 소멸된 '공간'과 대면해서 산다는 것은 어떤 것일까?

디지털카메라의 화소 개념은 전송사진에서 화면을 구성하고 있는 최소 단위인 명암의 점을 의미한다. 화면 전체의 화소 수가 많으면 해상도가 높아진다. 화소 수가 많든 적든 제한된 공간 속에서 이해되는 개념이다. 아날로그 사진이 디지털로의 전환과 함께 파멸을 맞은 것은 '나타남과 사라짐의 세련된 유희'라고 장 보드리야르는 말한다. 셔터를 눌러 '찰칵' 하는 순간 피사체의 '현실'이 사라지는 것이나 현상 중인 암실에서 이미지가 서서히 나타나는 마술적 시간도 이제는 불가능해졌다. 시간 속에서 구현되는 나타남과 사라짐. '공간'으로 이해되는 디지털카메라에서는 불필요하고 또 불가능한 과정이다.

시간은 인간적이다

체코 출신의 사상가 빌렘 플루서는 '공간'의 적극적인 옹호자다. 그는 장소에 각인된 역사성(시간)의 영향력은 이미 사라졌으며, 남아 있다면 반드시 사라져야 할 시대착오적인 유물로 본다. 이런 생각을 극단으로까지 밀고 나가더니 결국 글쓰기 자체를 부정하게 된다.《글쓰기에 미래가 있는가》에서 자신의 글쓰기가 모순(사라졌어야 할 글쓰기이기에 쓰지 말았어야 했다)임을 고백하면서 이 책을 출판한 행위 자체를 사과한다.

그는 글쓰기가 순차성順次性을 강제한다고 생각한다. 독자가 왼쪽에서 오른쪽으로 문법의 구조에 맞춰 쓴 글을 읽을 때 시선의 움직임이 수동적으로 선(자음과 모음으로 구성된 단어, 문장, 페이지)을 쫓아가기에 복종을 강요당하고 시간의 순차성이 작동하는 선적 사유에 얽매이게 된다는 것이다.

플루서는 1920년에 태어나 1991년에 죽었다. 그가 이런 주장을 한 것은 미래학자로서였다. 인간의 정신이 아날로그식 십진법을 탈피해 디지털식 이진법에 적응해가고 있다는 점은 부인할 수 없다. 하나에서 열까지 셀 때는 손가락 동작이나 발음을 통해 시간의 순차성이 표현되지만 0과 1로 표현되는 이진법은 형광등의 '꺼짐과 켜짐' 같은 단락 현상일 뿐이다.

상상해보자. 22세기에도 인간은 글을 쓰고 있을까? 글쓰기는 수공업hand work이란 말이 있지만, 인공지능이 수공업 앞에서는 인간에게 머리를 조아리고 주저하게 될까?

그날은 구름이 드리운 잔뜩 흐린 날이었다. 방 안은 언제나처럼 최적의 온도와 습도. 요코 씨는 그리 단정하지 않은 모습으로 소파에 앉아 시시한 게임으로 시간을 보내고 있다.

이 문장은 AI가 쓴 것으로, 일본의 장편掌篇 소설가이자 SF 작가였던 호시 신이치星新一 (1926~1997)를 기리는 문학상의 1차 심사를 통과한 작품의 일부다. 2016년의 일이다.

플루서의 주장대로라면 문제는 더 꼬이게 생겼다. 글 쓰는 주체가 인간에서 AI로 바뀌었을 뿐 독자의 입장에서는 여전히 글을 읽는 동안 순차성의 사유에 얽매이게 될 테니까. AI에게 글쓰기란 금지의 영역이어야 하는 것일까?

정보 제공의 편리함이라는 이름 아래 AI가 인간의 사고를 점령해 들어오고 있는 것은 분명해 보인다. 최근에 내가 경험한 소소한 사건이다. 나는 마세도니오 페르난데스의《계속되는 무》를 사기 위해 전국 알라딘 서점을 뒤졌는데 중고 매장에도 신간 매장에도 없었다. 다시 네이버를 검색했더니 여러 플랫폼에서 이 책을 중개 판매하고 있었다. 플랫폼의 이름을 확인하지 않고 여기저기 정보를 찾다가 알라딘이란 이름이 밑에 작게 쓰여 있어 그곳을 통해 구매했다. 판매 경로는 아마 '네이버-알라딘-출판사'일 것이다. 그런데 책을 구매한 지 한참이 지났는데도 휴대폰으로 네이버에 들어가면《계속되는 무》의 표지가 인터파크를 통해 계속 제공되고 있었다. 인터파크 AI의 알고리즘은 내가 이미 책을 산 줄 모르고 계속 정보를 제공하고 있었던 것이다.

나는 가벼운 웃음을 터뜨리며 이런 생각이 들었다. 이 책은 결국 구매하고야 말 책이었구나!

알고리즘이 지속적으로 정보를 제공하지 않았다면 나는《계속되는 무》를 읽지 않을 자유를 누릴 수 있었을지 모른다. AI가

내 망설임의 순간과 선택의 우연성까지 빼앗아간 기분이라 입맛이 씁쓸했다. 망설임이란 AI의 눈에는 어리석은 시간 낭비로 보이는 걸까? 선택의 우연성은 인간의 결함 탓에 생겨나는 것일까? 서점에 A라는 책을 사러 갔다가 B라는 책을 구매한 적이 여러 번 있었다. 그런 우연은 내 삶의 일부였다. 상황이 달라졌다. 네가 이 책에 관심을 보였으니 구매해, 구매해, 구매하라고! 말이 좋아 정보 제공이지 그것은 AI의 유혹이자 강요였다.

망설임이나 선택의 순간은 결과에 이르는 과정의 시간(역사성)인 것이다. 그것은 분명 우리 인간의 시간이었다. 시간 자체가 인간적이다. 순차성(역사성)이 사라진 AI의 이진법 공간의 사유에서는 인간(성)이 종속변수로 전락한다. 더 이상 인간은 자기 경험의 역사로 드러나는 개체가 아닐뿐더러, 자기보존의 욕망을 앞세워 투쟁하는 자기실현의 주체가 아니라, 기껏해야 공간 속에서의 위치(좌표)로 규정되는 기능적 존재(책을 자주 구매하기는 하지만 책이 다른 상품에 비해 가격이 저렴하므로 매출에 크게 도움이 되지는 않는 존재)로 인식되게 된다.

그런데 사유의 탈인간화가 마냥 나쁜 것일까? 나쁜 것임을 안다고 해도 그것을 저지할 수 있을까? 이 물음은 독자의 몫으로 남겨두겠다.

어쨌든 공간의 적극적 옹호자 입장에서 보면 다음과 같은 주장은 불가피해 보인다.

문학은 죽었다.

이런 과격한 선언은 추리소설도 핵심적으로 개입한 '시간의 공간화'라는 문제의식의 틀 속에서 생겨난 것이다. 장소는 시간(역사)의 대변자로서 공간에 대립한다. 이 대립은 공허한 소모적인 논쟁의 파생물이 아니라 다가오는 인간의 운명을 결정지을 진정한 철학적 인식의 충돌이다.

분명한 건 공간으로 이해된 사유 속에는 인간(휴머니즘)이 들어설 자리가 없다는 것이다. 이것이 더더욱 우리에게 고민인 것은 세종대왕이 만든 한글의 창제 원리에 삼재三才 사상이 확고하게 자리 잡고 있기 때문이다.

하늘(·), 땅(ㅡ), 인간(ㅣ)

한글은 우리 고유의 문자인 동시에 사유체계이기도 하다. 우리 민족 정서의 장점 중 하나인 따뜻한 인간애나 상부상조의 정신이 가능했던 것도 바로 한글이라는 사유체계에 하늘과 땅 사이에 존재하는 아래 획(ㅣ)으로서의 인간, 즉 휴머니즘적 요소가 들어 있기 때문이다. 공간적 사유의 요구에 따라 우리의 정신에서 인간(ㅅ)과 아래 획을 뺀다면 한글은 어떤 운명을 맞이하게 되는 걸까?

글쓰기란 무엇인가

이야기를 다시 추리소설로 좁혀보겠다. 밀실 살인으로 대표되는 고전 추리소설이 전통적인 서구 가치관이 몰락해가는 와중에 애처로운 몸짓으로 아직은 시간이 가능하다고, 아직은 역사가 가능하다고, 아직은 장소(대지)가 가능하다고 주장하는 서브-장르다. 그렇기에 고전 추리소설은 그 어떤 내용을 말하는 것이 아니라 아직 무엇이 가능하다는 형식에 관한 이야기다. 반면 시간성을 작가와 작품 사이의 선후로 파악해 이 관계를 끊어놓으려는 시도가 추리소설에서도 있었다.

폴 오스터는 이런 사상을 《뉴욕 삼부작》에서 노골적으로 드러낸다. 물론 이것은 추리소설에 대한 반성적인 작업이다.

탐정의 추리가 옳음을 궁극적으로 보증하는 존재는 작가다. 탐정은 소설 안의 존재이고 작가는 소설 밖의 존재다. 둘 사이에는 심연의 건너뜀이라고도 부를 수 있는 차원의 차이가 있다. 작가는 탐정의 메타-층위에 존재한다. 독자는 작가의 존재를 의식하지 않고도 탐정의 추리 방법에 동의할 수 있지만, 탐정이 행하는 추리의 궁극적 근거는 작가의 머릿속이다. 폴 오스터는 《뉴욕 삼부작》에서 탐정과 작가 사이의 층위 차이를 깨부수려고 한다.

이런 발상은 롤랑 바르트가 말했던 '작가의 죽음'이나 '작가의 부재'라는 생각에 닿아 있다. 작가에게서 메타의 지위를 박탈한 뒤 내려지는 결론이다. 그래서 극단적으로는 작가가 없다는 생각이 작가라는 단어와 그 함의 자체를 붕괴시킨다. 작가author는 권위authority와 그 어원이 같다. 작가라는 권위가 사라짐에 따라 작가라는 단어를 대체한 용어가 글쓴이writer다. '작가'로부터 '글쓴이'로의 이행은 좀 더 크고 넓은 사상적·문화적 맥락의 변화를 반영한다. 프랑스인들이 말하는 글쓰기(에크리튀르écriture)라는 용어는 입말이 억압한 글말의 해방과 연관되어 있다.

성경에서 말하듯, 태초에 신성한 말씀(입말)이 있음 — 빛이 있으라! — 으로 해서 글말(문자)은 투명하게 입말의 내용을 담는 그릇의 역할을 해왔을 뿐이다. 문자언어는 그저 투명한 매체일 뿐 생각이나 사상 그 자체에 영향을 줄 수 없다는 믿음이 오래도록 지속되었다. 그런데 어느 순간 이 믿음에 금이 갔을 뿐만 아니라 발상의 전환이 이루어져 '언어가 생각을 지배한다'는 역발상마저 나오게 되었다.

심지어 언어는 말을 담는 투명한 그릇이 아니라 이제 언어 자체가 말을 하고 있다는 생각에까지 이르렀다. 미셸 푸코에 따르면 레몽 루셀의 소설《아프리카의 인상》은 글 쓰는 인간마저 배제된 채 혹은 언어 자체가 말하는 내용을 수동적으로 받아 적는, 언어 자체가 말하는 이야기다.

글쓰기란 무엇인가?

이 철학적인 물음은 글쓰기의 기술적 측면을 제외하면 전적으로 서구적(프랑스적)인 것이다. 우리에겐 이런 물음이 생겨날 수 없다. 왜냐하면 한자(글말)가 먼저 있고 나서 입말(한글)이 창제되었기 때문이다. 입말이 글말을 억압한 역사는 없다. 그런데도 '글쓰기란 무엇인가?'라는 서구적 물음은 우리의 생각과 사상에도 영향을 미치고 있다. 그 이유가 뭘까?

그것은 사유에서 은유(메타포)가 행사해왔던 막강한 힘 때문이다. 단순화의 위험을 무릅쓰고 말하면, 은유에는 예술적(미학적) 은유와 철학적(존재론적) 은유가 있다. 은유는 'A는 B이다'라는 형식을 취한다. 예컨대 '이순신은 호랑이다' 같은 문장 구성이다. 아리스토텔레스의 《시학》에 따르면, 훌륭한 예술적 은유는 두 가지 조건을 갖춘다고 했다. 낯섦과 유의미함이다. '이순신은 호랑이다'라는 은유는 이제는 진부해서 아무런 시적 감흥도 주지 않는다. 그럼에도 은유의 본질에 충실한 은유다.

은유란 내적 본질의 필연성이 외적 대상을 지시하는 기능의 표현이다. 이순신 장군의 대담한 지략과 죽음을 불사하는 용감함은 먹잇감을 노려 포획하는 호랑이의 본능적 용맹함에 비유될 수 있다. '이순신은 생쥐다'라는 은유는 어떤가? 낯섦이라는 측면에서는 좋은 은유의 요건을 충족할 수도 있겠지만, 작고 연약한 생쥐가 용맹한 장군이라는 내적 필연성이 외화된 존재가 아니기에 유의미성을 가질 수 없다.

철학적 은유는 은유(메타포)의 부분적 의미(메타)에 주목한다. 메타meta는 '-을 넘어서' 혹은 '-을 초월하여'라는 뜻을 갖고 있다. 기존 서구 철학의 욕망은 감성(감각)의 세계를 넘어 초감성(초감각)의 세계로 나아가고자 했다. 초감성의 세계란 촉각·미각·청각·시각 모두를 넘어서야 하지만, 무엇보다 청각과 시각을 넘어서야 할 이유가 역사적으로 요구되었다. 신의 말씀(로고스)으로 대표되는 유대 문화와 보는 것(에이도스eidos)으로 대표되는 그리스 문화의 결합이 필요했기 때문이다.

청각과 시각은 추상적으로 공감각의 일부로 이해될 수도 있겠지만, 본질적으로 다른 감각기관의 작용인 '듣는 것'과 '보는 것' 둘 사이를 결합할 근본 원리가 있을 리 없다. 이때 양자를 결합하기 위해 철학적 은유가 중매쟁이로 등장한다. 양자를 본질의 세계, 즉 형이상形而上의 세계로 이동시켜 양자 사이에 공동의 지평을 마련하는 것이다. 시각을 넘어선 세계와 청각을 넘어선 세계라는 공동의 지평 위에서 양자를 결합할 근거를 확보하려는 계산이다.

그런데 문제는 철학적 은유가 홀로 이 임무를 수행할 능력이 없다는 점이다. 이 무능력은 'A=B'라는 은유의 본성상, 특히나 예술적 은유가 생산하는 지식은 원심력이 강한 탓에 애매모호한 넓은 경계 지역을 가진다는 점과 관계가 있다. 예를 들어 '이순신은 곰이다'라는 은유는, 곰의 우직함에 가치를 두어 괜찮은 은유라고 생각할 수도 있고 투실투실한 곰의 느린 움직임을 아둔함으로 해석해 좋지 않은 은유라고 생각할 수도 있다. 이처럼 특정한 은유의 '좋음/나쁨'의 결정은, 그리고 수용자가 받아들이는 측면은 공유된 지식이나 상식의 기반 위에서만 가능하다.

시인이자 시학 이론가인 이수명(1965~)은 '시인의 은유'가 상식에서 크게 벗어나지 않아야 한다는 태도에 결연히 반대해 '쉽게 이해되는 시는 좋은 시가 아니다'라고까지 말한다. 은유의 원심력에 높은 가치를 부여하는 시론이다. 이때 시는 예술의 전위로서 개념, 판단, 추론 등을 통해 건축학적 의지를 드러내는 철학(사유)과 대립한다.

사유의 출발점은 언제나 기이하다

서구 사유에서 철학과 시의 대립은 잘 알려져 있다. 플라톤이 《국가》에서 시인을 추방하려고 했던 까닭도 이 대립에 근거한다고 볼 수 있다. 적어도 헤겔에 이르기까지의 서구 철학은 진부해진 은유에 자족한 것은 아니지만, 은유의 원심력에 대한 불안이 줄곧 있었다. 막강한 원심력을 행사할 수 있는 은유의 시적 기능에 불안감을 느낀 철학은 은유를 동일성(A=A)과 연대시키고자 노력한다. 서구 사유의 교묘한 솜씨는 동일성에 대한 다음과 같은 해석에서 극적으로 드러난다.

'A=A'는 '각자 자신인 것'으로서의 동일성이면서 동시에 '각자는 자기 자신에게 자신인 것'으로서의 동일성을 의미한다.

후자의 동일성은 엄밀하게는 전자의 동일성인 'A=A'도 아니고 'A=B'도 아닌 'A=A''의 표현이다. A'는 A라고 할 수도 없고 A가 아니라고 할 수도 없는 여격汝格(자기 자신에게)의 지위를 가진다. 거울에 비친 내 모습과 그것을 바라보는 나는 동일하다고 생각하는 것이다. 신의 저주로 인해 연못에 비친 자기 모습을 보고 사랑에 빠지는 '나르키소스 신화'를 차용한 것으로도 해석되는 'A=A''의 동일성은 불모의 동어반복(A=A)과 의미를 왕성하게 생산하지만 토대가 불안한 은유(A=B) 사이에 구심력으로서의 가교를 놓는다. 적어도 니체 이전의 서구 사유는 이처럼 시각으로 이해된 동일성의 사유다.

서구 사유의 기이한 점은 바로 이 토대 위에, 즉 본다는 것의 동일성(A=A') 위에 '듣는 것'을 위치시킨다는 것이다. 믿을 수 없게도 이제 '듣는 것'은 '보는 것'이다. 그것도 '가장 탁월한 봄'이다. 이런 일련의 과정에서 시각은 스스로를 사유의 원리로 내세우면서 '듣는 것'에 보는 능력의 최고 윗자리를 내준다. 권위를 내주는 대신 청각을 빼앗아, 은유를 통해 청각을 초월함으로써 시각에 의한 원리의 통일이라는 대업을 성취하게 된다.

사유의 이 기이함을 어떻게 이해해야 할까? 터무니없으니 재빨리 손절하는 게 능사일까?

대개 사유의 출발점은 기이하다. 모순, 명명命名, 가정된 정의定意가 사유를 출발시키는 원동력일 수 있다. 퇴계 이황이 선조에게 올린 글(《성학십도》) 첫머리에 '도무형상道無形象'이란 표현이 나온다. 도는 모름지기 형상이 없다는 뜻인데, '도道'란 글자는 이미 형상을 갖췄기에 다른 글자와 구별되는 게 아니겠는가? 불교가 주장하는 '불립문자不立文字'도 마찬가지다. 문자를 세우지 말자면서 '불립문자'라는 표현을 통해 문자를 세우고 있지 않는가?

이런 모순을 해소하기 위한 방편으로 '명명'이나 '가정된 정의'가 사용될 수 있다. 그렇게 하라는 명령어나 그렇게 하자는 명령조의 이름 붙이기가 작동함으로써 사유가 출발할 수 있는 것이다. '빛이 있으라!'는 명령의 말씀. 세상 모든 존재의 근거로서의 신은 '스스로 있는 자Causa Sui'라는 정의 등등.

소리의 동일성과 결합한 은유

앞서 나는 '추리소설은 서구 정신이 몰락해가는 와중에 생겨난 산물'이라고 반복해 강조했다. 이것을 문학적 수사에 빗대어 표현하면, 은유에서 환유[1]로의 이동이라고 할 수 있다. 왕세자가 즉위식에서 왕관을 머리에 쓰는 순간, 우리는 '왕자가 마침내 왕이 되었다'라고 말한다. '왕관을 머리에 쓰다'는 '왕이 되다'의 환유metonymy다. 이때 왕관과 머리 사이의 인접성이 환유의 본질이다.

은유가 세계 해석의 주도권을 쥔 시대에서 그 권력을 환유가 찬탈한 세계로의 이행은 은유가 지탱하던 익숙한 가치들 — 역사, 주체(자아), 이데올로기, 신, 문학 등등 — 의 약화 혹은 와해 현상을 의미한다. 인간은 왜 은유적 해석의 권력을 내려놓아야 하는 걸까? AI에 밀려서? 인간 중심의 관점이 지구의 생태 환경을 무자비하게 파괴해왔기 때문에?

욕망(삶의 목표)을 가진 이데올로기적 주체와 상처로 굳어진 기억의 고백을 통해 삶의 고통을 치유하려는 신경증적 주체를 버린 탈-주체적 인간은 대체 어떤 인간일까?

그런데 '사라졌던 주체가 돌아온다'는 말이 들린다. 사라졌던 주체가 권위적인, 때로는 폭력적이기까지 한 주체였던 것은 분명한데, 돌아올 주체의 정체는 아직 불분명하다. 권위의 주체가 해체되면서 무한 해석의 권리를 가진 상대적 주체가 등장

---

1   어떤 사물을, 그것의 속성과 밀접한 관계가 있는 다른 낱말을 빌려서 표현하는 수사법. 숙녀를 '하이힐'로, 우리 민족을 '흰옷'으로 표현하는 것 따위다.

할 수밖에 없었지만, 무한 해석을 허용하는 한 사회는 사회 질
서를 위협하는 어리석은 생각과 위험한 발상을 걸러내기 어렵
다(물론 프랑스적인 사유는 이 걸러냄을 거부할 테지만).

'사상·출판의 자유'와 '실천의 자유'를 구획 지음으로써 사
회의 안전을 도모할 수 있다고 생각할 수 있겠지만, 이 구획의
근거는 사실 역사적으로 용인된 관습과 기록된 판례 속에서 정
당성을 확보할 뿐, 무한 해석의 권리를 주장하는 주체의 입장에
서는 이 자체가 이미 권위적인 — 국가는 그 존재 자체가 폭력
이다 — 주체가 구축해놓은 하나의 세계 해석일 뿐이다.

움베르토 에코의 추리소설이 탐구했던 딜레마. 권위적이
고 폭력적인 주체도, 방종의 위험에 빠질 수 있는 주체도 아닌
제3의 주체가 가능할까?《장미의 이름》의 화자인 아드소의 멜
랑콜리는 '제3의 가능성'을 찾는 것이 녹록하지 않음을 증언하
는 정서적 반응이다. 기호학자 에코와 교류하며 추리소설을 썼
던 사상가 줄리아 크리스테바의 생각은 매우 다르다. 불가리아
태생이지만 철저히 프랑스인으로 살았던 크리스테바는 권위
의 해체가 충분히 수행되지 않았다고 판단하고, 아니 권위의 해
체란 영원히 수행되어야 할 작업이기에 '위반의 문학'으로 상
징되는 프랑스 정신의 전통 속에서《비잔틴 살인사건》을 썼던
것이다. 그녀는 장황하게 말하고 나서 자기 말을 들을 것 없다
며 주체적으로 생각하라고 충고한다. 프랑스 문학의 정신은 결
국 자기부정에 이를 수밖에 없다. 프랑스 문학의 종착지는 프랑
스어를 버림으로써 프랑스 문학을 배반하는 일일 테니까.

주체와 연관된 이런 사유의 흐름에서 볼 때, 이름 짓기의 세

계관을 통해 '복수의 주체'(황세연, 황세환, 황새 등등)를 선보인 황세연의 추리소설은 그의 작품에 대한 독자의 호불호와 관계없이 주체에 대한 가장 현대적인 해석 중 하나로 볼 수 있다.

결국 추리소설이 달라진 주체의 위상을 두고 사유를 요구하는 장르라면, 우리는 은유를 시각적 동일성과 결합했던 서구 사유와는 또 다른 결합으로 세종대왕 이후 우리의 의식을 줄곧 지배해왔던 유교적 사유, 즉 '한글/한자' 혼용체였기에 가능했던 '소리의 동일성과 은유의 결합'을 가늠(해체)하기 위한 노력을 해야 한다.

선비는 부드러운 사람이다. 아니, 아첨하는 사람이다.
유儒(선비)는 유柔(부드러울)다. 아니, 유儒는 유諛(아첨할)다.

이것은 정조 시대에 타락한 유학자들을 향한 연암 박지원의 꾸짖음이다. '유=유'라는 소리의 동일성, 즉 음音의 동일성 위에서 훈訓, 즉 뜻풀이의 차이로 은유를 발생시키는 것이다. 'A=A'의 동일성 위에서 "'A=B'다. 아니, 'A=C'다"라는 은유적 지식을 생산하는 구조다. 서구 사유가 시각적 동일성의 중개를 통해 동어반복과 은유를 결합한 것처럼, 유교적 사유는 '음/훈'의 차이를 이용해 동어반복과 은유를 결합한다. 흥미로운 것은 이 능력에 자격 제한이 있다는 점이다. 즉 왕과 유학자에게만 허용되었다. 그래서 은유 생산의 능력이 정치적 권력이 되고 말았다. 이런 애드리브(임기응변적 언어 사용)를 권도權道라고 한다.

누구나 이 권도를 얻고자 열망하지만, 현실적 한계에 부딪혀

신분 상승을 하지 못하고 좌절할 수밖에 없었는데, 이 좌절의 감정적 반응이 한恨의 정서다. 우리 민족의 고유 정서가 한이라고 할 때 오랜 역사적 피폐함에 따른 고난, 비참, 절망, 고통의 감정이 한민족의 정서에 깊이 스며들어 있다고 말하는 것은 거의 오류[2]에 가까운 얘기다. 왜냐하면 한恨에는 동경憧憬의 감정이 포함돼 있기 때문이다. 마조히스트가 아닌 한 고통과 재난을 그리워할 사람은 없을 테니까.

한의 정서는 무엇보다 구조적인 문제다. 한恨은 권도를 얻지 못한 한계로서의 한限인 것이다.

한恨은 한限이다.

여기에서도 소리의 동일성과 은유가 결합해 있음을 볼 수 있다. 누구나 쉽게 환유를 말할 수 있지만, 소리의 동일성과 은유의 결합을 해체하거나 대체하는 사상을 제시하지 않는 한 공허한 주장에 불과하다. 게다가 반대의 주장도 가능하다. 소리의 동일성과 은유의 결합이 우리 민족의 정체성을 형성해왔으므로 쉽게 해체되지도 않거니와 해체할 수도 없다는 점이다.

---

2   성리학 이데올로기가 무너지는 19세기와 일제강점기와 참혹한 전쟁을 겪은 20세기 전반기를 제외하면, 우리 사회는 유럽에 비해 상대적으로 매우 안정적이었다. 국토가 왜구에 의해 초토화된 임진왜란조차 유럽의 혼란, 즉 100년 전쟁, 장미전쟁, 흑사병 등등에 비할 바가 아니다.

추리소설의 예술적 은유 관념

서구든 우리든 동일성이 사유에 중요했던 까닭은 변치 않는 확고한 토대 위에 관념을 쌓아 올리기 위해서였다. 그런데 서구의 경우 이것이 시각에 우선권을 주고, 사유를 출발시키기 위해 교묘하고 기이한 왜곡을 일삼으며, 배제 행위를 통해 소외와 폭력을 발생시킨다는 점이 차츰 인식되었다. 이 인식은 언어가 구성적 성격을 띤다는 생각에 이르러 모든 사유가 상대적이라는 회의로까지 발전했다.

우리의 경우 사유가 정치권력과 연동되면서—조선의 유학자는 일반 백성이 권도에 도전하지 못하게 자격 제한과 신비함(神妙)을 내세웠다—사유가 정치에 매몰되는 현상으로 인해 정치 과잉을 낳게 된다. 수양론修養論이 정치 과잉의 폐해를 막을 수 있는 수단이었으나 이해관계 앞에서 얼마나 제대로 된 구실을 했는지에 대해서는 의문부호가 따라붙는다.

서구 사유는 새로운 사유로의 도정에 진입한 지 이미 오래되었다. 동일성에 기초한 재현(미메시스mimesis)의 사유를 거부한 들뢰즈의 언급, '철학은 부분적으로 추리소설적이어야 한다'는 그가 이해한 추리소설이 정확히 어떤 것인지도 불분명하므로 위의 문장을 그가 의도한 대로 이해하기는 쉽지 않지만, 적어도 들뢰즈가 동일성에 기초한 재현의 사유가 원형과 모방행위 사이의 관계로 구축되므로 그 관계를 끊으려고 했던 것은 분명하다.

추리소설의 경우, 살인사건에 대한 탐정의 해결책은 궁극적으로 작가의 관념을 모방하는 행위에 불과하다. 장기판의 졸로 움직이던 탐정이 느닷없이 장기판을 뒤엎을 수 있을까?

들뢰즈는 훗날 폴 오스터가 그랬던 것처럼 작가와 탐정 사이의 관계를 끊어내려고 한다. 추리소설 애독자의 입장에서 보면 '즐거운 책 읽기'의 위반일 수 있는데, 이 관계가 끊어지면 탐정은 더 이상 작가가 보증하던 해법을 알 길이 없으므로 수수께끼 같은 살인사건을 해결할 수도 있고 해결하지 못할 수도 있다.

들뢰즈가 이해한 탐정의 처지와 상황이 그러한 것이라면, 탐정의 수사 행위는 운명의 속박에 상처받으며 또 그런 고약한 운명을 헤쳐 나가는 평범한 인간의 모습을 닮아간다. 그렇다면 철학은 확고한 토대(동일성)에 기초한 세계 해석을 통해 인간의 삶을 이해하는 것이 아니라, 토대 없는 삶과 마주치는 인간의 운동궤적을 그려내는 데 만족해야 할지 모르겠다.

추리소설은 역사적으로 철학적 은유를 지켜내기 위해 노력 ─살인 현장을 관찰한 뒤 범죄의 진상을 시간적으로 재구성하는 것은 재현의 행위, 즉 미메시스적 행위다─ 했던 것에 반해, 예술적 은유에 대해서는 오랜 전통[3]이 있는 '반전의 개념'을 자기화(추리소설의 빼놓을 수 없는 특징)함으로써 타격을 가한다. 아직 정체가 밝혀지지 않은 범인을 A라 하고, 피의자 B와 피의자 C가 있다고 하자. 지능이 평범한 형사가 피살자를 살해한 방법과 주변 행적을 샅샅이 탐문한 결과, 수사 활동으로 모은 자료의 모든 내용이 피의자 B를 가리킬 때 우리는 'A는 B다'라고 말

---

3   반전의 개념은 아리스토텔레스의 《시학》에서 유래한다.

한다. 천재 탐정의 실력이 드러나는 순간은 전혀 내용의 수정 없이 같은 자료가 B가 아니라 C를 가리킴을 보여줄 때다. 이제 'A는 C다'인 것이다.

통상의 경우 피의자 C는 깰 수 없는 알리바이가 있거나 때로는 살해 수단조차 불분명[4]했기에 천재 탐정에 의한 'A=B'에서 'A=C'로의 전도는 충격을 준다. 이 충격에 대한 독자의 반응이 추리소설을 읽는 즐거움 중 하나일 것이다. 'A는 B다'에서 'A는 C다'로 전도되는, 더 엄밀하게는 'B가 A다'로부터 'C가 A다'로의 전도이겠지만, 인식을 통해 "내포의 필연성에 의한 외화"에 의문을 품음으로써 예술적 은유의 권위에 타격을 가하는 것이다. 아니, 하나의 은유를 죽이면서 다른 은유를 살려내는 작업이다. 따라서 문학 수사修辭 기법상의 추리소설의 정신사적 위치는 다음과 같이 거칠게 도식화할 수 있다.

1) 기존의 예술적 은유 관념: 내포의 외화에는 필연성이 있다.
2) 모더니즘 계열 문학의 예술적 은유 관념: 내포가 필연적으로 외화(내포→외화)를 가리키는 것이 아니라, 역으로 외화가 필연적으로 내포(외화→내포)를 가리킨다.
3) 추리소설의 예술적 은유 관념: 내포의 외화가 필연적인 것은 아니다.

---

4   예컨대 범인은 힘이 강한 사람으로 추정되는데, 피의자 C는 힘이 약하다 등등.

추리소설은 은유를 의심하는 장르다

추리소설이 어느 평자에게 도피문학으로 비난을 받은 것은 바로 예술적 은유에 대해 애매모호한 태도를 보였기 때문이다. 결국 모더니즘 문학처럼 형식주의에 이르지 못했다는 비판이다. 그런데 욕망을 위한 욕망의 세계, 욕망의 내용이 없는 형식적인 욕망의 세계, 달리 말해 텅 빈 주체를 그린 서미애의 추리소설은 어떤가?

'동기 없는 살인'이라는 표현만으로는 뭔가 설명이 부족하다. 표현의 어색함을 감수하고서라도 우리는 이렇게 말해야 할지 모르겠다. '내포의 필연성에 의한 외화'에 대한 의심은 '장소의 주체'에서 '공간의 주체'로 이동하기 위한 필요조건이라고. 공간의 주체란 텅 빈 주체의 다른 이름이다. 장소의 성격이 사라진 주체다. 달리 말해 은유의 수사가 힘을 잃은 주체다. 은유의 몰락이란 결국 인간적 관점과 '시간적인 것'이 뒤로 물러나는 현상을 보여준다.

탈-주체의 측면에서 보면 이데올로기적 주체이든 신경증적 주체이든 매한가지다. 미래의 목표를 달성하기 위한 욕망의 주체와 과거의 상처(트라우마)를 곱씹는 신경증적 주체, 양자 모두 내용이 펼쳐진 시간과 사건에 사로잡힌 주체이기 때문이다.

시인 이수명이 해석한 바와 같이, 1990년대 시인들은 왜 상식에 의존할 때 생겨나는 심리적 안정감과 그 주변으로부터 멀리 달아나는 것이 시인의 사명이나 기획이라고 생각한 걸까? 누적된 것들의 관습적 용인 — 개인으로 치자면 경험의 총합으로 이해된 '자기 이해'—을 거부하고 익숙한 맥락을 벗어나 시인조차 어리둥절할 맥락에 독자를 초대하는 시 세계에 매진한 이유는 뭘까?

그러나, 그런데도, 왜 우리는 은유의 원심력에 삶의 브레이크가 없이 실존 전체를 내맡기는 광인시인狂人詩人의 출현을 눈앞에서 목도하지 못하는 걸까? 은유의 극단적 원심력에 매혹되는 길은 결국 미친 사람의 수용소(몇몇 위대한 시인들이 안식처로 삼은)에 갇힌 기록이 있고 나서야 자기정당화에 이를 수 있지 않을까? 상식이나 평범한 이해로부터 떨어진 거리로서가 아니라 광기에 얼마나 가까이 다가갔는지에 대한 평가로서 말이다.

에드거 앨런 포의 시 작법(그는 독자들이 지루해지지 말라고 단어의 수까지 제한한다)은 독자들에게 단일한 심리적 효과를 불러일으키는 것이기에 은유의 원심력을 제한할 수밖에 없다. 마찬가지로, 당연한 얘기이겠지만, 이해할 수 없는 표현—은유의 원심력으로 인해—이 정보(사실)를 전달해 범인 추정의 근거로 삼는 추리소설은 있을 수 없다.

결국 이런 장황하기까지 한, 그럼에도 반드시 필요한 논의는 허용 가능한 은유를 두고 '회집/분산'이나 '옥죔/느슨함'의 정도에 대한 개인적·사회적 결정의 문제로 귀결될 것이다. 예전엔 이데올로기의 시대였고 지금은 아니다, 라고 말하는 것은 역사적 판결일 뿐이다. 시대의 유행에 민감하게 반응하는 것에 더해서 우리에겐 좀 더 깊이 있는 물음이 요구된다.

서구 가치관이 몰락하는 와중에 '은유'에 대해 나름의 견해를 가졌던 추리소설이 즐거운 독서 체험을 주는 장르에 머무르지 않고 우리를 지배하는 밑바탕의 생각과 관념에 자극과 비판을 가할 수 있다면, 그것은 오직 유교적 사유와의 대결 국면에서만 가능하다. 추리소설이 반드시 그래야 할 이유는 없겠지만 반대로 반드시 그러지 않아야 할 이유도 없다. 보르헤스는 포가 추리소설뿐만 아니라 추리소설의 독자도 창조했다고 말했다. 보험 약관에 서명한 후에는 이제 피보험자의 이익과 권리는 약관에 의해 제약되듯이, 추리소설이라는 장르를 인식하고 읽는 순간부터 독자는 작가와 어떤 계약 관계를 맺은 듯이 느끼게 된다. 독자가 이 보이지 않는 계약을 자연스럽게 받아들이도록 만든 것이 포의 위대함이다. 그렇기에 추리소설로 철학을 하기 위해서는 작품마다의 철학적 의미를 탐구하는 데 만족할 것이 아니라 독자가 빠진 결계結界로부터 해방될 필요가 있다. 앞서 말했던 것처럼 폴 오스터의 《뉴욕 삼부작》이 형이상학적 추리소설로 불리는 것은 바로 결계로부터 과감히 벗어난 덕이다.

한의 정서가 우리 민족 고유의 정서라는 말은 너무나 무책임한 말이다. 이것은 하나의 민족에게 고유한 사유가 있다는 말로서 종교적 믿음에 가깝거나 은연중에 기득권자의 권익을 정당화하기 위한 논리에 지나지 않는다. 오래도록 쌓인 정서가 정체성을 형성하기에 그 정체성을 깨뜨리기가 쉽지 않다는 점은 수긍할 수 있지만, 그 정체성을 깨뜨려서는 안 된다는 말은 받아들이기 어렵다.

추리소설도 일정 부분 개입한 은유에 대한 불신은 서구에서 새로운 사유를 요구하고 있다. '사유에 대한 이미지' 자체를 혁신하고자 하는 들뢰즈의 사유나, 정의를 내리지 않는 바디우의 사유는 동일성과 은유의 결합에서 벗어나려는 사유인 것은 분명하다.

우리도 우리 사유의 한계를 명확히 알게 되었다. 권도가 감춘, 백성의 삶이 농사에 의존하는 유교적 사유가 저지르는 자기 부정은 이런 것이다. 볍씨의 파종과 생명의 탄생(生, 生), 벼의 성장과 아이의 자람(長, 長), 익은 벼의 수확과 인간으로서 목표를 이루는 것(收, 遂), 볍씨를 창고에 저장해 다음 해 파종할 준비를 하는 것과 크게 성취한 것 혹은 이루어진 것(藏, 成)에서 계절로 보면 봄과 여름에는 소리의 동일성(생=생, 장=장)으로서 '볍씨/인간'의 비유를 정당화하고, 가을에는 '수'라는 음의 동일성에 훈의 차이(수확하다, 이루다)로서의 은유를 결합해 정당화하는 반면, 겨울에 해당하는 장藏과 성成은 음도 훈도 다 다르다. 이것은 소리의 동일성과 훈의 차이로서의 은유가 결합한 사유에 대한 자기 배반이다. 그런 의미에서 성공成功의 '성成'은 유교의 논리에서 이해할 수 없는 광기의 언어다. 그럼에도 유교의 성인 聖人인 공자는 대성大成으로 지칭된다.

《광기의 역사》를 쓴 미셸 푸코는 이성과 광기가 공통의 지반을 갖고 있다고 말했다. 남용된 은유는 바로 이 점을 분명히 보여준다. 동일성의 구심력에 의해 제어되지 않은 극단적 원심력으로서의 은유 활용법은 광기에 이를 수밖에 없다는 게 나의 생각이다. 은유 자체가 본성상 이성이 광기와 다르지 않음을 보여주는 거울이기도 하다. 문제는 은유의 극단적 활용법만이, 다시 말해 광인만이 진리를 드러낼 수 있는가 하는 점이다. 우연하게도 20세기의 위대한 철학자 중 한 사람으로 손꼽히는 하이데거가 존경한 두 인물(휠덜린, 니체)은 모두 광인이었다.

우리에게 새로운 사유란 약해진 은유(은유에 대한 불신으로 생겨난)를 공격(혹은 탐구)해서 '소리의 동일성'과의 결합을 와해시키는 작업을 통해 생겨날 수 있다. 인간을 볍씨에 빗대어 이해하는 유교의 농경적 사유는 현대인의 정서와 생활양식을 담아내지 못한다. 우리가 여전히 유교의 사유를 관습적으로 용인하는 것은 오랜 체화로 인해 무의식적인 내면화가 진행되었고, 의식적 차원에서는 대체할 만한 철학을 사유하지 못하고 있기 때문일 것이다.

추리소설가는 은유에 대한 불신을 표명하며 새로운 은유 사용법을 요구한다고 볼 수 있다. 시가 사유와의 대립을 통해 그랬던 것처럼 추리소설 또한 사유의 자극제일 수 있다. 우리에게 필요한 것은 위대한 자의 팔을 당겨 나의 어깨에 두르며 친숙함을 느끼는 것이 아니라 진부해진 단어의 무게를 다시 측정하고, 신조어를 만들고, 대체할 새로운 사유를 제시하는 것이다.

철학자에게 자기만의 고유한 신조어 — 비트겐슈타인의 가족유사성 family resemblance, 하이데거의 다자인 Dasein, 데리다의 디페랑스 différance 등등 — 가 있는 것은 기존의 언어로는 달라진 세상을 해석할 수 없어서이거나 자기만의 방식으로 세상을 해석하고자 하는 욕구 때문일 것이다.

명심할 점은 은유에 대해 진부한 인식을 가진 사람은 추리소설 속에 드러난 정신의 형태를 이해할 수 없게 된다는 것이다. 추리소설은 그 정신에 있어 은유에 대한 의심 속에서 태어난 장르이기 때문이다.

추리소설이 우리에게 요구하는 사유

앞서 한글은 '하늘-땅-인간'의 삼재 사상에 기초해 만든 문자라고 했다. 하늘, 땅, 인간은 각각 모음(ㅏ, ㅡ, ㅣ)의 표기로 추상화되었다. 그렇다면 이렇게 말할 수 있을 것이다.

  1) 한글은 (부분적으로) 하늘이다.
  2) 한글은 (부분적으로) 땅이다.
  3) 한글은 (부분적으로) 인간이다.

한글은 지구상에서 가장 위대한 문자임은 틀림없지만 삼재 사상에, 세 가지 은유에 묶여 있는 것 또한 사실이다. '한글은 허공虛空이다'라고 말하는 것이 금지되는 것은 한글의 사상적 기초가 그런 은유를 불허하기 때문이고, '허공'이라는 단어를 모음으로 추상화해 한글의 원리로 삼은 적이 없기에 불가능한 것이기도 하다. 유추하건대, 시인으로서의 이수명은 '한글은 허공이다'라고 하는 것이 훨씬 더 시적(쉽게 이해될 수 없기에)이라고 말하는 것 같다. 사유의 어려움은 바로 그런 불가능성을 전도시키지 못하는 무능력 — 한글로 사유한다는 것은 이미 위의 세 가지 은유에 자신도 모르게 잦아든다는 것일 수 있다 — 과 크게 다르지 않다.

추리소설은 낯선 은유를 탐구하는 시인의 탁월함과 달리 반전을 통해 은유의 내적 필연성을 의문에 부친다. 이것은 탁월한 시인의 새로운 은유를 기다릴 것도 없이 내적 필연성이 없다는 증언일 수 있다. 동시에 천재 탐정이 철학(사유)에 개입하는 순간이다.

흔히 말하듯, 추리소설을 '질서의 회복'과 연결하는 것은 탐정과 경찰을 등치시키는 오독이다. 질서의 회복이란 '동일성과 결합된 상식적 은유'를 인정하는 것이기 때문이다. 이 인정은 경찰이 공적 업무를 통해 하는 일이다. 우리 사회가 탐정과 경찰을 구분하지 못하고 있다는 것은 분명해 보인다. 한 예로 경찰관 출신의 표창원이 '한국의 셜록 홈스 표창원'이라는 타이틀로 EBS 교양 프로그램에서 정관용 사회자와 인터뷰를 한 것만 봐도 알 수 있다. 은연중에 탐정의 추리를 경찰관의 수사와 등치시킴으로써 추리소설의 정신을 왜곡하는 것이다.

그렇다면 추리소설은 '내포의 누적이 필연적으로 외적 대상' — 쌓인 증거가 필연적으로 범인 K를 가리킨다는 것 — 을 지시한다는 것을 의심함으로써 대체 어떤 사유를 요구하는 것일까?

추리소설을 즐기는 독자의 입장에서는, 이런 물음 자체가 쓸데없는 과잉에 노출된 생각에 불과할 것이다. 내 생각엔, 그럼에도 정신의 형태로 이해된 추리소설은 우리에게 새로운 사유를 요구하고 있다.

13. 본다는 것과 듣는다는 것
: 최인훈과 체스터튼의 브라운 신부

✦

서구 사유가 '보는 것'을 통해 2000년간 동일성을 확보해왔다면
동북아 사유-유교의 사유는 '듣는 것', 소리(音)로써
동일성을 확보해왔다.

모든 인문적 가치는 사회의 울타리 역할을 한다. 이데올로기는 말할 것도 없고 안전, 꿈, 가족애 등등이 포함되는 이 사회적 울타리가 사라지면 허무, 어둠, 거친 생존에 삶이 그대로 노출된다. 현대의 정신적 위기는 이 '사회의 울타리'가 과거에 줄곧 권력자에 의해 남용되어왔고, 울타리를 만드는 방식이 다양할 수 있다는 점을 깨닫는 데서 비롯한다. 이 깨달음은 정당한 것이지만, 관념성에 내몰려 전통의 습속과 가치를 마음대로 주무를 수 있다는 착각과 환상 속에서 내면의 자유를 만끽하는 가운데 상대주의와 허무 감각에 빠져드는 점 또한 부인할 수 없다.

동·서양 가릴 것 없이, 사유[1]의 울타리는 세상에서 가장 단단한 무엇(재료)으로 만들어야 하기에 동어반복 'A=A'에서 출발한다. 그런데 '홍길동은 홍길동이다'라는 말은 공허하다. 홍길동에 대해 아무런 정보도 전달하지 않는다. 이 지점에서 사상가의 야바위꾼 기질이 드러난다. '홍길동은 홍길동이다'라는 동어반복을 하면서 동시에 정보(내용)를 전달할 수 있는 존재는 신뿐인데도, 자신도 속이고 세상도 속이면서 그 능력을 위임받은 것처럼 행동하는 것이다.

유학자는 머뭇거리면서 이 임무를 수행한다. '수收(거두다)는 수遂(이루다)다'를 통해 벼가 익은 가을 들판의 수확을 자신이 목표로 한 삶의 성취로 변형시킨다. 동어반복에 없던 내용을 첨가하는 것이다. 범죄의 세계도 처음 입문하기가 어렵지 한번 성

---

1   사유의 이미지 자체를 바꾸려는 들뢰즈의 노력에서, 동일성의 사유를 거부하고 타인의 얼굴에서 발견한 윤리성을 앞세우는 레비나스에게서, 정의(definition)하지 않음으로써 '동일성'의 사유를 피해가려는 바디우의 열정 속에서 우리는 기존과 다른 현대 사유를 발견한다.

공한 뒤에는 실패의 두려움이 사라져 긴장감을 잃게 되는 것처럼, 유학자는 머뭇거림을 잊은 채 더 대담해진다. '장藏(감추다)은 성成(이루다)이다'를 통해 다음 해 봄에 파종할 볍씨를 창고에 보관하는 행위를 인간의 세속적 성공에 비유한다.

소설가 최인훈은(1936~2018)은 시대의 특별한 은사다. 그는 스스로 던진 질문에 끈질기게 답을 구하는 삶을 통해 후대를 가르친다. 우리 사회의 인문적 기반에 대한 그의 물음은 이것이었다. '우리가 오래도록 사회적 울타리로 삼아온 유교적 소리의 동일성을 내던질 수 있는가?' 최인훈이 유학 사상가의 야바위꾼 기질을 몰랐을 리 없다. 그러나 그는 끝내 전통의 이름으로 '소리의 동일성'을 버릴 수가 없었다.

한문 시대가 가고 한글 시대가 왔다. 그렇다고 한문을 아예 외면할 수 있는 것도 아니다. 그는 한문의 내용에 한글의 외양을 입혀 자신의 독창적인 사유를 전개했다. '간다'의 사유. 썩은 정치판을 갈아엎는 것도 '간다(改)'이고 먹을 것을 얻기 위해 밭을 경작하는 노동도 '간다(耕)'이며 자신의 길을 따라 걷는 행위도 '간다'이다. 최인훈은 우리가 그의 물음을 이어받아 새로운 질문을 던질 것을 요구한다. 한데 추리문학이 왜 최인훈의 사상을 거쳐가야 하는가?

최인훈의 사상을 배경으로, 더불어 서구 사회의 은유의 영향력의 감퇴—추리소설은 인과관계의 문학적 수사인 환유를 선호한다—를 배경으로 추리소설을 읽어야 한다고 주장하는 이유는 우리가 만든 개념의 역사와 배경의 창조적 생산 없이는 무엇을 하든 반드시 이류로 전락하기 때문이다.

최인훈의 사상을 정신적으로 통과하지 않는 한 우리는 인문 정신의 밑바닥 다지기를 할 수 없다. 마찬가지로 추리소설이 서구 문화에서 갖는 위상을 이해하려고 노력하지 않는 한 대체 우리가 추리소설을 읽고 쓰면서도 무슨 생각과 활동을 하는지 전혀 모를 수가 있다. 나는 최인훈의 사상과 서구 사상의 대변동을 같은 선상에 올려놓고 추리소설을 이해해보려고 한다.

탐정 브라운 신부를 쓴 체스터튼을 최인훈 선생 옆에 붙여보 았더니 더없이 흥미롭다. 서구 문화의 내적 결합―듣는 것과 보는 것―이 와해되는 와중에 우리 문화는 '듣는 것'에 서구 문화의 '보는 것'이 추가된, 어정쩡한 외적 결합의 상태다.

원리상 '보는 것의 문화'가 '듣는 것의 문화'보다 좀 더 많은 자유를 생산한다. 내가 본 것에 대해 누군가가 어깨를 툭 치며 '너 지금 그것 보고 있지?'라고 물어올 때 '아냐, 내가 본 건 그것 너머의 것이었어'라고 거짓으로 둘러댈 수 있다. 자기 시선의 초점에 대해 자기재량권을 행사할 수 있다. 그러나 입으로 발설된 말은 공기를 타고 흘러나가 누군가의 귀에 들어간 이상 말하지 않았다고 부인할 수 없다. 부인한다면 뭔가 둘의 관계가 틀어지고 말 것이기 때문이다.

요즘 젊은 세대의 문화는 문자 기억에서 영상(이미지) 기억으로 넘어간 지 오래되어 당연히 기성세대에 비해서는 덜하겠지만, 어쨌든 유교의 듣는 문화[2]를 내면화한 상태임을 부인할 수 없다. 양자의 어정쩡한 외면적 결합은 항상 불안하다. 게다가 이론의 조력 없이는 어느 선에서 양자를 결합할지 가늠할 수조차 없게 된다. 그러면, 서로 주장하는 바가 달라 비방하는 정치적 목소리만 커질 뿐 소모적인 논쟁으로 인해 문화의 생산성을 잃게 된다. 이 문제는 그 심각성이 숨겨진 채 전적으로 젊은 세대의 몫으로 남아 있다.

추리소설에 대한 통속적인 이해와 달리 우리 사회는 추리소설을 피상적으로밖에 이해하지 못했다. 몇 가지 점을 짚어보자.

우선, 서구 사회에서 '역사'라는 범주의 퇴조와 함께 추리소설이 발생[3]했다는 점이다. 문예사조로 보면 카프카로 대변되는 현대문학의 출현과 시기적으로 일치한다. 셜록 홈스가 유행하던 시기, 니체는 망각을 주장했다. 뒤이어 프로이트는 자유연상법을 이야기했다. 여기서 망각과 자유연상법은 기억에 대립하고 있다.

문자 기록을 별도로 한다면, 기억의 약화란 구술에 의한 이야기 전달 형식의 약화이며 또한 이야기의 심층을 이루는 공동체 의식에 누적된 경험의 약화이기도 하다. 베냐민은 당대의 사람들이 경험Erfahrung 대신에 체험Erlebnis[4]을 하고 있다고 말했다. 기술의 폭발적 발달과 축적으로 인해 인간이 거친 자연과의

---

2   듣는 문화에서는 명령에 복종하는 권력관계를 벗어나기가 쉽지 않을 것이다. 피살당한 전 일본 총리 아베가 천황에게 헌정한 연호인 '레이와(令和)'가 이데올로기를 명령한다는 취지로 읽히는 한, 탐정(detective는 베일을 벗긴다는 의미로 결국 '본다'는 뜻이다) 소설을 그렇게 많이 발간한 그 숱한 세월 속에서도 '결국 보는 것에 대해서 배운 것이 고작 이 정도인가?'라는 의문을 떨칠 수 없게 된다. 개인의 권리와 자유를 더 확장하길 원하는 우리 문화도 지금 같은 문제에 직면해 있다.

3   19세기 후반에서 20세기 초에 이르는 영국 추리소설.

4   우리는 경험을 체험으로도 바꿔 쓰므로 우리말로는 정확한 의미를 전달하지 못하는 듯하다.

접촉면이 현저하게 줄어들었다는 것이다. 아감벤은 '셜록 홈스 이야기'가 경험의 마지막 피난처라면서 구시대의 종말을 회고한다.

모더니즘을 '시간의 공간화'[5]로 정의할 때, 시간의 약화가 역사의 퇴조라는 점은 쉽게 인식되는 반면, 이 정의가 '장소place의 공간space화'라는 의미로도 이해될 수 있다는 점은 곧잘 잊는 것 같다. 공간과 달리 장소에는 삶의 피땀과 세월의 더께가 쌓여 있다. 장소는 균질화된 공간과는 차원이 다르다. 장소[6] 구석구석에는 개인이든 집단이든 기억 속에 저장된 역사의 드라마가 관통하고 있음은 두말할 나위가 없다.

어쩌면 기억이란 무엇보다 특정 장소를 통해 생겨날 것이다. 탐정 '브라운 신부'를 창조한 체스터튼은 범죄의 성격과 범행 장소의 연관성[7]을 부각시킴으로써 일견[8] 모더니즘에 저항하고 있다. 더욱이 장소의 퇴조(어쩌면 상실이라고 할 만한)를 불러온 문명의 전환이 기존 언어를 불신하게 만들었다는 점에 주목해야 한다. 기술description과 표현expression으로 대변되는 도구적 instrumental 언어관에 위기가 찾아온 것이다.

그러나 한국의 리얼리즘 문학(《창작과 비평》과 《실천문학》)은 모더니즘을 비판하면서 기존의 서구 언어관을 그대로 유지 계승하려고 했다. 소박한 리얼리즘만으로도 충분히 먹혀들던, 몇

---

5   아인슈타인의 시-공간(time-space) 개념은 시간을 좌표의 4차원으로 보지 않던가?
6   이 장소는 신화적 의미의 대지로까지 연결될 것이다.
7   《다너웨이가의 운명》이 대표적이다. 《의심》(북하우스)에 실린 단편소설.
8   그의 추리소설엔 시대에 부합하게 반-모더니즘적인 측면과 모더니즘적인 측면이 공존한다.

몇 상징 언어만으로 세상에 대한 설명이 가능하던 시대(사물과 언어의 조화 혹은 사물을 담는 투명그릇으로서의 언어관의 시대)가 지나면서 미처 걸러내지 못했던 문제점이 드러나기 시작했다.

대표적으로 리얼리즘이 현실 반영의 원리라는 측면에서 선호하던 단어인 핍진성逼眞性이 바로 그것이다. verisimilitude의 번역어인 핍진성—누가 번역했는지 알 수 없다. 혹여 일본인의 번역이라 하더라도 우리 리얼리스트들이 이 번역어를 고민 없이 사용한 책임을 피해갈 순 없을 것이다—은 네이버 지식백과에 따르면 '사실적이거나 진실해 보이는 정도나 질'을 의미한다.

어원적으로 verisimilitude는 very similar에서 온 것인데, 'very similar'의 그 어디에 진실이나 참을 향해 핍박하고 몰아대는 의미가 있는 것인지 알 수 없는 노릇이다. resemblance(유사, 類似)와 similitude(상사, 相似)를 구별한 푸코의 용법을 통해 우리는 핍진성이 차라리 resemblance의 번역어에 가깝다는 것을 알게 된다.

찰스 다윈이 등장하기 전까지 고대 그리스 이래 유類와 종種[9]은 고정불변의 본질이었다. 그것을 관념(이데아)이라고도 하고 실재really real라고도 불렀다. '책상이라는 관념 ① → 목수가 짠 책상 ② → 화가의 책상 그림 ③'의 순서에는 존재 함량의 감소라는 플라톤 철학의 핵심이 깔려 있다.

핍진성이랑 거꾸로 ③에서 ①로 갈 것을 핍박하다. 존재의

---

9   인간을 '이성적 동물'이라고 정의할 때 변치 않는 관념인 유(類)와 종(種)의 기제가 작동한다. 유로서의 동물, 종차(種差)로서의 이성. 찰스 다윈은 갈라파고스제도에서의 연구를 통해 유와 종이 고정불변의 본질이라는 아리스토텔레스의 사상을 부정한 것이다. 유란 결국 변치 않는 본질을 닮아 있다는 함의를 지닌다.

충만으로서 ①만이 진리이자 참의 자격이 있기 때문이다. 한국의 리얼리즘이 이 차이를 구별하지 못한 것은, 사유의 치명적 빈곤을 드러낸다는 것이 내 생각이다. 핍진성이라는 단어를 선호할 때조차 그 근거가 무엇인지에 대한 깊은 사색은 없었던 것으로 보인다.

서구 모더니즘의 출현은 상징 언어의 약화를 떠나서 생각할 수 없다. 도구적 언어관(기술, 표현)에서 구성적constructive 언어관으로의 변화는 눈에 띄는 특징이다. 이 변화를 눈치채지 못했거나 변화에 적대적인 비평가는 추리소설의 인물이 2차원적이거나 평면적이라 하여 시비를 가리고자 했다. 사회 구조의 현실을 반영해야 할 소설의 등장인물은 모름지기 3차원적이거나 입체적이어야 한다는 것이 이들의 확고한 신념이었다.

고작 헌팅캡을 쓰고 파이프를 입에 문 내면성이 없는 얄팍한 인간이라니! 캐리커처로 표현된 셜록 홈스의 실루엣. 그러나 이런 부류의 비평가들이야말로 시야가 좁아 반드시 봐야 할 것을 보지 못했다고 말할 수밖에 없다. 이들은 끝내 범인의 역할을 보지 못하고 있다. 역사의 변곡점에서 생겨난 범인의 문화적 기능과 의미를 제대로 파악하지 못한 것이다.

잔인한 살인 현장을 떠올려보자. 검붉은 피가 흥건한 바닥과 끔찍하게 훼손된 시체가 눈에 띌 뿐 아무리 천재적인 탐정이 등장해도 당장은 범인을 기술(묘사)할 수 있는 정보가 없다. 막연하게 추정된 범인은 기술하거나 묘사해 특정特定할 수 없다는 의미에서 X인 것이다.

서구 현대문학 — 밀란 쿤데라가 사유소설이라고 지칭한 —

은 바로 이 기술 불가능성을 담보로 하고 있다. 카프카의《심판》의 주인공 요제프 K의 정체에 대해 우리는 소설을 다 읽도록 아는 게 거의 없다. 20세기 유럽 비평가들로부터 최고의 작품으로 칭송받은 로베르트 무질의《특성 없는 남자Der Mann ohne Eigenschaften》는 제목에서부터 이 기술 불가능성을 노골적으로 드러내고 있지 않은가? 무질이 현실감각에 대비시킨 가능감각[10]은 이 기술에 대한 유보상태가 아닌가?

그럼에도 불구하고 리얼리스트는 모더니즘 소설과 언어관을 비판하지 못할 이유가 없다. 그들이 바닥을 딛고 서 있는 사실적事實的·기술적記述的·표상적表象的 층위가 모더니즘의 등장으로 붕괴되는 것은 아닐 수 있다. 적대하는 상대의 힘이 커졌음을 인정하면서도 공존 가능성에 무게를 두며 자신의 문학적·정치적 힘을 긍정할 수 있다. 리얼리즘의 입장에서는 삶의 구체적 현실이 존재하는 한 언어관의 변화 따위는 부차적 문제일 뿐이라고 평가절하할 수도 있을 것이다.

그러나 리얼리즘이 참과 그 모방(재현)이라는 미메시스 예술 이론에 문학적 토대를 둔다면(즉 모방은 참에 접근하기 위해 핍진성을 요구한다는 것), 우리는 다시 이 모방의 정체성에 대해 묻지 않을 수 없다. 앞서 내가 '소박한 리얼리즘'이라고 표현한 것은 한국의 리얼리즘이 이 '정체성의 물음'에 소홀했기 때문이다.

서구에서 미메시스mimesis는 모방imitation으로 번역되다가

---

10   정치적으로는 제1차 세계대전 전후의 '오스트리아-헝가리제국'의 해체와 연관이 있다. 비유하자면, 노년의 인생을 사는 자에게, 젊은 시절 인생의 고비에 섰던 순간 운명을 달리 선택할 수도 있었다는 감각.

1980년대부터 재현representation으로 번역되는 추세다. 한데 미메시스의 정체가 표 나게 드러나는 것은 독일어 포어스텔룽 vorstellung이라는 단어에서다. 일상 용법[11]과 달리 철학 용어로는 재현 또는 표상表象으로 번역되는데, 그 어원의 의미는 '앞 vor에 세우기stellung'이다. 이때 시각이 작동하는 것이 드러나지 않는가.

이데아idea(실재 혹은 관념)는 원래 '보다'라는 동사 idein의 명사형이다. 한데 본다는 것은 육체의 눈에만 국한되지 않는다. 목수의 머릿속에 그려진 이상적인 책상을 보는 것은 영혼의 눈이거나 형이상학적 눈이다. 시각이라는 육체의 감각에서 형이상학적 눈으로 전의轉義할 수 있는 것은 알레고리(다르게 말하기)나 은유가 작동하기 때문이다.

존 맥컴버는 〈데리다와 시각의 폐쇄〉라는 글에서 다음과 같이 말한다.

철학이 형이상학이 될 수 있었던 것은, 시각을 철학의(은유적인) 인식 모델로 받아들인 덕분이었다. 시각 자체는 철학의 외부에 있는 것이지만 시각의 은유화된 판본은 철학을 구성하는 요소인 셈이다.[12]

그런데 참(진리, 실재)을 형이상학적 눈으로 보는 것은 어딘지 미심쩍지 않은가? 육체의 눈에 보인 현상의 세계에는 변치 않

---

11   통상 자기소개, 사열, 공연의 뜻이다.
12   데이비드 마이클 레빈 엮음, 정성철·백문임 옮김, 《모더니티와 시각의 헤게모니》, 시각과언어, p390.

는 것이란 없다. 무상無常이야말로 사물의 실상이 아닌가. 따라서 이데아를 보는 형이상학적 눈이란 변치 않는 것에 대한 인간적 소망이 사상적으로 표현된 것이라 볼 수밖에 없다. 이 '변치 않는 것'은 논리학에서 '동일성'이란 개념으로 파악되어왔다.

동어반복으로 알려진 'A=A'의 형식적 동일성tautology이야말로 이 요건을 충족한다. 광인狂人이 아닌 한 논리적·수학적 지식의 기초를 부정할 순 없을 것이다. 문제는 이 형식적 동일성의 불임성이다. '자기는 자기와 같다'라는 언명만으로는 그 형식이 진리임에도 불구하고 주장하는 내용이 없다는 점이다. 이 불임성을 극복하기 위해 서구 사유는 동일성을 '자기 자신에게 자신인 자기'라는 여격汝格의 동일성을 고안해냈다. 거울을 보면서 거울 속의 자기를 자기라고 말하는 이미지인 것이다. 이 경우 보는 자와 거울 사이에 거리가 있지만, 거울 표면에 반사된 자기의 이미지로 인해 동일성은 유지된다.

하이데거는 《사유란 무엇인가》에서 이 여격으로서의 동일성을 받아들이는 것이 서구 사유의 출발점이라고 했다. 시냇물에 비친 자기 얼굴에 반한 나르키소스 신화는 이 동일성에 역사적 자양분을 제공한다. 한편으로, 불임의 문제를 해결하기 위해 받아들인 이 물리적 거리는 확고해야 할 동일성을 불안정하게 만든다. 거울이 얼룩으로 더럽혀져 있다면, 거리가 멀어 거울이 잘 보이지 않는다면, 보는 이의 시력이 약하다면…. 불임 (생산성)이라는 문제점을 해결하고 나니 풍선효과처럼 또 다른 문제점이 생겨난 꼴이다. 서구 사유는 다시 이 문제를 해결하기 위해 아리스토텔레스가 고안한 전제를 받아들인다.

어떤 존재를 그 형식으로 환원한다는 것은 그것을 인식하는 자에게 동화시킨다는 것을 의미하기 때문이다. 그리고 대상이 인식하는 자에 단순히 동화되는 것만이 아니라 인식하는 자의 내부에 머무를 때, 그때만 동화가 완전하게 성취될 수 있다.[13]

이때 내부란 자신의 목소리가 들려오는 현실적이자 형이상학적인 공간으로 이해된다. 결국 형식에 종속된 '보기'는 완전한 동화를 위해 보는 자(인식하는 자)의 내부에 머무르는 소리가 된다. 그러나 이것은 '보기'가 '소리'로 대체되었다는 뜻이 아니라 역설적으로 '소리'란 '보기'보다 '더한 보기'가 된다는 의미다. 헤겔은 이것을 변증법으로 정식화했다.

헤겔에게서 소리는 실질적으로 보기 자체보다 더 시각적이기 때문에 시각을 지양한다.[14]

'정-반-합'으로 알려진 표준적인 이해와 달리 헤겔 변증법에 대한 이런 해석은 맥컴버 외에 슬로베니아 학파의 우두머리인 슬라보예 지젝에 의해 훨씬 더 정교하게 다듬어진다. 가령, 표준적인 이해에 따르면 변증법은 '법 → 위반(범죄자) → 탐정에 의한 범죄자 색출'의 흐름으로 정식화된다. 그럼으로써 탐정은 '법의 수호자'라는 영웅 칭호를 얻게 된다. 그에 반해 지젝의 해석은 '법 → 위반(범죄자) → 범죄자보다 더한 범죄자로서

13   위의 책, p392.
14   위의 책, p393.

의 탐정'의 흐름이기에 탐정이 범죄자를 지양할 수 있다는 것이다.

정치적으로 무정부주의적[15]이고 반–부르주아적[16] 태도의 이런 특징은, 추리소설에 한정하자면 브라운 신부의 추리법인 입감入感, empathy에 제대로 들어맞는다. 브라운 신부가 범죄자보다 더 악한 이유는 그가 범죄자를 밝혀내기 위해서는 입감을 통해 실제 범죄행위를 하는 것 빼고는 범죄자와 똑같이 느껴야 한다는 점 때문이다.

그렇게 나 자신이 살인자와 똑같이 느낄 때 살인자가 누구인지 알게 됩니다.[17]

미국인 그랜디스 체이스가 입감이란 '심리학적으로 범죄를 재구성한 것이 아니겠느냐'고 반문하자 브라운 신부는 이렇게 대답한다.

제 말은, 정말로 제 자신이 그리고 제 자아가 살인을 저지르는 것을 보았다는 것입니다.[18]

부연 설명에 따르면, 브라운 신부의 친구는 자신이 종교적 수

---

15   국가야말로 법의 최종심급이자 범죄자보자 더한 폭력의 권한을 갖는다는 점을 비판한다는 점에서.
16   지젝은 프롤레타리아적 가치를 옹호하기 위해 헤겔의 변증법을 이용하고 있다.
17   G. K. 체스터튼, 김은정 옮김, 《비밀》, 북하우스, p18.
18   위의 책, p19~20.

행을 통해 입감의 방법을 체득했으며 교황 레오 13세로부터 한 수 배웠다고 믿는다는 것이다. 브라운 신부는 계속 말한다.

저는 (…) 살인자의 내면으로 들어가려고 노력합니다. 사실 이 방법은 그냥 내면으로 들어가는 것 이상의 일입니다. 모르시겠어요? 저는 살인자의 내부에 있습니다. 항상 살인자의 내부에 있으면서 그의 팔과 다리를 움직입니다. 그리고 그의 사고로 생각하고 그의 열정과 싸우며 그의 내부에 들어온 것이 확실해질 때까지 기다립니다. 그의 웅크린 자세가 되도록 나의 등을 굽히고 그의 증오로 응시할 때까지, 눈가리개 사이로 핏발이 선 눈으로 멍하게 곁눈질하는 그의 눈으로 세상을 볼 때까지, 직선 도로가 피 웅덩이로 보일 때까지 기다립니다. 제가 정말 살인자가 될 때까지 말입니다.[19]

'내면 성찰의 방법'으로도 불리는 '입감'은 앞서 얘기했듯 사유로 보면, '동어반복으로서의 형식적 동일성'의 불임성을 해결하기 위해 '여격으로서의 동일성'으로 옮겨갔다가 헤겔의 변증법에 의지해 '보는 자'와 '거울' 사이에서, 시선을 '더 탁월한 봄'으로서의 소리로 지양할 때 생겨나는 내면(내부)이라는 형이상학적 공간을 떠올리지 않고는 이해하기 힘들다.

상대적으로 셜록 홈스의 추리법인 가추법abduction이 쉽게 이해된 것은 그 논리의 단순성 때문이었다. 익히 알고 있던 논리를 19세기 말부터 부각시켜 체계화했을 뿐이다. 브라운 신부

19   위의 책, p21~22.

가 수많은 살인자가 되어봐야 살인사건을 해결할 수 있다고 말한 것에 대해 문화비평가들은 모더니즘의 파편화된 자아를 상징한다고 말할 것이다.

그렇다. 이미 오래전부터 문화는 동일성에서 비동일성[20]으로, 하나의 인격에서 다중인격으로의 이동을 보여주고 있다. 한국의 리얼리즘은 그 혁혁한 공로(실천으로서의 사회 비판은 1970~1980년대의 우리 지식인들에게 필수불가결한 이념이 아니었던가)에도 불구하고 문명 전환[21]의 큰 흐름을 읽지 못하는 사유의 빈곤을 드러낸 것이다. 강력한 군사정권에 대한 비판[22]을 위해 어쩔 수 없었다는 점을 감안하더라도 우리가 '같음'보다는 '다름'이나 '차이'에 가치를 두어야 한다는 또 다른 시대적 변화의 인식을 소홀히 한 것이다.

W. 보링거는 입감 속에서 생겨나는 '리얼 아이 Real I'[23]로부터 해방된 '컨템플레이팅 아이 Contemplating I'를 인간의 기본적 욕구인 활력 self-activation[24]에 연결시키고 있다. 그는 살아 있음의 감각이라는 측면에서 자기-소외를 낳는 객관화보다는 주관화를 옹호한다.

나는 줄곧 어떤 대립을 상정해왔다. 리얼리즘 대 모더니즘.

---

20 대표적인 철학자로 테오도어 아도르노를 떠올릴 수 있다.
21 이 모든 것이 기계문명의 발전으로 인해 농경사회에서 파생한 가치의 급속한 약화를 보여주지 않는가?
22 《창작과 비평》 외에 주요 문학잡지들이 폐간이라는 부당한 철퇴를 맞아야 했다. 엄청난 고초를 겪지 않았던가? 다시 그 시절로 돌아간다 해도 여전히 리얼리즘을 택할 수밖에 없다는 고백이 있을 수도 있다.
23 섣부른 번역이 저자의 의도를 왜곡할 수 있으므로 번역하지 않는다.
24 Wilhelm Worringer, *Abstraction and Empathy*, Elephant Paperbacks, p24.

리얼리즘 대 추리소설(모더니즘과 떼려야 뗄 수 없는). 하지만 내가 깊게 주목하는 점은 이 대립 구도가 아니다. 'contemplating'이라는 단어에는 여전히 본다는 의미(찬찬히 보다, 관찰하다)가 살아 있다.

탐정detective의 어원도 '베일을 벗기기'이기에 본다는 뜻과 연관돼 있지 않은가. 셜록 홈스는 사소한 것에 대한 관찰obser-vation과 무심코 보는 것see을 구별하고 있다. 유독 유럽 언어에는 본다는 뜻의 어휘가 풍부하고 그 의미도 세분화돼 있다.

see/look/consider/regard/observe/watch/view/gaze….

서구 사유가 '보다-인식하다'라는 틀을 깰 수 있을까?[25] 이 물음은 오지랖일 수 있다. 일차적으로 그 전통 속에서 살아온 유럽인의 관심사일 수밖에 없을 것이기 때문이다.

하지만 이렇게 묻는 것은 어떤가? 서구 사유가 '본다는 것'[26]을 통해 2000년간 동일성을 확보해왔다면 동북아 사유-유교의 사유[27]는 오감 중 어떤 감각을 통해 동일성을 확보해왔느냐는 것이다. 이 물음에는 상반되고 충돌하는 가치의 대립에도 불구하고 리얼리즘과 모더니즘 그리고 추리소설 모두 시각의 지평 안에서의 논의에 불과하다는 취지의 비판이 담겨 있다. 동북아 사유는 소리(音)로써 동일성을 확보해왔다. 동음이

---

25   카프카의 소설은 소설의 '서술적 주체'로 기능하는 관점을 문제화했다고 평가된다. 하지만 라캉은 눈이 먼 오이디푸스적 주체에게 탈-구축된 대상의 응시(gaze)를 대응시키고 있지 않은가?

의同音異義에 의한 성훈聲訓이 그것이다. 음가의 동일성을 통해 생각과 의미의 영역을 넓혀가는 발상이다.

선비가 사물의 명칭을 풀이한 숱한 예[28]들이 있다. 금琴(거문고)은 금禁이니 사특한 것을 금지한다는 말이고, 검劍은 검儉이니 자기 몸을 검속한다는 말이며, 염簾(주렴)은 염廉이니 염치를 알아 스스로 가린다는 말이다.[29] 수收(가을에 익은 벼 수확)를 수遂(보통 인간의 성취)로 이해한 뒤에 장藏(볍씨의 저장)을 성成(공자 같은 성인이 되는 것)으로 바꾸는 파격 — 생장수장生長收藏 → 생장수성生長遂成 — 을 보이기도 하지만, 기본적으로 동음이의를 고수해야 개념의 동일성이 유지된다.

그러나 동음이의어를 사용하더라도 무한정 생각을 확장할 수는 없는 노릇인데, 박지원의 예를 따르자면 선비 유儒에 뜬금없이 강 이름 유瀏(중국 하남성에서 발원한 강)를 갖다 붙여 '선비는 강이다'라고 말할 수는 없지 않은가? 따라서 어떤 〈소리〉가 질서를 가진 〈말〉의 지위[30]를 얻기 위해서는 바름(正)이나 율律을 따라야만 한다.

그에 따라 소리 자체(무질서)와 공동체의 말로 통용될 수 있

---

26 페르난두 페소아는 어떻게 살았느냐고 신이 묻는다면 그저 '보았을 뿐'이라고 대답하겠다는 시를 썼다. '본다는 것'의 극한의 사유인 셈이다. 《불안의 책》 외에 최근에 출간된 책 여기저기 흩어져 있는 구절을 인용하자면 ─ . "우리는 두 개의 심연, 하늘을 응시하는 우물입니다." "나의 크기는 내가 보는 것들의 크기이지 내 키의 크기가 아니라네." "본다는 행위의 고귀함만을 들고 계단을 오른다." "나는 항구를 바라보고, 무한을 바라본다, 바라보며 나는 기뻐한다." "나는 나로서 지속하진 못해도 끊임없이 바라보고 있지." "강-되기란, 흐른다는 건 대체 뭘까? 나의 여기-있음은, 보고 있음은 대체 뭘까?"

27 산스크리트어로 쓰인 불교 텍스트는 인도-유럽어족에 속하므로 여전히 본다는 점을 강조하고 있다. 불교적 통찰 지혜란 '특별히 본다는 것'(위파사나Vipassanā)이다.

28 푸코는 이것을 언표의 희소성 혹은 빈곤성 탓이라고 생각했다.

29 유만주, 김하라 편역, 《일기를 쓰다1 ─ 흠영선집》, 돌베개, p39.

는 '정음正音/음률音律'[31]의 근본적 차이가 생겨난다. 그런데 누가 정正과 율律을 결정하는가? 훈민정음訓民正音이라는 표현에서 보듯 왕이 그것을 결정한다. 조선의 역사를 돌이켜보건대 왕 못지않은 권력을 가진 사대부 또한 그 결정권을 갖고 있었을 것이다.

고려 때부터의 유교 역사가 1000년이라면 우리는 서구와 달리 청각에 의존해 동일성을 생각해온 것이다. 그럼에도 불구하고 1970~1980년대 우리 문학 동네의 쌍두마차였던《창작과 비평》과《문학과 지성》의 '리얼리즘 vs 모더니즘' 논쟁은 화급한 현실 극복(독재정권이든 후진성이든)에 경도된 탓에 '소리의 동일성'이 갖는 문학사상을 탐구하지 못했다. 이것은 비판을 위한 비판이 아니다. 두 잡지가 문학을 통해 아카데미와 대중을 연결함으로써 우리 지성을 압도적으로 지배했기에 하는 말이다.

흔히 '순문학과 대중문학'의 경계선을 뚜렷하게 가르고 추리소설을 '재미'의 가치로 한정해버리면, 추리소설은 한 시대의 지성을 감당할 깜냥이 안 되기에 두 잡지가 짊어져야 했던 무거운 혐의[32]를 벗어날 수 있을지 모른다.

그러나 보르헤스는 추리소설을 통해 미메시스 예술이론을 통렬히 비판하지 않았던가? 보르헤스의 추리소설은 추리소설

---

30 '말이 안 되는 소리'란 '말이 덜 된 소리'다.

31 《논어》에 '낙이불음(樂而不淫)'이라는 말이 있지만 '음악(音樂)'은 서구의 영향 아래 근대에 받아들여진 표현이다. 악(樂)도 정(正)이라는 규율을 받아들일 수밖에 없다. 요즘 우리가 듣기에 정악(正樂)이 지루한 이유다.

32 리얼리즘, 모더니즘, 추리소설 공히 시각의 동일성이라는 지평 안에 있다.

이 사상을 감당할 수 있는 좋은 본보기[33]이지 않았던가?

'소리의 동일성'을 밀어내고 이제 '시각의 동일성'이 우리 삶의 기반이 되었다고 문학은 당당하게 주장할 수 있을 정도로 사유의 깊이를 획득했는가? 우리가 최인훈 앞에서 부끄러워질 수밖에 없고 그의 훌륭함이 돋보이는 이유가 바로 여기에 있다. 그는 숱한 고민의 와중에서도 '소리의 동일성'을 결코 잊지 않았다. 그것이야말로 아직은 쉽게 버릴 수 없는 우리의 전통이라는 혜안이 그에게는 있었다. 그는 《소설가 구보 씨의 일일》에서 다음과 같이 자신의 문학관을 개진한다.

경耕 → 개改 → 행行

한자는 뜻과 음이 다르지만, 한글 소리로 동일성을 확보한다.

간다(밭을 경작한다) → 간다(고친다) → 간다(걸어서)

여기서 경耕은 현실화될 작품으로서의 머릿속 관념[34]에 해당하고, 개改는 《광장》을 더 이상 고칠 수 없는 상태'가 〈죽음〉이라고 정의할 정도로 끊임없는 다시 쓰기를 통해 몸소 실천한 가치였으며, 행行은 궁극의 지점에 끝내 도달할 수 없음을 알지만(탄력점 P로 표현되는 최인훈의 미적분적인 사상은 신학telos이 아니

---

33 줄리아 크리스테바 또한 사유와 추리소설이 '위반'이라는 가치를 공유하고 있다고 하지 않았는가?

34 최인훈은 말한다. "사람은 경험만으로 살 수 없으므로 관념의 도움이 필요하고, 사람이 현실에서 자기 문제에 더 깊이 천착할수록 관념적으로 생각한다."

다), 가야 하는(따라서 그의 사상은 목적에 도달할 수 없기에 가지 않겠다는 허무주의[35] 또한 아니다) 또 가겠다는 의지를 드러낸다.

탄력점 p는 '존재의 극한', '생명의 실감', '행복'으로 이해되는데, 가는 것 자체(여정)가 삶이자 행복의 조건일 뿐 그 이상도 그 이하도 아니라고 말하는 듯하다.

최인훈과 다른 감각과 가치를 지닌 사람이라면 그의 사상에 대해 이런저런 근거를 대며 불평을 늘어놓을 수도 있을 것이다. 목적에 도달하는 것이 불가능하고 살아가는 것이 삶이라면 그 끔찍함을 견뎌내는 대신 자살하겠다는 비극적인 선언을 하는 것이 더 낫지 않겠느냐고, 이미 출간된 작품임에도 쉼 없이 퇴고를 거듭해 재출간하는 것이 무슨 보람이 있느냐고(재출간된 작품이 첫 출간된 작품보다 더 나은 내용이라는 것을 스스로 납득할 뿐인 노력 외에 그 무엇이 보증할 수 있느냐고), 경耕에서 개改로 그리고 개에서 다시 행으로 넓혀간다고 하지만 행行이 아닌 소리의 같은 음인 마磨(갈 마)로 이동해 삶과 문학을 마모시키는 것이 행의 행보行步보다 더 못한[36] 이유는 무엇이냐고?

그런데도 '소리에 의한 동일성'의 재인식은 우리 문학사상이 도달한 가장 훌륭한 성취 중의 하나임을 부인할 수 없다. 스스로 사상가를 자처한다면 반드시 통과해야 할 관문이 소리의 동일성이다.

통상의 '정-반-합'이라는 이해 속에서 지적이 뒤틀렸던 논

---

35   최인훈은 '도식'에 대항하는 것은 비도식(非圖式)이 아니라 '보다 나은 도식'이라는 긍정성을 분명히 한다.

36   마(磨) 대신 행(行)을 택한 것이 더 낫다고 생각할 근거는 무엇인가? 결국 상대주의나 관점주의에 대한 질문.

리. 합이 반보다 더한 반이라는 것. 이 기이한 뒤틀림은 소리의 동일성에도 나타난다. 특정 사상가가 방법론을 제시한 것이 아니어서 잊혔지만, 성실誠實이라는 단어에 비밀 아닌 비밀이 숨어 있다.

인간은 왜 성실하게 살아야 하는가? 너무나 당연해서 더 이상 질문의 권리를 가질 수 없을 것 같은 이 질문에 대한 대답 중의 하나(그러나 가장 강력한)는 별들이 북극성 주위를 변함없이 도는 것을 무릇 인간이 본받아 살아야 하기 때문이다.

실實은 순환의 실이다. 별들이 도는 것[37]이다. 그런데 성誠은 본디 자연의 이치로 하늘의 운행[38]을 가리킨다. 이 운행 길을 천도天道라 한다. 결국 성誠은 실인 것이다(誠=實). 자연自然(is)과 당연當然(ought, 사회윤리의 세계)이 분리되지 않았던 전근대적 세계관에서는 심도心道(마음 길)를 천도의 은유로 이해하는 것이 전혀 무리가 아니다. 천도, 즉 하늘 길을 낸 것은 천명天命인데, 천명지위성天命之謂性이므로 인간의 심성은 그 길을 따라야 한다. 하늘 길이란 고대와 중세 사람들이 머리를 들어 하늘을 올려보았기에 알게 된 천문 정보다. 오랫동안 봐와서 별의 운동궤적을 알게 된 것일 뿐. 그런데 그것이 실實로서의 성誠이 된 것이다.

한 걸음 더 나아가 대담하게 생각해보면, 결국 성훈법에 따라

---

37   '도는 것'에 대한 해석은 다를 수 있다. 성리학이 거기서 자발적 활력과 도덕(진실무망)을 끌어내는 반면, 조선의 마지막 양명학자로 알려진 정인보는 '말려 해도 스스로 마지못함'으로 해석하고 있다. 조선 성리학은 양명학을 이단으로 적시하고 '도는 것'의 의미를 이데올로기로 봉인해버렸다. 스스로 마지못해 돈다는 것은 돌기 싫은데 돈다는 의미로 이해될 여지가 있지 않은가. 정인보 지음, 홍이섭 해제, 《陽明學演論》, 삼성문화재단, p.22.

38   북계 진순 지음, 박완식 옮김, 《성리자의》, 여강, p124~125.

성誠은 성聲일 수 있으므로[39] '보는 것'은 '듣는 것'이라고 해도 무방하다. 나는 '보는 것'에서 '듣는 것'으로 넘어가는 이 뒤틀림이 '-보다도 더한'이라는 비교급을 사용할 순 없지만, 헤겔 변증법의 뒤틀림에 대한 유교사상의 대응점일 수 있다고 생각한다.

서양 철학사를 광학光學 — '보는 것'으로서의 인식 — 으로 진단하고 해체작업을 선도했던 데리다가 디페랑스différence(차이)를 이용해 디페랑스différance(차연)라는 신조어를 만든 것은 잘 알려져 있다. 시각으로는 'e'와 'a'의 차이가 나지만, 청각으로는 둘 다 '디페랑스'로 발음되므로 구별할 수 없다. 그의 이론은 당연히 서양 철학사라는 문맥에서 의미를 갖는 것이겠지만, 우리의 눈으로 보면 성훈법의 한 특수한 예일 뿐이지 않은가?

최인훈은 한글 소리를 이용해 성훈법의 지평을 넓혔다. 경耕, 개改, 행行은 한문으로는 소리와 뜻이 각각 다르지만 '간다'라는 한글 소리를 통해 동일성을 확보할 수 있었다. 이것이야말로 전통 사유에 닿아 있으면서도 자신의 고유 사상을 드러낼 수 있었던 그의 걸출한 안목임을 부정할 수 없다. 그렇다면 한글과 영어의 같은 소리를 통한 동일성의 확보는 어떠할까?

추리소설가 김성종은(최인훈처럼 사상으로서 체계적으로 드러낸 것은 아니지만) 우연찮게[40] 킬러의 암호명을 통해 이런 등식을 보여준다.

---

39 "해석한다는 것, 그것은 언표적 결핍에 대응하는 방식이며 그 결핍을 의미의 복수화를 통해 보상하고자 하는 것이다. 그것은 결핍에서 출발해 그 결핍을 무릅쓰고 말하는 방식이다." 미셸 푸코, 이정우 옮김, 《지식의 고고학》, 민음사, p175

40 김성종의 사상이라는 것이 있다면 생과 사를 겹쳐 쓰는 것이다. 모순구조.

부처=부처! 부처butcher=부처! 도살자=붓다! 도살자=자비를 베
푸는 자!

살생을 금하고 자비를 베풀라는 위대한 스승 붓다에게 도살
자라니?! 이런 인식은 세상이 천 번 만 번 바뀌어도 생겨날 리
없다. 교집합이 결코 있을 수 없는 모순구조. ⟨P∩~P⟩.
　이로써 하나의 의문이 생겨난다. 소리의 동일성 속에 어떻게
교집합이 있을 수 없는 실존의 두 양태가 드러나는 것일까? 문
득 들뢰즈의 이산적 외연discrete extension이라는 철학 용어가 겹
쳐져 떠오른다. 들뢰즈에 따르면 개념에 의해 강제 부과된 외연
(=1)과 그 개념의 취약한 내포가 원리상 요구하는 외연(=∞) 사
이의 분열이 이산적 외연을 만든다.
　다시 말해, 들뢰즈의 입장에서 김성종식 성훈법을 평가하면
소리에 의해 강제 부과된 동일성(외연)—부처가 도살자가 되
는—은 위대한 부처의 삶이 도살자의 삶과 공통분모가 전혀
없다는 점에서 오히려 성훈법의 한계를 드러낸다는 것이다.
　우리 문학사상이 가야 할 길은 아직 멀다. 아쉽게도 추리소설
의 역량은 깊이 탐색되지 않고 있다. 과연, 그것을 할 수 있는 사
회적 능력이 있는지는 별개의 문제이지만.

14. 나는 아이러니스트의 편에 가담하겠다
: 추리소설이란 무엇인가

✤

진리와 삶의 그 어떤 확고한 근거도 믿지 않는 아이러니스트.
아이러니스트의 정신 속에서는 자기창조와 자기파괴가 반복되기
때문에 타인과의 완전한 의사소통을 위한 시도는 난관에 직면한다.
파편화된, 분열된 자아는 창조와 파괴의 회로 그 자체에서 자기-
초월의 정신을 발견한다. 아이러니스트는 그것을 겁내지 않는다.

추리소설이란 무엇인가

먼저 소설이라는 단어를 생각해보자. '소설小說'은 노블novel의 번역어다. 한·중·일 공통으로 쓰는 용어다. '얘, 또 소설 쓰고 있네'라는 비아냥은 소설이 사실과 동떨어진 허구fiction에 불과함을 주장한다. 이런 사용이 크게 문제될 것이 없다는 점은 누구나 잘 알고 있다. 그러나 상식의 차원이 아니라 이론의 층위에서 보게 되면 단순하지 않다. '소설'이라는 단어가 정착해 통용되기 전의 이력, 이 누락된 역사를 들여다볼 필요가 있다.

밀란 쿤데라에 따르면 노블novel과 로망스romance 사이에는 개념 전쟁이 있었다. 영미권에서는 노블을 선호했지만, 프랑스와 독일은 로망스를 내세웠다. 노블이 '신기한 것' 또는 '기발한 것'이라는 뜻을 갖고 있는 점에서 보듯, 어떤 익숙하지 않은 것에 대한 관심이 표명되어 있다. 그 자체로 미래지향적이라고까지 할 순 없어도, 적어도 기존 경험과의 단절이라는 욕구의 측면에서 전통 지향적이 아닌 점은 분명해 보인다. 그에 반해 로맨스(로망스, 로망, 로만으로도 표현된다)는 12~13세기에 번성했던 장르로 고대의 전설이나 '아서왕과 원탁의 기사' 같은 기사의 모험담과 관련이 있다.

추리소설은 디텍티브 노블detective novel의 번역어 — 일본에서 처음엔 탐정소설探偵小說로 번역되었다가 1950년대에 추리소설推理小說로 재번역되었다 — 로 에드거 앨런 포의 〈모르그 거리의 살인〉(1841)이 발표된 지 2년이 지난 1843년에 생겨난 용어다.

영국의 '추리소설'에 해당하는 프랑스어와 독일어는 각각 '로망 폴리시에roman policier와 데텍티베 로만detective roman이다. 이 개념 전쟁사를 이해하지 못하면, 가령 '레이먼드 챈들러의 추리소설detective novel은 로망스romance, 즉 기사도 문학이다'라는 평가의 뉘앙스를 온전히 이해할 수 없다.

흥미로운 것은 밀란 쿤데라[1]가 자신의 소설이 노블도 로망스도 아니라고 생각한 점이다. 그는 자신이《톰 존스》를 쓴 헨리 필딩Henry Fielding의 소설관을 계승한다고 선언한다. 필딩은 18세기에 '소설'은 바보 같고 '로망스'는 괴물 같다고 주장한 인물이다. 그는 두 용어를 대신해 자신의 글쓰기를 '산문-희극-서사적 글쓰기'(prosai-comi-epic writing)라고 정의한다. 이 글쓰기는 인간 본성의 탐구를 목적으로 하며 무엇보다 인식 행위, 즉 직관적 인식 행위라는 것이다. 쿤데라는 필딩의 이론을 기초로 삼아 소설의 역사를 다음과 같은 흐름으로 개관한다.

이야기로서의 소설→묘사[2]로서의 소설→사유로서의 소설→(?)[3]

쿤데라는 자신의 소설이 카프카로부터 시작하는 (무질, 블로흐, 블랑쇼 등등) 사유소설의 전통에 속하는 것에 큰 자부심을 느낀다. 한편 그는 카프카의《심판》을 다 읽고 나서도 주인공 요

---

1   《소설의 기술》외에 그의 짧은 에세이를 내가 이해한 바대로 논지를 전개했다.

2   묘사(description)에서 사유로의 이동 저변에는 도구적 언어(instrumental language)에서 구성적 언어(constitutive language)로의 변화가 있다.

3   쿤데라는 사유소설 이후에는 G. 마르케스의《백년의 고독》같은 작품이 문단을 지배할 것이라는 막연한 예상을 한다.

제프 카(K)의 개성에 대해 묘사할 것이 없다고 주장한다. 더 이상 주인공의 개성을 묘사하지 않는 소설! 이것이 바로 사유소설이 출현하게 된 문화적 변화의 조건이라는 것이다.

이것을 수학적으로 표현해 '묘사로서의 소설'이 자연수(1, 2, 3…)를 다룬다면 '사유로서의 소설'은 변항 X를 탐구한다고 할수 있다. 가령 모리스 블랑쇼에게, 이것은 '비인칭'이나 '바깥'의 탐구다.

우리는 쿤데라의 개관—'묘사로서의 소설'에서 '사유소설'로의 이행—을 '사실주의 소설: 찰스 디킨스 류'에서 '모더니즘 소설(현대소설): 제임스 조이스, 울프 류'로의 문학사조의 이동과 겹쳐볼 필요가 있다.

서구 모더니즘 소설의 특징 중 하나는 연대기적 시간을 거부한다는 의미에서 사회 속에서 파악된, 행동하는 인물의 개성과 삶의 이력을 묘사하려고 하지 않는 점이다. 전진하는 시간과 동시에 퇴행하는 시간 속에서 주인공의 의식의 흐름을 드러낼 뿐이다(《댈러웨이 부인》[4]). 결국 시간은 무의미해진다.

슬라보예 지젝은 추리소설의 발생(그는 '셜록 홈스' 이야기는 아직 괴담 수준이고 애거사 크리스티 시대에 와서야 추리소설의 형식이 정립되었다고 판단한다)이 바로 이 문학사조의 이동과 무관하지 않다고 본다. 현대소설의 탄생과 추리소설의 성립이 같은 시기에 이뤄진 것을 그냥 우연으로 보기엔 그 시기가 너무 절묘하게 맞아떨어진다는 것이다.

---

4   버지니아 울프(1882~1941)의 작품이다.

모더니즘의 정신은 무엇보다 '시간의 공간화'에서 비롯되었다. 산업혁명과 그에 따른 도시화는 물질생활은 말할 것도 없거니와 정신문화에 엄청난 충격과 파장을 불러일으켰다. 시간이 공간화됨으로써 시간을 매체로 하는 이야기와 역사의 훼손이 불가피해진 것이다.

발터 베냐민은 1933년, 〈경험의 빈곤〉이라는 에세이에서 경험Erfahrung과 체험Erlebnis을 구분하면서 '할아버지가 손자에게 들려주는 이야기'로서의 경험이 이제 불가능해졌다고 단언한다. 조르조 아감벤은 베냐민을 뒤쫓아 '셜록 홈스 이야기'를 〈경험의 마지막 피난처〉(《유아기의 역사》)에 비유했는데, '셜록 홈스 이야기'에 '모험adventure'이라는 타이틀이 붙은 것도 바로 그 때문이라는 것이다.

이를 참조해 앞선 논의를 요약하면 다음과 같은 결론을 도출할 수 있다. 묘사로서의 사실주의 소설이 실명實名에서 출발해 실명(설혹 주인공이 성격의 변화를 겪는다 하더라도)으로 끝난다면, 카프카의 소설(요제프 K)은 익명匿名으로 출발해 익명으로 남고 추리소설은 익명으로 출발해 실명으로 끝을 맺는다는 것이다. 이것을 기호화하면 'A→A', 'X→X', 'X→A'[5]로 이해할 수 있다.

이상에서 보면 추리소설에 걸려 있는 핵심적인 문제는 재현再現, 즉 미메시스 개념의 위상과 관련되어 있음을 알게 된다.

서구에서 미메시스는 모방imagination으로 번역되다가

---

5   B, C, D…라도 상관없다.

1980년대 이후부터는 재현representation으로 번역되는 추세다. 모방이 존재론에 초점이 맞추어진 해석이라면, 재再, re-는 '다시'라는 뜻으로 시간의 되돌아옴, 즉 반복이나 순환을 떠나서는 이해할 수 없다.

모더니즘이 전통을 부정한다고 할 때, 모더니즘은 전통적인 시간인 순환하는 시간―연대기적 시간이란 앞뒤로 무한히 연장된 직선 위의 시간일 뿐만 아니라 1년을 단위로 순환하는 시간이기도 하다―을 부정하는 것이기도 하다. 재현의 위기란 동시에 순환하는 시간의 위기인 것이다.

버지니아 울프는 '내면의 시간'과 '기념비적인 시간'(연대기적인 시간)을 대비시켜, 내면의 시간(존재의 시간 혹은 탈시간화로도 이해되는)을 사는 사람은 사회 및 도덕과의 관계를 벗어나 '고독한 자'로서 존재한다고 했다.

칼 하인츠 보러는 '고독한 자'의 심미성審美性을 개인적 성향이나 병리현상으로 해석하는 것에 반대하면서, 그것을 의미론, 즉 언어의 자기준거성[6]에 위치시키려고 한다. 보러의 이론이 우리 사회에 던지는 메시지는 미래 지평을 전망할 수 없는 탈시간화의 심미성이 모든 것을 자기 방식의 역사로 회수하려고 했던 박정희식의 가치관[7]에 얼마나 저항할 수 있는지를 가늠해보라는 데 있다.

김우창의 '심미적 이성'이라는 개념은 바로 이 20세기 후반

---

6   칼 하인츠 보러, 최문규 옮김, 《절대적 현존》, 문학동네, p229.
7   그의 통치 권력에 사상적 기반을 제공한 사람은 철학자 박종홍으로 알려져 있다.

기의 지적인 긴장감을 그대로 전해준다. 이성을 역사이성[8]이라고 보면, 심미성과 이성은 대립한다. 역사이성은 미래를 향해 있는 현재 시간을 내재적으로 구성한다. 반대로 심미성은 미래 지평 속으로 회수되는 시간에 반발한다. 미적 감각이 구체적인데 반해, 역사이성은 보편적이다.

김우창이 이 '구체와 보편'의 대립을 메를로-퐁티의 지각이론을 자양분 삼아 종합했음은 잘 알려져 있다. '보인 대상은 그 대상의 배경을 떠나서 보일 수 없다'라는 것이 그것이다. 사물(구체성)은 자신을 포함한 큰 그림(보편성) 속에서만 그 사물일 수 있다. 반대로 보편성은 구체성의 초월을 통해 도달되는 것이지 구체성에 앞서 보편성을 주장할 수 없다.

이일환 교수는 《알레고리와 아이러니 사이》에서 김우창의 이론이 '구체성'과 '보편성' 사이를 오락가락해서 무엇을 말하려는 건지 솔직히 잘 납득이 되지 않는다고 토로한 바 있다. 나는 심미성이 어떻게 역사이성에 회수되면서도 동시에 빠져나올 수 있는 능력[9]을 발휘하는지보다는 심미성이 완전히 탈-시간화된 '고독'과 어떻게 관계하는지 그 상호관계에 대한 물음을 던지고 싶다. 환과고독鰥寡孤獨이란 사자성어가 있다. 홀아비, 과부, 부모를 여읜 아이, 늙어서 자식이 없는 부모. 우리의

8　내 전 세대의 걸출한 지식인들은 헤겔주의자가 압도적으로 많았다. 헤겔주의자였던 김윤식, 앞서 언급했듯이 유현식의 주장대로라면 반쪽 헤겔주의자인 최인훈, 김우창은 굳어진 체계를 거부한다는 점에서 반-헤겔주의자의 면모가 있지만 '구체적 보편성'이라는 개념과 헤겔주의자인 시인 '월러스 스티븐스(Wallace Stevens)'를 박사학위 논문 주제로 삼은 것을 볼 때 헤겔의 영향을 감지할 수 있다. 김용옥 교수가 김우창을 선생으로 모시고 헤겔 원전을 강독했다는 사실도 흥미롭다.

9　애초에 구체성을 떠나지 않은 보편성으로의 초월이었으므로 돌아오는 방법을 제시할 필요도 없는 것이지만.

전통적인 고독 개념이 '시간 속에서의 사회(가족) 관계망 단절'을 표현한다면, 서구에서는 고독 개념을 외로움loneliness과 고독solitude으로 분리해서 이해한다.

관계를 원하지만 불가피하게 관계가 단절되는 고통은 loneliness의 번역으로, 우리의 고독 개념에 해당한다. 우리는 번역의 편의상 양자를 혼용하기에 헷갈릴 때가 많다. solitude는 원자론적 사유에 입각해 더 이상 분할할 수 없는 실체적 개인individual을 상정한다.

심미성을 여가시간에 전시회나 박물관에 들러 그림이나 조각상을 감상할 줄 아는 능력을 가진 자에게서 발견하는 것이 아니라, 연대기적 시간으로 표현되는 기념비적인 역사에 혐오감을 갖는 '내면의 시간'을 느끼는 자, 같은 말로 '존재의 시간'을 느끼는 자의 감수성으로 이해하면, 김우창의 '심미적 이성'에서 그 심미성이 애초에 역사이성에 대립할 만큼 당당한 미학을 표현할 수 있는 심미성이었는지가 의심이 되는 것이다.

내가 추리소설을 논하면서 생뚱맞게 솔리튜드를 말한 것은 추리소설의 핵심 중 하나인 밀실 살인에서의 범죄자야말로 고독한 자와 같이(물론 내면의 시간을 느끼는 자는 아닐 테지만) 시간을 탈-시간화하고 있기 때문이다.

이런 의미에서 탐정의 작업은 범죄자의 능력에 맞서 봉인된 시간을 해제해 탈-시간화를 시간화로 되돌리는 임무라고 할 수 있다. 밀실 살인사건 해결에 능했던 위대한 탐정은 모두 그런 임무[10]에 탁월한 재능을 발휘한 자들이다.

평론가 백낙청이 그랬듯이 추리소설을 오락으로 한정해 이해하면 추리소설가 보르헤스의 등장을 그 필연성의 측면에서 이해할 수 없게 된다. 보르헤스를 추리소설가로만 보는 것도 어리석지만, 추리소설가가 아니라고 보는 것은 더 어리석은 평가다. 어쩌면 올곧이 포의 유지를 받든 이가 보르헤스[11]다.

보르헤스의 밀실 살인에 대한 나름의 해석이야말로 한 작가의 독특한 세계관을 표현하는 것이자 거시적으로는 문명의 전환, 결국엔 시간의 순환과 재현의 사유[12]에 기반을 둔 농경사회 프레임의 몰락을 보여주는 지점이라고 보기 때문이다.

'그게 뭐 그리 중요한가?'라고 반문하고 싶은 독자에게는 그 문명의 전환이 우리에게도 이미 와 있거나 닥치고 있는 중이라고 말하고 싶다. 이게 너무 추상적인 얘기라는 것을 몰라서 하는 소리가 아니다. 하지만 나로서도 반문하고 싶다. 추리소설은 왜 이런 맥락에서 '철학적인 테마를 제시할 수 없는가?'라고.

통상적인 추리소설은 탐정의 권위에 기대어, 궁극적으로는 작가의 권위에 기대어 X에서 A를 끌어낸다. 재현할 수 없음에서 재현으로 나아간다. 같은 얘기로, 시간의 불가능성(탈-시간)에서 시간으로 나아가는 것이다. 여기서 문제가 되는 것은 탐정의 정체성identity이다. 평론가 조영일은 탐정을 근대적 샤먼(무당)이라 규정하면서, 추리소설의 인기 비결은 시체(죽은 자)의

---

10   추리소설을 독자들이 소비하고 즐기는 방식에만 초점을 맞추어 오락(엔터테인먼트)이라고 싸잡아 평가하는 것만으로는 부족하다고 말하고 싶다.

11   《계간 미스터리》, 2009년 겨울호. 졸저 〈포는 왜 억압되었는가?〉 참조.

12   들뢰즈의 《차이와 반복》에 따르면 재현의 사유에서 근거는, 이미지를 떠올릴 때, 휘어져 있다고 한다. 우리는 언제나 그 끝에 가서 '근거 없는' 근거를 만나게 되는데, 근거는 자신의 위상을 확보하기 위해 어떤 반영 속에 자신을 위치시킨다. 아들의 근거는 아버지이고, 아버지라는 근거는 스스로 입증되는 게 아니라 아들의 존재를 통해서 입증된다.

고통(원한)이 해결되었을 때 발생하는 안도감[13] 때문이라고 주장한다.

많은 사람들이 오해하듯 이것은 후일 경찰소설이나 한국의 〈수사반장〉이라는 드라마에서 보듯 범인의 '색출→처벌→반성'의 회로를 덧씌운 것일 뿐이다. 차라리 추리소설은 피해자의 고통이나 범죄자의 처벌과는 무관하다고 생각하는 것이 이 장르의 진의를 이해하기 위한 요건이 된다.

탐정의 정체는 차라리 무당이 아니라 예수의 반복이자 교황의 반복으로 이해되어야 한다. 서구 사유의 근간 중 하나인 3항,[14] 즉 '신-예수-신도'와 '신-교황-신도'의 재현으로서 '작가-탐정-독자'의 반복[15]인 것이다.

보르헤스는 포가 추리소설뿐만 아니라 '추리소설의 독자'를 창조했다고 말한 의미는 추리소설을 읽는 독자는 잠재적 범죄자군으로 분류되어 피의자의 입장에 서는 것을 기꺼이 받아들인다는(그러니까 포는 이 계약을 즐거운 마음으로 받아들이는 자를 창조한 것이다) 것이다. 그러고 나서 독자는 책을 읽는 동안 자신의 결백을 증명하기 위해 탐정과 경쟁하듯 범인을 색출하려고 노력한다. 범인이 확정되는 순간 잠재적 범죄자로서의 혐의가 벗겨지면서 안도감을 느끼게 되는 것이다

---

13   조영일,《가라타니 고진과 한국문학》, 도서출판b, p199.
14   루터의 종교개혁은 3항에서 2항으로의 이동이다. '신-신도'(성경책). 스피노자와 들뢰즈의 사유는 1항으로 일컬어지는데, 기독교의 입장에서 범신론은 이단으로 규정된다.
15   포스트모던 시대에 문학의 종언이 공공연히 거론되는 것은 같은 구조인 '작가-비평가-독자'의 3항 중 비평가 권위의 퇴조와 맞물려 있다. 들뢰즈에 따르면 1항의 시대에 멘토란 수영법을 이론으로 가르치는 교사가 아니라 함께 수영을 하는 교사라는 것이다.

이 점에 착안한 니콜라스 블레이크[16]는 대담하게도 추리소설이 기독교를 대체할 수 있을 것이라고 생각했다. 이 기묘한 발상을 이해하기 위해서는 '죄의식'[17]을 강조하는 기독교를 포함해 종교 일반의 '장례식'의 의미를 헤아려보아야 한다.

왜 장례식을 왜 거행하는가?[18]

장례식은 본질적으로 유족을 위로하기 위한 것이 아니다. 생전에 데이비드라고 불렸던 시체가 있다고 가정해보자. 그 시체는 생김새는 닮았지만, 살아생전의 데이비드인지 확신할 수가 없다. 더 나아가 데이비드를 사물로 봐야 할지 생명체로 봐야 할지도 헷갈린다.

이런 곤란함은 우리가 거울에 비친 자신의 모습을 보는 것과 흡사하다. 거울에 비친 모습은 자기인가, 아닌가? 자신의 모습을 쏙 빼닮았다는 점에선 자기이지만, 좌우가 뒤바뀐 상像이기에 자기라고 단언할 수도 없다.

그렇다면, 대체 데이비드는 누구인가? 장례식이란 바로 이 물음에 답을 찾는 행위에 다름 아니다.

데이비드는 지금 누구인지 헷갈리는 비인칭非人稱의 세계에 속해 있다. 장례의식은 바로 비인칭의 존재 데이비드를 인칭으로 되돌려 그에게 데이비드라는 이름을 찾아주는 데 그 목적이 있다.

---

16   본명은 C. D. 루이스(C. Day Lewis)로 옥스퍼드대학교 시학 교수를 역임했다. 1930년대 영국 문단을 풍미했던 시인이자 평론가인 오든(W. H. Auden)과 함께 활동했으며, 국내에는《살의》라는 책이 번역돼 있다.
17   인간이라면 누구나 다 죄인이라는.
18   블랑쇼의 분석에 의존했음을 밝혀둔다.

장례는 우리가 알던 그 데이비드가 죽었다는 것을, 그 시체가
바로 데이비드임을 확정 짓는 행위인 것이다. 무덤에 묘비를 세
우고 이름과 생몰生沒 시時를 적어 넣은 것은 그 때문이다.

추리소설이 기독교를 대체할 수 있다는 블레이크의 발상을
어떻게 받아들이든, 추리소설의 기본정신은 이 '비인칭-인칭'
의 구조 속에서 이해되어야 마땅하다.

보르헤스가 추리소설을 통해 드러내려 했던 것은, 그의 탐
정 뢴로트는 푸아로처럼 수수께끼 해결의 권위를 가진 자가 아
니라는 점이다. 뢴로트는 해결은커녕 미로labyrinth에 갇히고
마는 허약한 존재일 뿐이다. 보르헤스는 X에서 A만을 끌어내
는 탐정의 권위에 의문을 갖는다. 그는 라이프니츠의 공가능성
compossibility 개념을 원용하여 X에서 A뿐만 아니라 B, C, D…
끝내는 무한(∞)을 끌어낸다.

예를 들어, 팽이라는 사람이 어떤 비밀을 하나 간직하고 있는데, 낯
선 사람이 자신의 방문을 두들겼고, 팽은 그를 죽이기로 결심했다고
합시다. 당연히 그것의 결말은 아주 다양할 겁니다. 팽이 침입자를 죽
일 수도 있고, 침입자가 팽을 죽일 수도 있고, 둘 다 죽을 수도 있는 등
아주 많습니다. 취팽의 작품에서는 모든 결말들이 함께 일어납니다.
각 결말은 또 다른 갈라짐의 출발점이 됩니다.

〈끝없이 두 갈래로 갈라지는 정원〉. 애거사 크리스티의 탐정
푸아로의 세계가 코스모스cosmos라면 보르헤스의 탐정 뢴로트
의 세계는 카오스모스chaosmos다. 카오스모스는 코스모스처럼

하나의 확고한 질서가 시간의 순환에 갇힌 세계를 지배하는 곳이 아니다. 세계는 열려 있고 매 순간 선택의 분기점이 존재한다. 이런 세계 속에서 추리소설이 가능할까? 분석적 추리소설, 형이상학적 추리소설, 반-추리소설 논쟁은 이런 연유에서 시작되었다.

존 어윈 같은 학자는 포와 보르헤스만을 따로 선별하여 '분석적[19] 추리소설'이라는 이름을 붙이기도 했는데, 복잡한 논의를 피하기 위해 '형이상학적 추리소설'과 '반-추리소설'만을 다뤄보자.

'형이상학적 추리소설'은 추리소설 평론가인 하워드 헤이크래프트가 '브라운 신부' 시리즈를 쓴 체스터튼의 추리소설을 가리키기 위해 사용한 용어다. 여기서 논쟁의 핵심은 보르헤스의 추리소설이나 토머스 핀천의 《제49호 품목의 경매》, 폴 오스터의 《뉴욕 삼부작》 같은 작품을 추리소설로 볼 수 있느냐는 점이다.

대표적으로 《블러디 머더》를 쓴 추리 평론가 줄리언 시먼스는 추리소설로 볼 수 없다는 단호한 입장이다. 그런 작품들은 추리소설이 아닐 뿐만 아니라 추리소설이 성립하기 위한 근간을 부정한다는 점에서 반-추리소설anti-detective novel이라는 것이다.

형이상학적 추리소설metaphysical detective novel이라는 용어

---

19   포는 〈모르그 거리의 살인〉에서 탐정 뒤팽의 입을 빌려 분석적(analytical)인 것이 무엇인지 설명한다. 정신분석학자이자 사상가인 라캉은 분석적이라는 것을 기의의 해석 불가능성 혹은 그 불가능성의 효과로 설명하는데, 이 내용은 지금 우리의 논의를 벗어난다.

를 선호하는 평자는 추리소설의 영역을 넓혀 그런 작품까지 추리소설로 보자는 입장이다. 다만, 추리소설이 사유로까지 확장되는 그 독특성을 인정해 형이상학적이라는 형용사를 붙이자는 것이다. 이 논쟁의 해결이 쉽지 않은 이유는 우리가 은연중에 이 논쟁과 유사한 문제[20]를 해결하지 못한 채 지속적으로 경험해왔기 때문이다.

자살은 삶의 한 형태인가, 삶의 부정인가? 부처를 만나면 부처를 죽이라는 뜻의 봉불살불逢佛殺佛은 불교의 사상인가, 불교의 부정[21]인가? 나는 김성종의 《피아노 살인》을 반-추리소설로 볼 것인지 형이상학적 추리소설로 볼 것인지 오랫동안 고민해왔다.

최인훈은 다시 말할 것이다! 사회적 맥락도 없는 곳에서 누구를 위한, 무엇을 위한 고민이냐고?

내 고민은 오락을 떠나서는 추리소설이 우리 사회에 그 어떤 문화적 교두보도 마련하지 못하는 것이냐는 반문에 있었다. 오래전 《김성종 읽기》를 쓸 때 '김성종은 철학자인가?'라고 물었던 것도 그 일환이었다. 그의 추리소설엔 종말론적인 시간의 한 형태로 이해될 수 있는 '시작=끝'의 사상이 내재돼 있다.

인간은 태어나자마자 죽기에 충분히 늙어 있다.

20   하지만 분명한 차이도 있다. 예전엔 특정한 개인이나 종교에 국한된 문제였지만, 이젠 전 지구적인 언어관의 변화에서 생긴 보편적인 문제이기 때문이다.
21   봉불살불의 사상을 극단적으로 밀고 나가면 폐기될 것은 부처상뿐만 아니라 절도 포함될 것이 아닌가?

이 사상은 인간의 생존에 유익한 것만 보려고 하는 유교의 생장수성生長遂成 ― 태어나 성장해서 성취하고 대성하는 ― 은 물론이요 인간사를 생로병사生老病死로 파악하여 소멸消滅 쪽에 안목을 둔 ― 생사生死가 더 균형 잡힌 표현이 아닌가? 생로병사 같은 유교적 표현은 생장성사生長成死일 것이다 ― 불교의 사상과 또 다르다. 유교는 오르막의 사상이요 불교는 내리막의 사상이다.

인간은 죽는다. 그러나 젊어서 죽는 사람이 있고 늙어서 죽는 사람이 있는 게 아니다. 모두가 늙어서 죽는다. 요절夭折은 이런 세계관에서는 가장 어울리지 않는 단어다.

시작 위에 끝을 겹쳐 쓰는 것이라면 생사의 순환이 멈추게 되어 생과 사 사이에 다음 세대가 본받아야 할 그 어떤 멘토(이상적 인간)도 끼어들 여지가 없다. 대성전에 모셔진 성인 공자와 아성亞聖 맹자를 본받는 빼어난 선비 퇴계와 율곡! 그들의 위패도 대성전에 안치되고… 그리고 그 뒤를 따르는 수없는 무명의 선비들. 선비들이 추구하는 가치를 흠모의 심정으로 바라보는 백성들. 종말론에서는 이런 그림이 부정된다.

나는 이 사상이 시간에 대한 사변 ― speculation에는 모험이라는 뜻도 있다. 지금이야말로 새로운 시간의 철학[22]을 준비할 때가 아닌가? ― 으로 우리를 끌어들일 수 있을 것이라고 생각했다. 물론 그 작업은 추리소설의 영역을 넘어서는 일이지만, 추리소설이 그런 자극제 역할을 할 수 있다는 점에서 오락에 그친다는 통념을 깨부수고 싶었다.

문득, 궁금해진다. '시작=끝'인 종말의 시간을 사는 인간은 어떤 모습일까? 멘토가 없는 세계! 본받을 만한 인물이 없어 행위와 가치의 준거점이 전혀 없는 세계! 이것은 그 자체로 시간이 정지한 세계, 카오스의 또 다른 이름일까? 아니면 그 어떤 준거점도 없기 때문에 모두 각자가 스스로 자신의 준거점이 되어, 순환의 시간으로밖에는 세상을 이해할 수 없었던 재현의 리듬으로부터 탈출하는 하나의 출구인 것일까?

'시간이란 무엇인가?'[23]라는 물음에 이어 '인간이란 무엇인가?'라는 물음이 새롭게 제기되어야 하는 이유가 여기에 있다. 우리의 전통적인 인간관은 공空(불교)이나 항恒(유교)이라는 개념에 의존했다. 자아를 실체가 없는 것으로 여긴 불교에 반해, 유교는 별의 운행이 변함없이 항상적이듯이 인간의 태도 또한 항심恒心을 잃지 않아야 한다고 보았다. 재산을 잃어 가난할 때조차 항심을 유지하는 것이 선비의 도리라는 것이다.

앞서, 1960~1980년대 독재권력에 대항해 자유를 위한 궐기

---

22   어려운 문제의 해법을 스스로 제출하지 못하고 누군가에게 미루는 것이 무책임한 짓이라는 것을 안다. 그러나 우리 사회는 이론의 깊이에 너무 둔감하지 않나 싶다. 가령, 비평가 김우창이 정치적으로 시급한 현안에 대해 직접적으로 행동하지 않음으로써 너무 소극적이라는 비판을 받았을 때, 차라리 그 비판 이상으로 그의 심미성을 공격했어야 했다. 그의 심미성은 모든 사람들이 미래로 달려가기를 강요하는 역사의 힘에 회수되기를 거부하기 위한 개념 장치가 아니었나? 심미성엔 행위의 '선/악'을 판별할 감식안이 없다. 그러나 이렇게 말하는 것만으로는 부족하다. 그것이 없기에 무분별한 역사의 힘에 저항할 수 있다. 우리에겐 이론(문화)의 개념전쟁이 턱없이 부족하다. 때로는 이론의 층위에서 걸러내야 할 것을 정치판으로 몰고 가 해결책을 찾다 보니 모든 게 엉망이 되어버리는 경우도 있다. 내가 모두가 당연하다고 생각하는 '추리소설=오락'이라는 의견을 쉬 받아들일 수 없는 이유도 이론의 층위에서 제대로 그런 주장을 펼치는 것을 보지 못했기 때문이다. 누가 유행의 천박함을 탓하랴! 개념의 사용 또한 많은 경우에 오퍼상의 수입품에 의존하는 것을. 많은 이들이 표 나지 않게 김우창을 존경하는 이유가 여기에 있을 것이다.

23   하이데거는 우리가 "시간은 무엇인가?"라는 질문을 제기할 수 없다고 말했다. 왜냐하면 그럴 경우 우리는 즉시 시간을 존재로 상정하게 되기 때문이다(에마뉘엘 레비나스 지음, 자크 롤랑 엮음, 김도형·문성원·손영창 옮김, 《신, 죽음 그리고 시간》, 그린비, p16). 그렇다면 시간에 대한 사색이라고 해 두자.

― 맨주먹으로 경찰의 방패에 맞서든, 문학 행위를 통해 펜으로 맞서든 ― 로 맞설 때, 우리 지식인을 압도적으로 지배한 사상은 장-폴 사르트르의 "참여문학"의 정신, 즉 행동하는 지성, 넓게는 행동하는 인간이라 말한 바 있다.

사르트르는 헤겔 연구에 평생을 바친 알렉상드르 코제브의 〈헤겔독해입문〉에 청강생으로 참여했는데, 코제브에게 인간이란 행위 그 자체였다. 욕망에 의해 추동된 행위의 근본은 비판하고 부정하는 정신에 있다. 이것이 우리 문인 지식인들이 독재권력을 비판한 정신적 배경이었다.

행위하는 인간일 뿐만 아니라 행위로서의 인간!

이제 격정의 시대가 지난 후 아직 우리에게 그 인간관이 남아 있는 것일까? 예전에 그랬던 것처럼 여전히 압도적인 영향력을 행사하고 있는 것일까? 그것은 우리의 전통인 공空과 항恒의 인간관을 어떻게 공격하여 다시 기초를 세우는가?

최인훈[24]은 인연因緣이라는 개념을 선택함으로써 일정 부분 불교 전통 속에 남고자 했다. 그리하여 그의 책 제목처럼 문학은《화두》가 되고자 하는가? 과연 자본주의가 극도로 심화된 시대에 돈에 쪼들려도 항심을 잃지 않는 인간상을 이상적인 인간으로 내세울 수 있기나 한 것일까?

사르트르의 영향 아래서 행복했던 시절은 돌이켜보면 아주 잠깐이었다.

우린 다시 새 이론이 필요한 시점에 이른 듯 보인다. 문학 내

---

[24] 유헌식 교수는 최인훈의 탄력점 개념과 박동환의 3표 철학이 유사하다고 지적한다.

에서 최인훈, 김우창, 김윤식, 김현 등이 한 세대의 영향력 있는 평론가였지만, 그들의 이론이 다가올 미래의 시간을 얼마나 오래 견뎌낼 수 있을지는 장담할 수 없다. 내가 추리소설과 무관[25]해 보이는 이들을 언급한 이유는 문학이 그들의 영향력 아래 있었고, 추리소설 또한 그 간접적인 영향 아래 있었다고 믿기 때문이다.

하나 더 물어보자. '인간=행위'라는 등식으로부터 우리는 어떤 이론을 수확해왔는가? 프랑스에서는 그 등식의 연장선에서 눈에 띄는 이론을 완성하고 있다. 블랑쇼의 문학관은 '죽음'을 '행위'의 측면에서 파악하여 논지를 펼친다. 그에게 죽음은 수동적으로 주어지는 것이 아니다.

죽음은 행해야 하는 것, 즉 하나의 임무, 우리가 능동적으로 쟁취하는 것, 우리의 활동과 우리의 기량의 원천이 되는 것이다.[26]

뿐만 아니라 '자살이 가장 탁월한 죽음이 아닐까'라는 의문에서 시작해 자살과 예술작품이 공히 '죽는다는 행위 그 자체'의 가능성을 시험하고 있다고 본다.

블랑쇼에 따르면, 죽는 행위 그 자체는 이루어지지 않는 것, 끝나지 않는 특성 ─ 자살은 자살자가 그 행위의 끝을 알 수 없다는 점(일상의 행위는 성공 또는 실패 여부를 그 결과로서 알게 되지 않

---

25 김윤식만이 추리소설과 관련하여 몇 편의 에세이를 썼으며, 김현이 무협소설에 대해 언급한 것 외에는 대부분 짧게 추상적인 수준에서 대중소설을 언급한 게 전부다.

26 모리스 블랑쇼, 이달승 옮김, 《문학의 공간》, 그린비, p127.

는가)에서 '붙잡을 수 없는' 또는 '결코 이르지 못하는' 죽음의 성격이 드러난다 — 으로 인해 죽음에로 접근하기 위한 노력만 가능하다고 본다. 그런데 이 노력에 대해 블랑쇼가 설명하는 방식은 난해하기 짝이 없다. 이 노력은 죽음의 깊이로부터 출발해야 하는데, 이때 자아는 자기 자신에게 멈추지 않는, '나'라고 말할 수 없는, 그 누구도 아닌 자의, 비인칭[27]이 된다.

그에게는 독서의 경험 자체가 본래 비인칭과 관계한다. 독서는 작가를 무효화시켜 비인칭으로 되돌려주는 놀이이며, 이때 독자는 근본적으로 익명의 존재[28]로 남게 된다. 장인에 의해 만들어졌든 기계에 의해 제작되었든 사물 또한 비인칭의 익명성에 머문다.

내가 '비인칭'에 관심을 갖게 된 것은 두 가지 이유에서다. 하나는, 앞서 지적했던 것처럼 지난 20세기 후반기 우리 지성사를 점령했던 '인간=행위'의 등식으로부터 문학이론을 끌어내면서 서구에서 '비인칭'이라는 개념이 모습을 드러냈기 때문이고, 더 중요하게는 추리소설과 관련해 '비인칭'이 작동하는 방식을 들여다보고자 했기 때문이다. 추리소설 또한 비인칭(익명)을 생각하지 않고서는 상상할 수 없는 장르다.

에드거 앨런 포가 독자를 창조한 이후, 추리소설의 독자는 범죄자군의 비인칭으로 분류된다. 자신이 스스로 수수께끼를 풀어내거나 탐정이 풀지 않으면 독자는 비인칭에서 헤어날 길이 없다. 그리고 그 헤어남은 범인(비인칭)이 그 익명의 가면을 벗

27   위의 책, p224.
28   위의 책, p282.

고 실명을 획득하는 순간에만 가능하다.

블랑쇼가 추리소설보다 한 걸음 더 나아간 지점은 '시신屍身' 조차 비인칭으로 본 데 있다.

그 자신은 비인칭의, 멀어진, 다가설 수 없는 존재를 지칭한다.[29]

하지만 우리가 김성종의 종말론적 시간에서(그가 드러내어 주장한 바는 없지만 그 함의한 바로서) 끌어낼 수 있는 생각도 인간은 비인칭으로 태어나 비인칭으로 죽는다는 것이 아니겠는가? 모든 인간이 결국 늙어서 죽는다면 다른 차별성(정체성)은 무화되는 것이 아니겠는가?

이런 앞뒤 없는 생각의 흐름이 어디로 귀결될지 나는 알지 못한다. 내가 말하고 싶은 것은 추리소설이 왜 오락 이상의 깊은 사념을 이끌어내는 통로로 이용되지 못했는가 하는, 뒤늦은 애석한 반문일 뿐이다.

독백

내가 추리소설가로서 추리소설을 폄하하는 시선에 불만을 갖는 이유는 리얼리즘이든 낭만주의든 모더니즘이든 추리소설이든 미메시스와의 거리 두기[30]를 통해 이해할 수밖에 없는데,

29   위의 책, p376.

유독 추리소설을 대할 때면 우리 이론가들이 무슨 까닭에선지 이 거리를 망각해왔기 때문이다.

서구 소설에서 미메시스의 전통이 절정에 달한 것은 흔히 자연주의 작가로 이해되는 에밀 졸라에서다. 졸라의 입장에서 보면 작가는 의지와 판단 그리고 도덕적 의식 같은 것을 가질 이유가 없다. 작가는 기의가 통과해서 기표로 가는 배관의 역할을 할 뿐이다. 순수한 미메시스 작가는 자신의 흔적을 최대한 지워야 하는 것이 미덕이다. 기껏해야 체험을 '진실처럼 보이게 하는 방법verisimilitude'의 대리자일 뿐이다.[31] 우리 문학계에선 보통 핍진성逼眞性이라는 좀 어려운 용어로 이를 표현해왔는데, 이것은 아리스토텔레스가 시학 이론을 통해 다듬은 개념이다.

우리 사회에서 《창작과 비평》과 《실천문학》으로 대변되었던 리얼리즘은, 자연주의와 달리 작가의 인격과 경험에 중요한 역할의 몫을 할당한다. 특히나 노동자나 농민, 통틀어 프롤레타리아 계급의 경험은 유일하게 보편적인 경험으로서 작가의 언어를 통해 반드시 드러내고 반영해야 한다는 입장이다.

루카치[32]의 반영이론이 한계에 봉착했던 까닭은 미메시스의 언어가 기술적descriptive이자 표현적expressive인 특징을 갖는 도구적인 언어관에 불과했다는 점과 궤를 같이한다. 즉 미메시스의 영향력이 감퇴하면서 리얼리스트들은 도구적 언어관을 버

---

30   이것은 달리 말해 우리 사회가 구성적 언어를 얼마나 용인할 수 있는가에 있다. 요즘 유행하는 '현대 판타지' 장르는 이제 우리 사회가 구성적으로 생각하고 있음을 보여준다.

31   Seán Burke, *The Death and Return of the Author*, Edinburgh, p45.

32   우리는 헤겔주의자 김윤식이 헤겔(《정신현상학》)에서 루카치(《소설의 이론》)로, 다시 가라타니 고진(《탐구》)으로 이동해간 것을 알고 있다.

리고 어쩔 수 없이 구성적constitutive 언어관을 채택해야만 했던 것이다. 이제 작가의 텍스트는 사회와 문화적 실재를 수동적으로 표현하는 것이 아니라 적극적으로 구성하는 것이라고 본다. 이렇게 주장하면 텍스트와 당대 사회의 역사적·구조적 상황의 상호관계의 원리가 무엇이냐는 질문을 피해갈 수 있게 된다.[33]

한편, 낭만주의가 작가의 사회적 역할에 최대치의 능력을 부여할 수 있었던 것은 영감inspiration이라 불리는 시인의 상상력을 통해서였다. 상상력의 힘은 무궁무진하다. 합리적 전통에 반대하는 낭만주의 시대의 국면 속에서 신God은 수학자나 기하학자가 아니라 시인이 된다.[34] 또한 시인은 '만들다poiein'라는 단어와 근원을 같이함으로써, 특히나 낭만적 시인은 직관과 제작의 힘을 통해 주관성[35]을 극대화한다. 과도기적 인물답게 포에게는 합리적(수학자), 낭만적(시인), 모더니즘적(제작원리를 제시) 측면이 동시[36]에 드러난다.

모더니즘의 강력한 특징 중 하나를 미메시스로부터 세미오시스semiosis(기호현상)로의 이행이라고 이해할 때, 추리소설은 정신분석학이 그랬던 것처럼 그 이행의 최첨단에 있었던 셈이

---

33 *The Death and Return of the Author*, p51.

34 이사야 벌린, 강유원·나현영 옮김, 《낭만주의의 뿌리》, 이제이북스, p82.

35 "낭만주의 운동은 어떤 종류의 보편성에도 강력히 저항하는 정신이다." 위의 책, p19.

36 가령, 포가 창조한 탐정인 뒤팽은 수학자이자 시인(특히 시인으로서의 능력을 중시해 한심한 경찰에게는 결여된 능력으로 본다)이다. 반면 포는 〈작문원리(The philosophy of composition)〉에서 시 제작원리(독자에게 불러일으키는 효과, 시 한 편당 100개 단어 전후)를 제시하는데, 작가가 시(〈애너벨 리〉)와 그 제작원리를 동시(같은 날 발표했다는 뜻은 아니다)에 제출하는 것은 모더니스트의 전형적인 태도다.

다. '탐정은 기호학자인가?'[37]라는 물음은 그런 시대적 흐름과 맞물려 있다. 당연히 기호학의 대가라는 명성을 얻으며 우리 앞에 등장한 인물은 코넌 도일의 셜록 홈스다.

셜록 홈스는, 코넌 도일이 스승인 에든버러 의대 교수 조지프 벨 박사를 모델로 창조했다는 것이 정설이다. 의과대 시절 성적이 그리 뛰어나지는 않았지만, 출중한 글쓰기 능력을 인정받아 공개 진찰 수업을 할 때면 환자를 문진問診하는 벨 박사의 지시에 따라 코넌 도일은 이것저것 받아 적었다고 한다.

의사가 정확한 진단을 하기 위해서는 박식해야 할 뿐만 아니라 예리한 관찰을 통해 환자의 현재 상태를 파악해야 한다는 것이 벨 박사의 지론이었는데, 모자를 벗지 않은 남성 환자를 보자마자 군대에서 제대한 지 얼마 되지 않았다는 것(군대에서는 모자를 벗지 않는다), 그리고 상피병象皮病[38]을 보고서는 서인도제도에서 근무했다는 것을 바로 알아낸다. 연이어 여성 환자의 피부염과 들고 있는 아기 옷을 보고는 리놀륨 공장에서 일한 것과 밖에 어린아이를 떼놓고 온 것까지 추측해낸다.

그런데 코넌 도일이 벨 박사를 모델로 셜록 홈스를 창조한 것에 대해, 토머스 핀천은 도일이 은근슬쩍 열역학 제2법칙(엔트로피의 법칙)[39]에 위배되는 활동력을 셜록 홈스에게 부여했다고 불평한다.

벨 박사가 남다른 추론 능력을 발휘할 수 있었던 것은 자신의

---

37   기호학자인 움베르토 에코가 셜록 홈스의 수사 방식을 연구하고 추리소설을 써낸 것은 우연이 아니다.

38   사람의 피부가 코끼리 피부처럼 되는 병.

추론에 분명한 전제조건이 있었기 때문이다. 대상이 된 환자는 한 장소에서 평생 한 가지 직업에 종사하는 정주생활 방식의 사람일 것![40] 그는 에든버러대학이 위치한 해안 도시에서 오래 살았고, 주로 어업에 종사하는 그곳 주민들의 생활상을 잘 알고 있었다.

런던 베이커가 221b에 탐정 사무실을 차린 셜록 홈스를, 코넌 도일은 런던 곳곳에 대해 백과사전적 지식을 가진 능력자로 묘사하는데, 핀천은 공학도 출신답게 하나의 질서(사건의 해결)를 얻기 위해 홈스가 지불하는 대가(런던 구석구석을 돌아다녀야 할 뿐만 아니라 수많은 지식을 암기하고 있어야 한다)가 더 많은 무질서를 낳는다고 비판한다.

산업혁명으로 인해, 너나할 것 없이 대도시로 몰려든 노동자들이 농부나 어부처럼 평생 한 장소에서 한 직업에 종사하며 살 순 없다. 형편상 이사가 잦을 수도 있고 이직을 하거나 실직을 할 수도 있다. 도시의 지리적 공간은 농촌이나 어촌에 비해 상대적으로(도시가 처음 생길 무렵에는 아주 현저하게) 자연과 문화의 복합적 통일체로서의 장소감각을 상실[41]하고 단순한 위치로 전락한다.[42]

---

39   엔트로피는 반드시 증가하지 감소할 수 없다. 이것은 일방통행으로 비가역적이다. 가령 책상 위의 뜨거운 한 잔의 커피는 그대로 두면 식는다. 반면, 차가운 커피는 아무리 책상 위에 오래 두어도 결코 뜨거워지지 않는다. 질서(order)의 측면에서 보면 언제나 질서에서 무질서로의 이행이다.

40   마틴 부스, 한기찬 옮김, 《코난 도일》, 작가정신, p99.

41   내 세대에게서 묻어나는 골목길에 대한 향수는 이 유년시절의 정서가 얽혔던 장소의 상실에 대한 반작용일 것이다.

42   에드워드 렐프, 김덕현·김현주·심승희 옮김, 《장소와 장소 상실》, 논형, p29.

이제 우리에게 익숙해진 전철역은 그 크기나 시설물의 형태 (지하 깊이, 출구 수 등)와 상관없이 앞선 역과 다음 역 사이의 위치로서만 파악된다. 4호선이라면 '남태령 ⇄ 사당 ⇄ 이수' 식으로 말이다.

추리소설의 발생이 미메시스에서 세미오시스로의 이동과 무관하지 않다고 할 때, 이것은 위상학적인 사유의 개입을 언급하는 셈이다. 위상학적 사유는 지시체 the referent(시니피에)와 무관한 관계의 사유다. 탐정이 때로 정신분석가[43]와 비교되는 것은 이런 맥락에서일 것이다. 꿈의 해석은 지시체와 무관[44]하게 이뤄진다.

더 이상 재현적 진리관을 갖지 않는다는 의미에서 비-지시적 a-referential 작품을 쓴 작가로는 말라르메, 로브-그리예, 바타유 등[45]을 꼽을 수 있다. 체스터튼이 추리소설은 얼굴 face을 다루지 않고 가면 mask을 다룬다고 말할 때 그 의미도 비-재현적, 비-지시적 사유의 틀 속에서 이해되어야 할 것이다.

앞서 나는 우리 사회가 추리소설을 평가할 때 다른 이즘-ism —리얼리즘, 로맨티시즘(낭만주의), 모더니즘—과 달리 미메시스와의 거리를 두고 평가하는 것을 잊는다고 불평한 바 있다.

1995년, 대학 교수가 유산을 노리고 자산가인 아버지를 살해한 사건이 있었다. 그런데 그 대학 교수의 책장에 추리소설이 몇 권 꽂혀 있던 탓에 '추리소설은 살인을 가르치는 교과서'라

43　프로이트는 코넌 도일의 열렬한 독자였다. 라캉은 포의 〈도난당한 편지〉를 분석했다.

44　코넌 도일의 〈붉은 머리 연맹〉에서도 붉은 머리가 의미하는 바에 집착하는 한 사건의 실마리에 접근할 수 없다.

고 SBS 기자가 보도하는 해프닝이 벌어졌다. 당시만 해도 존속 살인이 드물었던 데다가 범인이 대학 교수로 밝혀지면서 사회적 파장이 컸다.

45 이 분야에선 유독 프랑스 작가가 돋보인다. 하나의 사유체계를 그것이 발생한 나라와 국민성에 입각해서 보면 흥미로운 점이 눈에 띈다. 오해의 소지를 없애기 위해 민족성이나 국민성 같은 개념은 고정된 실체가 아니므로 커다란 역사적 사건과 조우하면 얼마든지 변할 수 있다는 가정에서 마담 드 스탈의《독일론》을 읽어보자. 그녀는 독일, 프랑스, 영국의 국민성을 내면, 사교, 실용에 각각 할당한다. 그에 따라 독일은 음악과 철학이 발달했고, 프랑스는 가면무도회 같은 사교모임(외교관이 익혀야 할 필수언어 중 하나가 프랑스어였다)이, 영국은 실용적인 과학 지식이 발달했다. 셜록 홈스의 추리법은 가추법(abduction)으로 영국인이 가장 먼저 예전엔 귀납법에 속해 있던 것을 분리해 독립시킨 공로가 있는 셈이다. 박정희 대통령 시절 한국의 문인 지식인들은 독재에 반대하면서도 목표(telos)를 설정하는 사유를 선호해 헤겔주의자가 되거나 헤겔의 영향을 받지 않을 수 없었는데, 돌이켜보면 그 이유는 헤겔 철학이 유럽에서 후진국(우리가 극복해야 했던 바로 그 후진국)의 사유였기 때문이 아니었을까? 자유를 말해도 독일은 당시 선진국 프랑스처럼 제도화된 자유(liberté)를 말하는 것이 아니라, 현실화되지 못한 내면의 자유(Freiheit)를 말하고 있다. 칸트의 감성과 오성을 연결시키는 상상력(구상력) 개념은 한자동맹(독일 북부의 도시들과 외국에 있는 독일의 상업 집단이 상호교역의 이익을 지키기 위해 창설한 조직) 같은 조직의 세력화를 방해했던 나폴레옹의 정치 전략과 대비해 읽으면 더 잘 이해가 되지 않는가? 아직 근대 독일이 탄생하기 전 프로이센을 중심으로 한 분열주의의 극복이야말로 옛 독일의 과제가 아니었던가? 아이러니(Irony)의 구조 속에서 파악된 헤겔 철학은 목표를 향한 간단없는 행위(개념의 끊임없는 운동)를 인간에게 요구하지 않는가? 쉼 없는 행위로서의 인식이야말로 진정한 인식이라는 것보다 더 좋은 철학이, 보릿고개를 겪어야 했던 국민이나 지식인에게 가능했을까? 헤겔주의자 김윤식의 시대적 의의는 여기에 있을 것이다. 시대정신의 요구 아래서, 목표가 없는 인식(비재현적 인식)은 차라리 불가능했을 터. 그러나 나중에 시간적·공간적 거리를 두고 이런 고난의 상황에선 그럴 수밖에 없었겠구나, 라고 회상 속에서 가볍게 이해하는 것과 달리 '시대정신이 그러했으므로 모더니즘이나 추리문학의 정신 따윈 필요 없다!'라는 주장은 파시즘에 노출될 위험이 있다. 1997년,《프랑스 철학과 우리》라는 책의 출간은 추리소설가의 입장에서는 너무 늦은 감이 있었다. 들뢰즈는 비-재현적 사유를 한다. 우리 사회에선 이 또한 지나갈 유행일 것이라는 비판을 염두에 두며, 보르헤스(카오스모스)나 존경했을 이 위대한 철학자가《차이와 반복》서문에서 쓴 말을 위안으로 삼아본다. "철학은 부분적으로 추리소설적이어야 한다."
비-지시적, 비-재현적 작가와 철학자를 배출한 프랑스의 국민성이 어떻게 드러나는지는 2013년 세계 피겨스케이트 선수권 여자 싱글 부분, 김연아의〈레미제라블〉을 프랑스 2TV가 어떻게 방송했는지를 보면 여실히 알 수 있다. 국내 방송뿐만 아니라 외국의 방송들이 2년간의 공백 후에 돌아온 김연아가 예전의 화려한 기량을 보여줄지에 초점을 맞추고, 점프를 할 때마다 그 수행 정도를 평가하는 데 몰두한 반면에 프랑스 해설자들은 김연아의 의상이 회색빛이어서 마음에 안 든다는 둥 여자 해설자가 김연아의 아름다움을 질투한다는 둥 타 방송사였다면 방송사고에 해당했을 온갖 잡담을 늘어놓는 데 여념이 없어 보였다. 지시체의 부재로 인한 언어의 과잉이 만담이나 수다로 드러나는 순간이었다.

'교수가 추리소설의 살인 방식을 모방해 범죄를 저질렀다'는 보도의 전말에 대해 여러 가지 진실과 거짓이 뒤엉켜, 그 누구도 확인해줄 위치에 있지 않은 상황에서, 말들이 많았다. 그 진실이 무엇이든 간에 혹은 기자의 직분이란 원래 사실과 언술된 명제의 일치를 추구하는 직업병이 있어서, 보도가 자제력을 잃고 과했다고 변명할 수도 있을 것이다.

어쨌든 가능한 하나의 해석으로 유독 '소설은 현실의 모방이고 소설을 또 현실에서 재모방'하는 미메시스의 논리가, 기자의 입을 통해 진지한 논의 없이 성급하게 추리소설을 희생양으로 삼으려 했다는 것은 씁쓸한 뒷맛을 남긴다.

우리 사회가 미메시스로부터 얼마나 거리를 둘 수 있을지는 앞으로도 여전히 고민거리일 것이다. 통일이라는 정치적 지상과제를 두고 이 거리는 다시 시험대에 오를 것이 틀림없다. 뿐만 아니라 이 문제는 사회의 '개인화/파편화[46]'로 인한 새로운 공동체 가치의 요구와 더불어 슈퍼컴퓨터와 인공지능이라는 존재가 몰고 온 '인간이란 무엇인가?'라는 물음과 함께 논의될 것이다.

문채文彩, figure에 빗대어 말하면, 제유synecdoche(제유는 재현 representation으로 대체[47]할 수 있다)가 의심받는 시대에 그 빈자리를 환유metonymy[48]가 차지하면서 진리와 삶의 그 어떤 확고한 근

---

46   나는 '개인화/파편화'를 문제적이라고 보는 김우창과 의견을 달리 한다. 그 이유는 '개인화/파편화'를 통해서만이 인간은 자기-고백이 가능하다고 보기 때문이다. '개인화/파편화'가 반드시 부정적인 것만은 아니다. 다른 말로, 원자적 개인을 가능케 하는 사유가 없는 한, 그 사회는 위선의 덫에 걸려들 가능성이 높다.

47   문채의 논의는 버크(K. Burke)의 견해를 빌려온 것이다. *A Grammar of Motives*, University of California Press, p503~517.

거telos도 믿지 않는 아이러니스트[49]가 출현한다. 아이러니스트의 정신 속에서는 자기창조와 자기파괴가 반복되기 때문에 타인과의 완전한 의사소통을 위한 시도는 난관에 직면한다.[50]

파편화된, 분열된 자아는 창조와 파괴의 회로 그 자체에서 자기-초월의 정신(굳이 이야기하자면)을 발견한다. 아이러니스트는 그것을 겁내지 않는다. 이들에겐 궁극의 지점으로 삼을 만한 하나의 확고한 삶의 목표 따윈 존재하지 않는다.

"모든 예술은 초월의 방법이다"라고 주장한 김우창의 사상은 일견 이 경계선에 접근하는 것처럼 보인다. 그러나 그는 이념(이상적 질서)을 향해 나아가는 일관된 자아를 거부하면서도 동시에 아이러니스트와도 결별한다.

그에게 자아는 자연으로 온전히 돌아갈 순 없지만 일정 부분 자연에 속한 인간이다. 김상환의 해석[51]에 따르면 김우창의 초월은 이행이자 귀환(고향)의 방법이기도 하다. 그러나 아이러니스트에겐 이미 돌아선 등 뒤로 영원히 멀어져 결코 돌아갈 수 없는 고향일 뿐이다.

이 고향, 터, 태어난 곳, 친숙한 것, 나아가 타인과 공유했던

---

48 버크는 환유는 환원(reduction)인데, 환원인 한 재현의 한 형태로 본다. 논리에 문제가 있는 것이 아니라 환유가 물질성을 완전히 버릴 수 없다는 측면에서 제유뿐만 아니라 메타포와도 일정 부분 오버랩이 돼 있다는 것이다. 달리 말해 사회는 말할 것도 없고 개인이 비-재현적 측면에서 목표(목적)가 완전히 제거된 삶(허무주의자에게 왜 자살하지 않느냐고 묻는 것이 바로 이 지점일 것이다)이 불가능하다면, 목표를 거부하는 게으름, 일탈, 개인주의, 저항, 바보 같은 짓, 광기 같은 것을 공동체의 가치 바구니 속에 어떻게 얼마나 담을 수 있는지가 관건이 된다.

49 추리작가 황세연이 이 경우에 해당한다. 그는 철저한 아이러니스트다.

50 에른스트 벨러, 이강훈·신주철 옮김, 《아이러니와 모더니티 담론》, 동문선, p80.

51 "초월은 이행이되 떠나온 곳으로 다시 돌아와 머무는 재귀적 이행이다." 김상환, 《예술가를 위한 형이상학》, 민음사, p388.

것들이 어쩔 수 없이 소통의 근간(소통하지 못하는 불안감으로부터
는 벗어나지만)을 이루는 반면, 그 불안감을 회피한 대가로 얻게
되는 우정의 철학, 사촌의 철학(지연, 학연, 인맥이 모든 것을 장악하
는 우리 사회)은 어찌할 것인가?

우리 사회가 진정 두려워해야 할 것은 진리를 부정하는 아이
러니스트의 사상이 아니라, 자신의 진리가 그 어떤 의혹으로부
터도 성역화된 터에 자리 잡은 수많은 집단 권력에 의해 남용되
는 무분별한 힘일 것이다. 오로지 다수라는 것에서 생겨난 그
힘들은 문제 해결 능력을 앞세워 자신의 정당성을 주장하고, 수
적 우세를 이용해 현실의 리더십을 독재적으로 장악한다. 내부
자 고발이 좀처럼 정착하지 못하는 사실이 보여주듯 우리 사회
에는 자기-초월의 정신이 거의 없는 듯이 보인다.

이 자기-초월의 정신은 초기 헤겔[52]이 파악한 예술사의 흐름
에서, 상징주의가 고전주의를 거쳐 낭만주의에 이르렀을 때 나
타나는 정신의 태도다. 형식을 추구하는 상징주의, 형식의 성
취에 이른 고전주의, 그리고 성취된 형식을 거부하는 낭만주
의.[53]

자기가 힘껏 노력해 성취한 것을 거부하는 정신을 우리는 시
인 랭보와 랭보를 흠모했던 가수 짐 모리슨에게서 보게 된다.
랭보는 10대에 성취한 시성詩聖의 영광을 뒤로하고 아프리카
로 건너가 측량 기술자로 살았는데, 10년 넘게 가족에게 보낸

---

52   리처드 로티는 초기 헤겔의 사유를 아이러니스트의 사유로 본다.
53   "Hegel's concept of the dissolution of art," Carl Rapp, *Hegel and Aesthetics*,
      p14.

편지에서 시詩 냄새는 아예 풍기지도 않았다고 한다. 짐 모리슨 역시 가수로서 절정의 순간에 자신을 지지하는 관객을 모독하고 프랑스로 건너가 스물일곱 살이라는 젊은 나이에 생을 마감했다.

집단은 왜 자기부정이나 자기초월에 이르기 어려운가?

자기초월은 그 초월의 동력이 자신의 불완전함에 기인하기 때문에, 스스로 그 불완전성을 의식하는 힘이 없으면 자기초월은 불가능하다. 아마도 집단의 자기초월이 쉽지 않은 것은 그 구성원으로 하여금 수시로 집단에 대한 자긍심을 느끼도록 유도되었기 때문일 것이다.

시인 최영미가 아이러니스트는 아닐지라도 "자신의 약점을 드러내지 않는 시는 진정한 시가 아니다"[54]라고 말할 때 그녀는 순간적이나마 아이러니스트의 모습을 드러낸 것은 아닐까?

자기 약점을 드러내는 아이러니스트의 특징은 우리 사회에 미흡하거나 거의 결여된 것이다. 우리 사회는 개인이든 집단이든 이 약점을 덮기에 급급하기 때문에 진정한 의미의 '자서전'이나 '평전'[54]이 불가능한데, 이는 여러 가지 이유가 있겠지만 우리 사회가 소설을 통해 개인의 경험을 그 극한까지 밀어붙이지 못한 것도 그중 하나가 아닌가 하는 의구심이 든다.

서구에서는 소설이 자서전과 쌍생아처럼 함께 성장해왔다. 반면, 우리의 경우 '체면 문화'가 소설의 정신(경험의 처절한 밑바

54 "즉 자신의 불완전함에 대한 의식을 자신의 텍스트에 새겨 넣을 수 있는 완전성인 것이다."《아이러니와 모더니티 담론》, p99.

닥까지 탕진하려는)에 제동을 걺으로써 자서전은 언제나 당사자의 성공 신화만을 기록하려는 유혹을 떨칠 수 없게 된다. 경험의 진정성은 성공의 이력 못지않게 자신의 탐욕과 어리석음을 숨기지 않고 드러내야 표현될 수 있다.

애거사 크리스티의《애크로이드 살인사건》은 1인칭 화자가 범인이라는 점에서 페어플레이를 위반했다는 논란이 있었는데, 이것은 화자의 권리(아무 데서나 이야기를 시작할 수 있는 권리)와 경험의 진정성이 정면으로 충돌한 현상이라 볼 수 있다.

범인을 찾아내야 하는 독자의 입장에서 보면 이 경우 독자에게 주어진 정보가 전적으로 범인의 입을 통해서만 전해진다는 부당함이 있다. 당연히 범인이 이야기한 경험은 가감加減에 의해 자신에게 유리하도록 왜곡될 수밖에 없을 것이다.

'범인이 화자가 되어서는 페어플레이를 할 수 없다'라고 말하는 것은 자서전을 쓸 때 작가가 어느 정도까지 자신의 치부를 드러낼 수 있는가[56] 하는 시험대를, 자신을 속이지 않는 혹은 자신의 내면에서 일관성을 획득하는 양심과 그것을 보호하는 사회적 용인이 시험대 위에서 얼마나 균형을 유지할 수 있는지, 그 자기고백의 한계가 어디까지인지 설정하는 물음으로 번

---

55 가령, 앙리 레비의《사르트르 평전》을 보라. 여자와 잠자리를 한 후 그 느낌을 보부아르에게 편지로 써서 보낸 얘기는 그 욕구의 대상이 카사노바 뺨칠 정도여서 가히 입이 쩍 벌어진다. 들뢰즈는 후배들이 이 위대한 인물에게 죄다 경의를 표했으며 '사르트르는 하나의 국가다!'라고 칭송할 정도로 문학, 철학 등 다방면에 능통한 그의 능력에 감탄을 금치 못했다고 한다. 반면, 안경환 교수가 후배로서《조영래 평전》을 썼을 때 생겼던 잡음 — 정당하게 이의를 제기한 분의 뜻을 폄하하려는 게 결코 아니다 — 은 진보지식인들조차 자신의 약점(당연히 고인이 된 당사자가 제기한 것은 아니지만)을 솔직히 드러내는 것에 편치 않아 한다는 것을 보여준다.

56 바타유와 프로이트는 완전한 고백은 불가능하다고 말한다.

역될 수 있다.

개인의 가벼운 치부조차 좀처럼 드러내길 꺼려하는 사회에서 범죄자 혹은 살인자가 쓴 자서전이 통상적으로 용인될 수 있을까? 그것이 역겹다는 감정은, 명백한 범죄자에게 과오의 뉘우침이 아닌 섣부른 변명의 기회나 면죄부를 줄 수 없다는 논리에 의해 정당화된다.

이런 정당화는 원심력으로서의 소설의 정신을 그 극한까지 밀어붙이지 못하게 하는 구심력이 된 것 같다. 이 구심력은 범죄자는 물론이거니와 예술가의 사회적 책무[57]를 요구함으로써 권력의 지배 아래 놓는 유용한 수단이 된다. 극악무도한 범죄에 대한 도덕적 혐오감[58]을 논외로 친다면, 소설이 불가피하게 역사와 타협한 '역사소설'이라는 커다란 힘이 내밀한 극한의 체험을 드러내려는 소설의 정신과 쌍생아로서의 자기-고백의 정신에 제동을 걸고 있었던 것은 아닐까?

김내성은 자신의 추리문학관을 '탐구탐이探究探異'로 제시했는데, 탐구는 서구 고전 추리소설의 정신을 그대로 이어받은 것이고 탐이—에도가와 란포의 영향을 감지할 수 있음에도 불구하고—는 그가 독창적으로 추구한 방향이라고 할 수 있다.

〈이단자異端者의 사랑〉에서 한 여자를 사이에 두고 질투심에 눈이 먼 두 남자는 서로 그 여자를 차지하려고 죽도록 애썼던 만큼이나 어떻게 그녀를 감쪽같이 처치했는지를 자랑한다. 이

---

57 마광수와 장정일에게 가해진 국가의 폭력을 생각해보라.
58 드퀸시는 흥분한 도덕적 감수성이 잦아든 후에는 살인사건조차 예술로 승화할 수 있다고 믿는다.

끔찍한 사건을 두 사내가 일상대화를 하듯 너무나 느긋하게 얘기하고 있다. 결국 둘의 대화를 가능케 하는 언어의 상호공유가 완충작용을 하고 있었던 셈이다. 그런 점에서 이 작품은 완벽한 이자異者의 이야기다.

가라타니 고진은 이자와 타자他者를 구분하면서 타자란 동일자同一者와 같은 언어를 공유하지 않는 자라고 정의한다. 류성희는 〈인간을 해부하다〉에서 애인(은우)을 해부하고 싶어 하는 욕망을 가진 인물을 그린다.

나는 한 번도 은우를 해부하는 것이 범죄를 저지르는 일이라고 생각해본 적이 없다. 난 그저 그녀를 좀 더 알고 싶었을 뿐이다. (…) 그녀를 내식대로 최대한 사랑하고 싶었을 뿐이다.

이 반사회적 욕망에 대해 우리 사회는 '정신질환자'로 치부하거나 환부를 도려내는 데 만족하는 것 외에 다른 해법을 검토할 수 있을까? 그러나 타자를 경유(반사회적 욕망조차 문화적으로 검토할 용의가 있어야 하고 지속적으로 이성적인 합의를 통해 제도적으로 수용할 범위와 한계를 도출하고자 하는 노력)하지 않고서는 '이 나(This I)'라고 하는 단독자 개념을 생성시킬 방법이 없다.

가라타니 고진은 '개별자-일반자'와 '단독자-보편자' 쌍을 구별하고 개별자는 끝내 일반자에 굴복하고 만다고 지적한 바 있다.

여기에 걸린 내기는 산문의 두 얼굴, 그러니까 산문散文, prose 의 언어적 측면(시의 수렴에 대비되는 발산으로서의 산문, 앞서 말한 역사로부터 벗어나려는 개인의 역량으로서의 산문)과 존재조건인 일상 언어로서의 산문이 충돌지점에서 던지는 내기와 같다. 즉 산문을 그 일상 언어적 측면인 상호주관성, 다른 말로 사회성[59]에만 주목하면 다음과 같은 논리가 따라 나온다.

'제멋대로 떠오르는 자기의식은 자기만족에 머물러서는 안 되고 타자에게 인정을 받아야만 한다. 헤겔의 어투로 말하면 자기확신은 인정투쟁을 통해 진리로까지 고양되지 않으면 안 된다.'

그러나 이 진리를 떠받치는 논리는 '이 사람'이란 것이 이미 다른 사람들, 다중을 전제한 가리킴이라는 구조 속에 있다. 개인은 무엇보다 민족과 사회의 구성원이다. 여기서 작동하는 논리는 '개별자-일반자'의 회로[60]다. 당연히 개별자는 그 궁극에 있어 일반자에게로 회수된다.

우리는 여기서 다시 소설이 역사와 타협해 생성시켰던 역사소설과 김우창이 심미성을 통해 역사이성의 왕성한 흡수력으로부터 벗어나고자 했던 구조를 보게 된다.

우리 문학사에서는 시와 산문을 관습적으로만 구분해왔다는 것은 상식이다. 유종호는 《시란 무엇인가》[61]에서 이와 관련

---

59   라나지트 구하, 이광수 옮김,《역사 없는 사람들》, 삼천리, p23~55 참조.

60   가라타니 고진은 이 회로가 자기동일자라는 관념에 빠질 수밖에 없으며, 진정한 의미의 타자 — 이자(異者)가 아닌 — 를 만날 수 없다고 강하게 비판한다. 그는 '개별자-일반자'의 회로를 '단독자-보편자'의 회로로 대체한다. 이럴 경우, 이제 역으로 단독자가 보편자에 이르는 방법이 문제가 된다. '목숨을 건 도약'이 그 방법인데, 나중에 고진이 이 이론의 한계에 대해서도 언급한 것으로 안다.

61   "우리 문학에서 시와 산문의 구분은 대체로 관습을 따라 이루어진다." 유종호,《시란 무엇인가》, 민음사, p241.

해 서양의 대세 의견을 수동적으로 수용할 뿐이라는 점을 지적하고 있다.

그렇다면, 이것은 우리 사회가 아직 역사소설을 그 내용적 측면에서의 정의('실제의 역사적인 시대를 배경으로 삼아 특정의 실존인물이나 역사적 사건을 재현 또는 재창조하는 소설'[62] 등등)를 넘어 형식적인 정의의 차원에 이르지 못했음을 보여준다. 그것은 그대로 치유되어야 할 그 어떤 지성의 허술함일 것이다. 그도 그럴 것이 이 정의의 어려움은 자유를 허용하는 범위(참정권 같은 제도적 권리를 넘어선)에 대한 문화의 공유가 없이는 정의의 경계선에 접근하기조차 쉽지 않기 때문이다.

이것을 다시 김우창식으로 말하자면, 심미성을 예술에 대한 감식안의 차원을 넘어 우리 사회의 내면[63] 가치를 어떻게 확보할 것인가 하는 문제로 심화하는 작업에 해당할 것이다. 이 작업을 미메시스와 두어야 할 거리에 대한 탐구라 불러도 무방할 것이다.

나는 추리소설을 떠올릴 때마다 갖가지 생각으로 머릿속이

---

62 포털사이트 네이버 지식백과에서 인용.

63 김우창은 파편화하는 자아에 대한 치료제로서의 심미성뿐만 아니라 줄곧 내면의 가치를 강조한 바 있다. 그리고 나는 앞서 이 내면 가치가 기념비적 시간에 대해 혐오감을 갖는 고독한 자의 내면에까지 이를 수 있는가, 그 상관관계를 물은 바 있다. 김우창의 사유는 가라타니 고진이 말하는 '이자가 아닌 타자'를 사유하지 않는 것으로 보인다. '초월이 동시에 귀향'이라면, 달리 말해 비록 최소한일지라도 고향이 여전히 자신의 근거가 되는 상황이고 보면, 그 근거를 전혀 공유하지 않는 타자에 대한 배려가 얼마나 가능할까, 라는 문제가 제기된다. 내면의 시간을 사는 '고독한 자'는 기념비적 시간이 개선되어 사람들이 보기에 더 가치 있는 기념비적 시간으로 변화되기를 바라는 게 아니다. 고독한 자는 그 어떤 기념비적인 시간도 혐오스러워한다. 모든 '기념비적인 시간을 사는 자'에게 '고독한 자'는 '타자'다.

복잡해진다.

비-재현적 사유와 미메시스 사이에서 추리소설의 정체성 찾기, 자신의 약점을 드러내야 편안함을 느끼는 아이러니스트, 반사회적 욕망, 고독solitude, 기념비적 시간에 대한 혐오감, 익명성, 비인칭, 그 어떤 진지한 검토도 없이 추리소설을 오락으로 낙인찍었던 지적인 허술함, 아니 그런 만큼이나 더 무지막지하게 느껴지는 권력의 힘, 정의定義하지 못해 생겨나는 혼란을 상대의 무능 탓으로 돌리는 공세를 위한 공세의 논리 등등.

나는 '추리소설 → 형이상학적 추리소설 → 반추리소설'의 흐름에서 '동일자 → 이자 → 타자'의 관계가 반복되는 것을 보았다. 이것을 공간적 은유로 이해하지 않고 개인의 연속성(혹은 불연속성) 속에서 파악한다면, '창조-부정-초월'의 과정과 크게 다르지 않다고 생각했다. 이 과정 속에서 소설은 그 극한(경험의 소진)에 이를 수 있다는 점에서, 역사와 적당히 타협을 하고 만 '역사소설'의 거점에 의문을 표했다. 이 거점은 여전히 미메시스의 영향력이 압도적인 곳에 위치해 있다.

우리 사회가 추리소설에서 무언가 좀 더 생산적인 의미를 끌어낼 요량이었다면 미메시스의 영향력이 현저히 감소한 곳에서 추리소설이 어떤 의미 있는 역할을 할 수 있는지를 검토했어야 한다. 아쉽게도 유독 그 거리의 측정에서 추리소설은 백안시되었다.

내가 김성종의 《피아노 살인》을 두고 10년 이상 최종 결론을 내리지 못한 채 '형이상학적 추리소설'과 '반-추리소설' 사이를 오락가락한 이유를 이제야 좀 알 것 같다. 인간이면 누구나 망설일 수밖에 없는 삶의 감각이 거기에 내재돼 있었기 때문이다. 그도 그럴 것이 창조로부터 부정을 통해 파괴에 이르는 삶의 예고된 흐름과 예술가의 고달픈 작품 활동의 여정이, 삶의 욕동으로부터 생겨나는 것인지 또는 현기증 나는 무한의 시간 속에 던져진 왜소한 인간의 허무감으로 생겨나는 것인지 끝내 알 수 없어서였다.

그러나 지금, 나는 김우창과 달리 아이러니스트의 편에 가담하고 있다. 그것은 우리 사회가 경험의 폭을 넓히려면 개인이 약점을 드러내는 것을 수치스러워하지 않음으로써만이 가능하다고 보기 때문이다. 더불어 그것만이 허구의 이미지나 조작된 완전성 뒤에 숨는, 힘은 세지만 비겁한 지식인과 정치인을 걸러낼 수 있는 유일한 방법이라고 생각하기 때문이다.

하지만 그와 상관없이 추리소설에 관한 한, 무엇을 정의하지 못해 생겨난 혼란과 실패를 남 탓으로 돌릴 수야 없지 않은가? 그렇다. 문학은 그 자체로 정치적이다. 따라서 문학에 완강하게 저항하지 못한 무기력을 되새기며 자신이 실패하고 만 이력을 기록하지 않으면 안 된다.

1986년 영한문화사에서 김내성의 《마인》을 빨간 표지로 재출간하면서 '탐정추리소설'이라는 타이틀을 달았다. 일본의 번역사史를 압축해 베낀 이 행위보다 더 수치스러운 일이 있을까?

'추리소설推理小說'이라는 용어의 대안은 뭘까? 적어도 일본이 잘 쓰지 않는 용어이기만 하면 뭐든 쓰는 보람이 있을 것 같았다.

범죄소설crime novel은? H. R. F. 키팅이라는 평자가 애거사 크리스티의 작품에 추리소설과 범죄소설을 혼용해 사용함으로써 이는 불가능해 보였다.

추리소설이라는 용어를 쓰더라도 우리의 전통에서 그 근거를 끌어오면 어떨까? 조선 후기의 철학자 최한기의 추측지리推測之理[64]에서 '추리'를 따오면 어떨까? 하지만 결국 용어가 같은데 무슨 소용이람! 차라리 관아에서 심문한다는 의미를 가진 '추핵推覈'을 써서 추핵소설이라 하면 어떨까? 뭔지 모르게 밀려드는 낭패감.

문학이라는 배가 가라앉는 시점에서 고물 쪽의 눈에 띄지 않는 장식이나 되었을까 말까 한 추리소설에 대해 아직도 진지하게 고민하는 것은 부질없는 짓일 것 같다. 그리하여 내겐 아무도 들으려고 하지 않았던 옛 노래가 떠오른다. 추리소설로 철학을 할 수 있다고 유혹했던 그 노랫가락.

청사포[65] 바닷가, 가파른 언덕,[66] 김성종.

메아리 소리는 들려왔는가? 고독solitude[67]이 하나의 이념일 수 있다는 생각:

---

64 유행지리(流行之理)는 사람의 힘으로 더하고 감할 수 없지만, 추측지리에는 기(氣)와 선후(先後)가 있어 사람의 힘으로 나아가고 물러나게 할 수 있다.

65 해운대 달맞이 언덕 아래에 있는 일출이 아름다운 포구.

66 철학자 이정우는 라이프니츠 모나드 철학을 이미지화하면 종이학을 펼쳐놓은 것 같다고 얘기한 적이 있는데, 나는 김성종의 작품을 생각할 때면 언덕, 그중에서도 가파르게 오르다 정점에서 곧바로 내리막길을 타는 뾰족한 언덕을 떠올리게 된다.

67 우리 사회는 수학이든 철학이든 개인의 감정이든 무한(無限)을 어떻게 수용하는가?

우리 사회는 변항 감각을 얼마나 수용할 수 있는가

삶에 비밀이 있는가?

프랑스 대중문학—특히 탐정 뤼팽이 등장하는 추리소설—
에는 도둑이면서 수사관인 인물로 인해 드러나는 어떤 변덕, 탈
바꿈(변장술), 역전, '내용과 형식의 전도' 같은 날렵함이 있다.
'프랑스에 왜 회의주의자(대표적으로 미셸 푸코)가 많은가?'라는
물음에 변덕스러움의 정신상태 때문이라고 대답한다면, 우리
는 도둑이었다가 나중에 수사관이 된 비도크Vidocq(실존인물로
에드거 앨런 포의 〈모르그 거리의 살인〉에서 언급된다)를 얘기하지 않
을 수 없다.

이 변덕 탈바꿈 역전 전도의 원리가 무엇일까? 기대와 달리
그런 원리 따위는 없다는 확고한 입장이 있다. 뿐만 아니라 이
에 따른 추론의 결과로 문학에도 삶에도 비밀은 없다는 주장이
가능할 수 있다.

삶, 오로지 실험적인 삶만이 있을 뿐이다. 자신의 조국인 프
랑스 문학을 비난하고 미국 문학을 찬양했던 질 들뢰즈의 생각
이다. 출구(영생, 해탈)에 대한 환상이 없다면 삶은 미스터리일
수도 미로일 수도 없다는 것이다. 그냥… 그래, 이런저런 형용

사나 부사의 추가 없이 그냥 살다가 죽는다는 것! 그것이 기존
질서에 굴복해 복종의 형태를 띠느냐, 굴종을 거부하고 실험의
형태를 탐구하느냐는 유일한 기준만이 있을 뿐. 추리소설은 특
히나 고전 추리소설은 출구와 초월에 대한 환상을 갖고 있다는
점에서 삶의 은유로서의 미스터리를 생산한다.

　변항the variable 감각과 추리소설.

　변항變項 감각이란 '무엇이라고 특화하거나specify 확정할
deㅌfinite 수 없는 한에서 그 무엇이라고 지칭할 수 있는 대상 x'
에 대한 감각을 말한다. 우리는 중·고등학교 때 별생각 없이 이
것을 배웠다. y= f(x). 이 수학적 기호는 y는 변항 x의 함수로 이
해된다.

　변항 감각은 '오스트리아-헝가리제국'(1차 세계대전을 전후해
이 나라는 유럽의 정신적 해체의 실험장 역할을 했다) 해체기의 산물이
다. 오스트리아인들이 가장 예민하게 변항 감각을 받아들였음
은 물론이다.

　오스트리아 작가인 로베르트 무질의 《특성 없는 남자》는 제
목 그 자체가 변항 감각을 드러내고 있다. 유럽 비평가들에 의
해 20세기의 가장 위대한 소설 ― 심지어 카프카의 소설들을 누
르고 ― 로 꼽히기도 했던 이 작품에서 무질은 '현실 감각'의 저
열성을 고발하고 '가능 감각'의 우위를 주장한다. 작가가 이 작
품을 미완성으로 남겨둔 것은 당연히 '소설의 결말을 그 무엇
이라고 특화하거나 확정할 수 없는 태도'로서의 '가능 감각'을
보존하기 위함이다.

역시나 오스트리아 출신의 수학자 추버Chuber(프레게가 〈함수란 무엇인가〉에서 비판 대상으로 삼은 수학자.)도 무질과 유사한 고민을 했다. 그는 y와 '$y = f(x)$'의 y를 구분한다. 전자의 y는 특화되거나 확정된 y이다. 반면, 후자의 y는 '$y = f(x)$'라는 수식을 거친 후 특화되거나 확정될 수 없는 y가 된다는 것이다. 이제 후자 y는 변항x의 함수로도 이해되지만 그 자체가 변항이라는 것이다.

독일인 고틀로프 프레게는 〈함수란 무엇인가〉(1904)라는 짧은 논문에서 전자 y와 후자 y의 구분을 비판한다. 이 구분은 논리적 엄격함이 결여된, '탈시간화'를 위한 꼼수라는 것이다.

그렇다면 문학과 수학을 가릴 것 없이 변항 감각(혹은 그 변형태로서의 가능 감각)은 결국 탈시간화와 관련이 있음을 알 수 있다.

모더니즘이란 무엇보다 '시간의 공간화'로 이해되는데, 시간이 그 자체로 존중받지 못하는 것에 가장 스트레스를 받은 민족은 독일인이다. 위대한 클래식 음악의 총집산지라 할 수 있는 독일에서는 시간예술인 음악의 근본적 특성—주제의 제시와 전개가 요구하는 시간의 흐름—을 저버릴 수가 없었던 것이다. 이렇게 말하면 과하다 싶긴 하지만, 독일인 프레게는 수학마저 독일적으로 한다. 음악의 탈시간화는 후일 러시아인 스트라빈스키에 의해 수행되었다.

서유럽의 경우, 추리소설의 발생과 성장은 전통문화 속에서 '탈시간화'가 스트레스를 주지 않았던 곳, 즉 회화가 발전하고 동시에 실증주의가 발달한 곳에서 이뤄졌다. 알다시피 그 나라는 프랑스와 영국이다.

그림은 탈시간화로서의 이미지 아닌가. 위대한 화가들의 나라인 프랑스와의 경쟁에서 영국의 추리소설이 승리한 것은 영국이 훨씬 더 탐정의 활동영역으로서 경험의 본령에 충실해서일 것이다.

추리소설에서 '밀실'은 그 어떤 불가능한 장소다. 그곳은 천재 탐정의 추론을 거치지 않는 한 특정화될 수 없는 장소다. 즉 밀실은 장소place가 아닌 공간space이다. 따라서 탐정의 추리를 거친 후 공간은 다시 장소가 된다. 기호화하면, $x \rightarrow a$.

이것은 수학자 추버가 수행했던 '특화되거나 확정된 y'로부터 '특화되거나 확정될 수 없는 y'로의 이행의 전도된 역이행이다. 변항을 말소함으로써 다시 특성을 묘사할 수 있고 궁극적으로는 역사의 시간 감각을 되찾는…. 장소란 언제나 시간이 누적된 곳, 즉 개인이든 집단이든 역사의 장소 아닌가.

1960년대에서 1980년대를 거치는 동안 우리 사회에서 역사소설이 크게 유행했던 사정은 추리소설을 몰이해할 수밖에 없는 조건이 되고 말았다. 기억의 늪을 헤매는 곳에서는 고전 추리소설이 올바르게 이해될 여지가 없다. 그 의미와 시대적 역할이, 역사의 시간이 부정당하는 곳에서 그것을 되살리는 것이었으므로.

영국이 '추리소설detective novel'이라는 표현을, 프랑스가 '경찰소설roman policier'이라는 표현을 획득한 반면, 독일은 끝내 자기 고유의 표현을 갖지 못했다. 뭐라고 번역해야 할까? 양념 반 프라이드 반도 아닌데, 반은 영국에서 반은 프랑스에서 따온 'detective roman'이라니! 우리의 사정 또한 독일보다 나을 게 없다. 번역어마저 일본에서 빌려오지 않았던가.

빌려다 쓰는 것은 한계가 있다. 자신의 역사와 전통의 발판을 딛고 고유한 표현을 획득하는 것만이 새로운 삶의 가능성, 즉 자유의 가능성을 열어놓을 수 있다. 표현에 대해 둔감한 자는 자유에 대해 둔감한 자이기도 하다. 추리소설은 우리 사회가 변항 감각을 얼마나 수용할 수 있는지 묻고 있다. 학생들이 함수를 그토록 열심히 공부하는데도 변항 감각이 평소 태도와 얼굴 표정에서, 삶의 실천에서 발산되는 것을 나는 본 적이 없다. 그렇기에 추리소설을 '장르'라는 틀에 가둬놓고 '쏘쏘so so'하다는 느낌을 가지는 것만으로도 충분히 알고 있다는 만족감을 갖는 것이다.

이 글은 2002년부터 2022년까지 20여 년에 걸쳐 쓴 글들을 골라서 편집한 것이다. 돌이켜보니 내가 줄곧 관심을 두어왔던 분야는 작가론이다. 작가의 단편적인 생각이나 사상 혹은 여러 작품에 드러난 구조를 들여다보며, 작가 특유의 세상을 향한 외침이 무엇인지 밝혀보고자 했다.

난 그 외침의 메아리가 작가의 흔적이며, 그 흔적만이 삶의 훈장처럼 자긍심을 불러일으킬 수 있으며, 예술가와 사상가를 제외한 다른 직업은 감히 꿈꿀 수조차 없는 작가라는 직업의 어드밴티지라고 생각했다.

내 의식 속에 빈번하게 소환되는 작가는 체스터튼이다. 특히 사상가 지젝이 헤겔 변증법을 통해 브라운 신부의 수사기법을 해석한 방식이나 더 확장해 역사나 이념을 설명하는 방식에 매료되었다. 그러다 보니 이 작가론 저 작가론에서 여기저기 지겹도록 중언부언했다는 느낌을 지울 수가 없다.

우리 세대는 모더니즘이 무언지 정확히 파악할 수 없었던 시기에 젊음을 보냈다. 행복한 공동체를 이루어 잘 살고 있던 한 마을의 토지를 갈아 뒤엎어 신도시 빌딩을 척척 세우는 것이, 역사 감각의 현격한 퇴조가, 종교적으로는 신의 죽음으로, 문학적으로는 은유(메타포)의 영향력 감소가 전부 다 모더니즘의 여러 양상이며 우리에게도 미구에 닥쳐올 미래였다는 것을 깨달은 지식인은 그리 많지 않았다.

학창 시절 비트겐슈타인을 열심히 읽었는데도, 전기철학 《논리철학논고》에서 후기철학 《철학적 탐구》으로의 전회轉回, Kehrt가 모더니즘 심화 과정의 한 문화적 양상이라고 생각한 적은 없었다. 그런데 흥미롭게도 레나토 조반놀리(*Elementare, Wittgenstein!*, 2007)는 클래식(애거사 크리스티)에서 하드보일드 추리소설(레이먼드 챈들러)로의 서술양식의 변화를 비트겐슈타인의 철학적 전회에 대응시키고 있다. 물론 조반놀리는 탐정의 방법이 철학자의 방법과 비슷하다는 점을 전제로 삼는다.[1]

모더니즘의 정신은 '무엇What'의 탐구로부터 '어떻게How'의 탐구로 세상의 관심이 변했음을 드러낸다. 그럼으로써 작가는 관심 내용(소재)을 표현하는 것에 그쳐서는 안 되고 자신의 작업 방식(형식)을 설명할 수 있어야 한다. 근대 추리소설의 시조라 불리는 포가 〈애너벨 리〉라는 시를 쓰고, 이 시를 쓴 방식을 〈작문의 철학The Philosophy of Composition〉을 통해 구구절절

---

1   움베르토 에코, 박종대 옮김, 《미친 세상을 이해하는 척하는 방법》, 열린책들, p218~223 참조.

세상에 알린 것은 이에 해당한다. 우리 작가 김내성도 예외가 아니다. 그는 〈이단자의 사랑〉 같은 작품이 어떻게 탐구탐이라는 자신만의 추리문학 이론에 대응하는지 보여주고자 했다. 그런 의미에서 두 작가는 모더니스트인 것이다.

나는 모더니즘의 심화 속에서 추리소설을 이해하고자 할 때 사상이 반드시 필요하다고 생각해왔다. 다만, 추리문학에 대한 인식이 깊어지는 것을 한사코 거부하면서 그저 '가벼운 읽을거리'로 재단[2]하는 훌륭한 마니아 독자들의 평을 의식해서 '과연 추리문학 비평이 가능한가'라는 물음을 항상 염두에 두고 있다.

하지만 나를 포함한 우리 세대가 추리소설을 주변부 문학으로 낙인찍는 지독한 폄하 속에서 작업해 왔음 또한 기억해야 한다. 내 글은 그런 폄하에 저항하고 인식의 괴리를 메우기 위해 줄곧 관심의 끈을 놓지 않고 이어온 결과물인 셈이다. 추리문학과 관련하여 다른 학자들의 빼어난 저작이 없었던 것은 아니지만, 대부분은 사회사의 관점에서 추리문학에 접근하려는 태도를 보여 나를 실망시켰다. 추리작가이기도 한 내가 보기에 그들은 추리작가를 작가로 다루기엔 아직 시기상조라거나 민망하다고 여긴 것 같았다. 나는 그런저런 굴욕적인 상황을, 굴복하지 않으려는 문화 투쟁의 관점에서 다뤘다.

끝으로 감사해야 할 사람이 있다. 《계간 미스터리》편집장 한이 작가의 계속되는 추궁과 자극이 아니었다면 나는 이 책을 출간하지 않았을 것이다. 부족한 글을 기꺼이 출판해주겠다고 나

---

2   비아냥거림이 절대 아니다. 그들의 해박한 지식의 도움을 받지 않았다면 나는 이 글을 쓰지 못했을 것이다.

서준 나비클럽 이영은 대표님과 관계자 여러분, 그리고 아내에게도 고마운 마음을 전한다.

"표현에 둔감한 자는 자유에 둔감한 자다."

_백휴

인용된 주요 철학자 및 사상가

게오르크 빌헬름 프리드리히 헤겔 Georg Wilhelm Friedrich Hegel(1770~1831)

독일 고전적 관념론을 대표하는 철학자.

헤겔에 따르면, 노동은 인간이 자기 본질을 실현해가는 행위다. 자신이 되어가는 과정, 달리 말해 사회 속에서 '인간이 대자적 존재로 되어가는 과정'은 소외(소외의 형식)를 통해서만 가능하다고 본다. 이 소외론을 받아들여 급진화한 사람이 바로 카를 마르크스다.

'정-반-합'이라는 표준적 헤겔의 변증법과는 다른 슬라보예 지젝의 독특한 해석('정-반-반보다 더한 반')도 눈여겨볼 만하다.

루카치 죄르지 Lukács György(1885~1971)

헝가리 출생으로 마르크스 문예이론을 체계화한 미학자이자 철학자.

《역사와 계급의식》은 마르크스 사상을 잇는 주요 저작이다. 《소설의 이론》은 작고한 문예비평가 김윤식(1936~2018)의 초기 사상에 심대한 영향을 끼친 것으로 알려져 있다.

추리문학 에세이 《즐거운 살인》을 쓴 마르크스 사상가 에르네스트 만델(1923~1995)이 그러했듯이, 루카치도 부르주아 문화의 산물인 추리문학을 적대시했다. 부르주아의 이성(탐정의 추리) 속에는 논리성에 위배되는 비합리성이 그 본질로 들어가 있음을 주장한다.

뤼스 이리가레 Luce Irigaray(1930~)

벨기에 출신의 페미니스트. 철학자. 문화이론가.

《하나가 아닌 성》이 대표작이다. 여성이 자기 몸을 경험하는 방식은 남성들에 의해 철학적으로 구성된 상징적 이미지를 통해서 작동한다는 것으로, 우리가 생각하는 것보다 훨씬 더 깊이 문화에 각인돼 있음을 상기시킨다. 당연히 그녀의 사상은 이 이미지를 파괴하거나 변화시키는 작업에 몰두한다.

이야기 자체가 남성 중심주의의 산물이라면(기승전결은 남성이 성적으로 흥분했다가 사정하는 행위를 연상시킨다), 로스앤젤레스 배경의 하드보일드 추리소설이 남성적 플롯을 갖고 있다면, 여성 작가 '수 크래프턴'이나 사라 파레츠키가 쓴 하드보일드 추리소설을 여성들은 어떻게 받아들여야 할까, 라는 문제들로 그녀의 사상이 집약된다고 볼 수 있다.

리처드 로티 Richard Rorty(1931~2007)

미국의 철학자. 프린스턴대학교 철학과 교수 역임.

프래그머티스트로 진리, 언어, 윤리 등에 본질이 있다는 믿음을 거부한다. 그의 철학은 반-표상주의anti-representationalism로 요약될 수 있다. 언어가 자연이나 실재를 있는 그대로 비추는 거울이 아니라는 것이다. 국내에서는 로티 사상을 전공한 육군사관학교 철학과 김동식 교수와 로티를 직접 사사師事한 이유선 교수가 그의 철학을 활발히 소개해왔다.

마루야마 마사오 丸山眞男(1914~1996)

도쿄제국대학교 법학부 졸업. 전후 정치사상가. 근대 일본 정치학을 민주주의의 관점에서 일본사로 끌어들였다는 평가를 받는다.

〈초국가주의의 논리와 심리〉라는 논문에서 일본 제국주의를 심층 분석했다. 전후 천황제를 대신한 국민국가의 정체성은 형식(공백)이라는 점을 강조하고, 국가기구와 기업문화를 지배한 합리성이 무라(村)의 저변까지는 도달하지 못하는 이유를 밝힘으로써, 현대 일본인의 정신구조를 이해하는 데 혁혁한 공을 세웠다.

발터 베냐민 Walter Benjamin(1892~1940)

독일의 철학자. 문예평론가.

베냐민의 사상은 추리소설이 태동한 문화적·역사적 배경을 이해하는 데 큰 도움을 준다. 테오도어 아도르노(1903~1969)로부터 매개가 결여된 '비

변증법'이라는 비판을 받았던 '도시산책자 flâneur'의 개념에서 포의 〈군중 속의 사람〉의 주인공, 더 나아가 발품을 팔아 정보를 얻는 탐정의 모습을 발견할 수 있다.

도시산책자는 군중의 목적 있는 활동과는 대조적으로 서두르지 않고 느릿느릿 군중 속 도시를 거닌다. 이때 사물은 은밀한 의미 속에서 자신을 드러내는데, 순간적으로 휙 지나가는 의미를 놓치지 않고 포획하는 능력이야말로 명민한 탐정의 수완이 아닌가?

직접성 안에서 감각적으로 지각되는 은유와 달리, 알레고리는 유의미해지기 위해—개념을 파악할 구체적인 어떤 것을 고안해내기 위해—해석되어야 한다. 즉 수수께끼의 해법을 찾아내야 하는 것이다. 알레고리가 생산한 수수께끼 풀이에 요구되는 수고스러움은 범행수법을 밝혀내려는 탐정의 지적 노동과 닮아 있다.

슬라보예 지젝 Slavoj Žižek(1949~)

슬로베니아 출신으로 류블랴나대학교 철학 교수 역임.

헤겔에 라캉을 접목한 독보적인 철학으로 라캉 정신분석학의 전도사로 불리기도 했다. 그의 방대한 저작들이 한국어로 번역돼 있다.

철학 스타로서 여러 차례 한국을 방문해 강연한 바 있다. 대중문화를 자신의 이론에 접목해 해설하는 데 있어 타의 추종을 불허할 만큼 탁월한 재능을 선보이는데,《삐딱하게 보기》와《당신의 징후를 즐겨라》에서 전개한 추리문학 전반에 대한 이해와 해석은 그저 놀랍기만 하다.

주요 저작으로《이데올로기라는 숭고한 대상》,《까다로운 주체》,《시차적 관점》,《부정적인 것과 함께 머물기》등이 있다.

알랭 바디우 Alain Badiou(1937~)

모로코 출생, 파리 8대학 철학과 교수 역임. 범마르크스주의 철학자.

1988년에 출간한《존재와 사건》이 대표작이다. 이 외에도 많은 책들이 한국어로 번역되어 있다. 바디우에 따르면 진리는 '진리를 추구하는 절차'로만 인식될 수 있다. 진리 검증은 곧 '진리의 진행 그 자체'일 뿐이라는 것이다.

그는 진리를 검증하는 네 가지 과정으로서 정치·과학·예술·사랑을 제시하는데 각각의 영역에서 따로 '진리 생산의 절차'를 개시할 수도 있지만, 온전한 진리 진행을 파악하기 위해서는 한 영역에만 머물러서는 안 된다고 경고한다. 공산주의(사회주의) 혁명에 강력한 정당성을 부여하는 그의 이론은 현대 프랑스 극좌사상의 새로운 흐름으로 여겨진다.

에마뉘엘 레비나스 Emmanuel Levinas(1906~1995)

리투아니아 출신, 프랑스 철학자. '진정한 삶은 여기에 없다는 알리바이로부터 저 너머의 형이상학이 생겨난다'고 보는 레비나스의 철학은 언제나 다름(다른 곳과 타자)을 지향한다. 그는 타자(타인)를 자기보다 더 숭고한 존재로 보아야만 윤리가 가능하다고 주장함으로써, '상호간에 자유롭고 평등한 주체'를 전제하는 자유주의를 비판하고 있는 셈이다.

자유주의 철학으로부터는 윤리가 생겨나지 않는다. 다시 말해 주체와 주체 사이가 비대칭적이어야만 윤리가 가능해진다는 게 그의 일관된 입장이다. 타자에 대한 무한책임은 여기서 비롯된다.

관용의 정신(톨레랑스)은 그의 철학에 힘입은 바가 크다. 철학자 알랭 바디우는 그의 철학이 자기 삶의 정치적 주도권을 놓지 않은 상태에서의 타자 인정, 즉 부분적인 타자 인정일 뿐이지 전면적인 타자 인정은 아니라고 비판한다.

움베르토 에코 Umberto Eco(1932~2016)

이탈리아의 철학자, 추리소설가. 볼로냐대학교 기호학 교수 역임.

줄리아 크리스테바와 함께 21세기는 추리소설의 시대이므로 추리소설을 쓰자고 작당한 뒤 실천에 옮긴 인물이다. 현대 이탈리아 문학이 형이상학적 플롯을 가진 추리소설을 배제함으로써 형편없이 망가졌다고까지 생각했다.

'탐정은 기호학자다'라는 말은 과장된 표현이 아니다. 탐정과 기호학은 동시대의 산물이므로, 기호학자이기도 한 에코가 추리소설을 쓴 것은 어찌 보면 당연한 일이었다.

에코의 확고한 문제의식은 강압에 이를 수 있는 '권위적 해석'과 오류와 저급함에 빠질 수 있는 '권리로서의 무한 해석'의 샛길을 모색하는 것이다. 히틀러의 나치당은 말할 것도 없거니와 우리 사회에서도 맹목적 포퓰리즘이 건전한 상식과 이성을 파괴하는 현상을 보게 되는데, 에코의 추리소설과 비평이론은 강압적 권위와 터무니없는 포퓰리즘을 거부하면서 중도의 길을 찾아 나선다.

이마누엘 칸트, Immanuel Kant(1724~1804)

독일의 철학자 10여 년 전 조사에 따르면 외국 철학자 중에 국내에서 논문이 가장 많이 쓰인 철학자가 칸트다. 20세기 초반 내내 독일과 협력했던 일본의 영향(일제강점기) 탓으로, 최근에는 정신분석학과 접목된 칸트를 선호하는 경향이 강하다. 《순수이성비판》을 위시한 비판 시리즈는 서양 철학 전공자들에게 필독서로 꼽힌다.

우리 사회 ─ 중국과 일본도 마찬가지인데 ─ 는 인간관계를 중시하기 때문에 칸트의 '형식 윤리'를 온전히 수용하기 어려운 문화적 측면이 있다. 서미애 작가의 추리소설에 '욕망의 형식성' ─ 이것은 '형식 윤리'의 전도된 형태로 볼 수 있다 ─ 이 강하게 부각돼 있어 몹시 흥미로웠다.

장-폴 사르트르 Jean-Paul Sartre(1905~1980)

프랑스의 철학자, 작가. 한때는 제대로 이해했는지와는 별개로, 우리 사회에서 참여지식인을 자처하는 사람들이 반드시 읽어야 하는 필수도서 목록에서 사르트르의 책이 한 번도 빠진 적이 없었다. 《구토》, 《존재와 무》, 《문학이란 무엇인가》 등등. 무엇 하나 소홀히 할 수 있는 책이 없을 정도였다. 《존재와 무》에서 사르트르는 '실존이 본질에 앞선다'라는 유명한 말을 했다. 그는 앙가주망(정치참여)을 통해 자유를 억압하는 것들에 저항한 전형적인 행동주의자였다.

프랑스 비평가들이 탐정 필립 말로에게서 바로 이 '행동주의'의 미국식 버전을 발견한 것이다. 사실 미국 사상가 랠프 왈도 에머슨(1803~1882)이 '반성(사유)의 재료를 제공하는 역사적 짐'으로부터 벗어난 미국인은 현재에만 집중하면 된다고 주장함으로써 오래전부터 미국식 실존주의의 토양을 조성해왔던 셈이다.

사르트르는 아직 우리 기성세대에게 가장 큰 영향을 준 사상가로 기억되고 있다.

조르조아감벤 Giorgio Agamben(1942~)

이탈리아의 철학자. 베네치아건축대학 교수 역임. '호모 사케르'는 고대 그리스 단어로 ' 죽어도 살해의 책임을 지지 않지만 희생물로 바쳐질 수 없는 존재'를 의미했는데, 아감벤에 의해 추상화의 세공을 거쳐 '관계 안에서 관계 밖을 사는 존재' 혹은 '문턱 위의 존재' 등을 의미하게 되었다. 《호모 사케르》,《내용 없는 인간》,《예외상태》등의 저서가 한국어로 번역돼 있다.

정유정의 범죄소설은 바로 이 호모 사케르로 호명된, 주변부(경계선)로 밀려나 소외된 삶을 살 수밖에 없는 인간들을 그려내고 있다.

줄리아크리스테바 Julia Kristeva(1941~)

불가리아 태생으로 프랑스에서 활동하는 사상가, 추리소설가. 파리 제7대학 교수 역임.《시적 언어의 혁명》,《검은 태양》등 여러 서적이 한국어로 번역 출간돼 있다.

내가 줄리아 크리스테바를 처음 알게 된 것은 서강대 교수를 지냈던 김승희 시인이 시 해설을 통해 '세미오틱 Sémiotique/쌩볼릭 Symbolique'이라는 개념을 소개하면서였다. 크리스테바가 추리소설을 쓴 것은 나중에 알았는데,《포세시옹, 소유라는 악마》보다는《비잔틴 살인사건》에서 그녀의 사상과 추리문학관이 비교적 명확히 드러나 있다.

크리스테바는 추리소설을 '위반'이라는 커다란 주제를 갖는 프랑스 문학의 전통 속에서 파악한다. 유명한 사상가로 여기저기 바쁘게 강연을 다녔을 그녀가 여가시간에 심심풀이로 쓴 추리소설이 아니다. 사상가와 추리소설의 조합이 우리에겐 낯설기 짝이 없지만, 역설적으로 바로 그 낯섦을 우리가 역사적으로 수용해왔거나 현재 수용하고 있는 관념 및 사상의 한계를 들여다보는 반면교사로 삼을 수 있다.

최인훈 (1936~2018)

서울대학교 교수를 지냈던 권영민 평론가의 다음과 같은 평가는 절대 과장이 아니다.

"그의 문학 자체가 기실은 거대한 사유 운동의 아들로 태어난 것을 주목해야 할 터이거니와 (…) 한국 근대정신사 최고의 봉우리 중 하나에 서 있는 작가임을 부인할 수 없다."

그의 물음은 자신의 죽음과 함께 사라질 시시한 물음이 아니다. 후대의 물음이 그의 사유의 그림자를 벗어나 온전히 독립적이기 위해서는 '새로운 사유의 이미지'를 창조하지 않으면 안 된다.

추리문학 또한 '사회의 울타리'로서 문화의 한 축을 담당하기 위해서는 그의 궁극적 물음(유교적 '소리의 동일성'을 어찌할 것인가)을 반드시 통과해야 한다는 게 내 생각이다.

한나 아렌트 Hannah Arendt(1906~1975)

독일 출신의 철학자. 미국 컬럼비아대학교 및 프린스턴대학교 교수 역임. 현대의 대표적인 철학자 중 한 사람으로 '공공성의 문제'에 관심을 기울인 정치사상가이기도 하다. 《인간의 조건》, 《전체주의의 기원》, 《예루살렘의 아이히만》 외에 많은 작품이 한국어로 번역돼 있다.

아렌트는 '관조적 인식과 철학적 태도'를 이상으로 삼을 수 있는 개인적 삶과 달리, 타인과 함께 시끌벅적하게 공동체를 영위해나갈 수밖에 없는 정치적 삶이 서구 전통에서는 저평가되어왔다는 점에서 정치의 복원을 역설했다.

또한 '사회적인 것'과 '정치적인 것'을 구분하면서, 특히나 근대에 들어서서 '사회적인 것'인 경제문제가 인간의 보편적 주제가 됨으로써 '정치적인 것'이 위축되고 있다고 보았다.

류성희 작가의 경우, 사유재산과 재화의 공공성 문제가 아렌트가 인식하는 추리소설의 형식 — 아렌트식으로 말하면 '사회적인 것'으로서의 일반 추리소설과 '정치적인 것'으로서의 포스트모던한 추리소설 — 과 연동돼 있다는 점이 무척이나 흥미로웠다.

추리소설로 철학하기

초판 1쇄 펴냄 2024년 1월 31일
3쇄 펴냄 2024년 3월 13일

지은이 백휴
펴낸이 이영은
편집장 한이
교정 오효순
홍보마케팅 김소망
디자인 조효빈
제작 제이오

펴낸곳 나비클럽
출판등록 2017. 7. 4. 제25100-2017-0000054호
주소 서울특별시 마포구 동교로22길 49 2층
전화 070-7722-3751 팩스 02-6008-3745
메일 nabiclub@nabiclub.net
홈페이지 www.nabiclub.net
페이스북 @nabiclub
인스타그램 @nabiclub

ISBN 979-11-91029-91-8 03100